江苏省重要矿产资源潜力评价成果系列丛书

是集体劳动的成果!

江苏省重要矿产资源潜力评价成果系列丛书

是集体智慧的结晶!

谨以此书献给

长期耕耘在江苏地质勘查、科学研究及

教育岗位上的广大地质工作者!

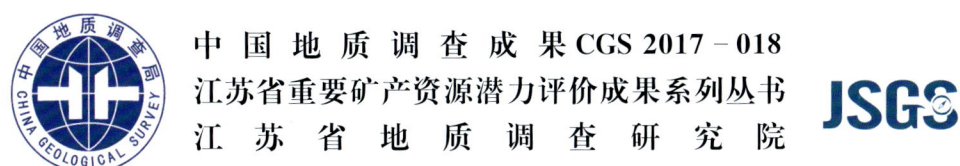

中国地质调查成果 CGS 2017-018
江苏省重要矿产资源潜力评价成果系列丛书
江苏省地质调查研究院

江苏省重要矿产资源化探资料应用研究

JIANGSUSHENG ZHONGYAO KUANGCHAN ZIYUAN HUATAN ZILIAO YINGYONG YANJIU

黄顺生　杨用彪　等著

中国地质大学出版社
ZHONGGUO DIZHI DAXUE CHUBANSHE

内容简介

作为江苏省及上海市矿产资源潜力评价工作的重要组成部分,项目组广泛收集了区内历年来地质、矿产、冶金、化工等部门所取得的地球化学勘查资料,建立中大比例尺的空间数据库。在此基础上,利用 MapGIS 和 GeoExpl 软件编制了 39 个元素(或氧化物)的地球化学图、单元素异常图、组合异常图、综合异常图,分析了区域成矿地质地球化学条件,建立了典型金、银、铜、铅、锌、钼等矿床地球化学找矿模型。根据典型矿床异常元素组合规律,圈定了区内金、银、铅、锌、铜、钼等矿产的找矿预测图。本书对江苏省区域地球化学资料进行了全面系统的整理研究,必将极大地提升勘查地球化学在地质找矿中的地位和作用,为未来工作部署提供科学依据。本书可供广大勘查地球化学工作者参考。

图书在版编目(CIP)数据

江苏省重要矿产资源化探资料应用研究/黄顺生,杨用彪等著. —武汉:中国地质大学出版社,2017.6
(江苏省重要矿产资源潜力评价成果系列丛书)
ISBN 978-7-5625-3990-2

Ⅰ. ①江…
Ⅱ. ①黄…②杨…
Ⅲ. ①矿产资源-资源潜力-资源评价-研究-江苏
Ⅳ. ①F426.1

中国版本图书馆 CIP 数据核字(2017)第 094342 号

江苏省重要矿产资源化探资料应用研究		黄顺生 杨用彪 等著
责任编辑:王凤林 胡珞兰 选题策划:毕克成 刘桂涛 赵颖弘		责任校对:张咏梅

出版发行:中国地质大学出版社(武汉市洪山区鲁磨路388号)		邮编:430074
电　话:(027)67883511	传　真:(027)67883580	E-mail:cbb@cug.edu.cn
经　销:全国新华书店		Http://www.cugp.cug.edu.cn
开本:880 毫米×1230 毫米 1/16		字数:484 千字　印张:15.25
版次:2017 年 6 月第 1 版		印次:2017 年 6 月第 1 次印刷
印刷:武汉中远印务有限公司		印数:1—1500 册
ISBN 978-7-5625-3990-2		定价:228.00 元

如有印装质量问题请与印刷厂联系调换

江苏省重要矿产资源潜力评价领导小组
（第一阶段：2006—2010 年）

组　　长：陶培荣　江苏省国土资源厅党组书记　厅长
副组长：刘　聪　江苏省国土资源厅副厅长
　　　　孙大亮　江苏省地质矿产勘查局副局长
　　　　潘树仁　江苏煤炭地质局副局长
　　　　许建荣　江苏省有色金属华东地质勘查局副局长
　　　　毛凤鸣　中石化江苏石油勘探局副总经理
成　　员：郑锡泉　江苏省国土资源厅勘查处处长
　　　　向绍荷　江苏省国土资源厅财务处处长
　　　　崔德庚　江苏省国土资源厅储量处处长
　　　　钱智敏　江苏省国土资源厅科技处处长
　　　　李如海　江苏省国土资源厅规划处处长
　　　　袁晓军　江苏省地质调查研究院院长

项目办公室成员

主　　任：刘　聪
成　　员：郑锡泉　陈火根　刘　勇　刘沈衡　张新华　王传礼　夏　延　陈汉永

江苏省重要矿产资源潜力评价领导小组
（第二阶段：2010—2013 年）

组　　长：夏　鸣　江苏省国土资源厅党组书记　厅长
副组长：祖耀升　江苏省国土资源厅副厅长
　　　　孙大亮　江苏省地质矿产勘查局巡视员
　　　　潘树仁　江苏煤炭地质局副局长
　　　　许建荣　江苏省有色金属华东地质勘查局副局长
　　　　毛凤鸣　中石化江苏石油勘探局副总经理
成　　员：顾迅建　江苏省国土资源厅规划处处长
　　　　黄克蓉　江苏省国土资源厅勘查处处长
　　　　王黎明　江苏省国土资源厅资源处处长
　　　　崔　娟　江苏省国土资源厅科技处处长
　　　　孙卫东　江苏省国土资源厅财务处处长
　　　　朱锦旗　江苏省地质调查研究院院长

项目办公室成员

主　　任：祖耀升
成　　员：黄克蓉　陈火根　吴加和　刘沈衡　张新华　夏　延　邱祖林　郑锡泉

《江苏省重要矿产资源潜力评价成果系列丛书》
编辑委员会

主　任：袁晓军　朱锦旗

副主任：陈火根　张登明　王传礼

主　编：黄建平　黄　震

编　委：（以姓氏笔画为序）

　　　　王海欧　王丽娟　朱静苹　苏一鸣　杨用彪　来又东

　　　　肖书明　金永念　贾　根　黄顺生　魏邦顺　魏　芳

《江苏省重要矿产资源化探资料应用研究》

著　者：黄顺生　杨用彪　郭治东　王海欧　来又东　朱静苹

序

江苏省位于中国东部沿海,长江、淮河下游,是我国重要的金融、航运、贸易、经济、文化、教育中心,在我国的国民经济建设中具有举足轻重的地位。

江苏省被称为"中国地质工作的摇篮",地质矿产调查工作开展较早,早在1924年刘季辰、赵汝钧等就对江苏全境进行了区域调查,著有《江苏地质志》一文。尔后,李毓尧、朱森、李捷、李四光、谢家荣、程裕淇、孙健初、陈恺等老一辈地质学家,先后在本区地质矿产各个领域开展了调查,积累了大量资料。解放后随着社会经济建设发展的需要,本区地质工作也迅速开展,地质、冶金、石油、煤炭、建材等系统在本区开展了大量地质普查找矿和勘探工作,先后发现了一批具工业价值的矿产,为本区工业发展提供了矿产资源和能源保障。

随着地方经济建设的高速发展,对矿物原料的需求逐年上升,人均资源需求严重不足,供需矛盾十分突出。为贯彻落实《国务院关于加强地质工作的决定》中提出的"积极开展矿产远景调查和综合研究,科学评估区域矿产资源潜力,为科学部署矿产资源勘查提供依据"的要求和精神,国土资源部部署了全国矿产资源潜力评价工作,并将该项工作纳入国土资源大调查。

江苏省重要矿产资源潜力评价由江苏省地质调查研究院组织实施,江苏长江地质勘查院、华东有色地质矿产勘查开发院、江苏省地质矿产调查研究所、江苏省地质资料馆等单位协作。项目总体目标任务是全面开展江苏省重要矿产资源潜力预测评价,在现有工作程度基础上基本摸清江苏省重要矿产资源"家底",为矿产资源保障能力和勘查部署决策提供依据。

自2007年6月正式启动以来,项目的各项工作严格按国土资源部、中国地质调查局的技术要求和统一部署进行。根据本区已有地质工作程度、成矿地质背景条件、矿产分布特征,选择煤炭、铁、铜、铅、锌、金、磷、钼、银、硫铁矿、萤石11个矿种开展资源潜力评价工作,累计完成各类图件编制2007张、图件数据库建设1623个、编写图件说明书1623份,编制各类成果报告49份,全面完成了预期的目标任务,取得了丰硕成果。

(1)首次以板块构造理论为基础,编制了江苏省大地构造图,为区域成矿地质作用研究和矿产预测奠定了坚实的地质基础和依据,进一步提高了本省区域地质研究程度。

(2)首次系统地利用地质、矿产、物探、化探、遥感、自然重砂等多学科资料,针对铁、铜、金等10个矿种及不同矿床类型,系统地建立了全省35个典型矿床的成矿模式、综合找矿模型和41个预测工作区区域成矿模式及区域找矿模型,丰富和发展了省内区域成矿理论,提升了综合信息矿产预测技术水平。

(3)系统总结了利用重磁组合异常直接判别铁矿异常、金铜多金属矿的控矿要素评价解释方法;利用磁法、化探资料开展了全省铁矿、铜矿的定量预测与研究;利用典型岩石剖面测量成果,采用面积、厚度加权方法获得了全省及三大地质构造单元元素丰度值;采用地质衬值法,编制了全省39个元素地球化学衬值异常图,极大地丰富了金、铜、铅锌、钼等多金属矿找矿信息。

(4)系统地利用地质、物化遥自然重砂等综合信息,全程应用GIS技术进行了全省重要矿产资源潜力评价与预测研究,估算了潜在资源量,圈定了一批重要找矿预测区。

(5)系统地对江苏省聚煤规律进行了科学总结,以煤田地质理论为指导,深入开展了全省煤炭资源禀赋规律研究,建立了典型煤田成煤模式;以构造控煤作用研究为核心,揭示不同构造背景煤炭资源的聚集和赋存规律,对指导深部找矿发挥了重要作用。

(6)首次系统建立了江苏省完整的地学数据库,实现了矿产资源潜力预测研究全程信息化、工作手段计算机化,为江苏省矿产资源总体规划和专项规划、找矿突破战略行动以及国土资源"一张图"工程打下了坚实基础。

江苏省重要矿产资源潜力评价在基础地质、典型矿床与成矿规律研究、预测方法、数据库建设中取得了一系列创新性成果,总体达到国际先进水平。项目成果是制定江苏省国民经济中长期发展规划、研究制定矿产资源战略、加强宏观调控的重要依据;是科学规划合理部署、努力实现找矿重大新突破、缓解资源瓶颈的基础工作;是发展和推广利用成矿新理论、勘查新技术新方法,促进科研与调查密切结合的重要举措。该项成果的及时转化应用,必将为江苏省社会经济发展、地学研究和地质找矿实现新突破发挥重要作用。

中国工程院院士

2017 年 2 月 20 日

前　言

"江苏省重要矿产资源潜力评价化探资料应用研究"是"全国矿产资源潜力评价"省级工作成果之一，是矿产资源潜力评价工作研究的重要专题。该专题以1:20万区域地球化学调查数据为基础，结合1:5万和1:1万中大比例尺化探资料，应用现代计算机技术、GIS技术和地球化学新理论新方法，以省为单元，按照统一标准、统一要求，对区域地球化学数据进行处理分析，编制地球化学解释推断地质构造图、地球化学图、异常图（单元异常、组合异常、综合异常）及矿产资源找矿预测图等，为江苏省重要矿产资源潜力评价的定性、定量预测提供地球化学综合信息资料。

江苏省重要矿产资源潜力评价化探资料应用系统收集了区内地质矿产部门几十年来的地球化学资料，建立并维护了大中比例尺地球化学数据库；编制了全省工作程度图、39个元素（或氧化物）地球化学图和异常图、组合异常图、综合异常图，圈定综合异常107处、找矿预测区42处、找矿靶区33处以及地球化学推断地质构造图；编制了8个预测工作区各类图件238张；对金、银、铜、铅、锌等矿种不同预测类型的典型矿床的地球化学异常特征进行了系统研究，建立了主要典型矿床地球化学找矿模型，为组合和综合异常图的编制提供了依据。这些成果在1:1万地球化学勘查选区立项及风险基金探矿权设置等方面得到充分利用，起到不可替代的作用，必将极大地提升勘查地球化学在全省地质勘查部署中的话语权。

总之，该项成果为江苏省及上海市矿产资源潜力评价提供了充分可靠的地球化学依据，对国家未来地质找矿战略及技术发展均具有重要的指导意义，同时在环境评估及生态保护等多目标方面也具有重要参考价值。

本书系集体研究成果，共分九章，全文约50万字。本书执笔：前言、第一章、第四章、第六章、第七章、第九章由黄顺生编写；第二章、第五章由杨用彪编写；第三章由郭治东、来又东、朱静苹编写；第八章由王海欧编写，马秋斌、徐蓉、游如恒参与了图件编制，本书最终统稿由黄顺生完成。在整个研究过程中，承蒙向运川教授级高工、任天祥教授级高工、牟绪赞教授级高工、张华教授级高工、陈国光研究员级高工、马振东教授、龚鹏博士等给予关心和指导，吴新民教授级高工予以细心指导和帮助。

在此，向所有参与和关心此书出版的各位专家和同仁表示衷心的感谢。

著　者

2016年12月

目　　录

第一章　绪　论 ……………………………………………………………………………… (1)

　　第一节　主要开展工作 ……………………………………………………………………… (1)

　　　　一、数据库建设与维护 …………………………………………………………………… (1)

　　　　二、全省地球化学综合分析 ……………………………………………………………… (1)

　　　　三、图件编制及属性库建设 ……………………………………………………………… (2)

　　第二节　取得的主要成果 …………………………………………………………………… (2)

　　　　一、建立了中大比例尺地球化学数据库 ………………………………………………… (2)

　　　　二、完成图件编制及其属性库建设 ……………………………………………………… (3)

　　　　三、进行区域化探异常的分类、评价 …………………………………………………… (5)

　　　　四、建立了典型矿床地质-地球化学找矿模式 ………………………………………… (5)

　　　　五、圈定了找矿预测区 …………………………………………………………………… (5)

　　　　六、服务于矿产远景调查 ………………………………………………………………… (6)

第二章　以往研究程度 ………………………………………………………………………… (7)

　　第一节　以往工作概况 ……………………………………………………………………… (7)

　　　　一、地球化学勘查现状 …………………………………………………………………… (7)

　　　　二、以往化探工作评述 …………………………………………………………………… (7)

　　第二节　资料收集及可利用程度 …………………………………………………………… (12)

　　　　一、资料收集概况 ………………………………………………………………………… (12)

　　　　二、资料可利用程度 ……………………………………………………………………… (13)

　　第三节　存在的主要问题 …………………………………………………………………… (14)

第三章　方法技术及质量评述 ………………………………………………………………… (15)

　　第一节　编图原则及依据 …………………………………………………………………… (16)

　　　　一、数据源的选取 ………………………………………………………………………… (16)

　　　　二、编图比例尺及坐标投影 ……………………………………………………………… (16)

　　　　三、数据分级以异常划分原则 …………………………………………………………… (17)

　　　　四、编图依据 ……………………………………………………………………………… (17)

　　第二节　数据处理与解释方法 ……………………………………………………………… (18)

一、数据预处理 ·· (18)
　　二、数据统计分析 ·· (19)
　　三、因子分析 ·· (19)
　　四、聚类分析 ·· (19)
　　五、异常处理与分析 ·· (19)
　　六、分区数据处理与分析 ··· (19)
　　七、地球化学解释推断方法 ·· (20)
　　八、预测区和靶区圈定 ··· (20)

第三节　编图方法技术 ·· (20)
　　一、地球化学工作程度图 ··· (20)
　　二、地球化学景观图 ·· (21)
　　三、元素地球化学图 ·· (21)
　　四、单元素地球化学异常图 ·· (22)
　　五、地球化学组合异常图 ··· (22)
　　六、地球化学综合异常图 ··· (23)
　　七、地球化学推断地质构造图 ··· (23)
　　八、地球化学找矿预测图 ··· (24)

第四节　质量评述 ·· (25)
　　一、基础数据质量评述 ··· (25)
　　二、成果图件质量评述 ··· (26)
　　三、属性数据质量 ··· (26)

第四章　地质矿产及区域地球化学特征 ·· (27)

第一节　地质矿产概况 ·· (27)
　　一、地层 ·· (27)
　　二、岩浆岩 ··· (32)
　　三、变质岩 ··· (33)
　　四、构造 ·· (34)
　　五、矿产 ·· (34)

第二节　地球化学景观特征 ··· (37)
　　一、自然地理及景观条件 ··· (37)
　　二、地球化学景观分区 ··· (40)

第三节　区域地球化学特征 ··· (41)
　　一、地层岩石地球化学特征 ·· (41)
　　二、侵入岩地球化学特征 ··· (45)
　　三、变质岩地球化学特征 ··· (47)
　　四、水系沉积物地球化学特征 ··· (48)
　　五、地球化学分区 ··· (51)

第五章 地球化学综合研究成果 (53)

第一节 单元素地球化学异常特征 (53)
一、异常下限的确定 (53)
二、元素异常特征 (53)

第二节 典型矿床地球化学特征及找矿模式 (57)
一、铜矿典型矿床 (57)
二、钼矿典型矿床 (82)
三、铅锌银矿典型矿床 (89)
四、金矿典型矿床 (101)
五、磷矿典型矿床 (125)
六、硫铁矿典型矿床 (128)

第三节 地球化学组合与综合异常特征分析 (138)
一、地球化学组合异常特征 (138)
二、地球化学综合异常特征 (141)

第四节 地球化学推断地质构造 (148)

第六章 预测工作区地球化学研究 (151)

第一节 预测工作区的划分 (151)

第二节 预测工作区地球化学工作 (151)
一、资料收集与整理 (151)
二、图件编制 (153)
三、综合研究 (154)

第三节 主要预测工作区地球化学特征 (154)
一、宁镇预测工作区地球化学特征 (155)
二、苏州西部预测工作区地球化学特征 (169)
三、溧水预测工作区地球化学特征 (171)

第四节 预测工作区成果综述 (175)
一、宁镇预测工作区成果综述 (175)
二、苏州西部预测工作区成果综述 (181)
三、溧水预测工作区成果综述 (186)
四、预测工作区综合异常应用情况 (189)

第七章 地球化学预测区圈定及综合评价 (191)

第一节 找矿预测区与靶区圈定 (191)
一、预测区的划分依据和分类原则 (191)
二、找矿靶区的划分原则 (192)

第二节 预测区与靶区特征及综合评价 (192)

一、铜矿 ……………………………………………………………………………………（192）
　　二、金矿 ……………………………………………………………………………………（200）
　　三、铅锌银矿 ………………………………………………………………………………（209）
　　四、钼矿 ……………………………………………………………………………………（215）
第三节　重要成矿带找矿潜力评价 …………………………………………………………（218）
　　一、鲁西金、铁、铝土矿、煤、金刚石成矿亚区（Ⅲ-64-①） …………………………（218）
　　二、苏鲁金、铁成矿亚带（Ⅲ-67-③） ……………………………………………………（221）
　　三、庐江-滁州铜、金、铁、钼、铅、锌、银、硫成矿亚带（Ⅲ-69-①） ………………（222）
　　四、沿江铜、铁、金、多金属、硫成矿亚带（Ⅲ-69-②） ………………………………（222）
　　五、宣州-苏州铜、钼、金、银、铅、锌成矿亚带（Ⅲ-69-③） …………………………（224）

第八章　地球化学成果转换与应用 ……………………………………………………（225）
　　一、典型矿床预测模型建立 ………………………………………………………………（225）
　　二、预测工作区预测要素选择 ……………………………………………………………（226）
　　三、重点区矿矿产调查 ……………………………………………………………………（227）

第九章　结论与建议 ……………………………………………………………………（228）
第一节　结　论 ………………………………………………………………………………（228）
第二节　建　议 ………………………………………………………………………………（229）

主要参考文献 ……………………………………………………………………………………（230）

第一章 绪 论

第一节 主要开展工作

本书全部工作与江苏省矿产资源预测同步开展,江苏省重要矿产资源化探资料应用研究系统收集了区内化探资料,建立并维护中大比例尺地球化学数据库,开展典型矿床、预测工作区、省级图件编制和综合研究。主要开展工作有以下 3 个方面。

一、数据库建设与维护

(1) 收集了江苏省重要成矿区带已完成 1:5 万土壤地球化学测量数据和异常查证区 1:2.5 万～1:1 万岩石、土壤地球化学测量数据,完成了中大比例尺地球化学数据库建设与维护。

(2) 对于年代久远且未找到采样点位、分析数据的化探资料,本次对成果资料(剖面图、柱状图、地质-地球化学剖面等)进行了数字化,按照技术要求进行了整理、规范,完成属性库建设。

二、全省地球化学综合分析

1. 地球化学分区

主要依据全省水系沉积物中元素的地球化学分布特征,结合因子分析结果对全省进行了地球化学分区。全省划分了 11 个地球化学区,统计了 39 个种元素的地球化学参数,包括平均值、标准差和变异系数等,分析了地球化学分区元素与成矿及地质、构造的关系。

2. 地质单元成矿能力分析

分别统计各地质单元成矿元素及共伴生元素含量平均值、标准差和变异系数。此变异系数是成矿能力的定量指标之一,通过该指标确定全区各元素含量变异系数大小,基本与成矿能力序列一致。

3. 异常下限的确定

江苏省地质、构造比较丰富,地球化学分区上元素地球化学差异较大,难以采用统一的异常下限进行确定。为此,对原有的 11 个地球化学区进行了合并,全省圈定 4 个地质子区,分别统计各地质子区元素含量参数,从而最终确定元素异常下限(包括内、中、外带)。

4. 典型矿床地球化学模型研究

对铜、钼、铅、锌、金矿的 11 个典型矿床的地质、地球化学资料进行收集、整理,提取了矿床成矿要素,编制了典型矿床 1:5 万土壤异常剖析图及所在位置中大比例尺地球化学研究图件,按预测矿种类型建立了地质-地球化学找矿模型。

三、图件编制及属性库建设

开展省级、预测工作区系列图件编制及属性库建设,省级系列图件包括地球化学地理景观图、地球化学工作程度图、元素地球化学图、单元素异常图、元素组合异常图、综合异常图、地球化学找矿预测图、地球化学推断地质构造图等;预测工作区系列图件包括宁镇、宁芜、溧水、宜溧、苏州西部、东海-新沂、徐州-利国、盱眙的地球化学图、单元素异常图、组合异常图、综合异常图、地球化学找矿预测图。

按照化探数据模型,采用 GeoMag 软件进行一图一属性库建设。

第二节　取得的主要成果

化探专题组充分研究江苏省历年来的化探资料,依据《化探资料应用技术要求》和潜力评价数据模型,经过了几年的研究工作,取得了非常丰富的研究成果,为江苏省矿产资源潜力评价提供了充分的地球化学依据,取得的主要成果有以下 6 个方面。

一、建立了中大比例尺地球化学数据库

1. 1∶20 万水系沉积物地球化学数据库

(1)完成已有 1∶20 万水沉积物地球化学测量数据进行了检查,并对极值进行了核查。

(2)新增江苏省及上海市覆盖区 1∶25 万多目标地球化学调查数据,共补充了 5762 件表层土壤分析数据,分析指标与 1∶20 万水沉积物的 39 项分析一致。

2. 1∶5 万水系沉积物(或土壤)地球化学数据库

按照化探资料应用的技术要求,本次基本完成区内所有 1∶5 万地球化学测量数据的收集、整理与建库(表 1-1),几乎涵盖了本次潜力评价确定的矿产预测类型预测工作区。共收集样品 23 485 件,分析数据 458 673 个。

表 1-1　江苏省及上海市地球化学测量数据收集、建库情况一览表

序号	工区	比例尺	样品数量(件)	分析指标
1	宁镇山脉	1∶5 万	4402	Au,As,Cd,Ba,Be,Co,Ni,Sb,Sn,Sr,Th,Ti,V,W,Mo,Ag,Cu,Pb,Zn,Bi,Hg,Cr,Mn(计 23 项)
2	宁芜地区	1∶5 万	2581	Ti,V,Zr,Ga,Sn,Cu,Pb,Zn,Co,Ni,Ag,Mo,Cr,Ba,Sr,Be,As,Nb,Y(计 19 项)
3	溧水地区	1∶5 万	7999	Mn,Ti,V,Zr,Ga,Sn,Cu,Pb,Zn,Co,Ni,Ag,Mo,Cr,Ba,Sr,Be,As,La,Y(计 20 项)
4	宜溧地区	1∶5 万	2430	Ag,As,Au,Bi,Cd,Hg,Mo,Sb,Sn,W,Ba,Co,Cr,Cu,Li,Mn,Ni,Pb,Sr,Ti,V,Zn,K_2O,Na_2O,Al_2O_3,Fe_2O_3,MgO,CaO(计 28 项)
5	东海西部	1∶5 万	1503	Cu,Pb,Zn,Mo,Cr,Ni,Co,Mn,Ti,Ag,Ba,Be,B,Sr,Zr,As(计 16 项)

续表 1-1

序号	工区	比例尺	样品数量(件)	分析指标
6	江浦地区	1:5万	740	Cu,Pb,Zn,Sn,Mo,Ba,Sr,P,Li,As,Sb,Bi,Ge,Ag(计14项)
7	邳睢地区	1:5万	3830	Cu,Pb,Zn,Mo,As,Ba,Mn,Zr,Ga,Be,La,Y(计12项)
8	安基山矿区	1:2.5万	191	Mn,Ga,Sn,Cu,Pb,Zn,Co,Mo,Ba,Sr,As,Cd,Bi,Sb,Ge,Te(计16项)
9	盘龙岗矿区	1:2.5万	95	Zn,Bi,As,Pb,Sb,Sn,Cd,W,Mo,Cu,Ag(计11项)
10	栖霞山矿区	1:2.5万	77	Cu,Pb,Zn,Mo,Mn,Ag,As,Sb,Bi,Cd,Ga,Sn,Co,Sr,Ge,W,Tl(计17项)
11	汤山矿区	1:2.5万	313	Cu,Pb,Zn,Mo,Mn,Ag,As,Sb,B,Cd(计10项)
12	徐州利国	1:2万	1346	Mn,Ti,V,Zr,Ga,Sn,Cu,Pb,Zn,Co,Ni,Mo,Cr,Ba,Sr,Be(计16项)
13	徐州班井	1:2万	2186	Cu,Pb,Zn,Ag,Mo,As,Ni,Co,Cr,Ti,Ba,Mn,V,Sn,Zr,Ga,Sr,Be,Ge,La,Hg,Nb,Ce,Th,Sb,Y(计26项)
14	东海西部	1:2万	3029	Cu,Pb,Zn,Cr,Ni,Co,Mo,Ag,Bi,As,Ti,Mn,Ba,Be,Sr,Zr,B(计17项)
15	燕子口矿区	1:2万	1226	Au,Cu,Pb,Zn,Ag,As,Sb,Bi(计8项)
16	苏州西部	1:1万	11 626	Cu,Pb,Zn,Hg(计4项)
17	铜井矿区	1:1万	3710	Cu,Pb,Zn,Mn(计4项)
18	高淳漕塘	1:1万	824	Cd,Tl,Au,F,Cu,Pb,Zn,Mo,V,Ni,Ag,As,Ba,Be,Ge(计15项)
19	江宁天宝山	1:1万	4856	Cu,Pb,Zn,Mo(计4项)
20	仑山、凤凰山、西山	1:1万	1617	Ba,Be,Ce,Co,Cr,Cu,La,Ni,Pb,Sc,Sr,V,Y,Yb,Li,Zn,Au,Ag,Mo,As,Sb(计21项)

3. 异常查证(或矿区)1∶1万～1∶2.5万土壤地球化学数据库

按照化探资料应用的技术要求,本次尽可能收集以往地球化学异常查证(或矿区)的大比例尺数据,主要包括漕塘、仑山、凤凰山、西山异常二级查证以及宁镇、宁芜重要铜、金多金属矿区测量,详见表 1-1。共收集样品 31 096 件,分析数据 266 492 个。

本次工作首次建立了江苏省中大比例尺地球化学数据库,有效地服务于江苏省矿产资源预测工作,较好地应用预测工作区、典型矿床、找矿靶区编图与研究,为江苏省地球化学研究工作建立了一个很好的数据平台。

二、完成图件编制及其属性库建设

根据本次地球化学工作任务与要求,开展了省级、预测工作区以及典型矿床 3 个层次的图件编制工作。

1. 典型矿床编图

编制矿区成矿元素、共伴生元素地球化学异常图、剖析图,建立典型矿床地质-地球化学找矿模式表,完成编图 155 张,具体见表 1-2。

2. 预测工作区编图

预测工作区编图主要包括元素地球化学图、单元素异常图、组合异常图、综合异常图及找矿预测图等 5 类,完成编图 238 张,各个预测工作区完成的图件详见表 1-3。

表 1-2 典型矿床编图一览表　　　　　　　　　　　　　　　　　　（单位：张）

矿床名称	地球化学异常图	剖析图	剖面图	地质-地球化学找矿模式图
铜井铜金矿床	4	1		1
獾子洞铜（金）矿床	10			
安基山铜矿床	19	2	2	1
盘龙岗铜钼矿床	14	1		1
铜山铜钼矿床	5	2		1
谏壁钼钨矿床	5			
栖霞山铅锌银金矿床	10	1		1
观山铜铅矿床	5	1		1
吴宅铅锌银矿床	5	1	1	1
金驹山金矿床	5	1		1
燕子口金矿床	8	1	1	1
汤山金矿床	7	2	1	1
土包山铁金矿床	6	1	1	1
锦屏磷矿床	4			
云台山硫铁矿床	4	1		
岔路口硫铁矿床	5	1	1	
潭山铅锌硫铁矿床	4	1		
合计	120	17	7	11

表 1-3 预测工作区编图一览表　　　　　　　　　　　　　　　　　（单位：张）

序号	预测工作区	地球化学图	单元素异常图	组合异常图	综合异常图	找矿预测图
1	宁镇预测工作区	13	13	7	1	6
2	宁芜预测工作区	12	12	2	1	3
3	溧水预测工作区	11	15	5	1	4
4	宜溧预测工作区	14	14	4	1	3
5	苏西预测工作区	12	16	3	1	3
6	东海-新沂预测工作区	14	14	1	1	1
7	徐州-利国预测工作区	5	5	1	1	1
8	盱眙预测工作区	7	7	1	1	1
	合计	88	96	24	8	22

3. 省级编图

完成了省级基础图件及综合图件编制工作，图件类型包括地球化学工作程度图、地球化学景观图、组合样点位图、地球化学图、单元素异常图、组合异常图、综合异常图、推断地质构造、找矿预测图等9类，共完成编图103张，详见表1-4。

表 1-4　省级地球化学编图一览表

图件名称	比例尺	单位	数量	备注
地球化学工作程度图	1∶50 万	张	1	完成建库
地球化学景观图	1∶50 万	张	1	完成建库
组合样点位图	1∶50 万	张	1	完成建库
地球化学图	1∶50 万	张	39	完成建库
单元素异常图	1∶50 万	张	39	完成建库
组合异常图	1∶50 万	张	7	完成建库
综合异常图	1∶50 万	张	7	完成建库
推断地质构造图	1∶50 万	张	1	完成建库
找矿预测图	1∶50 万	张	7	完成建库
合计			103	完成建库

上述图件均按照《化探资料应用数据模型》要求,完成相应图件属性库建设和说明书编写。

三、进行区域化探异常的分类、评价

全面总结了江苏省 1∶20 万区域水系沉积物(或预测工作区土壤)异常分布特征和地质矿产情况,综合考虑异常的地质起因、地质找矿意义和工作(认识)程度,将所有综合异常按性质分成甲、乙、丙、丁四类,填写了综合异常登记表。本次化探扫面范围内共圈定 23 个甲类异常,39 个乙类异常,29 个丙类异常和 16 个丁类异常。选择地质条件(断裂、岩浆岩、蚀变)、与矿产关系、异常元素组合、伴生元素、异常元素浓度分带情况、元素套合关系、综合异常区规模、异常检查结果 8 项参数,对全省综合异常进行了评序、评价,各异常在评序表上的顺序基本上反映出综合异常找矿远景的大致顺序。

四、建立了典型矿床地质-地球化学找矿模式

在充分收集典型矿床资料基础上,系统总结矿区水系沉积物、土壤、岩石地球化学异常特征,结合成矿地质条件分析,建立了铜井铜金矿床、獾子洞铜(金)矿床、安基山铜矿床、盘龙岗铜钼矿床、铜山钼铜矿床、谏壁钼钨矿床、栖霞山铅锌银金矿床、观山铜铅矿床、吴宅铅锌银矿床、金驹山金矿床、燕子口金矿床、汤山金矿床、土包山铁金矿床、锦屏磷矿床、云台山硫铁矿床、潭山硫铁矿床、岔路口硫铁矿床等 17 个典型矿床的地质-地球化学找矿模式。这为今后省内同类型地球化学找矿提供了借鉴。

五、圈定了找矿预测区

依据地球化学找矿标志,结合成矿地质条件分析以及物探找矿标志,圈定了地球化学找矿预测区 42 处和靶区 33 处,其中铜矿预测区 10 处,靶区 8 处;钼矿预测区 5 处,靶区 2 处;铅锌银预测区 9 处,靶区 9 处;金矿预测区 11 处,靶区 10 处;硫铁矿预测区 7 处,靶区 4 处。这些找矿预测区大部分与预测专题组圈定的最小预测区相吻合,但有不少找矿预测区(11 处)是本次潜力评价矿产预测专题组未圈出来的,具有较好的找矿指示意义。因此,这些找矿预测区为今后地质普查找矿靶区的筛选提供了重要的找矿信息,也为区域成矿规律研究提供了有价值的地球化学参考资料。

六、服务于矿产远景调查

本次采用 1∶5 万土壤或水系沉积物测量数据圈定地球化学综合异常，较好地应用于矿产调查重点区的圈定。如鸡笼山-射乌山、伏牛山-九华山、芙蓉山-五洲山重点区均布置在 Cu、Mo、Pb、Zn、Ag、Au 等元素高背景带上，区内的综合异常在宁镇地区异常评序结果中均处于前列；溧水丁公山-笔架山重点区显示很好的水系沉积物 Cu、Au 异常，多呈北西向分布，与区内主要构造破碎带方向基本一致。溧阳周城－社渚重点调查区 1∶5 万水系沉积物显示出很好的 W、Sn、Mo、Cd 等综合异常，悬脚岭重点调查区的 Cu、Sn 异常等都作为了远景调查矿产重点检查的目标。随着矿产远景调查重点区工作的陆续开展，发现了不少矿（化）点，如马场铜金矿点，探槽采样分析，金含量 $(0.27\sim18)\times10^{-6}$，钻孔中见到多层薄层状铜金矿体，金平均含量 0.35×10^{-6}，铜平均含量 1.37%；伏牛山铜钼金综合异常边部钻孔揭露发现了铜、钼矿体。溧阳钨、锡、铜异常经探槽揭露，在石英闪长斑岩与钙质泥岩接触带发现了多条钨矿化体（WO_3 含量 $0.052\%\sim0.20\%$）。综上所述，本次化探资料较有效地应用于江苏省矿产远景调查中。随着远景调查项目后期钻孔验证，可能会继续发现一些重要找矿成果。

第二章 以往研究程度

第一节 以往工作概况

一、地球化学勘查现状

江苏省化探工作始于20世纪60年代。60年代中期,在苏南(苏州—镇江)开展了水化学分散流测量,面积达4630km²,圈出异常区8处。60年代中期至70年代末,配合铜多金属矿为主的普查找矿时进行了1:20万土壤金属测量工作,工作区分布于宁镇、徐州、新沂、溧水、苏州西部等地,其中宁镇和宁芜的局部地区开展了1:2万~1:2000化探测量工作。70年代末至90年代初,化探工作进入了全面发展的高峰期,取得了较全面的地质成果。1:20万区域化探扫面完成省域可采样区面积8365km²,配合1:5万区域矿产地质调查开展宁镇、宜溧南部、溧水、江浦、连云港等测区同比例尺地球化学测量工作,面积计4538km²,为寻找金属矿,特别是金矿提供了可待查证的靶区,随后进行的异常查证达911处,异常查证效果较好,如苏州东山化探异常二级查证发现了锡矿,填补了苏锡地区锡的空白。同时,这期间还开展了一些科研工作,如在徐州利国、宁镇安基山、苏州城隍山矿田开展了1:1万~1:2000地质-物化探大比例尺成矿预测研究工作与宁镇地区地球化学特征及其内生矿产关系研究等。90年代中后期,化探测量工作较少,主要开展长江中下游化探1:50万编图以及1:20万化探数据库建设工作。

21世纪初期,江苏省多目标地球化学调查工作获得迅速发展,2001—2003年开展南京—镇江地区1:25万多目标地球化学调查示范工作,2004年后迅速在省域全面铺开,获得全省面积($10.26 \times 10^4 km^2$)54项分析指标分析数据。近年来,尤其2010年以后,宁镇、溧水、宁芜、宜溧地区开展矿产远景调查工作,进行了1:1万土壤地球化学调查工作,获得了较好的找矿线索。

江苏省已进行过1:20万和1:5万及更大尺度的区域化探工作,测区范围见区域化探工作程度图(图2-1),开展过的各类地球化学工作情况见表2-1。

二、以往化探工作评述

江苏省勘查地球化学资料非常丰富,通过前人30多年的努力工作,对化探资料有了较深入的认识,积累了丰富的成果,主要简述如下:

(1)20世纪70年代末开展1:20万区域地质矿产总结,对全省当时已有1:20万(局部地区1:5万)土壤测量资料重新整理了Cu、Pb、Zn、Mo四种元素,从而提高了资料的利用程度。1985年底又编制了江苏省1:50万铜地球化学图、铅地球化学图及其相应的说明书。1989年编制了江苏省化探(Cu、Pb、Zn、Mo)综合异常登记表。

(2)1:20万区域化探沉积物扫面完成省域可采面积8365km²,分析46个元素或氧化物,编制了系列图件,获得了10个地质单元和32个地质子区内水系沉积物中的地球化学特征值,从宏观上阐述了江

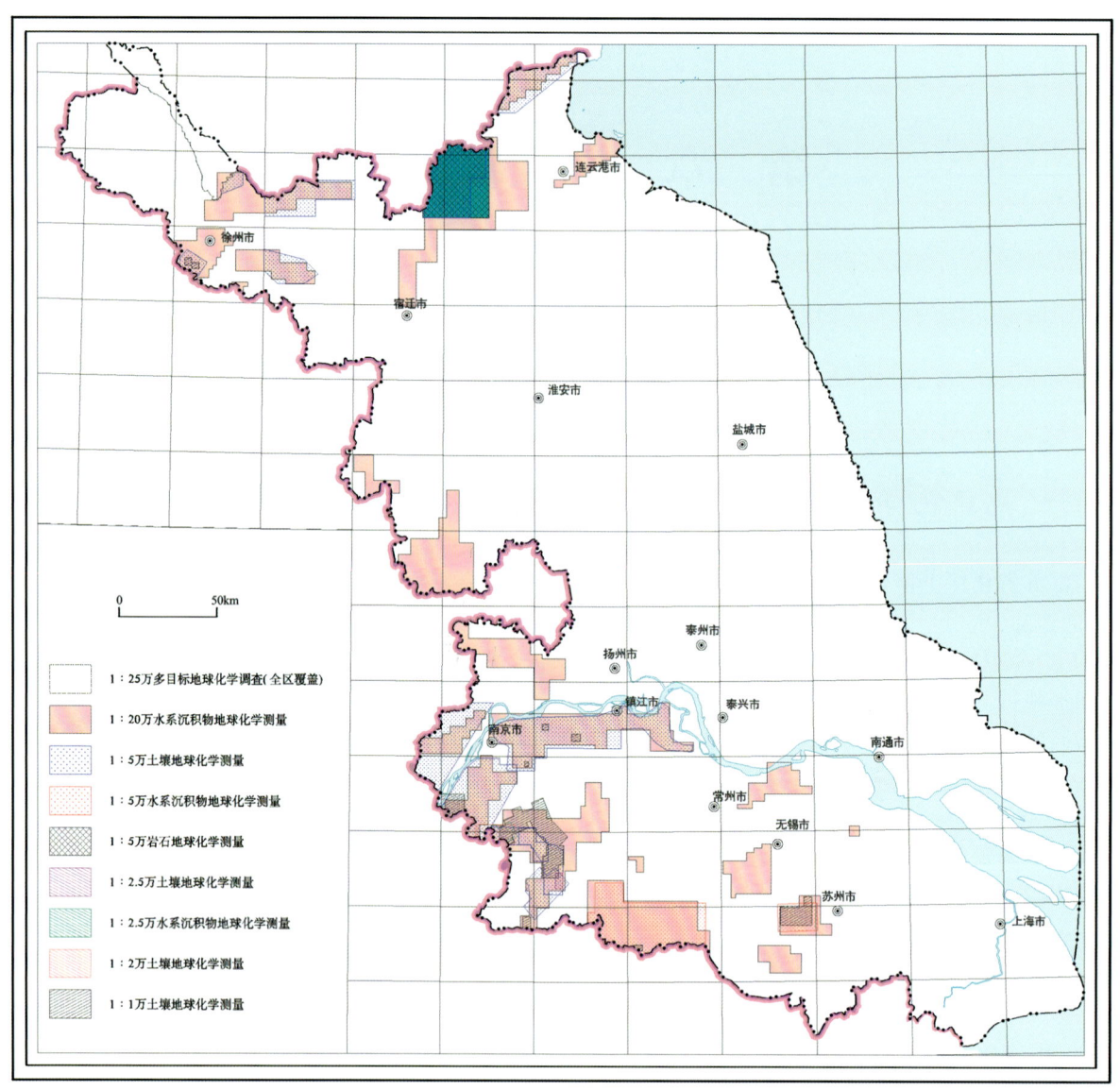

图 2-1 江苏省及上海市地球化学工作程度图

苏省某些矿产的找矿方向;建立的江苏省各类地质体 39 种元素(氧化物)的丰度体系,圈出找矿远景区 27 处。它是江苏省地球化学的重要基础资料,为各地质体的含矿性评价、各地段的含矿远景评价和成矿预测提供了重要依据,全省共圈出找矿远景区 27 处。

(3)为配合 1∶5 万矿产地质调查,宁镇、宁芜、宜溧、溧水、江浦、东海西部、徐州等地区同时开展了 1∶5 万地球化学测量工作,形成相应的化探报告及成果图件资料,对区内地层、岩石、土壤地球化学特征进行了较系统的叙述,对重要的异常进行查证和解释评价,提出了地球找矿远景,并指出下一步工作方向。

(4)《第二轮成矿远景区划成果汇总报告》重点总结了典型矿床的地球化学特征及地球化学找矿标志,丰富了区域地球化学找矿模式,为江苏省地质找矿工作提供了地球化学方面的依据。

(5)江苏省区域地质调查队开展宁镇地区区域地球化学背景与成矿关系研究,报告比较系统地论述了地层、侵入岩体的含矿性,建立地层、岩性的元素丰度;通过因子分析系统研究了土壤地球化学异常的分布特征及其与成矿的关系,建立了区域地球化学找矿标志。

表 2-1 江苏省地球化学工作程度一览表

序号	项目（报告）名称	比例尺	工作面积（km²）	完成单位	工作年份
1	江苏省国土区域生态地球化学调查	1:25万	全区	江苏省地质调查研究院	2003—2005
2	1:20万江苏省区域化探	1:20万	7394	江苏省地矿局区调队化探分队	1984—1988
3	江苏省江浦地区1:5万地球化学测量	1:5万	850	江苏省地矿局区域地质调查大队	1991—1993
4	江苏省溧水地区1:5万金土壤地球化学测量	1:5万	350	江苏省地质矿产局物化探大队	1982—1984
5	溧水地区区域地质矿产调查	1:5万	835	江苏省地质矿产局第二地质大队	1982—1986
6	宜溧地区区域地质矿产调查	1:5万	1250	江苏省地质矿产局第六地质大队	1984—1987
7	宁镇山脉区域地质矿产调查	1:5万	1680	江苏省地质矿产局第五地质大队	1976—1983
8	东海西部区域地质矿产调查	1:5万	830	江苏省地质矿产局第六地质大队	1986
9	邳睢地区区域地质矿产调查	1:5万	840	江苏省地质矿产局第五地质大队	1988
10	宁芜地区区域地质矿产调查	1:5万	725	江苏省地质矿产局第一地质大队	1979—1986
11	徐州区域地质矿产调查	1:5万	190	江苏省地质矿产局第一地质大队	1984
12	苏州西部区域地质矿产调查	1:5万	90	江苏省地质矿产局第四地质大队	1988
13	江苏省连港云台—锦屏地区地球化学测量	1:5万	430	江苏省地质矿产局第六地质大队	1992
14	南京幅江宁县幅（北部）土壤测量金异常小结	1:5万	650	江苏省地质矿产局第一地质大队	1987
15	汤山镇幅土壤测量金异常小结	1:5万	460	江苏省地质矿产局第一地质大队	1986
16	上党、仪征、镇江市（南部）幅土壤测量金异常小结	1:5万	600	江苏省地质矿产局第一地质大队	1987
17	江苏省溧水县、江宁县横山铜矿山工物化探工作	1:5万	24	江苏省地质矿产局第二地质大队	1986—1987
18	江苏省东北部金矿普查	1:5万		江苏省地质调查研究院	2000
19	溧阳、溧水地区多金属矿普查		31	江苏省地质矿产局第二地质大队	1977
20	江苏省海县徐山地区金银、多金属矿普查报告	1:5万	12	江苏省地质调查研究院	2002
21	江宁县西横山地区金铜普查	1:5万	23.8	江苏省地质矿产局第一地质大队	1992
22	江苏宁镇山脉东段变质岩区金矿普查报告	1:1万	2.0	江苏省地质调查研究院	2004
23	江苏省赣榆县西北部1:5万化探、重砂资料整理及异常查证	1:5万 1:1万	455 3.2	江苏省地质矿产局第六地质大队	1987—1989

续表 2-1

序号	项目(报告)名称	比例尺	工作面积(km²)	完成单位	工作年份
24	江苏省江宁县—安徽省当涂县横山工区金矿化探普查	1:2.5万	110.00	地矿部第一综合物探大队103队	1981—1983
25	江苏省溧水县芝山化探异常二级查证	1:2.5万	14.00	江苏省地质矿产局区调大队	1990
26	吴县东山锡矿普查小结	1:2万	4.20	江苏省地质矿产局区调大队	1990
27	《南京市幅》《上党镇幅》金异常查证	1:2.5万	15.00	江苏省地质矿产局区调大队	1988
28	江苏省溧水地区铅锌锡化探工作总结	1:2万	6.48	江苏省地质矿产局区调大队	1982—1984
29	江苏省南京南部地区物化探普查	1:1万	8.00	华东地质勘探公司814队	1984
30	江苏省苏州西部测区物化探工作	1:1万	2000	华东地质勘探公司814队	1986
31	江苏省芜宁地区金矿评价	1:1万	63.00	江苏省地质调查研究院	2000—2001
32	江苏省江宁县皇姑山工区1:1万化探总结	1:1万	32.90	江苏省地质矿产局区测队	1973—1975
33	江苏省高淳县漕塘化探异常二级查证	1:1万	3.42	江苏省地质矿产局第四地质大队	1990
34	江苏省无锡市山军嶂工区地球化学测量	1:1万	18.00	江苏省地质矿产局第四地质大队	1990
35	江苏省吴县和合山工区土壤化学测量	1:1万	4.50	江苏省地质矿产局第六地质大队	1988
36	江苏省东海县马山地区岩石异常查证	1:1万	2.76	江苏省地质矿产局第六地质大队	1996
37	江苏省江宁县祖堂山地区地球化学土壤测量	1:1万	5.00	江苏省地质矿产局第一地质大队	1988
38	江苏省江宁县陆朗乡化塘金异常点初查	1:1万	21.30	江苏省地质矿产局第一地质大队	1988
39	江苏省东海县代相铝矿化学异常查证	1:1万	27.00	江苏省地质矿产局第六地质大队	1988
40	江苏省东海县马山地区砂金普查	1:1万	1.00	江苏省地质矿产局第六地质大队	1987
41	连云港市南城工区地化测量	1:1万	0.70	江苏省地质矿产局第六地质大队	1987
42	江苏省铜山班井地区金矿评价	1:1万	23.40	江苏省地质调查研究院	1990
43	江苏省雷公山金地球化学异常二级查证	1:1万	10.00	江苏省地质调查研究院	2001—2003
44	江宁县朱盖堰金地球化学异常二级查证	1:1万	10.00	江苏省地质调查研究院	1999
45	盱眙县盱眙异常小结	1:1万	0.36	江苏省地质矿产局区调大队	1999
46	江苏省溧水县西垫里、下桥头测区物化探工作小结	1:1万	0.50	江苏省地质矿产局第二地质大队	1987

续表 2-1

序号	项目(报告)名称	比例尺	工作面积(km²)	完成单位	工作年份
47	宁镇地区金异常筛选查证项目工作总结		1.20	江苏省地质调查研究院	2000
48	江苏省东海-新沂市金、银、铅、锌矿普查物化探工作小结	1:1万		江苏省地质矿产局第六地质大队	1990
49	安基山-连山地区1:1万原生晕普查小结	1:1万		江苏省地质矿产局第三地质大队	1987
50	仑山-杜棒地区1:1万原生晕普查小结	1:1万		江苏省地质矿产局第三地质大队	1987
51	高淳县小茅山禅林寺测区物化探工作	1:1万	2.00	江苏省地质矿产局第二地质大队	1977
52	江宁县西横山工区及溧水县溧水矿工区金矿工作	1:1万	79.20	江苏省地质矿产局第二地质大队	1987
53	江苏省溧水县夏家边工区物化探综合普查	1:1万	106.50	江苏省地质矿产局第二地质大队	1977
54	江苏省溧水县江宁县横山工区物化探工作	1:1万	45.00	江苏省地质矿产局第二地质大队	1984
55	溧阳县野猫山-土包山地区金铜矿普查	1:1万	2.10	江苏省地质矿产局第二地质大队	1988
56	江宁县西横山地区金矿普查	1:1万	12.00	江苏省地质矿产局第一地质大队	1992
57	南京东郊栖霞山铅锌锰矿区物化探工作报告			江苏省冶金局地质勘探总队物探一分队	1960
58	江苏省南京市栖霞山测区物化探普查工作报告	1:1万		中国有色公司华东地质勘探公司814队	1985
59	江苏省苏州市迁里矿区钻孔原生晕成果报告	1:1万	2.50	地质矿产部第一综合物探大队	1989
60	江苏省南京南部西横山测区胡家店详查评价报告	1:5000	7.74	华东地质勘探公司814队	1984
61	江苏省江宁县汤山矿区金矿普查评价报告	1:5000	4.35	江苏省地质矿产局第一地质大队	1988
62	江苏省句容县连山地区金、多金属矿普查	1:5000	4.00	江苏省地质矿产局第三地质大队	1988
63	溧阳县野猫山-土包山工区物化探工作	1:2000	0.30	江苏省地质矿产局第六地质大队	1990
64	江苏省江宁县安基山铜矿1980年矿区化探研究工作小结	1:2000	3.00	江苏省地质矿产局第三地质大队	1980
65	江苏省赣榆县夹山地区金矿初步普查工作小结			江苏省地质矿产局第二地质大队	1981
66	江苏省新沂市徐塘-赣榆地区金多金属矿点检查小结			江苏省地质矿产局第六地质大队	1991
67	江苏省东海县禹山地区金多金属矿普查			江苏省地质矿产局第六地质大队	1988
68	句容县连山地区金属矿普查			江苏省地质矿产局第三地质大队	1988
69	江苏省江宁县汤山地区化探异常初步评价			华东地质勘探814队	1982
70	江苏省南京南部地区朱门-谷里、西横山测区地球化学测量普查工作			华东地质勘探公司814队	1988

(6) 1997—1999 年开展江苏盱眙一带金矿成矿条件研究及找矿靶区优选研究,对该区金地球化学异常特征进行了系统的描述,查明了金矿空间分布特征,划分了成矿区,优选了找矿靶区,对进一步工作提出了建议,为该区今后开展金矿工作创造了良好的条件。

(7) 1986—1999 年进行的苏州西部地区多金属矿的成矿条件及预测研究,较系统地进行了岩石地球化学测量和典型矿床岩石地球化学的研究,基本查明微量元素在本区的展布和异常的元素组合特征。典型矿床岩石地球化学的空间特征:总结出两个矿田的地球化学模式,指出帽晕、前缘晕、成矿晕、尾晕及 Pb、Zn、Ag、Cu、Bi、Sn、Mn、F 等成矿元素的高丰度值组成明显的浓集中心,是中小型规模矿床的重要地球化学条件和直接找矿标志。

(8) 江苏省地质局第三地质队开展的安基山铜矿区地球化学异常特征及成晕成矿机理的研究,总结了矿区 Cu、Pb、Zn、Mo、Ag 等主要成矿元素的地球化学异常特征及分布规律,初步建立的矿区主要成矿元素的地球化学成晕模式,基本上反映了矿区主要成矿元素空间分布特征,对认识矿区的成矿规律和预测提供了较好的地球化学资料。

(9) "八五"国家科技攻关计划项目——苏南铜多金属矿勘查研究,其中较系统地总结了苏南区域地球化学特征及典型矿床地球化学找矿标志。

(10) 1∶20 万化探扫面或 1∶5 万地球化学测量以后开展异常检查或查证,如溧水区芝山、高淳区漕塘、溧水区锅底山、江宁区花塘街、宜兴凤凰山以及宁镇地区金异常检查工作,均形成了查证报告、异常小结,积累了大量的中大比例尺地球化学资料,为今后该区进一步工作提供了依据。

(11) 江苏省 1∶25 万多目标地球化学调查获得全省 $10.26 \times 10^4 \text{km}^2$ 54 项指标的调查数据,为江苏省农业地质、环境地球化学以及矿产地球化学积累了大量资料。

前人积累的大量地球化学资料为本次地球化学研究提供了丰富的数据平台及工作依据。

第二节 资料收集及可利用程度

一、资料收集概况

江苏省近 30 年来的地球化学工作积累了大量的原始数据资料与成果资料,经过该项目前期的收集、录入、整理,基本完成了江苏省地球化学工作数据库建设工作以及大量地球化学图件的数字化工作。目前,已完成且应用于江苏省及上海市矿产资源潜力评价地球化学专题的化探数据主要体现在以下 3 个层次。

1. 1∶20 万化探扫面数据

江苏省地质矿产局区域地质调查大队于 1984 年 4 月开展 1∶20 万区域化探水系沉积物测量扫面工作,完成省域可采样区面积 8365km^2,涉及 14 个图幅,形成 2428 个组合样品的 39 个元素(或氧化物)分析数据,该数据已形成全省 1∶20 万区域化探数据库,它是本次化探资料应用研究最为重要的数据源,主要用于编制省级地球化学图件。

2. 1∶5 万地球化学数据

江苏省已开展 1∶5 万地球化学调查工作,涉及了 44 个图幅,几乎覆盖了宁镇、溧水、宁芜、徐州、宜溧、江浦、东海西部、徐州、连云港等重要成矿远景区,面积计 4188km^2。本次完成了数据收集的图幅 42 个,它们分别如下。

宁镇地区:南京市、汤山镇、上党镇、江宁县、埠城、大港镇、孟河。

溧水地区:博望镇、长乐、东坝、高淳、溧水县、上沛埠、天王寺、柘塘镇。

宁芜地区：慈湖、江宁镇、小丹阳、柘塘镇、江宁县。
宜溧地区：长兴县、丁蜀镇、溧阳县、洞桥、山北、社渚、徐舍镇、宜兴县、张渚镇。
江浦地区：新集、江浦县、全椒县、乌江。
邳睢地区：双沟镇、古邳镇、八义集、运河镇、汴塘集、邳县、岔河、台儿庄。
东海西部：新沂市、阿湖镇、双店、陈家巡会。

未完成数据收集的两个1：5万图幅为连云港市幅、连云港幅，原始数据虽未收集到，但对相关的异常图进行了数字化。

这部分数据主要用于编制预测工作区地球化学图件、找矿预测图，编图效果比较理想，较好地反映了预测工作区地球化学特征及其矿产的关系。

3. 1：1万～1：2.5万地球化学数据

20世纪80年代以来开展的大比例尺化探异常查证成果，大部分资料分散于地勘局下属各地质分队，少数成果由江苏省地质调查研究院、华东有色各分队完成，包括成果报告和数据分析报告。本次已基本完成了大部分异常查证、矿区测量数据，如宁镇地区多金属矿、潭山、铜井等矿区以及溧水区芝山、高淳区漕塘、溧水区锅底山、江宁区花塘街、宜兴凤凰山以及宁镇地区Au异常检查工作资料。近几年中央大调查项目以来，为配合矿调，宁芜、溧水、宁镇等重要地区开展了1：1万小范围土壤地球化学测量工作。由于项目尚未结题，其原始数据或成果图件目前无法收集到。这些数据主要应用于17个典型矿床编图以及找矿靶区编图。

此外，我们还对异常查证的成果资料进行数字化，按照《化探资料应用数据模型》进行规范，补充于典型矿床编图以及找矿靶区编图。

二、资料可利用程度

1. 1：20万区域化探扫面数据

1：20万区域化探扫面水系沉积物样品由江苏省地矿局实验室作定量分析，《区域化探全国扫面工作方法若干规定》要求分析39个元素（或氧化物）的方法检出限率能使所有分析指标的报出率达到100%，重复采样和重复分析、一级标准样、二级标准样的监控结果等综合表明，区域化探扫面的采样与分析质量是较好的。2009年南京地质调查中心组织专家对江苏省14个1：20万图幅化探水系沉积物采样与分析质量进行了评估，结果为良好级，因此1：20万区域化探扫面数据完全能满足本次化探资料应用研究，主要应用于省级地球化学编图及少数预测工作区编图。

2. 1：5万地球化学测量数据

除宜溧地区水系沉积物测量和东海西部岩石测量外，江苏省1：5万地球化学采样介质均为土壤（残坡积物），采样深度均基本穿过A层（腐殖层），采集在B层（淋积层）或C层（母质层）上。现以宁镇土壤测量为例对1：5万地球化学测量资料可利用程度进行评估。

采样工作以1：1万地形图为野外用图，起始点和控制点以罗盘交会定点，其他以罗盘定向和步测或目测距离定点。测线方向以大体垂直主要地质构造线的方向为原则。沿测线规则测网进行土壤样品采集，少数地方因基岩出露零星、面积小，测线方向和线距有所调整。采样网密度为500m×100m，以鹤嘴锄或麻花钻为采样工具，样品原始质量150g左右。

土壤样品经晒干或晾干后送队实验室做初步加工。对于山区土壤样品采取按地质子区、沿测线分段等质量进行组合，每个组合样一般由2～3个子样组成。采用垂直电极发射光谱的方法，对样品作半定量分析，分析指标为As、Sb、Ag、Cd、Bi、Ge、Pb、Zn、Cu、Mo、Ga、Sn、Be、Mn、Ti、Zr、V、Cr、Co、Ni、Ba、Sr、Nb、Ta、W、U、Th、Y、Ce、La、Hg。由于当时Au元素分析方法尚未解决，所有1：5万地球化学测量样品均未进行金分析，后来宁镇地区土壤Au元素分析用实验室副样开展。样品分析质量双因素方差分析检查方法。检查结果表明,大多数元素符合质量要求,仅有 Nb、Y、La 等少数元素不符合要求,但总体能满足本次预测矿种的地球化学编图研究。

3. 1:1 万~1:2.5 万地球化学数据

大面积的中大比例尺地球化学测量多为冶金等部门开展,主要有南京南部地区 1:1 万化探普查及苏州西部 1:1 万化探普查等。采样工作以 1:1 万地形图为野外用图,起始点和控制点以罗盘交会定点,在测点 2m 范围内采取 B 层细粒土样,样品采用发射光谱半定量分析,分析指标为 Cu、Pb、Zn、As、Bi、Ag、Sn、Mo、W,分析质量采用密码抽样法,分析合格率均大于 80%,符合规范精度要求。一般 Cu、Pb、Zn、Ag 少数指标质量较好,可以应用于本次化探资料应用研究,而其他指标分析数据因效果较差未采用。

化探查证工作主要针对化探扫面结果开展,采样方法、分析质量及监控质量均与化探扫面一致,数据质量均能满足本次研究需要;矿区地球化学测量主要在 1:5 万区域地球化学测量范围内进行加密,数据质量与在 1:5 万区域地球化学测量一致;近年来矿产远景调查开展的 1:1 万土壤测量采样、分析及监控质量均得到保障,完全满足本次研究的要求。

第三节 存在的主要问题

通过前期资料的收集、整理、建库工作及编图研究,在利用以前的地球化学原始数据参与地球化学编图及综合研究过程中,发现存在的一些问题,主要表现在以下几方面:

(1) 早期与 1:20 万区域地质调查同步进行的区域性土壤金属测量数据,仅获 Cu、Pb、Zn、Mo 四个元素全省统一成果,多为半定量分析结果,因此对本次化探资料应用研究的效果不理想,其编制的江苏省化探综合异常图(Cu、Pb、Zn、Mo)登记表仅供省级综合异常评价时参考使用。

(2) 1:20 万区域化探沉积物扫面的范围只有 9000 余平方千米,仅占江苏省面积的 8.5%,而且可采地区分布零散,因此编制区域地球化学图件极其不完整,无法了解地球化学特征分布的全貌,此外,异常多呈孤立状,不同异常往往都重叠在一起,难以了解异常空间分布特征及细节,在一定程度上影响了图件的效果。

(3) 由于受当时客观条件限制,Au 元素分析方法尚未解决,重要预测区 1:5 万土壤、水系沉积物样品都未进行 Au 元素含量分析,造成本次金矿预测类型预测工作区图件无法编制。若采用 1:20 万水系沉积物数据参与编图,造成与预测底图信息不对称,控制精度无法保证,且成图效果非常差。此外,部分预测工作区地球化学工作程度虽然较高,但由于是不同年代、不同单位、不同采样介质、不同比例尺开展工作,造成资料难以合理综合利用,影响化探预测的效果。

(4) 重要矿床的地球化学异常特征资料不全,有的缺少土壤测量资料,有的缺乏岩石测量资料,即使资料齐全的矿床,由于地球化学测量范围的不一致性,很难将沉积物、土壤、岩石三者的异常特征有机地联系起来,因此很大程度上影响了典型矿床的地球化学异常特征的认识。

(5) 近年来其他地质单位开展的地球化学工作,特别是局部地区中大比例尺地球化学普查及异常查证成果,由于涉及资料保密或尚未通过验收,其成果资料始终未能收集,因此本次研究深度及广度均显不足。

第三章 方法技术及质量评述

化探资料的应用重点在数据处理、解释与编图工作,其工作的基础是地球化学测量数据。化探资料应用的主要数据源是区域地球化学数据,其次是各省收集的中大比例尺化探数据。通过应用地球化学数据处理技术,对化探数据进行二次开发研究,分析与信息提取,并进行推断解释,进而编制地球化学系列图、推断解释图和矿产资源预测图。化探资料应用技术流程如图 3-1 所示。

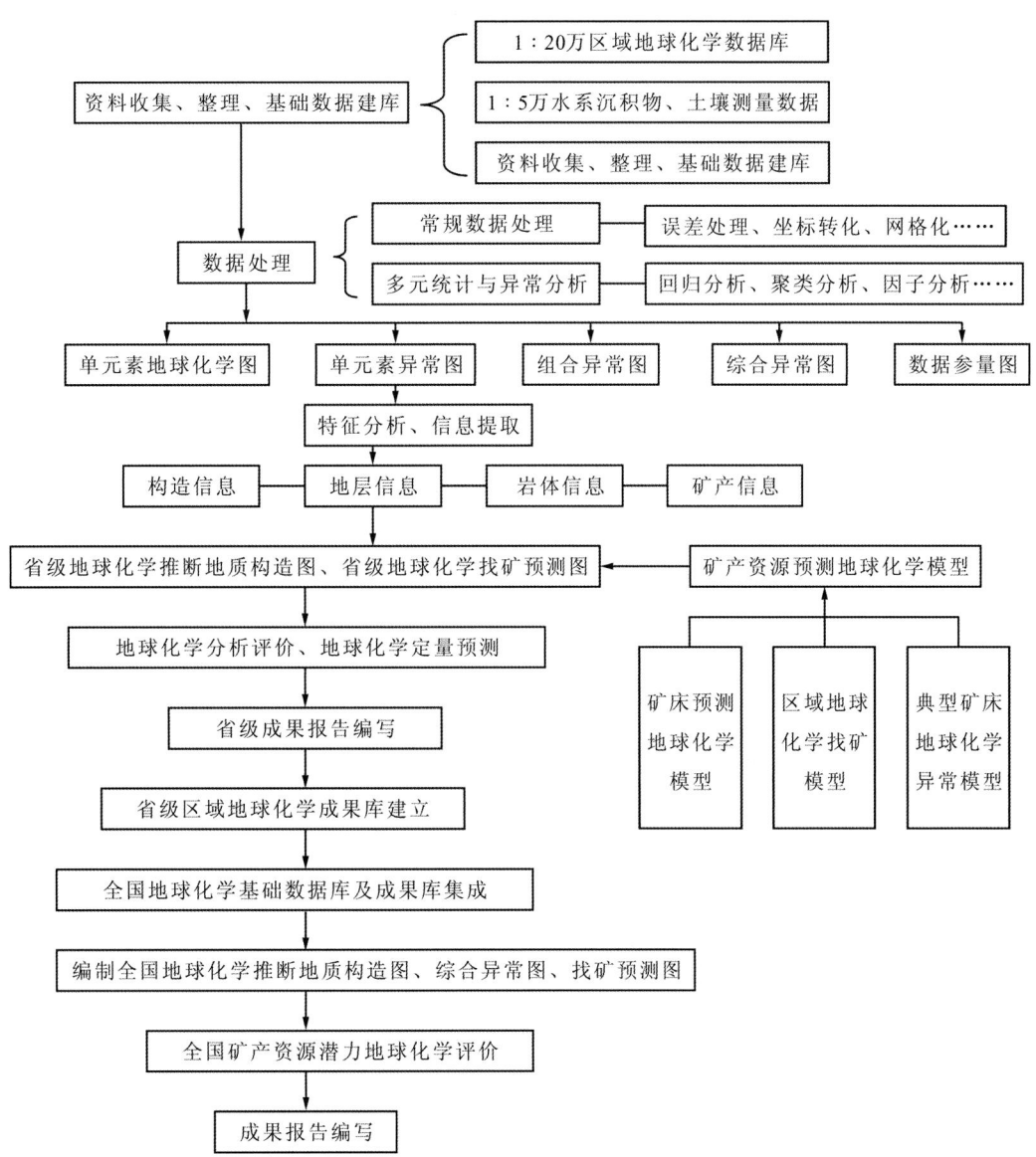

图 3-1 化探资料应用技术流程图

第一节 编图原则及依据

一、数据源的选取

1. 省级图件

(1)地球化学工作程度图:编图资料包括江苏省及上海市1:25万多目标地球化学调查、江苏省1:20万化探扫面、1:5万土壤(水系沉积物或岩石)测量、矿区土壤测量及异常查证等大比例尺地球化学测量(1:1万~1:2.5万)等资料。

(2)地球化学组合样点位图:编图资料包括1:25万多目标地球化学调查、1:2万化探扫面、1:5万地球化学测量以及异常查证大比例尺地球化学数据。

(3)地球化学景观图:编图资料包括1:20万水系沉积物测量、江苏省1:50万地貌图、江苏省1:50万遥感影像地图集、1:25万上海市幅区域地质调查成果报告、江苏省1:20万区域化探报告及全国Ⅱ级地球化学景观划分图等资料。

(4)元素地球化学图:编图资料为1:25万多目标地球化学调查及1:20万区域水系沉积物测量数据。

(5)元素地球化学异常图:编图资料为1:20万区域水系沉积物测量数据。

(6)地球化学组合异常图:编图资料为1:20万区域水系沉积物测量数据。

(7)地球化学综合异常图:编图资料为1:20万区域水系沉积物测量数据、江苏省区域化探异常登记表和江苏省(含上海市)地质、构造、矿产地、成矿区带划分等资料。

(8)地球化学推断地质构造图:编图资料为1:20万区域水系沉积物测量数据和江苏省地质、大地构造划分、成矿区带划分等资料。

(9)地球化学找矿预测图:编图资料为1:20万区域水系沉积物测量数据和江苏省地质、大地构造划分、成矿区带划分等资料。

2. 预测工作区图件

预测工作区的元素地球化学图、元素地球化学异常图、地球化学组合异常图、地球化学综合异常图等图件资料主要为1:5万土壤、水系沉积物测量数据,由于徐州-利国、东海-新沂预测、盱眙、苏州西部预测工作区1:5万数据成图效果不好,且只有数字化的成果图件,无法开展数据库建设,另外还按预测工作区范围裁剪1:20万水系沉积物测量数据重新编图。

总而言之,本次所有的预测工作区都充分利用了1:5万地球化学测量成果资料。

3. 典型矿床图件

典型矿床的元素地球化学异常图、异常特征剖析图及典型矿床所在位置区域化探异常特征图主要采用1:5万土壤(或水系沉积物)、矿区地球化学测量及异常查证等大比例尺(1:1万~1:2.5万)资料。此外还利用了矿区钻孔岩石地球化学、地球化学剖面测量及探槽样品地球化学分析等资料。本次还收集、数字化前人矿区成果图件。

二、编图比例尺及坐标投影

1. 省级图件

成图比例尺为1:50万,坐标系采用1954北京坐标系统和高程基准,投影参数为高斯-克吕格投影,采用非标准分带,中央投影原点经度为119°00′00″,投影原点纬度为00°00′00″,比例变形因子1.00。

2. 预测工作区图件

成图比例尺和中央投影原点经度视预测工作区底图而定,坐标系采用1954北京坐标系统和高程基准,投影参数为高斯-克吕格投影,6°分带。

3. 典型矿床图件

成图比例尺视典型矿床底图而定,部分矿区考虑到异常图的完整性,根据需求自定比例尺。坐标系采用1954北京坐标系和高程基准,投影参数为高斯-克吕格投影,中央投影原点经度为120°00′00″,3°分带。

三、数据分级以异常划分原则

1. 元素地球化学图

省级地球化学图数据分级按《化探资料应用技术要求》,以累频方式分19级,分级频率和分级设色(线、面)采用潜力评价Slib的3881～3899色。

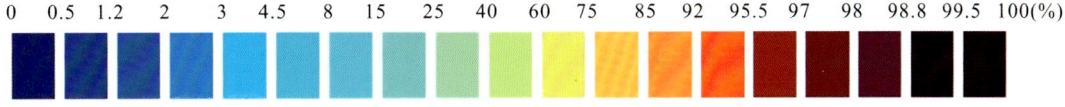

部分预测工作区由于成图数据量比较少,地球化学数据分级会在19级的基础上酌情减少。

2. 地球化学异常图

省级地球化学异常分级采用85%～95.5%～98%累频分外、中、内带,面色分别为3893、3895和3899。

预测工作区、典型矿床元素地球化学异常分级总体参考85%～95.5%～98%累频分级,但部分图件考虑到数据分布特征。

3. 组合异常图

主成矿元素分内、中、外带(线、面),颜色同单元素异常图;组合元素只取外带(线),颜色按《化探资料应用技术要求》。

4. 综合异常图

综合异常图采用多元素异常空间逻辑叠加编制,选择与预测矿产类型有关的元素,异常确定方法参考单元素异常,采用空间逻辑叠加方法形成综合异常,线内标注异常编号等内容。

5. 异常剖析图

在地质简图的基础上附加相关单元素异常图,异常编图方法同前所述。

其他图件不存在数据分级和异常划分等问题,在此不作赘述。

四、编图依据

化探资料应用于矿产资源潜力评价的方法技术依据主要如下:
(1)《化探资料应用技术要求》,北京:地质出版社,2010。
(2)《化探资料应用数据模型》,北京:地质出版社,2010。
(3)《数据项下属词规定分册》,北京:地质出版社,2010。
(4)《通用代码规定分册》,北京:地质出版社,2010。

(5)《编图说明书提纲分册》,北京:地质出版社,2010。
(6)《地理信息分册》,北京:地质出版社,2010。
(7)《空间坐标系统及其参数规定分册》,北京:地质出版社,2010。
(8)《区域地质图图例》(GB 958—1999),中华人民共和国国家标准,1999。
(9)《中华人民共和国地质矿产行业标准 地球化学普查规范(1∶5万)》(DZ/T 0011—1991),中华人民共和国地质矿产部,1992。
(10)《中华人民共和国地质矿产行业标准 区域地球化学勘查规范》(DZ/T 0617—2006),中华人民共和国国土资源部,2006。
(11)《中华人民共和国地质矿产行业标准 岩石地球化学测量技术规程》(DZ/T 0248—2006),中华人民共和国地质矿产部,2006。
(12)《中华人民共和国地质矿产行业标准 土壤地球化学测量规范》(DZ/T 0145—1994),中华人民共和国地质矿产部,1994。
(13)《中华人民共和国国家标准 地球化学勘查技术符号》(GB/T 14839—1993),国家技术监督局,1993。
(14)《中华人民共和国国家标准 地球化学勘查术语》(GB/T 14496—1993),国家技术监督局,1993。

第二节 数据处理与解释方法

一、数据预处理

本次地球化学资料应用数据源主要由两大部分组成:其一是1∶20万区域水系沉积物测量数据;其二是中大比例尺(1∶5万～1∶1万)地球化学测量(及异常查证)数据。前者由于已通过专家验收,数据质量符合化探资料应用要求,本次收集、整理、录入的中大比例尺数据进行如下预处理过程。

1. 数据的录入

充分收集1∶5万地球化学测量工作中的野外记录本、组合样品对照表、样品送样单、采样实际材料图、元素分析报告等原始资料。将采样实际材料图数字化,进行坐标读取,根据样品编号将坐标值与相应含量数据进行有效的连接,形成Excel格式数据。

2. 不定值数据的处理

1∶5万地球化学测量分析报告中部分元素含量采用半定量光谱分析。对于报告中不定值数据的处理,分析报告中出现的不定值"－""<""≤"及">""≥""≫"符号,分别采用元素报出下限的"1/4""1/2""3/4"及报出上限的"6/5""3/2""9/5"值取代。

3. 数据格式化处理

若需对数据进行累加、累乘计算或因子分析等,则先对原始数据进行标准化处理,本次主要采用"数据标准化"。

4. 系统误差处理

对于空间区域存在明显台阶的数据要进行系统误差处理。
(1)按原始点位采用符号分级的方式生成元素的符号图,分级方法采用累计频率方式。
(2)通过校正图示窗浏览原始数据全图,确定具有明显的数据台阶区域,采用图形编辑工具,在图上直接圈定要处理的区域(用面的方式表示)。
(3)建立校正单元与处理数据表空间位置索引关系。

(4)确定各单元的校正值或校正系数。主要方法是与单元周边数据进行对比分析,部分规律性较复杂的单元可以通过统计规律确定,同时还需考虑地球化学分布的整体空间分布趋势和地质背景。计算方法推荐采用:
$$V_{ai}=AV_i+B$$
其中:V_{ai}为校正点校正后数据;A为校正系数;V_i为校正点原始数据;B为校正常数。A与B值的确定参照校正单元周边数据单元(正常的数据单元)确定,本次通过统计规律确定。

(5)数据校正,可采用 SQL 语言操作模式或应用软件系统提供的专用工具,按确定的校正值对各校正单元逐一进行计算。

(6)利用校正计算结果重新生成符号分级图。

(7)观察全图,对部分校正结果不理想的单元,可通过上述步骤,对单元和校正值进行调整,并重新计算,直到校正数据和成图效果符合全局规律为止。

二、数据统计分析

数据统计分析是对统计数据的结构和总体情况进行描述,包括样品数、算术平均值、几何平均值、标准差、变异系数、最大值、最小值、偏度、峰度、累频值等统计,异常下限按平均值加减 2~3 倍标准差的方法统计。

三、因子分析

因子分析是将多个实测变量简化为较少变量的方法,便于提取出最能反映地质背景特征的变量。分析方法采用主成分分析,因子提取原则为总方差解释量≥85%,按方差最大的方法进行旋转,输出旋转后的因子载荷表(按系数大小排列),必要时输出因子得分表,以便编制重要因子得分图。

四、聚类分析

聚类分析主要应用于样品差异性分析,其原则是同一类中的个体有较大的相似性,不同类的个体差异很大。样品聚类分析在统计学中又称 Q 型聚类。一般采用层聚类的方式,可按需要设定聚类数,聚类方法为最小方差法,以欧氏距离或向量间的余弦值计算,对原始数据采用标准化处理,消除不同元素量纲影响。

五、异常处理与分析

本次编图对异常值采用局部区域变值的方法。结合省域内的大地构造单元,将江苏省划分为 4 个局部区域(地球化学分区),对各局部区域内的化探数据分别确定各自的定值异常下限。

局部区域内异常下限的确定采用累频方式,将数据从小到大排序,取(85%~88%)频数的值作为异常下限值,采用第二级下限(92%~96%)、第三级下限(98%~99%)频数值将异常划分为弱、中、强 3 级浓度分带。

鉴于典型矿床范围地球化学数据分布范围小、高值区集中等特点,异常累频数可能会有所变化。

六、分区数据处理与分析

分区数据处理主要按地球化学分区编制省级地球化学异常图。

江苏省地跨华北陆块区、苏鲁造山带、扬子陆块区三大地质构造单元,各单元的地质构造发展历史、岩浆活动和矿产的形成存在明显的差异。结合区域水系沉积物测量分布范围,本次划分了4个地球化学分区分别确定异常下限,它们分别是徐州地球化学区、连云港地球化学区、泗洪-六合地球化学区和南京-苏州地球化学区。对各区分别取元素的85%~98%累频值编制元素异常图后联合形成省级单元素地球化学异常图。

本次分区数据处理只限于省级单元素地球化学异常图的编制。

七、地球化学解释推断方法

在对江苏省地球化学图分析研究的基础上,根据地球化学信息推断的地质体和构造线,编制地球化学推断地质构造图。

通过对江苏省1:20万水系沉积物样品39个元素(或氧化物)的因子分析,了解主要因子的元素组合特征及特征向量。

挑选反映地质构造的特征元素组合,它们表示地质构造分布区。

选择反映地质构造的特征元素组合(因子),编制因子得分等值线(面)图。

在因子得分图的基础上,按照高、低含量区的边界线或轴线等进行面(地质体)和线(构造线)圈定及勾绘。元素组合与地质构造的对应关系以及相应的图面内容可概括为:①Co、Cr、Ni、Mn、Ti、V、Fe_2O_3等铁族元素组合(因子F1),推断玄武岩、辉绿岩及榴辉岩分布区,采用面图元要素表示;②Ba、Sr、La、Zr、Al、K、Na等大离子亲石元素组合(因子F4),推断中酸性岩分布区,采用面图元要素表示;③Ag、As、Bi、Pb、Sb等成矿元素组合(因子F5),推断成矿断裂构造,采用线图元要素表示。

八、预测区和靶区圈定

按预测矿种或矿组分别圈定不同级别的找矿预测区或靶区,其圈定原则与方法如下:

(1)以矿种或矿组地球化学综合异常图、元素组合、成因分类为依据,参考成矿区(带)、地质构造区(带)的划分成果。

(2)选择地质条件与异常成因相同(或相近)的综合异常集中区,按其异常群体几何形态圈定找矿预测区。

(3)找矿预测区至少包含1个以上乙类异常。

(4)在已开展过中大比例尺地球化学测量(或异常查证)且获得有利找矿线索的预测区,选择有利成矿地质条件(或有找矿前景)的区域圈定找矿靶区。

第三节 编图方法技术

一、地球化学工作程度图

1. 编图软件

地球化学工作程度图基于MapGIS软件编制,属性库建设在GeoMag软件中完成。

2. 编图流程

(1)收集各种比例尺地球化学工作资料,除分析指标外,还包括项目名称(或成果报告名称)、工作比例尺、地理投影方式、工作面积、项目完成单位、工作日期、行政负责人、技术负责人、工作方法、工作质量、采样数、分析数、组合样品数等信息。

(2) 将各工作区范围投影于 1 : 50 万简化地理底图上，不同比例尺、不同采样介质的工作范围采用不同色线(及区)表示。

3. 图件要素

图件要素包括简化地理底图、工作区范围(区)、工作区边界(线)等。

4. 其他

按照《化探资料应用数据模型》要求，完善标题、图例、比例尺、编图技术说明、责任表等。

二、地球化学景观图

1. 编图软件

地球化学景观图基于 MapGIS 软件编制，属性库建设在 GeoMag 软件中完成。

2. 编图流程

(1) 全国 II 级地球化学景观将江苏省及上海市划分为冲积平原区，根据江苏省地貌空间分布特征，本次将研究区划分为 2 个 III 级景观亚区，分别是内地沿海低山丘陵区(III_1)和内地沿海冲积平原区(III_2)。

(2) 内地沿海低山丘陵按空间分北部低山丘陵(III_{1-1})、西南低山丘陵(III_{1-2})。北部低山丘陵区由于是鲁西南的延伸残丘，地表植被稀疏，大多为基岩裸露区；西南低山丘陵植被相对发育，有几米到数米的残坡积物覆盖，沟谷比较发育。

(3) 内地沿海冲积平原按物质来源划分为黄淮平原(III_{2-1})、江淮平原(III_{2-2})、东部滨海平原(III_{2-3})、长江三角洲(III_{2-4}) 4 个区。

此外，考虑到微地貌对地球化学工作的影响，在黄淮平原圈定了徐州铜山低山丘陵(III_{1-3})，在长江三角洲平原圈定了江阴低山丘陵(III_{1-4})、环太湖低山丘陵(III_{1-5})。

3. 图件要素

图件要素包括简化地理底图、地球化学地理景观区(面)、地球化学地理景观区标注(点)等。

4. 其他

按照《化探资料应用数据模型》要求，完善标题、图例、比例尺、编图技术说明、责任表等。

三、元素地球化学图

1. 编图软件

元素地球化学图基于 GeoExpl 软件编制，并在 MapGIS 软件中整理、完善，图件属性库建设是在 GeoMag 软件中完成。

2. 编图流程

(1) 省级元素地球化学图是以原始数据为基础，采用以距离为幂的指数加权法进行网格化，网格距离 3km，搜索半径 7.5km，按累频 0.5%、1.2%、2%、3%、4.5%、8%、15%、25%、40%、60%、75%、85%、92%、95.5%、97%、98%、98.8%、99.5%、100% 进行等值区、线划分。

预测工作区元素地球化学图采用以距离为幂的指数加权法进行网格化，网格距离取决于地球化学采样的线距与点距，搜索半径为网格距离的 2.5 倍，分级会在 19 级累频基础上有所变化。

(2)省级地球化学图上会按全区、1∶20万水系沉积物及1∶25万多目标地球化学调查分别作3个原始数据分布直方图,并列出各种数据源的统计参数,包括样品数、最大值、最小值、平均值、标准差、变异系数等。

预测工作区地球化学图上只作1个统计直方图,同时列出上述各类参数。

3. 图件要素

图件要素包括简化地理底图、地球化学等值区(面)图层、地球化学等值线(线)图层、统计直方图等。

4. 其他

按照《化探资料应用数据模型》要求,完善标题、图例、比例尺、编图技术说明、责任表等。

四、单元素地球化学异常图

1. 编图软件

单元素地球化学异常图基于GeoExpl软件编制,并在MapGIS软件中整理、完善,图件属性库建设是在GeoMag软件中完成。

2. 编图流程

(1)本次划分了4个地球化学分区用以编制省级地球化学异常图,它们分别是徐州地球化学区、连云港地球化学区、泗洪-六合地球化学区及南京-苏州地球化学区;预测工作区则不采用分区方法,全区数据统一成图。

(2)采用以距离为幂的指数加权法进行网格化,网格距离2km,搜索半径5.0km,按累频85%～95.5%～98%进行异常外带、中带和内带划分。预测区、典型矿床异常累频值会有所变化。

3. 图件要素

图件要素包括简化地理底图、地球化学异常范围(面)图层、地球化学异常边界线(线)图层等。

4. 其他

按照《化探资料应用数据模型》要求,完善标题、图例、比例尺、编图技术说明、责任表等。

五、地球化学组合异常图

1. 编图软件

地球化学组合异常图基于MapGIS软件编制,图件属性库建设是在GeoMag软件中完成。

2. 编图流程

确定预测矿种或地质构造特征元素组合关系,一张图原则上选择3～5个元素,以异常下限为基准,可划分2～3个浓度带,每种元素通过不同颜色区别。

(1)主成矿元素异常图用分带表示,应用累频方法确定异常下限,按三级划分。

(2)伴生元素异常。辅助元素选择2～4个,用线型表示,利用异常下限确定,各元素的区分采用不同颜色标示。

3. 图件要素

图件要素包括简化地理底图、主成矿元素异常范围(面)图层、主成矿元素异常边界(线)图层、共伴生元素元素异常边界(线)图层等。

4. 其他

按照《化探资料应用数据模型》要求,完善标题、图例、比例尺、编图技术说明、责任表等。

六、地球化学综合异常图

1. 编图软件

地球化学综合异常图基于 GeoExpl 与 MapGIS 软件编制,图件属性库建设是在 GeoMag 软件中完成。

2. 编图原则

(1)选择与预测矿产类型相关的3~5个元素,异常确定方法参考单元素异常确定,采用空间逻辑叠加方法形成综合异常。

(2)分别圈定主成矿元素异常边界线(线)、主成矿元素异常范围(面)、共伴生元素异常边界线(线),并进行分级评序。

(3)对圈定的异常进行编号、命名,并形成地球化学综合异常标注(点)。

3. 图件要素

图件要素包括地理简图图层、地质构造点线图层、成矿区带划分线面图层、矿产地点图层、主成矿元素异常线面图层、共伴生元素异常线面图层和地球化学综合异常标注点图层等。

4. 其他

按照《化探资料应用数据模型》要求,完善标题、图例、比例尺、编图技术说明、责任表等。

七、地球化学推断地质构造图

1. 编图软件

地球化学推断地质构造图基于 GeoExpl 与 MapGIS 软件编制,图件属性库建设是在 GeoMag 软件中完成。

2. 编图原则

(1)对8190件样品进行39个元素因子分析,在方差总解释量为85.13%的情况下获得16个因子。经方差最大旋转后,形成元素在各因子中的组合。对因子中元素组合的载荷进行分析,按大小获得各因子中特征元素组合,它是本次进行推断地质构造的前提。

(2)根据地球化学理论和《化探资料应用技术要求》,结合因子分析结果,每一个因子代表一类元素组合,指示特定的地质体或构造线。

(3)应用对应每一个数据点的因子得分制作各因子二维空间得分图,根据特征元素组合高值区勾绘地质构造面或线,并进行相应的地质解释。

3. 推断成果

(1)基性—超基性岩分布区:Co、Cr、Ni、Mn、Ti、V、Fe_2O_3 等铁族元素组合(因子 F1),高值区主要分布于盱眙、六合、东海、徐州等地,为玄武岩、辉绿岩及榴辉岩分布范围。结合已知基性—超基性岩分布范围,本研究提取F1因子得分等值线($\geqslant$1.51)勾绘地质体分布界线。

(2)中酸性岩分布区:Ba、Sr、La、Zr、Al、K、Na 等大离子亲石元素组合(F4),高值区与全省已知中酸性岩体分布区范围比较吻合。本次编图提取F4因子得分等值线($\geqslant$0.76)勾绘中酸性岩体分布界线。

(3)推断构造线:Ag、As、Bi、Pb、Sb 元素组合形成的 F5 因子,高值区具有近似线状分布的特征,结合本省已知断裂的分布,确定该因子特征值,反映了成矿断裂构造。

4. 图件要素

图件要素包括地理简图图层、地球化学推断岩体(面)、地球化学推断构造(线)、化探推断解释地质图标注(点)、地质构造点线图层等。

5. 其他

按照《化探资料应用数据模型》要求,完善标题、图例、比例尺、编图技术说明、责任表等。

八、地球化学找矿预测图

(一)编图软件

地球化学找矿预测图基于 GeoExpl 与 MapGIS 软件编制,图件属性库建设是在 GeoMag 软件中完成。

(二)编图原则

1. 找矿预测区划分原则

(1)以地球化学异常的平面分布(分区)、元素组合、成因分类为依据,参考成矿区(带)、地球化学区(带)、地质构造区(带)的划分成果和地球化学推断地质构造成果,圈定找矿预测区。

(2)以同类异常的数量和找矿意义分类结果(或每个异常资源量定量预测结果)为依据对找矿预测区进行分级。

(3)找矿预测区统一按 A、B、C 三级划分。

A 级:根据区内或附近的矿床(田)建立找矿模型,通过比较分析,确认预测区存在一个以上甲、乙类异常,有希望找到(或新增储量)达大型以上规模的矿床或矿田;根据地球化学定量模型计算,预测区预测资源量总和超出探明储量巨大,已知成矿条件有利,有希望找到(或新增储量)达大型以上规模的矿床或矿田;异常显示预测区具有找到新矿种(接替资源)的巨大潜力,异常查证证实该新矿种有希望找到中型以上规模的矿床。

B 级:根据成矿区(带)以外所建的找矿模型或理论模型判断,有一个以上的乙类异常存在,就有希望找到中型或大型以上规模的矿床;根据地球化学定量模型计算,预测区预测总资源量巨大,就有希望找到中型或大型规模的矿床。

C 级:多个丙类异常存在,已知地质条件有利或一般,未进行异常查证或查证后未获得重要突破,但推测有希望找到工业矿体或小型以上矿床;有甲、乙类异常存在,但工作或工程控制程度已经很高(包括深部控制),深、边部找矿有一定潜力,但重大找矿突破的可能性较小。

2. 找矿靶区划分原则

地球化学找矿靶区是在预测区中划分出来的,综合地质、矿产、地球化学,划分出最有找矿远景的目标区,它具有明确的找矿方向和目标的甲、乙类异常分布区。

(1)与同成矿区(带)内的典型矿床(模型)十分相似或具有类似的有利成矿地质条件。

(2)综合异常反映较好,异常综合评价指标的评序居靠前位置,异常检查结果良好的,或通过三级查证发现有利找矿线索的,或 1∶5 万地球化学测量异常反映(及查证)良好的,或与其他预测方法高度吻合的。

(3)具有明确的找矿方向和目标的甲、乙类异常分布区。

3. 图件要素

图件要素包括地理简图图层、地质矿产简化图、找矿预测区及找矿预测靶区。

4. 其他

按照《化探资料应用数据模型》要求,完善标题、图例、比例尺、编图技术说明、责任表等。

第四节 质量评述

一、基础数据质量评述

数据质量的合格与否,是数据库建设成败的关键,因此,专题组在基础数据库维护、更新过程中将质量保证贯穿数据库建设的全过程。为确保数据收集、整理过程中的质量,专题组进行了如下工作程序。

1. 资料收集

专题组在了解江苏省1∶5万区域地球化学测量的基础上,结合本次潜力评价划分的预测区,有针对性地开展资料收集。原始资料由专题负责人和从事地球化学测量的人员收集。收集的资料主要有地球化学组合样点位图(或实际材料图)、组合样品对照表、样品送样单、分析报告以及原始记录本等。本次收集的数据资料主要来自于江苏省地质调查研究院资料馆和江苏省地质资料馆已经验收、汇交的报告,资料来源真实、可靠,符合本次要求。

2. 样品分析数据录入

为便于数据的操作与预处理,原始数据利用 Excel 进行录入,为了减少出错的可能,要求在录入过程中完全遵照原始数据实际情况进行录入,不进行换算,以便于检查、核对,并进行100%的自检和100%的互校检,专题负责对数据进行50%检查(尤其是极值),一旦发现较严重的问题,该数据应加大抽查比例。

3. 采样点坐标采集

由于收集的化探资料中没有坐标数据,如果从图中靠人工量算,不仅工作量巨大,而且不够科学有效,同时精度也得不到保障。因此,通过对实际材料图扫描形成 *.JPG 格式的文件,在 MAPINFO 中对其进行投影定位后,采集采样点位,同时输入点的原始编号,通过 MAPINFO 投影及自动赋值功能得到点位(X,Y)坐标值,并形成 *.DBF 格式的坐标文件。

图形在配准时采用的坐标以底图坐标为准,最终根据制图需要进行转换。

4. 分析数据与坐标数据的挂接

通过原始编号或统一编号字段,将样品数据信息与采样点信息数据进行挂接,完成采样点的坐标与样品信息数据的对接。这样既可提高工作效率,又避免了人为的出错率,更易准确无误地解决数据连接的目的。

有些数据已经过多次验收,质量合格;最近几年的测量数据还保留电子版,数据质量得以保证,如区域1∶20万水系沉积物测量数据。该样品采集由江苏省地质矿产局区域地质调查大队完成,由江苏省地质矿产局实验室分析测试。野外工作布局、采样、记录、加工及分析,经质量检查均符合《区域化探全国扫面工作方法若干规定》的要求,并有部分创新和提高,所获得的原始资料是可靠的,1989年经江苏省地质矿产局评审,质量均获优秀级;2009年南京地质调查中心在合肥组织专家对江苏省1∶20万区域化探数据质量进行评估,质量获良好级。1∶25万多目标地球化学调查数据为2001年以来获得的,已通过中国地质调查局组织的专家评审,数据质量完全满足本次地球化学应用资料研究的要求。

这些数据编图基本反映了工作区地球化学特征,数据质量总体较好,安全符合本次地球化学资料应用研究的需要。

二、成果图件质量评述

1. 编图质量

地球化学编图工作主要依据化探应用资料技术要求在 MapGIS 或 GeoExpl 软件平台上进行,按照数据模型进行规范,形成符合数据要求的图件工程。化探图件编制经三级质量检查控制:一是制图人员的自检;二是专题组人员的相互检查;三是院级项目组的专检,经检查后及时修改并做好记录。部分图件已打印输出,经过专家组的检查及检查后的修改完善,完全符合编图技术要求。

2. 数字化图件

数字化图件严格按照数据库制图的要求进行,图形要素的参数正确性、空间位置的准确性均可得以保证,图形矢量化时所用到的线型、花纹、色标、符号、图例及各种点的参数等均参考相关技术规定。

三、属性数据质量

为确保属性内容的质量,属性内容由有丰富经验的专业人员严格按照全国矿产资源潜力评价的相关技术要求采集,尽可能地采集完整的信息。属性采集后要经过检查、校对后才进行属性录入或属性挂接,从而严格地保证属性内容的真实、有效、正确,避免返工。

第四章 地质矿产及区域地球化学特征

第一节 地质矿产概况

江苏省地跨华北陆块区、苏鲁造山带(秦岭造山带东段)、扬子陆块区三大地质构造单元,地质背景复杂,地质内容丰富。各单元的地质构造发展历史、岩浆活动和矿产的形成存在明显的差异:郯庐断裂带以西为华北板块南缘,以新太古界泰山岩群作为基底为特征,构造、岩浆岩和矿产属华北型;郯庐断裂带和响淮断裂带之间为苏鲁造山变质带南缘,分布着东海岩群、锦屏岩群、张八岭岩群、云台岩群变质岩,其变质地层、变质作用和矿产特征等可与大别-秦-祁-昆造山带相对比;响淮断裂带南东为扬子板块,区内属下扬子陆块,其基底地层、岩浆活动、矿产分布都有别于上述两地区,以扬子型为特征。

一、地层

江苏省重要地层单位划分系列如表4-1所示。全区分为华北地层大区晋冀鲁豫地层区、苏鲁地层大区苏鲁地层区、华南地层大区下扬子地层区,各区发育地层分述如下。

1. 华北地层大区区晋冀鲁豫地层区

江苏省西北部以郯庐断裂带为界,属华北地层大区,区内地层发育较完整,出露较齐全,新太古界泰山岩群组成基底,缺失古—中元古界,新元古界—古生界(缺上奥陶统—下石炭统)组成盖层沉积,与基底不整合接触,中生界与第三系主要为断陷盆地沉积,各时代地层间呈整合或假整合关系,在徐(州)—铜(井)—邳(睢)一带构成低山丘陵。

2. 苏鲁地层大区苏鲁地层区

苏鲁造山带位于郯庐断裂带与响淮断裂带之间,区内地层发育具一老一新的特点,主要由新太古代—元古宙变质地层和中新生代地层组成。变质地层主要由新太古代—古元古代东海岩群、中元古代锦屏岩群、张八岭岩群、中新元古代云台岩群、震旦纪石桥岩组组成,共同组成区内变质基底;区内缺失古生代—侏罗纪地层,局部断陷盆地中自白垩纪开始沉积有中新生代地层。

3. 华南地层大区下扬子地层区

下扬子地层区以湖苏断裂为界,分为苏皖地层分区和江南地层分区,其中以苏皖地层分区的地层发育较齐全,保存较好。区内最老地层为中元古界,埤城岩群为一套以变中基性火山岩系为主的地层,上溪岩群主要为一套千枚状泥砂质浅变质岩系,金山岩群为一套绿片岩-大理岩夹斜长角闪岩变质建造,它们共同组成了扬子板块的浅变质基底;震旦系—下三叠统为浅海相碎屑岩与碳酸盐岩相间为主沉积盖层,厚度万米以上;中三叠统—中侏罗统在陆相湖盆中沉积了碎屑岩夹含煤层;上侏罗统—白垩系山间断陷型盆地发育,沉积了杂色碎屑岩-火山岩-红色碎屑岩;古近系—新近系主要于断坳盆地内沉积了大量红色碎屑岩夹火山岩。

表 4-1 江苏省及上海市岩石地层划分对比表

地质时代			年代地层			岩石地层					
代	纪	世	界	系	统	华北地层大区		苏鲁地层大区		华南地层大区	
						晋冀鲁豫地层分区		苏鲁地层分区		下扬子地层分区	江南地层分区
						鲁西地区	徐淮地区	东海地区	连云港地区	苏皖地区	
新生代	第四纪	全新世	新生界	第四系	全新统	Qh	Qh	Qh	Qh	Qh	Qh
		更新世			更新统	Qp	Qp	Qp	Qp	Qp	Qp
	新近纪	上新世		新近系	上新统	宿迁组 N_2s	宿迁组 N_2s			方山组 N_2f	盐城组 $N_{1-2}y$
		中新世			中新统	下草湾组 N_1x	下草湾组 N_1x	盐城组 $N_{1-2}y$		雨花台组 $N_{1-2}y$	
	古近纪	渐新世		古近系	渐新统	官庄群 $E_{2-3}G$	官庄群 $E_{2-3}G$			洞玄观组 N_1d	
		始新世			始新统			三垛组 $E_{2-3}s$		三垛组 $E_{2-3}s$	三垛组 $E_{2-3}s$
								戴南组 E_2d		戴南组 E_2d	戴南组 E_2d
		古新世			古新统			阜宁组 E_1f		阜宁组 E_1f	阜宁组 E_1f
								泰州组 E_1t		泰州组 E_1t	泰州组 E_1t
中生代	白垩纪	晚白垩世	中生界	白垩系	上白垩统	王氏群 K_2W	王氏群 K_2W	王氏群 K_2W		赤山组 K_2c	赤山组 K_2c
										浦口组 K_2p	浦口组 K_2p
		早白垩世			下白垩统	青山群 K_1Q	青山群 K_1Q			甲山火山岩锥 jvb 娘娘山火山岩锥 nvb 上党火山岩锥 svb 姑山火山岩锥 gvb	寿昌组 J_3K_1s
						莱阳群 K_1L	莱阳群 K_1L			葛村组 K_1g	
	侏罗纪	晚侏罗世		侏罗系	上侏罗统	三合组 J_3s	三合组 J_3s			大王山组 J_3d	黄尖组 J_3h
										龙王山组 J_3lw	劳村组 J_3l
		早中侏罗世			下中侏罗统					西横山组 J_3x	
										象山群 $J_{1-2}Xn$	

续表 4-1

地质时代				年代地层			岩石地层					
代	纪	世	界	系	统		华北地层大区			苏鲁地层大区	华南地层大区	
							晋冀鲁豫地层分区		徐淮地层分区	东海地层分区 / 连云港地层分区	下扬子地层分区	江南地层分区
							鲁西地层分区				苏皖地层分区	
中生代	三叠纪	晚三叠世	中生界	三叠系	上三叠统						范家塘组 T_3f	
		中三叠世			中三叠统						黄马青组 T_2h	
											周冲村组 T_2z	
		早三叠世			下三叠统						青龙组 T_1q	
	二叠纪	晚二叠世	古生界	二叠系	上二叠统		石干峰组 P_3sh		石干峰组 P_3sh		大隆组 P_3d	长兴组 P_3c
		中二叠世			中二叠统		石盒子组 P_2s		石盒子组 P_2s		龙潭组 P_2l	
											孤峰组 P_2g	
		早二叠世			下二叠统		山西组 P_1s		山西组 P_1s		栖霞组 P_1q	
古生代	石炭纪	晚石炭世		石炭系	上石炭统		太原组 C_2t		太原组 C_2t		船山组 C_2c	
							本溪组 C_2b		本溪组 C_2b		黄龙组 C_2h	
		早石炭世			下石炭统						老虎洞组 $C_{1-2}l$	
											和州组 C_1h	
											高骊山组 C_1g	
											金陵组 C_1j	
	泥盆纪	晚泥盆世		泥盆系	上泥盆统						五通组 D_3w	
		中泥盆世			中泥盆统							
		早泥盆世			下泥盆统							
	志留纪	晚志留世		志留系	上志留统						茅山组 S_2m	唐家坞组 S_2t
		中志留世			中志留统						坟头组 S_1f	康山组 $S_{1-2}k$
		早志留世			下志留统						高家边组 O_3S_1g	

续表 4-1

地质时代						岩石地层				
代	界	纪	系	世	统	华北地层大区		苏鲁地层大区	华南地层大区	
						晋冀鲁豫地层区		苏鲁地层分区	下扬子地层分区	江南地层分区
						鲁西地层分区	徐淮地层分区	东海地层分区　连云港地层分区		
古生代	古生界	奥陶纪	奥陶系	晚奥陶世	上奥陶统				苏皖地区边组 $O_3 S_1 g$	长坞组 $O_3 c$
									汤头组 $O_{2-3} t$	黄泥岗组 $O_3 h$
				中奥陶世	中奥陶统	马家沟组 $O_{1-2} m$	马家沟组 $O_{1-2} m$		汤山组 $O_2 t$	砚瓦山组 $O_2 yw$
				早奥陶世	下奥陶统	贾汪组 $O_1 j$	贾汪组 $O_1 j$		牯牛潭组 $O_{1-2} g$	牯牛潭组 $O_{1-2} g$
									大湾组 $O_1 d$	大湾组 $O_1 d$
									红花园组 $O_1 h$	红花园组 $O_1 h$
									仑山组 $O_1 l$	仑山组 $O_1 l$
		寒武纪	寒武系	晚寒武世	上寒武统	三山子组 $\epsilon_3 c$	三山子组 $\epsilon_3 c$		观音台组 $\epsilon_3 O_1 g$	超峰组 $\epsilon_3 cf$
				中寒武世	中寒武统	炒米店组 $\epsilon_2 z$	炒米店组 $\epsilon_2 z$		炮台山组 $\epsilon_2 p$	杨柳岗组 $\epsilon_2 y$
						张夏组 $\epsilon_{1-2} m$	张夏组 $\epsilon_{1-2} m$		幕府山组 $\epsilon_{1-2} m$	大陈岭组 $\epsilon_{1-2} m$
				早寒武世	下寒武统	馒头组 $\epsilon_{1-2} m$	馒头组 $\epsilon_{1-2} m$		荷塘组 $\epsilon_1 ht$	荷塘组 $\epsilon_1 ht$
						昌平组 $\epsilon_1 c$	昌平组 $\epsilon_1 c$			荷塘组 $\epsilon_1 c$
						猴家山组 $\epsilon_1 h$	猴家山组 $\epsilon_1 h$			
新元古代	新元古界	震旦纪	震旦系	晚震旦世	上震旦统	金山寨组 $Z_2 j$	金山寨组 $Z_2 j$		灯影组 $Z_2 d$	灯影组 $Z_2 d$
				早震旦世	下震旦统			石桥岩组 $Z_1 s$	黄墟组 $Z_1 h$	蓝田组 $Z_1 l$
		南华纪	南华系	晚南华世	上南华统				苏家湾组 $Nh_2 s$	南沱组 $Nh_2 n$
				早南华世	下南华统				周岗组 $Nh_1 z$	休宁组 $Nh_1 x$

续表4-1

地质时代					年代地层			岩石地层					
代	纪	世		界	系	统		华北地层大区			苏鲁地层大区	华南地层大区	
								晋冀鲁豫地层分区		连云港地层分区	下扬子地层分区	江南地层分区	
								鲁西地层分区	徐淮地层分区	东海地层分区			
新元古代	青白口纪	晚青白口世		新元古界	青白口系	上青白口统			望山组 Pt_3ws 史家组 Pt_3s 魏集组 Pt_3w 张渠组 Pt_3zh 九顶山组 Pt_3jd 倪园组 Pt_3n 赵圩组 Pt_3z 贾园组 Pt_3jy 城山组 Pt_3c 新兴组 Pt_3x 兰陵组 Pt_3l (淮河群)			
中元古代	蓟县纪	晚蓟县世 早蓟县世		中元古界	蓟县系	上蓟县统 下蓟县统					云台岩群 $Pt_{2-3}Z$ 张八岭岩群 Pt_2Z 锦屏岩群 Pt_2J	埤城岩群 Pt_2P	金山岩群 Pt_2Js 上溪岩群 Pt_2S
	长城纪	晚长城世 早长城世			长城系	上长城统 下长城统							
	滹沱纪				滹沱系								
古元古代				古元古界				泰山岩群 $Ar_{3-4}T$		东海岩群 Ar_4Pt_1D	?	?	?
新太古代				新太古界				泰山岩群 $Ar_{3-4}T$		?	?	?	?
中太古代				中太古界									

二、岩浆岩

江苏省地区岩浆活动强烈,发育有从超基性至碱性的各类岩浆岩。按岩浆活动在时、空上演化规律、组合特征及其所处地质背景,江苏省大致可分为3个岩区,即徐州—宿迁(徐宿)岩区、连云港—南京(宁连)岩区、苏州—无锡(苏锡)岩区,其界线分别以海州—宿迁—泗洪一线及高淳—靖江—海安一线为界。

(一)侵入岩

江苏省岩浆岩分布广泛,种类齐全。区域岩浆活动具有延续时间长,活动期次多,波及范围广,活动形式多样,并与多种矿产关系密切的特点。

江苏省内岩浆岩分布虽广,但由于第四系覆盖,出露面积仅 $4000km^2$。岩浆活动形式既有岩体的侵入,也有火山喷发,形成的岩石类型包括超基性岩、基性岩、中性岩、酸性岩、碱性岩及各种过渡岩石类型,与之有关的矿产涉及铁铜、铅锌、金银等金属矿产和凹凸棒石、膨润土、蓝宝石等矿产。

江苏省岩浆侵入活动主要发生在燕山期,其次为吕梁期、晋宁期、喜马拉雅期。岩石类型较全,从超基性岩类到酸性岩类都有,但以中酸性岩类为主。燕山期侵入岩,由于是多期次、多类型岩浆活动的综合产物,往往构成杂岩体,且多过渡类型岩类,其他几期侵入活动,岩性则较单一。据不完全统计,江苏省境内具一定规模的各类侵入岩体约有70余个,除少数为钻孔揭示的隐伏岩体外,绝大多数岩体在地表均有不同程度的出露。

超基性岩有橄榄岩和榴辉岩两类,为吕梁期构造岩浆活动的产物,分布在东海、新沂、赣榆境内,泗洪地区钻孔中有揭示。岩石组合复杂,成群出现,多为透镜体,单个岩体规模较小,一般长数百米,宽数十米。橄榄岩多已蛇纹石化,榴辉岩多退变质,与蛇纹石、金红石、石榴石等矿产有关。

基性岩有辉绿岩和辉长岩两类,晋宁期、燕山早期及喜马拉雅期均见有,分布在铜山、邳县、睢宁、南京、宜兴、仪征、泗洪境内。岩石组合除燕山早期产物较复杂外,均较单一,多呈岩床、岩基、岩墙产出,辉绿岩多成群出现,单个岩体规模不大,大的岩体有燕子埠、马头山、埠上、牛蹄山、房村、都山、峰山、蒋王庙、解放桥等岩体,部分岩体与铁、铜矿化有关。

中性岩主要是闪长岩类,为燕山期产物,分布广泛,在沛县、丰县、铜山、盱眙、溧水、南京、溧阳、丹徒、宜兴等地均有分布,多呈岩株、岩枝、岩盖产出,出露面积一般为数十至数百平方米,大者可达数平方千米,大的岩体有利国、班井、金山里、大红山、麒麟铺等岩体,铁、铜、铅、锌、硫等矿产与之有关。

中酸性岩有石英闪长岩、石英二长岩、花岗闪长岩3类,属燕山晚期产物,省内分布广泛,岩石组合复杂多样,多呈岩株、岩基、岩枝产出,规模较大,一般出露面积为数平方千米,大者达数百平方千米,主要岩体有高资、安基山、麒麟门、冶山、镇江、下蜀、施山、同官、丹徒镇、桃林、谏壁、石马、白鹅山、后石娄等岩体,与铁、铜、铅、锌、钼、金、银、硫、高岭土、萤石等矿产有关,是省内金属矿产主要成矿母岩。

酸性岩有花岗岩和花岗斑岩2类,为燕山期产物,分布零星,在铜山、新沂、东海、宿迁、苏州、溧阳、句容、宜兴等境内见有分布。岩石组合较简单,呈岩株、岩墙、岩脉产出,除苏州岩体外,其余规模均较小,一般出露面积小于 $1km^2$,较大岩体有苏州、周院、天池山、雷巷、牛头山、城隍山、徐塘庄、晓庄等岩体,其中苏州岩体与铁、铜、铌、钽、锡等矿产有关。

碱性岩主要有石英正长斑岩,零星分布,一般规模较小,矿化作用弱。

除较大的侵入岩体外,每一次较大规模的岩浆活动后期,往往伴随有相应的派生岩脉侵入。东海、新沂地区有海州期的苦橄玢岩和伟晶岩脉,后者与云母、水晶矿有关;燕山期脉岩种类繁多,主要有煌斑岩、细晶岩、伟晶岩、辉绿岩、石英斑岩、花岗斑岩、花岗闪长斑岩、正长斑岩等,规模差异大,受断裂带控制明显,岩脉多呈北西—北北西、北东、近东西向,少数为北北东、近南北向;晋宁期、喜马拉雅期的辉绿岩,则多呈岩脉产出。

（二）火山岩

江苏省内火山岩分布面积广、厚度大，主要发育于中新生代燕山期和喜马拉雅期。

中生代火山岩活动开始于早-中侏罗世，盛于晚侏罗世—早白垩世，晚白垩世基本结束，以陆相火山喷溢作用为主，形成的火山岩包括爆发相的火山碎屑岩、溢流相的熔岩、喷发沉积相的沉火山碎屑岩和火山碎屑沉积岩、次火山岩相的次火山岩等。其中熔岩为主要岩石类型，包括中性的安山质熔岩、中酸性粗安质熔岩、酸性流纹质熔岩和碱性粗面质熔岩，局部出现响岩。它们组成晚侏罗世和早白垩世火山岩地层的主体。次火山岩主要见于江宁、溧水、溧阳、丹徒、句容、高淳、吴县境内，受构造控制明显，多沿断裂或火山管道侵入，呈岩脉、岩株、岩墙产出，规模小，一般出露面积 $1\sim3km^2$，最大的达 $17km^2$。岩石类型有次安山岩、次粗安岩、次玄武粗安岩、次粗面岩、流纹斑岩、假白榴石斑岩等。它们与长江中下游的铁、铜、铅、锌、金、黄铁矿关系密切。

中生代陆相火山岩喷发多发生在构造凹陷区，全省共有 11 个中生代火山岩盆地。其中宁芜盆地是江苏省内规模最大、活动时间最长、岩类最复杂、成矿最有利的火山活动盆地。火山活动受北东向、北西向、近东西向的几组断裂控制，有多个喷发带，活动时期从晚侏罗世—早白垩世，岩相以溢流相、爆发相、次火山岩相为主，岩性有中性、中酸性、碱性等，与区内的铁、铜、黄铁矿、金矿关系密切，形成了著名的"玢岩铁矿"等矿床。

新生代火山活动始于古新世，中新世—上新世发生强烈喷发，更新世以来，尚无火山活动记录。古新世—渐新世火山活动中心在金湖—海安一带，苏北钻孔古近系中普遍见火山岩夹层，多者可达数十层，累计厚度 300 余米；中新世—上新世火山岩主要出露在盱眙、六合、仪征境内，其他地区也有零星分布，受北西向、北北东向断裂控制，为裂隙-中心式喷发或中心式喷发。

新生代火山岩岩类较单一，为基性熔岩、火山碎屑岩及次火山岩。熔岩类以碱性玄武岩为主，火山碎屑岩类包括火山集块岩、火山角砾岩，其成分亦多为玄武质。火山碎屑沉积岩类则主要为凝灰质砾岩和凝灰质砂岩，次火山岩有辉绿岩及橄榄辉绿岩。

三、变质岩

区内三大地质构造单元内均有变质岩存在，其中以新太古代至中元古代的变质作用最强烈，新太古界至中元古界均已变质。变质作用类型主要有区域变质、接触变质、动力变质等，以区域变质作用为主，形成的变质岩种类繁多，主要有片麻岩、变粒岩、片岩、角岩、大理岩、矽卡岩、糜棱岩等。

江苏省区域变质作用发生在太古宙至元古宙，区域变质岩广泛分布于苏鲁造山带中，在漫长的变质地质时期内，原已形成的侵入岩、火山-沉积岩、沉积岩普遍遭受区域变质作用，构成各种区域变质岩，出现不同的变质带和变质相。按变质作用发生的时间，可划分为太古宙—古元古代和中-新元古代两个变质期。

太古宙—古元古代变质期变质作用类型为区域高—中温热动力变质作用，遭受变质的地层为新太古界泰山岩群和东海杂岩，岩石达中—深变质程度，主要形成低角闪岩相和高绿片岩相两个变质相，部分地区达榴辉岩相、麻粒岩相，形成的变质岩主要为片麻岩、榴辉岩、浅粒岩、变粒岩、片岩、石英岩、大理岩等。岩石中出现了金刚石、金红石、柯石英等超高压、高压变质矿物，原岩的矿物成分和结构构造均已消失。

中-新元古代变质期变质作用类型属区域低温动力变质作用，遭受变质的地层为古-中元古代的锦屏岩群、云台岩群、埤城岩群、金山岩群和中元古代的张八岭岩群，变质相有高绿片岩相和低绿片岩相。变质作用影响的区域包括连云港、沭阳、灌云、东海、泗阳、盱眙大片地区和丹阳市埤城一带。岩石为中—浅变质程度，形成的变质岩主要以片岩为主，夹变粒岩、浅粒岩、大理岩等。

另外，在岩浆岩和围岩接触带，常见接触变质现象。主要发生在中生代燕山期的中酸性侵入岩与围岩接触处,范围一般不大,宽几十到数百米,少数达1~2km,接触变质带形态、规模与侵入体大小、形状及围岩的物理化学性质有关。

四、构造

江苏省地跨三大构造域,在复杂而漫长的地质构造史中,历经板块碰撞、海陆开合等构造运动,其所处大地构造位置致使江苏境内构造格局繁杂而多彩,其中大型变形构造是独具特色的典型构造之一。大型变形构造是组成地壳的地质体在地质应力作用下形成的具有区域规模的巨型强烈变形构造,是地壳中的主要地质现象。大型变形构造与一般变形构造的主要区别就在于构造是否为同一地质应力作用下形成的具有成因联系的构造组合,因而大型变形构造组成的基本单位还是各种类型的构造,如断裂、褶皱、韧性剪切带等,并且包括受构造活动影响而卷入其中的不同地质体。江苏省内大型变形构造主要为大型推覆构造、大型走滑断裂构造、大型逆冲断裂构造和地堑-地垒构造系统,其中,大型走滑断裂构造、大型逆冲断裂构造为不同级别大地构造单元的分界构造,大型推覆构造则在华北陆块区、扬子陆块区均有分布,中新生代中国东部地堑-地垒构造系统涵盖了省域全境。

江苏省内发育的大型变形构造类型及特征如表4-2所示。

五、矿产

(一)全省矿产资源分布特点

新中国成立后至2010年间,全省已发现的矿产资源133种,各类矿床、矿点1400余处。经探明有一定规模资源储量的矿产有81种,大、小矿床615处,其中:大型矿床94处,中型矿床151处,小型矿床370处。主要有煤、石油、铁、铜、铅锌、钛(金红石)、银、锶、铌钽、石灰岩、白云岩、磷、硫铁矿、岩盐、芒硝、石膏、含钾岩石、蛇纹岩、高岭土、陶土、膨润土、凹凸棒石黏土、水泥黏土、大理岩、方解石、水晶及二氧化碳等数十种。江苏省矿产资源在分布上,地域性特征明显。苏北以煤、铁、钛(金红石)、磷、岩盐、芒硝及建筑材料矿产为主;苏中以石油、天然气、二氧化碳及凹凸棒石黏土矿产为主;苏南则以冶金辅助原料及建筑材料非金属、铁、铅锌银、岩盐矿产为主。

全省金属矿产成因类型分为六大类九个亚类,其中以接触交代型、热液型、火山-次火山岩型最重要。铁矿以火山-次火山岩型最为重要,次为接触交代型。铜(钼)、多金属及硫铁矿等有火山-次火山热液型、接触交代型及中、低温热液型等,均占重要地位。

全省金属矿产分布极不平衡。铁矿主要集中分布于宁芜北段,占全省探明储量的3/4;其余均为中、小型矿床,零星分布在徐州、宁镇、六合、苏州、南通等地。铜矿主要分布在宁镇地区,占探明储量的63%,次为宁芜北段及溧水、苏州西部等地。钼矿主要分布于宁镇中段。铅、锌多金属矿主要分布于宁镇西段和苏州西部地区。金矿主要集中分布于宁镇和宁芜地区。银矿主要分布于宁镇西段和苏州西部地区,均为金属硫化矿床的伴生矿产。

硫铁矿主要分布于宁芜北段、宁镇及苏州西部地区,除单独形成矿床外,有色金属矿床中普遍伴有黄铁矿。

(二)矿产成矿特征

本次潜力评价预测的9个矿种(组),其中铁、铅锌、磷为江苏省优势矿产,现将主要矿种成矿特征概述如下。

1. 铁矿

本区已知铁矿床(点)194处,其中大型2处,中型9处,小型16处,矿点、矿化点167处(表4-3)。

表 4-2 大型变形构造特征数据表

大型变形构造名称	代号	类型	规模	产状	组合形式	物质组成	构造层次	运动方向	力学性质	形成时代	变形期次	大地构造环境	含矿特征
郯庐左行走滑构造	TLZZ	剪切	省内长170km，宽20~30km	走向北北东，5°~15°，倾向整体向南东，局部手直立	平行	带内断陷盆地发育，主要物质组成为白垩系，新近系火山岩或火山岩。其内残留有新太古界城岗杂岩隆起，并有燕山期中一酸性岩浆大规模侵入	脆性	早期(T—J₃)走滑；晚期(J₂-₃—N)(J₂-₃—K₁早期)斜冲→先正滑后走滑(N)	早期(T—J₁)扭性；晚期(J₂-₃—N)：压扭性(J₂-₃—K₁早期)→张性(K₁—E₁)→张性(N)	形成于T₂—J₁早期	1. 转换走滑阶段(240~220Ma)；2. 左行平移走滑阶段(220~190Ma)；3. J₂-₃—K₁早期挤压走滑；4. 早白垩世中期—古新世早期陆内断陷阶段；中新世裂谷断陷阶段	T₂-₃为陆同造山带；CZ为陆内盆地相	无
徐宿逆掩推覆构造	XSNT	挤压	推覆体，最大运移距离140~160km	北北东走向，南东向倾斜	近平行(弧形分布)	晚震旦世—早奥陶纪表海碎屑岩沉积，晚寒武纪—早奥陶纪碳酸盐岩沉积；石炭纪表海碎屑岩沉积；而二叠纪、侏罗纪、白垩纪沉积岩主要在钻孔中揭露	脆性	逆冲	压性	形成于T₂—J₃	晚三叠世—燕山期形成，持续活动至新生代。可划分为两期；早期(T₃)向近南北方向挤压逆冲形成推覆构造，后J—K₁向近南北西向活化、早白垩世早期晚白垩世向近东西向拉伸正滑	陆内盆地相	同期铁矿化
宁镇逆掩推覆构造	NZNT	挤压	展布长约50km	走向北东向或北东东向，倾向南东	近平行(弧形分布)	主要物质组成有志留纪前陆盆地沉积岩、石炭纪—早二叠纪被动陆缘沉积岩、中—晚二叠纪、侏罗纪、白垩纪前陆盆地相沉积岩，火山岩及侵入岩	脆性	逆冲	压性	形成于T₂—J₃	从晚三叠世持续活动至今新生。可划分为两期：早期(T₃)向近南北方向挤压推覆形成冲断构造、侏罗纪北西向挤压逆冲活化、早白垩世中期—始新世多期拉张正滑	陆内盆地相	同期铁、铜、铅、锌、金矿化
茅山逆掩推覆构造	MSNT	挤压	全长大于240km	北北东—南南西向延伸	近平行	志留纪前陆盆地—早二叠世被动陆缘沉积岩、石炭沉积、侏罗纪、白垩纪陆内盆地相沉积岩及火山岩、侵入岩	脆性	逆冲	压性	T₂-₃—J₃	持续活动至白垩世：近南北向北西向逆冲活动：早期(晚三叠世)近南北向挤压冲活化；晚期(白垩世)始新世近南北向拉张正滑	陆内盆地相	铁、铜、金
中国东部地堑-地垒构造(江苏部分)	ZDQL	挤压	省内沿北东向断层分布	北东向断裂控制边界	近平行	地堑中断相碎屑岩快速堆积，形成地层主要为震旦纪陆棚碳酸盐沉积岩及新生代碎屑岩沉积	脆性	早期(K—E₁)走滑或斜滑晚期(N)正滑	张性或张扭性	K—N	持续活动自上新世至今新生世。可划分为3期：早期(新元古代)挤压形成阶段；中期(K₁—E₁)挤压逆冲活化阶段；晚期(E₁—N)拉张断陷阶段	陆内盆地相	同期铁、铜、金矿化
响淮大型逆冲断裂构造	XHNC	挤压	隐伏构造。江苏省内沿长大于210km，宽不清	走向北东向，江苏浅部可能南东，深部可能向北西陡倾斜	近平行	出露地层主要为碳酸盐岩沉积及古生代碎屑岩沉积	脆性	逆冲	压性	可能形成于新元古代	持续活动上新世—古新世。可划分为3期：早期(新元古代)挤压形成阶段；中期(T₂—T₃)挤压逆冲活化阶段；晚期(J₃—E₁)拉伸拉张断陷作用	新元古代—被动陆缘；E₁陆内盆地相	无明显矿化
江南大型逆冲断裂构造	JNNC	挤压	隐伏构造。江苏省内长大于200km，宽不清	走向北东向，近于陡立或陡倾，倾向浅部可能为南东	近平行	地表几乎被第四系覆盖，仅少量出露二叠系孤峰组硅质岩，另外钻孔揭露有新近系方山组玄武岩	脆性	逆冲	压性	可能形成于古生代	持续活动期：早期(新元古代)中期(T₂—T₃)挤压逆冲形成作用，晚上新世可能存在拉张裂谷断陷	早古生代为前陆盆地；晚古生代—早三叠世被动陆缘活动；中三叠以来陆内盆地相	无明显矿化

矿床成因类型可划分为陆相火山岩型、矽卡岩型、热液型、沉积变质型、沉积型、风化淋滤（残积）型。其中陆相火山岩型和矽卡岩型为江苏省重要的铁矿类型，占全省铁矿查明资源总量的99%以上，其余类型均为矿点、矿化点。至2007年底，查明铁矿石资源储量82 028.6×10^{4}t，其中保有资源储量61 701.5×10^{4}t。

表4-3 江苏省本次预测矿产已知矿床(点)统计表 （单位：处）

矿种	矿床规模			
	大型	中型	小型	矿(化)点
铁	2	9	16	167
铜		2	15	43
铅锌	2	5	2	13
钼		1	5	5
金			8	16
银		3	7	1
磷		5	1	37
萤石			1	6
硫铁		7	10	6

2. 铜矿

本区已发现铜（包括铜多金属）矿床（点）60处，其中中型2处，小型15处，其余均为矿点、矿化点（表4-3）。矿床类型以矽卡岩型为主，其次为陆相火山岩型、热液型。本区已知铜矿类型有矽卡岩型（接触交代）铜矿床、陆相火山岩型铜矿床、中—低温热液型铜矿及沉积铜矿，其中具有工业意义的主要是矽卡岩型铜矿床、陆相火山岩型铜矿床。截至2008年底，本区已查明铜金属资源储量为65.49×10^{4}t，保有资源储量49.92×10^{4}t。

3. 铅锌矿

铅锌多金属矿是江苏省优势矿种之一，已发现的以铅锌为主的矿床（点）22处，其中大型2处，中型5处，小型2处，其余均为矿（化）点（表4-3）。矿床成因类型可划分为陆相火山岩型、矽卡岩型、热液型、碳酸盐岩型。碳酸盐岩型和矽卡岩型为本省重要的铅锌矿类型，包括了全部中型以上矿床。截至2008年底，江苏省已查明铅矿（含伴生）金属量为885 881.38t、锌矿（含伴生）金属量为1 898 079.74t。

4. 钼矿

本区已发现钼矿床（点）11处，其中中型1处，小型5处，矿（化）点5处（表4-3）。主要分布于宁镇地区，盱眙、东海也有少量矿（化）点分布。矿床类型斑岩型、矽卡岩型、热液交代充填型、海相沉积型。以斑岩型、矽卡岩型最为重要，其余类型均为矿化显示，无工业意义。截至2010年，全省已查明钼矿资源量（金属量，含伴生）约3.87×10^{4}t，保有资源储量约3.25×10^{4}t。

5. 金矿

本区已发现金矿床（点）24处，其中小型矿床8处，矿点、矿（化）点16处（表4-3）。矿床类型以陆相火山岩（火山热液）型、中—低温热液微细浸染型（卡林型）、铁帽型为主要类型。截至2008年底，江苏省已查明金矿资源储量（含伴生）为32.723t。

6. 银矿

本区尚未发现独立银矿床，具有工业意义的银矿主要为铅锌多金属矿床伴生矿。已知共伴生银矿床（点）11处，其中中型3处，小型7处，矿（化）点1处（表4-3）。主要分布于宁镇、苏州两地区，其他地区有零星分布。矿床成因类型可划分为碳酸盐岩(层控热液)型、矽卡岩型、热液型、陆相火山岩型。碳酸盐岩(层控热液)型和矽卡岩型为全省重要的铅锌银矿类型,包括了全部中型以上矿床。截至2010年底,江苏省已查明金属矿床共伴生银金属量为2151.51t。

7. 磷矿

本区已知磷矿床(点)43处,其中中型5处,小型1处,矿点、矿(化)点37处(表4-3)。矿床类型按成因可划分为沉积变质型、岩浆期后型、热液变质型、沉积型、洞穴堆积型。"海州式"沉积变质型磷矿为全省最重要的磷矿类型,占全省磷矿查明资源总量的90%以上,其次为岩浆期后型,为与玢岩型铁矿共生的内生磷矿。其余类型均为矿点、矿(化)点,由于品位低,规模小,难以开发利用,工业意义不大。截至2008年底,全省已查明磷矿石资源储量11 961.04×10^{4}t,保有资源储量11 199.9×10^{4}t。

8. 萤石

江苏省已发现萤石矿床(点)共7处,其中中型矿床1处,其余均为矿(化)点(表4-3)。矿床成因类型均属中—低温热液型。江苏萤石资源相对贫乏,主要分布在苏州西部地区,在溧阳小梅岭庙西岩体、江浦光山及东海罗庄等地也见有零星的萤石矿脉和矿化现象。截至2010年,已查明萤石矿(CaF_2)资源量34.5×10^{4}t。

9. 硫铁矿

江苏省已知硫铁矿床(点)计有23处(包括共伴生),其中中型7处,小型10处,矿点6处(表4-3),主要分布于宁芜、宁镇及苏州西部地区。矿床成因类型有次火山热液型、接触交代矽卡岩型、中—低温热液型等。除单独构成矿床(点)外,在有色金属矿床中普遍共伴生黄铁矿,可综合利用。截至2010年,全省已查明硫铁矿石资源量(含共伴生)8340.27×10^{4}t。

第二节 地球化学景观特征

一、自然地理及景观条件

(一)地貌

江苏省地势低缓、平坦,平原面积约占全省总面积的85%,岗地占10%,低山丘陵仅占5%(图4-1)。全省平原面积广阔,以地势低平、河网稠密、湖荡众多为特征。全部平原地面高程都在45m以下,且有半数以上在10m甚至5m以下。江、河、湖、塘等水域面积约占全省总面积的15%,比例之大居全国之首,因此素有"水乡"之称。

低山丘陵多分布在北部和西南部。北部徐州—连云港一带的低山丘陵是鲁南低山丘陵向南延续的侵蚀残丘,唯云台山耸立于黄海之滨,孤峰突起,海拔625m,是江苏省第一高峰;西南部低山丘陵中的宁镇山脉、茅山山脉海拔200~400m,宜溧山地海拔一般为300~500m,个别山峰超过500m。

在低山丘陵的坡麓和山间谷地中,大都延伸着海拔20~50m的岗地,地势呈波状起伏,顶部相对平坦,在流水切割下冲沟发育。北部山前的岗地,大都基岩出露或覆盖着薄层的风化物质;西南部山前或山谷中的岗地,地面都覆盖着厚层黄土。

从地貌成因来看,江苏省可分河流泛滥平原、海积平原、三角洲平原、古潟湖平原、山前洪积平原、岗地、低山丘陵等基本类型。

(二)气候

江苏省处在亚热带向暖温带的过渡性气候带中,具有明显的季风特征。苏北灌溉总渠以北属暖温

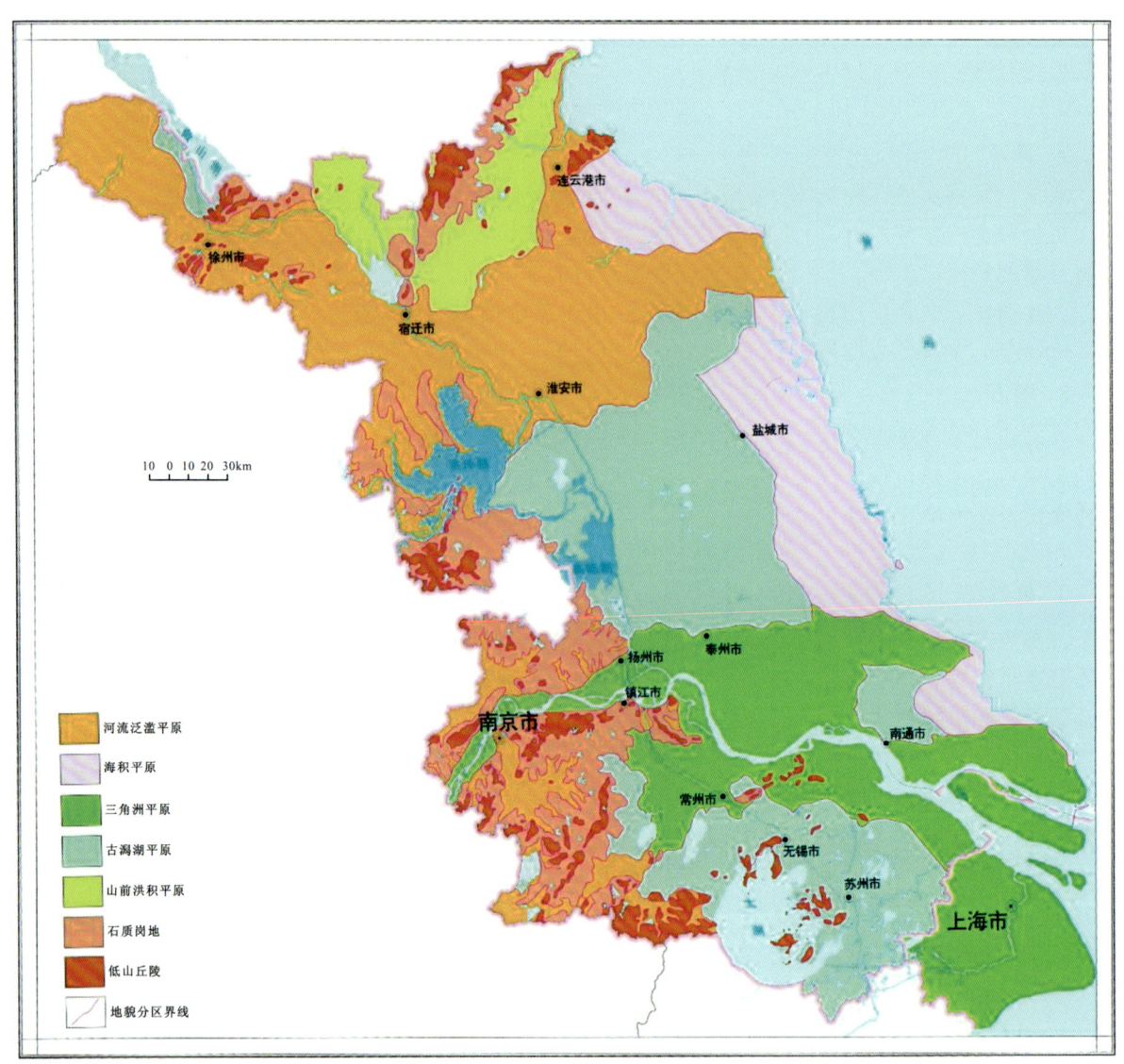

图 4-1 江苏省及上海市地貌分布图
(据《江苏省地图集》,2008 年修改)

带半湿润季风气候,以南至宜溧山地北麓属北亚热带湿润季风气候,宜溧山地属中亚热带湿润季风气候。江苏省气温、降水均受纬度的影响,南北差异比较明显,全省年平均气温在 13.6～16.1℃ 之间,分布为自南向北递减,全省年平均气温最高值出现在南部的东山,最低值出现在北部的赣榆;全省年降水量为 704～1250mm,江淮中部到洪泽湖以北地区降水量少于 1000mm,以南地区降水量在 1000mm 以上,降水分布南部多于北部,沿海多于内陆。年降水量最多的地区在江苏最南部的宜溧山区,最少的地区在西北部的丰县。

江苏省拥有 1000 多千米长的海岸线,海洋对江苏的气候有着显著的影响。在太阳辐射、大气环流以及江苏特定的地理位置、地貌特征的综合影响下,江苏省的基本气候特点是:气候温和、四季分明、季风显著、冬冷夏热、春温多变、秋高气爽、雨热同季、雨量充沛、降水集中、梅雨显著、光热充沛。

(三)水系

江苏省地处长江、淮河、沂沭泗下游,海拔高度低,地貌上属于平原和低山丘陵区,平原地区由于河渠纵横交错,河湖息息相通,水系呈不规则的网格状,流域界线难以确定;低山丘陵地区水系呈树枝状,流域界线较为明显,但由于山体比较低矮零散,一般沟谷短浅,汇水盆地的范围不大。

依地势和主要河流的分布状况,江苏省分属淮河、长江、沂沭泗三大水系(图4-2)。

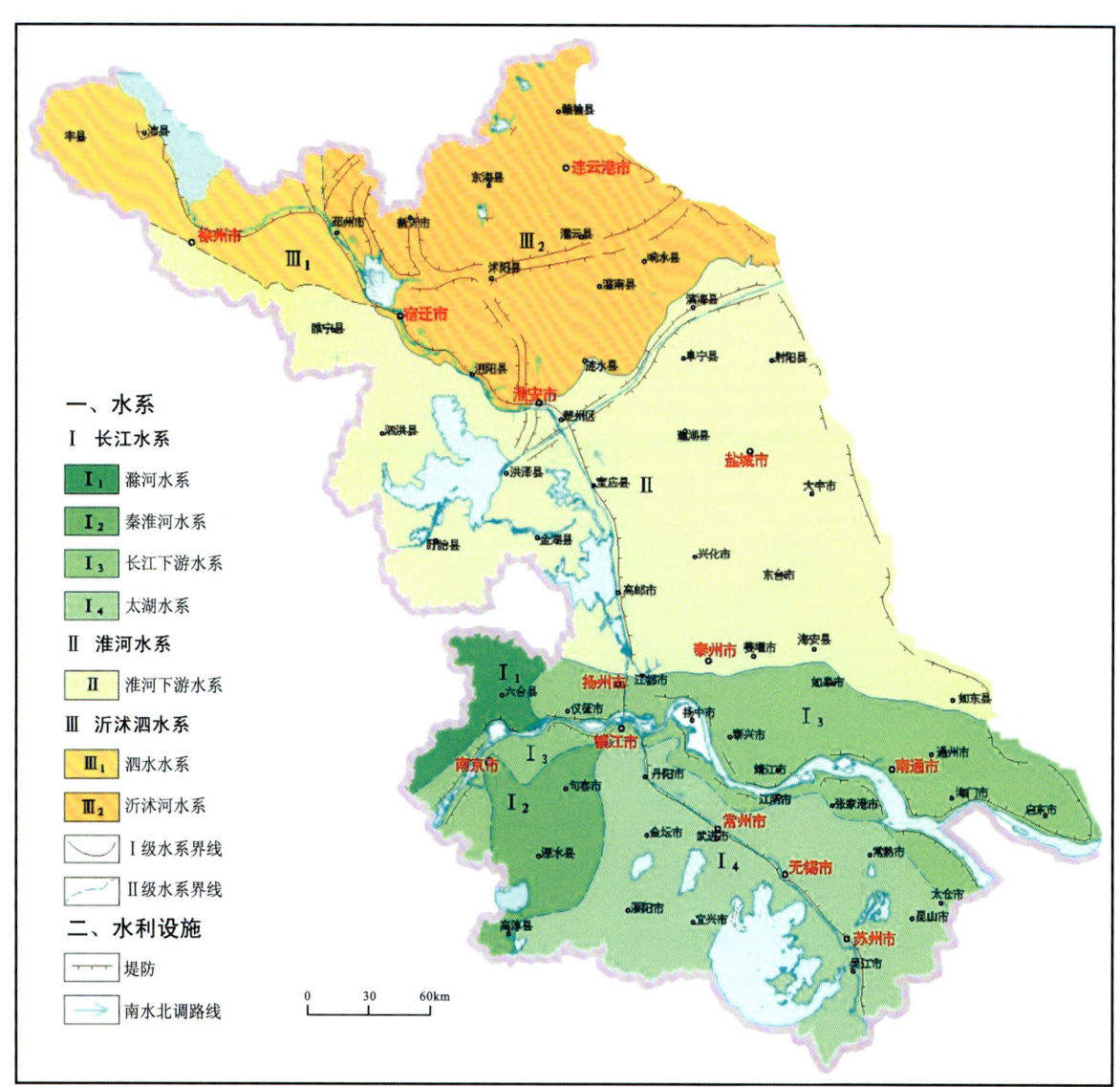

图4-2 江苏省水系分布图
(据《江苏省地图集》,2008年修改)

(四)土壤

江苏省的自然土壤可分为地带性土壤和非地带性土壤两大类型,前者以气候、生物条件为主导因素而形成,后者以局部环境条件为主要因素而形成。

成土母质影响土壤的形成和发育,低山丘陵和岗地上的成土母质,主要是第四纪以前不同地质过程、各种岩石的风化残积物和坡积物发育成的土壤,其基本特性大都与地带性土壤一致,是地带性土壤的组成部分。平原地区的成土母质,主要是第四纪沉积物组成,这些沉积物上的土壤,受局部环境条件的制约,大都发育为非地带性土壤。

在人类活动影响下,各种自然土壤凡已被开辟为农田的地方,基本上都改变了原来的土壤特性,从而形成为耕作土壤。

(五)植被

江苏省地跨暖温带、北亚热带和中亚热带,江苏没有高山,东西间狭窄,故植被的垂直地带性和经度地带性分布规律均未显示,但南北间宽广,由于气候上南北过渡递变规律,表现在自然植被类型的地理分布上南北之间具有相应的明显差异。一般来说,在苏北灌溉总渠以北的广大地区,属于与暖温带季风气候相适应的落叶阔叶林类型;向南逐渐递变为与北亚热带季风气候相适应的落叶阔叶及常绿阔叶混交林类型;到最南部的宜溧山地,再递变为与中亚热带季风气候相适应的常绿阔叶林类型。

二、地球化学景观分区

根据研究区地形地貌、气候条件、水系、成土母质等因素分析,本次将全区地球化学景观分区初步划分为两类(图4-3),分述如下。

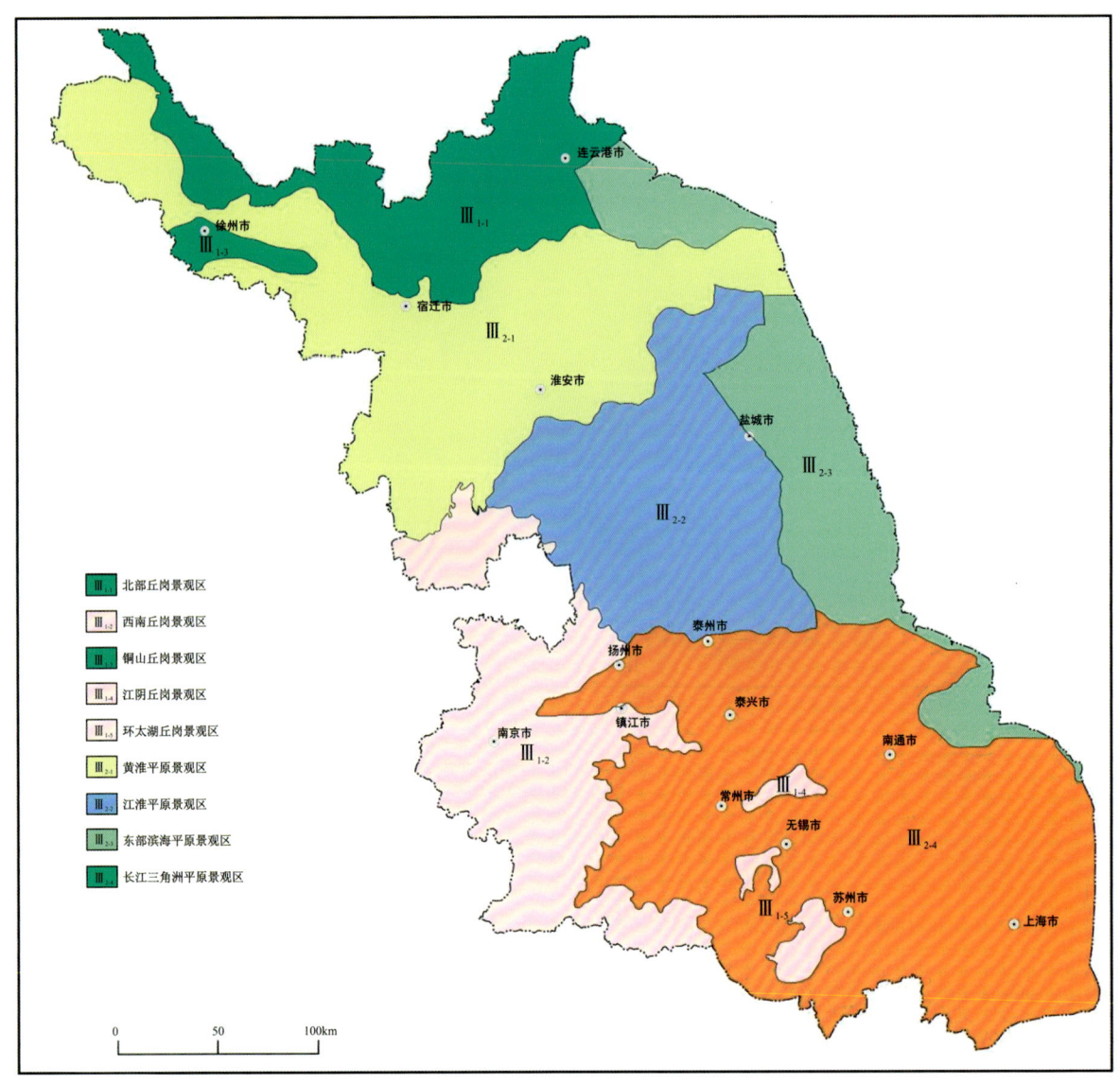

图 4-3 江苏省及上海市地球化学景观图
(据《江苏省区域化探报告》,1988 年修改)

（一）丘岗景观区

丘岗景观区按空间位置分为北部丘岗和西南丘岗景观区。

北部丘岗景观区主要位于江苏北部邳州市、泗阳、灌南、响水一线以北,呈倒三角形,包括贾汪低山丘岗区、宿迁-赣榆低山丘岗区、连云港市云台山。区内地势由西向东平缓下降,西部为徐州铜山县一带的基岩出露区；中、南部垄岗、洼地相间分布,地势波状起伏；东部为东海、赣榆一带,一般山势低矮平缓。北部低山丘陵区由于是鲁西南延伸的残丘,地表植被稀疏,大多为基岩裸露区。该景观区属暖温带半湿润季风气候,夏季暖热多雨,降水量自西向东递增,全区多年平均降水量740~1000mm。

西南丘岗景观区位于江苏省西南部,包括盱眙-六合丘陵岗地、老山山脉、宁镇低山丘陵、茅山低山丘陵及宜溧丘陵等。西南低山丘陵相对植被发育,有几米到数米的残坡积物覆盖,沟谷比较发育。该景观区属亚热带气候,温暖湿润,四季分明,多年平均气温15.4℃,降水丰富。

根据局部微地貌,在徐州铜山区、江阴、无锡南部及苏州西部圈定了小面积的丘岗景观区。

（二）冲积平原景观区

根据冲积平原物质来源及成因,全区可划分为黄淮平原(古黄河泛滥冲积物)、江淮平原(古潟湖沉积物)、东部滨海平原(滨海冲积物)、长江三角洲(长江冲积物)。

第三节　区域地球化学特征

一、地层岩石地球化学特征

（一）北区地层地球化学特征

本区淮河群至石炭系中元素(氧化物)的分配具有如下特点(表4-4)。

(1)淮河群：Zn、Bi、Ga明显贫化；Ba明显富集；Mo特别富集。

(2)震旦系：Cd、Sr明显贫化；Ga、Mn、Ge、MgO明显富集；Sn、Li特别富集。

(3)寒武系：Ti、Cr、Ge(Sb、W、B)特别贫化；Pb、Cu、Ba、Be、Zr(As、Th、Nb、In、Yb、Na_2O)明显贫化；Sr明显富集；CaO特别富集。

(4)奥陶系：Fe_2O_3、Mn、Ti、Cr、Ge、V(La、SiO_2)特别贫化；Ba、Zr、P、Al_2O_3(Sc、Y、K_2O)明显贫化；MgO明显富集；Bi、CaO特别富集。

(5)石炭系：MgO特别贫化；Pb、Cd、Ba、Ga、Ti、Zr、Ni、Co、Ge(Au、As、Sb、F、B、Y、In、Tl、P、K_2O、Na_2O)明显富集；Bi、Sn、Li、V、Fe_2O_3、Al_2O_3(Ag、U、Sc、La、Ce、Yb、SiO_2)特别富集。以泥质岩为主的石炭系是富集元素最多的一个地层单位。

表4-4　北区各系元素(氧化物)丰度表

元素(氧化物)	石炭系	奥陶系	寒武系	震旦系	淮河群	元素(氧化物)	石炭系	奥陶系	寒武系	震旦系	淮河群
Ag	0.076	0.035	0.037			P	300	112	184	249	183
As	5.2	4.0	2.8			Pb	32	20	8	13	13
Au	0.45	0.23	0.24			Sb	1.11	0.69	0.21		

续表 4-4

元素（氧化物）	石炭系	奥陶系	寒武系	震旦系	淮河群	元素（氧化物）	石炭系	奥陶系	寒武系	震旦系	淮河群
B	48	33	14			Sc	11.0	2.2	3.1		
Ba	225	60	90	120	288	Sn	2.26	0.94	0.79	2.11	0.77
Be	1.91	1.55	0.94	2.21	1.30	Sr	243	161	336	73	105
Bi	0.47	0.59	0.20	0.16	0.11	Th	20	16	10		
Cd	0.186	0.096	0.082	0.050	0.071	Ti	3370	238	526	2480	1273
Ce	74	32	32			Tl	0.37	0.22	0.19		
Co	9.5	3.7	4.0	6.2	4.1	U	3.23	0.73	0.59		
Cr	44.2	3.7	11.1	43.8	46.1	V	73.4	7.3	17.5	57.1	24.1
Cu	21	24	14	27	19	W	2.7	4.5	1.1		
F	510	312	354			Y	22.9	8.1	14.3		
Ga	15.5	8.9	9.1	13.2	6.4	Yb	5.5	2.0	1.3		
Ge	0.61	0.17	0.12	0.60	0.40	Zn	49	41	55	50	24
Hg	0.066	0.293	0.142			Zr	180	29	56	108	89
In	0.087	0.052	0.030			Al_2O_3	11.69	0.72	1.24	3.89	2.18
La	33.8	5.8	13.1			CaO	17	39	42	13	16
Li	64	12	13	51	11	Fe_2O_3	3.37	0.32	0.85	1.54	1.52
Mn	555	94	438	636	218	K_2O	0.94	0.27	0.50		
Mo	1.3	1.1	1.0	1.5	7.8	MgO	0.74	6.19	3.06	5.55	3.55
Nb	25	29	19			Na_2O	0.063	0.033	0.020		
Ni	19.3	7.7	10.1	11.0	9.0	SiO_2	37.8	3.3	7.3		

注：氧化物为％，Au 为 10^{-9}，其他均为 10^{-6}。

（二）南区地层地球化学特征

本区震旦系至白垩系元素（氧化物）的分配具有如下特点（表 4-5）。

(1) 震旦系：U 明显贫化；Ba、MgO 明显富集。

(2) 寒武系：Zn、Cu、Sb、Bi、W、Ti、Zr、V、Sc 特别贫化；Pb、Ba、Sn、Be、Li、Ga、B、Mn、Cr、Ni、Th、Nb、La、Ce、Y、Yb、Ge 明显贫化；Ag、Hg、U、P 明显富集。寒武系是贫化元素最多的一个地层单元。

(3) 奥陶系：Zr 特别贫化；Pb、Sn、Be、Ti、Nb、Ge、K_2O、SiO_2 明显贫化；Ag、As、Sb、Cd、Ba、CaO 明显富集；Hg 特别富集。

(4) 志留系：CaO 特别贫化；Mo、Hg、Sr 明显贫化；Zn、Bi、B、Cr、Ni、K_2O 明显富集。

(5) 泥盆系：MgO、CaO、Na_2O 特别贫化；Mo、Hg、F、Sr、Mn、Nb 明显贫化。该地层无富集元素。

(6) 石炭系：Sb、Na_2O 特别贫化；Pb、Zn、F、Ba、Sn、V、P、Ga 明显贫化；Cd、Li、Fe_2O_3、MgO 明显富集；Be 特别富集。

(7) 二叠系：Tl 特别贫化；Pb、Zn、F、Ba、Sn、V、P、Ga 明显贫化；Cd、Li、Fe_2O_3、MgO 明显富集；Be 特别富集。

(8) 三叠系：Mo、Hg、P、SiO_2 明显贫化；Nb、CaO 明显富集。

(9)侏罗系:CaO 特别贫化;Pb、Mo、As、Ba、Sn、W、Cr、Ti、Na$_2$O、K$_2$O 明显富集。以火山岩为主的侏罗系是富集元素最多、贫化元素最少的一个地层单元。

表 4-5 南区各系元素(氧化物)丰度表

元素(氧化物)	白垩系	侏罗系	三叠系	二叠系	石炭系	泥盆系	志留系	奥陶系	寒武系	震旦系
Ag	0.092	0.076	0.076	0.120	0.063	0.077	0.071	0.197	0.121	0.082
As	4.8	33.9	4.4	14.6	3.9	5.3	10.3	17.7	10.6	7.7
Au	0.73	0.71	0.61	0.92	0.49	0.54	0.79	1.13	0.49	0.67
B	29	36	39	51	48	52	73	27	19	33
Ba	591	665	246	343	189	266	391	720	135	622
Be	2.25	1.94	1.92	2.60	14.87	1.50	2.28	1.00	0.98	1.81
Bi	0.26	0.63	0.28	0.30	0.12	0.26	0.41	0.15	0.05	0.13
Cd	0.096	0.128	0.119	0.471	0.221	0.109	0.093	0.258	0.094	0.097
Ce	87	68	47	62	44	52	79	37	20	54
Co	7.1	9.3	12.4	10.4	11.8	5.7	14.2	8.2	4.6	10.1
Cr	43	123	47	92	71	59	115	38	26	64
Cu	76	27	21	62	25	21	28	33	8.7	25
F	502	624	511	520	229	263	578	456	386	678
Ga	12.5	15.2	8.1	15.9	9.3	8.3	12.9	8.8	5.3	13.2
Ge	0.53	0.66	0.40	0.99	0.30	0.66	0.90	0.21	0.19	0.73
Hg	0.065	0.068	0.026	0.102		0.028	0.017	0.230	0.111	0.040
In	0.038	0.057	0.038	0.035		0.032	0.028			0.048
La	45	38	23	32	21	29	39	20	10	25
Li	26	19	21	31	41	21	28	22	11	26
Mn	448	455	340	240	493	231	389	735	145	394
Mo	1.18	5.14	0.77	2.58	1.48	0.76	0.63	1.92	2.33	1.75
Nb	14.6	13.6	25.0	16.1	13	9.1	13.4	9.8	8.0	16.8
Ni	13	15	27	27	23	14	40	15	8	23
P	467	513	303	582	190	506	582	461	1208	592
Pb	22.9	37.7	23.5	14.1	6.9	15.3	14.8	7.5	4.6	23.3
Sb	0.56	0.86	0.54	0.98	0.19	0.49	0.44	1.66	0.21	0.62
Sc	5.1	9.8	6.6	8.7	5.6	6.0	10.1	4.3	1.8	8.5
Sn	1.88	3.01	1.48	1.37	0.70	1.83	2.02	0.65	0.38	1.57
Sr	251	157	300	171	232	70	76	260	134	189
Th	16	12	13	18	11	13	17	10	7	12
Ti	2241	3372	1745	3026	2139	2186	3967	1089	398	3136
Tl	0.530	0.530	0.390	0.054		0.280	0.340			0.240

续表 4-5

元素(氧化物)	白垩系	侏罗系	三叠系	二叠系	石炭系	泥盆系	志留系	奥陶系	寒武系	震旦系
U	2.2	1.8	2.3	1.1		2.2	2.4	2.6	3.9	0.9
V	53	100	49	82	36	46	77	49	12	55
W	3.75	2.69	1.12	1.92	1.08	1.12	1.43	0.95	0.36	1.69
Y	20	21	13	25	17	18	26	18	10	14
Yb	2.9	3.2	1.8	2.8	2.3	2.0	2.8	1.7	1.2	2.0
Zn	61	61	33	96	23	47	91	41	11	71
Zr	214	224	109	182	91	216	233	37	15	131
Al_2O_3	9.9	13.7	5.8	11.2	15.5	6.9	11.5	4.8		7.6
CaO	4.3	1.6	26.9	13.9	16.1	0.3	0.3	26.0		15.9
Fe_2O_3	2.8	5.7	2.4	5.0	7.5	3.4	5.3	2.6		4.2
K_2O	2.7	2.4	1.2	1.6	1.0	1.3	2.6	0.6		1.4
MgO	0.73	1.00	2.20	1.54	3.77	0.31	1.23	2.33		5.19
Na_2O	1.48	2.06	0.37	0.21	0.07	0.06	0.26	0.66		0.51
SiO_2	69	67	28	36		84	74	25		38

注:氧化物为%,Au 为 10^{-9},其他均为 10^{-6}。

(三)地层含矿性探讨

依据地球化学特征,对江苏省地层的含矿性探讨如下:

(1)淮河群城山组和贾园组中 Mo 的丰度及信标准离差居北区各单元的第 1 位和第 2 位,为 69×10^{-6} 和 7.7×10^{-6},丰度系数 345 和 38;Cu 的丰度在北区各地层单元中居前列,为 45×10^{-6} 和 35×10^{-6},丰度系数 45 和 35。该两组地层中 Mo 元素特别富集—极度富集,应注意寻找沉积型钼(铜)矿。

(2)淮河群新兴组和赵圩组中 Ba 的丰度及标准离差北区各单元的第 1 位和第 2 位,达 969×10^{-6} 和 771×10^{-6},丰度系数 97 和 77。该两组以碳酸盐岩为主的地层中,Ba 元素的特别富集对矿产形成的意义尚待查明。

(3)震旦系金山寨组、奥陶系贾汪组、石炭系本溪组中 Li 的丰度和标准离差居北区地层的前 3 位,达 74×10^{-6}、63×10^{-6} 和 140×10^{-6},丰度系数 2.1~14.9。这 3 个组地层中 Li 元素的特别富集对矿产形成的意义亦有待查明。

(4)震旦系黄墟组中 F 元素的丰度(1230×10^{-6})居南区各单元之首,P 元素的丰度(1163×10^{-6})和标准离差均居第 4 位,两元素的丰度系数均为 1.7;Pb、Zn、Au、Ba、Mo 等元素亦为富集元素,居前 10 位,丰度系数 1.2~1.9。黄墟组为江苏省主要含磷层位之一,而作为矿化剂元素的氟和磷,还能够对其他富集元素的活化转移以致聚集成矿起到促进作用。

(5)寒武系幕府山组中 U 和 P 的丰度居各地层单元的首位且高出一个数量级,分别达 14×10^{-6} 和 5019×10^{-6};Mo 和 Ag 的丰度居第 3 位,分别达 5.2×10^{-6} 和 0.34×10^{-6};4 种元素的丰度系数 2.0~7.2,标准离差居前 5 位。幕府山组是江苏省主要的含铀层位,并注意寻找沉积磷、钼、银矿。

(6)奥陶系汤山组、汤头组中多种元素连续富集,且标准离差显著较大,尤以 As、Sb、Ba 特别富集,丰度系数往往大于 10,有的甚至大于 100,其丰度 As$(18~70)\times10^{-6}$、Sb$(1.6~10)\times10^{-6}$、Ba$(807~2785)\times10^{-6}$,居南区 50 个组中的前 10 名,且常常居前 3 名,它们的标准离差各地层的前列。此外,汤山组、汤头组中的 Au 丰度为 $(1.9\sim2.1)\times10^{-9}$，居前 2 名；汤头组中的 Ag 0.3×10^{-6}，F 的丰度 1071×10^{-6}，汤头组中 Pb、Zn、Cd 的丰度分别为 41×10^{-6}、128×10^{-6}、1.1×10^{-6}，居前 5 名，这两个层位对形成沉积型或层控型矿产的意义有待探查。

(7)二叠系大隆组中的 Mo、Cd 和 V 的丰度居南区各地层单元的首位且高出一个数量级，分别达 31×10^{-6}、4.6×10^{-6} 和 389×10^{-6}；Zn 和 F 的丰度居第 2 位，分别达 164×10^{-6} 和 1128×10^{-6}；5 种元素的丰度系数 $1.5\sim15$，标准离差居第 1 位或第 2 位；Au、Ag、As、Sb、Bi、Cu 亦为富集元素，居前 10 位，丰度系数 $1.5\sim4.0$。大隆组为江苏省唯一产出沉积钼矿的层位，应注意发现新的钼矿产地，同时对 Cd、Zn、V、Cu、Bi、Au、Ag 等元素进行综合评价。

(8)三叠系范家塘组中 Cu 元素的丰度（157×10^{-6}）居南区各地层单元第 2 位，且高出一个数量级，丰度系数 157，标准离差居第 4 位；Sb 元素的丰度（3.6×10^{-6}）居第 3 位，标准离差居第 5 位，范家塘组中 Cu 元素的极度富集对形成砂岩型铜矿提供了物质基础，应予重视。

(9)侏罗系西横山组中 As 和 Mo 的丰度分别居南区各地层单元的第 1 位和第 2 位，且高出一个数量级，达 134×10^{-6} 和 15×10^{-6}，两种元素的丰度系数 $8.5\sim134$；标准离差 As 居第 1 位，Mo 居第 5 位。西横山组中 As 元素的极度富集对矿产形成的意义有待研究。

(10)侏罗系西横山组中 Pb 和 Bi 的丰度居南区各地层单元的首位且高出一个数量级，分别达 154×10^{-6} 和 2.7×10^{-6}；Sn、W 的丰度居第 3 位，均达 3.5×10^{-6}；4 种元素的丰度系数 $1.2\sim8.1$(Bi 272)；标准离差 Pb、Bi 居首位，Sn 第 2 位，W 居第 3 位。以酸性火山岩为主的老村组对形成钨、锡、铋、铅等矿产较为有利。

(11)白垩系娘娘山组中 Cu、Zn、Sn、Th 的丰度居南区各地层单元的首位，分别达 363×10^{-6}、183×10^{-6}、4.3×10^{-6} 和 34×10^{-6}，其中 Cu 元素高出其他地层单元一个数量级；Pb、Bi、U 的丰度居第 3 位，分别达 40×10^{-6}、0.66×10^{-6} 和 4.6×10^{-6}；标准离差 Cu 居首位，Zn、Sn、Th 居前 4 名，Bi、Pb 居前 10 名。以碱性火山岩为主的娘娘山组对形成火山热液型的有色金属（Cu、Zn、Pb、Bi、Sn）和放射性（U、Th）矿产十分有利，尤其是碱性火山岩中的构造裂隙往往成为赋矿场所，如铜井铜金矿床即是一例。

以上所述 18 个组是找矿值得注意的地层，它们可能是形成与富集元素相应的沉积型矿产的层位，也可能为热液型矿产提供部分物质来源的矿源层。

二、侵入岩地球化学特征

江苏省岩浆侵入活动以燕山期最强烈，岩类从基性到酸性较为齐全，并且在成因上及时间和空间上与构造和成矿作用关系密切。因此，选择了燕山期的雷巷、牛头山、周院、苏州、桃林、麒麟门、安基山、高资、徐湾、镇江、金山里、条状山及蒋王庙 13 个岩体进行地球化学特征的讨论（表 4-6）。依据侵入岩地球化学特征的实际资料和理论分析，对 13 个岩体的含矿性提出如下看法。

(1)酸性苏州岩体富 K、Na、Si、F，贫 Fe、Mg、Ca；$K_2O>Na_2O$；Ag、Zn、Sn 丰度最高；Pb、Cu、Bi、Mo、W、In、U、Th、Be、Li、Nb、Y、Yb 等元素的丰度系数和标准离差均较大。该岩体有利于寻找有色金属、贵金属、放射性、稀有、稀土及非金属矿产。

(2)中酸性安基山岩体 Na_2O+K_2O 大于中国同类岩石平均值，并在 $7\sim8$ 之间且接近 7；Cu、Ba 丰度最高，Zn、Bi、Ag、As、Sr 等元素的丰度系数和标准离差均较大。该岩体有利于寻找以铜为主的多金属矿产。

(3)中酸性镇江岩体 Na_2O+K_2O 仍大于中国同类岩石平均值，但小于 7；Pb、Zn、Cd、Bi 等元素的丰度系数和标准离差均较大。该岩体有利于寻找铅、锌、铜、钼、钨等有色金属矿产。

(4)中酸性金山里岩体 Na_2O+K_2O 在 $7\sim8$ 之间；Pb、Cd 丰度最高；Zn、Cu、Bi、Mo 等元素的丰度系数和标准离差均较大。该岩体有利于寻找以铅、锌为主的多金属矿产。

(5)中酸性高资岩体、徐湾岩体 Na_2O+K_2O 亦在 $7\sim8$ 之间，但大于安基山岩体，相对来说，有利于

表 4-6 江苏省主要岩体元素（氧化物）含量表

岩类	岩体	岩石名称	样品数	Pb	Zn	Cu	Mo	Au	Ag	As	Sb	Bi	Cd	Sr	Sn	SiO_2	Al_2O_3	Fe_2O_3	MgO	CaO	Na_2O	K_2O	Na_2O+K_2O
酸性岩	雷巷	花岗岩	13	12	7.1	8.7	0.23		13	1.5	0.20	0.12	50	34	0.86	76.96	12.08	0.83	0.24	0.58	3.31	4.69	8.00
	牛头山	花岗斑岩	4	2.1	4.8	11	0.23		15	1.5	0.42	0.076	50	177	0.82	72.94	14.92	0.80	0.16	0.38	5.57	3.46	9.03
	周院	花岗斑岩	7	13	31	5.4	2.00	0.38	41	1.5		0.19	33	72		70.61	14.59	1.47	0.38	0.74	3.58	5.52	9.10
	苏州	花岗岩	28	24	67	19	1.80	0.64	87	1.0	0.34	0.18	70	29	7.20	74.20	12.94	1.07	0.50	0.89	3.95	4.89	8.84
	桃林	花岗闪长岩	2	14	52	13	1.20	2.50	99	0.5	0.63	0.69	57	237	0.76	65.12	14.93	1.91	1.94	3.67	3.70	3.98	7.68
	麒麟门	石英二长斑岩	43	0.87	6.8	9.6	0.41		17	1.7	0.20	0.061	50	133	0.53	67.87	16.69	1.43	0.80	2.26	7.04	1.45	8.49
	安基山	石英闪长斑岩	23	9.1	63	36	0.66		34	2.7	0.20	0.18	170	557	1.00	65.13	15.72	1.89	1.76	3.04	4.51	2.73	7.24
中酸性岩	高资	石英闪长岩	42	6.6	43	20	0.51		17	1.7	0.20	0.11	60	426	1.40	66.12	15.65	1.60	1.75	3.30	4.14	3.47	7.61
	徐湾	石英闪长岩	65	7.4	33	12	0.98		21	1.9	0.22	0.06	56	401	0.87	66.35	15.26	1.42	1.85	3.76	4.18	3.17	7.35
	镇江	石英二长岩	9	20	46	27	0.54		33	5.0	0.20	0.14	260	391	1.40	62.35	14.92	1.59	1.63	4.17	2.94	3.29	6.23
	金山里	斑状石英闪长岩	11	109	62	24	2.00	0.41	30	1.7		0.30	610	304		61.10	16.53	2.22	2.14	3.91	3.66	3.69	7.35
中性岩	条状山	闪长玢岩	17	5.4	30	17	0.88		10	12.0	0.43	0.14	130	795	0.59	62.90	16.27	0.77	2.31	4.96	5.32	2.10	7.42
基性岩	蒋王庙	辉长岩	10	2.7	75	56	1.10		33	1.5	0.20	0.061	50	600	0.85	50.53	17.32	3.82	4.87	7.95	3.81	1.92	5.73

注：氧化物为%，Au、Ag、Cd为10^{-9}，其他元素均为10^{-6}。

寻找铁矿。

（6）中酸性麒麟门岩体由于自变质的钠化强烈而使 Na_2O 的含量特别高，达 7.04，强烈的钠化作用可使岩体中的铁游离析出，为铁矿的形成提供物质基础，在岩体边部或构造裂隙带内，由于压力和温度的降低，会使络合物分解而沉淀铁，该岩体有利于寻找铁矿。

（7）中酸性周院岩体、桃林岩体以及中性条状山岩体分别有 Mo、Bi，以及 As 和 Sr 的高丰度值，它们能否形成相应矿产值得探讨。

（8）酸性雷巷岩体富 K、Si，贫 Fe、Mg、Ca；$K_2O>Na_2O$；与苏州岩体的区别是 Na_2O 含量较低且小于中国同类岩石平均值。该岩体能否形成钨锡铍铌矿产亦值得探讨。

（9）酸性牛头山岩体和基性蒋王庙岩体成矿地球化学条件欠缺，不具找矿前景。

三、变质岩地球化学特征

（一）微量元素地球化学特征

1. 云台岩群

与石桥岩组及东海岩群各组比较，云台岩群 Mn 含量相对较高，Co 含量相对较低（表 4-7）。

该组微量元素 Pb、Be、Ce、Yb、Y、Ga 的丰度高于地壳克拉克值，丰度系数分别为 2.3、2.1、1.6、1.3、1.1、1.02，为相对较富集的元素；它们的变异系数均较小，说明其离散程度相对较小，元素的分配基本不受岩性变化的控制。Mn、Ti、V、Co、Ni、Cu 和 Sr 的丰度值均很低，丰度系数在 0.06～0.35 之间，说明这些元素极为贫化；Ba 和 Cr 的丰度系数分别为 0.74 和 0.53，也显示出贫化的特点。

表 4-7 变质地层微量元素丰度表

元素	云台岩群	石桥岩组	东海岩群	元素	云台岩群	石桥岩组	东海岩群
Pb	28	19	27	Ni	6.6	36	7.2
Zn		49	34	Co	2	12	3.1
Cu	13	14	7.5	V	14	65	9.4
Ba	288	1011	685	Th		8.7	14
Sr	29	121	75	Nb		12	15
Be	2.7	1.9	2.3	Sc		10	2.4
Li		20	192	La	37	48	26
Ga	18	11	17	Ce	68	78	62
Mn	437	86	224	Y	27	18	23
Ti	1355	3496	900	Yb	3.6	1.2	2.8
Cr	58	100	76	P		669	175

注：含量单位均为 10^{-6}。

2. 石桥岩组

与云台岩群及东海岩群各组比较，石桥岩组 Ti、V、Cr、Co、Ni、Sr、Ba、P、Li、Sc 含量相对较高，Mn、Pb、Ga、Th 含量相对较低。

该组元素丰度高于地壳克拉克值的有 Ba、Ce、Pb、Th、Be、La，丰度系数在 1.2～2.5 之间，Ti、Cr、

Zn、Ga、Nb、Sc、Y、P 相对贫化,丰度系数在 0.5～0.9 之间;Ni、Co、Cu、V、Yb、Sr、Mn 更为贫化,丰度系数在 0.05～0.06 之间。从变异系数来看,Cu、Ga、Be、Yb 离散程度较大,而 Ti、V、Cr、Sr、Ba 离散程度较小。在石桥岩组内,也反映出元素性质和岩石类型的亲和性,铁族元素在片岩内和变质黏土岩类岩石中明显增高。

3. 东海岩群朐山组

与云台岩群、石桥岩组及东海岩群其他各组比较,朐山组 Th 含量相对较高,Mn、Ti、V、P、Cu、Zn、Ba、Be、Li、Nb、Sc、La、Y 含量相对较低。

该组微量元素中 Th、Pb、Be、Ce 为贫化元素,丰度系数小于 1。Ga 的丰度系数为 0.9,其他各元素的丰度系数均小于 0.5,而 Ti、V、Mn、Sr、Sc、P 丰度系数均小于 0.1,为极度贫化的特点。

(二) 变质岩地区找矿前景的讨论

(1) 从石桥岩组、东海岩群各种岩石的特征参数来看,东海岩群片岩 P 的丰度最高,达 2200×10^{-6},其丰度系数为 1.8,属富集元素,变异系数最大,达 153%,由此表明,东海岩群片岩是寻找磷矿值得注意的岩类。

(2) 放射性元素 Th 的丰度较高,为地壳平均含量的 1.5～3.4 倍,其中朐山组(上部大理岩)丰度最高,近 20×10^{-6},是寻找钍矿值得注意的层位。

(3) 稀有金属元素 Be 的丰度在各种岩石类型中都较高,丰度系数 1～2.8,稀有元素 La、Ce、Yb、Y 的丰度系数在各种岩石类型中常常大于 1,最大的丰度系数为 3.9,丰度最高的为石桥岩组片岩(Be、La、Ce)和东海岩群片麻岩(Yb、Y)。因此,苏北变质岩区具有寻找稀有、稀土矿产的前提。

四、水系沉积物地球化学特征

(一) 区域水系沉积物地球化学特征

江苏省水系沉积物元素背景值与中国东部陆壳元素含量对比有如下特点(表 4-8)。

(1) Co、Cr、Ni、V、Fe、P、Mn 等铁族元素含量普遍偏低或贫化,而与酸性岩有关的元素如 Li、La、Nb、Zr、Th、U、Pb、Si 等普遍增高或富集,这可能与上部陆壳组成有关,即长英质成分较多、铁镁质成分相对较少。

(2) 易溶元素 Ca、Mg、Na、Sr、F、Ba 等在水系沉积物中大量淋失而贫化。

(3) As、Ag、Au、B、Cd、Bi、Hg、Sb、Sn、W 等在上地壳聚集的挥发性组分和高度不相容元素在水系沉积物中更加富集,其他元素与陆壳含量基本一致。

与中国水系沉积物元素含量相比,江苏省水系沉积物 Zr、Si 元素含量略微偏高,Ag、Au、Ba、Be、Bi、Cd、F、Hg、Mn、Mo、P、Sb、Sn、Sr、Ti、U、W、Zn、Ca、Mg、K 等元素含量明显偏低,其他元素含量两者基本相当。

(二) 各构造单元水系沉积物地球化学特征

按构造单元统计的各元素特征见表 4-9,由表可见,盱眙断褶带(4 号构造单元)含量较高的元素明显地多于其他构造单元。该单元以新近纪的玄武岩占绝对优势,而在含量较高的元素中,如 Cu、Zn、Fe、Mn、Ni、Co、Cr、V、Ti、Mg 等均为基性岩浆元素,这些元素在基性岩中的平均含量,显著高于其他岩类。

平均值是衡量元素富集程度的标志,标准离差则反映了数据的离散程度。平均值越高、标准差越大,其指示找矿的前景就越好。为此,对各个元素在所有构造单元中进行排序,得出排队序号,用以说明元素在各个构造单元中的潜在含矿性。

表 4-8 江苏省水系沉积物中 39 种元素(氧化物)参数特征一览表

元素 (氧化物)	水系沉积物($n=2428$)						中国水系 沉积物	中国东部陆壳 元素含量
	最小值	最大值	中位数	几何均值	算术均值	标准离差		
Ag	14	2100	66	63.26	66.04	18.56	93.82	55
As	1.5	296	10.7	9.77	10.63	3.94	13.29	2.4
Au	0.2	93.3	1.23	1.19	1.27	0.42	2.03	0.9
B	4.2	270	56.75	43.48	53.54	28.04	51.25	11
Ba	147.5	1975	432.0	425.79	428.70	49.40	521.69	620
Be	0.73	13.36	1.87	1.87	1.88	0.20	2.28	1.4
Bi	0.1	20.825	0.29	0.28	0.29	0.08	0.5	0.15
Cd	20	30675	100	100.12	104.38	29.11	258.39	82
Co	4.8	111.8	14.9	14.81	14.92	1.81	13.1	19
Cr	21.6	772.1	58.1	56.79	57.78	10.56	67.86	76
Cu	8.4	898	21.4	21.00	21.35	3.83	25.56	26
F	110	4750	390	380.90	390.56	85.34	528.49	540
Hg	9	2229	17.15	16.23	18.04	7.55	69.06	7
La	11.5	72.35	41.1	40.70	40.89	3.96	41.1	29
Li	12.3	78.9	31.0	30.28	30.76	5.34	33.94	17
Mn	123	3491	666.5	658.60	669.45	119.31	728.47	810
Mo	0.18	54	0.69	0.67	0.69	0.17	1.13	0.5
Nb	4.675	86	14.0	13.75	13.92	2.12	17.38	10
Ni	8.9	258.3	26.7	26.09	26.80	6.06	28.66	31
P	143	2325	325	315.7	327.54	86.05	654.02	750
Pb	1.2	386.05	25.6	25.36	25.66	3.94	29.19	15
Sb	0.11	26	0.85	0.83	0.86	0.23	1.42	0.18
Sn	0.28	200	2.63	2.58	2.65	0.58	4.13	1.4
Sr	18	467	106	102.63	105.46	24.02	163.81	350
Th	1.9	93.5	13.2	12.98	13.23	2.55	13.54	6
Ti	813	15613	3866.5	3773.15	3805.56	488.80	4459.41	4000
U	1	20.5	2.3	2.23	2.28	0.47	3.08	1.3
V	21.42	228.3	78.48	77.12	78.14	12.43	87.3	113
W	0.26	27.2	1.61	1.53	1.65	0.59	2.73	0.6
Y	5.91	93.15	20.16	20.02	20.11	1.91	26.31	17
Zn	16.2	1995	52.5	51.41	52.44	10.23	77.17	76
Zr	49	578	330	326.86	330.36	47.69	292.64	160
Al_2O_3	2.88	15.875	11.79	11.74	11.77	0.36	12.73	14.83
CaO	0.053	21.11	0.69	0.62	0.73	0.69	2.87	5.41
Fe_2O_3	1.11	17.08	4.41	4.35	4.41	0.90	4.73	6.17
K_2O	0.48	4.75	1.83	1.80	1.82	0.18	2.4	2.31
MgO	0.17	12.86	0.65	0.64	0.67	0.24	1.56	3.16
Na_2O	0.063	6.8	0.91	0.89	0.91	0.21	1.37	3.45
SiO_2	17.2	91.95	71.2	71.06	71.13	3.14	64.74	60.62

注：n 为样本数；氧化物为％，元素质量分数：Ag、Au、Cd、Hg 为 10^{-9}，其他元素为 10^{-6}。

表 4-9 各构造单元水系沉积物元素含量一览表

构造单元		Ag	As	Au	B	Ba	Be	Bi	Cd	Co	Cr	Cu	F	Hg	Li	Mn	Mo	Nb	Ni	P
名称	编号																			
徐州褶带	1	0.077	12	1.9	51	468	2.0	0.34	110	18	70	24	506	23	38	859	0.65	14	37	395
新沂断陷东海隆起	2	0.063	4.7	0.7	10	1022	1.8	0.17	74	9.6	34	8.7	259	6	15	518	0.49	13	19	240
连云港隆起	3	0.088	3	0.86	12	280	1.9	0.18	100	4.4	21	6.9	295	19	13	479	0.58	11	11	174
盱眙断褶带	4	0.059	6.9	0.85	24	484	2.1	0.2	120	41	177	41	422	17	24	1314	1.30	26	110	883
江浦六合断褶带	5	0.075	12	1.3	64	455	1.9	0.28	130	19	78	26	520	30	32	805	0.70	14	43	545
宁镇断褶带	6	0.097	12	2.5	74	449	1.8	0.36	210	15	61	29	404	61	33	669	0.81	16	31	428
宁芜断陷	7	0.072	12	1.8	71	428	1.6	0.37	120	15	50	24	429	58	28	685	0.85	11	23	383
溧水断陷茅山断褶带	8	0.069	14	1.6	70	400	1.7	0.28	120	16	59	21	383	48	32	734	0.90	16	25	311
宜溧断褶带	9	0.064	12	1.1	60	370	1.8	0.37	130	14	50	19	335	53	29	631	0.73	12	21	351
苏锡断褶带	10	0.12	9.7	3.6	72	328	1.7	0.38	130	12	50	20	330	180	29	505	0.79	14	21	427
含量较高的构造单元		10,6*	8,7	10,6	6,10	2,4	4,1	10,7	6,5	4,5	4,5	4,6	5,1	10,8	1,6	4,1	4,8	4,8	4,5	4,5

注：元素单位为 10^{-6}；* 前第一个数字表示元素最高平均值所在的构造单元编号，* 前第二个数字表示元素标准差大小在全部构造单元中的排序。

以序号前两位最为有利的找矿元素,并剔除岩性因素,较为清楚地显示了江苏省某些矿产的找矿方向:铁矿以宁芜断陷、江浦-六合断褶带及徐州断褶带找矿前景较好;铜矿以宁芜断陷、宁镇断褶带找矿前景较好;钼矿以盱眙断褶带、宁镇断褶带及宁芜断陷找矿前景较好;铅锌银矿以苏锡断褶带、宁镇断褶带找矿前景较好;锡矿以苏锡断褶带找矿前景较好;铀矿以苏锡断褶带、溧水断陷找矿前景较好。

五、地球化学分区

江苏省地处长江、淮河下游,广大地区为第四系覆盖,基岩出露面积小,从各元素统计参数对比来看,不同构造单元的元素含量相差较大,这取决于各构造单元的地层、岩浆岩、构造及矿产的差异性。根据1:20万水系沉积物元素地球化学图,可以看出,大多数指标(如 SiO_2、Al_2O_3、Na_2O、K_2O、Li、Be、Rb、Ba、Sr、B、U、Th、Nb、La、Y、Zr 等)的空间分布与中酸性(碱性岩)侵入岩类、火山岩类和砂岩等出露范围相一致;Fe_2O_3、CaO、MgO、Mn、P、Ti、V、Cr、Ni、Co、Zr、F 等的空间分布,与各类中基性(超基性岩)侵入岩类、火山岩类出露范围相一致。由此可见,1:20万区域化探普查资料中,大多数不相容元素和相容元素继承了原生环境的各种地质信息,基本上较客观地表述了各种地质体的存在,Ag、Au、Cu、Pb、Zn、As、Sb、Hg、Bi、Mo、Sn、W 等亲硫元素,在开放的表生环境下,由于物理化学条件的差异和自然景观条件的不同,或多或少地发生了分散与富集,与原生环境之间有差异,然而这些元素圈定的次生地球化学异常大多又是原生矿及其异常的客观反映,因此,1:20万区域化探普查的39种化学指标资料,总体上能提供原生环境的各种地质和成矿信息。

由于化探可采区域面积小且分散的特点,根据39个元素(氧化物)的区域背景分布特征,更多考虑了构造单元划分,共圈出了11个地球化学区(图4-4)。各地球化学分区地质特征及水系沉积物地球化学特征分别简述如下:

(1)徐州地球化学区(Ⅰ)。主要出露寒武系—二叠系,地球化学上以 As、Be、F、Li、Mn、Sb、Th、V、Ca、Mg 高背景,Si、Zr、U 低背景为特征。

(2)新沂地球化学区(Ⅱ)。主要出露淮河群、东海岩群以及花岗闪长岩,地球化学特征上表现出 Sr、Ba、K_2O、Na_2O 高背景,Ti、U、Th 低背景的特征。

(3)东海地球化学区(Ⅲ)。主要出露东海岩群,地球化学特征上表现出 Ga、Ge、Yb、F、Ba、Co 高背景,Ag、Hg 低背景的特征。

(4)连云港地球化学区(Ⅳ)。主要出露云台岩群,地球化学特征上表现出以 K、Na、Zr 为高背景,As、Au、Ba、B、Co、Cu、F、Li、Mn、Mo、Ni、P、Pb、Sr、Th、Ti、U、V、Mg 为低背景特征。

(5)盱眙-六合地球化学区(Ⅴ)。主要出露新近纪玄武岩,地球化学特征上以 Zn、Cu、Mo、F、Sr、W、Fe、Be、Ti、Nb、Yb、Y、V、Co、Cr、Ni、Mn、Ca、Mg、Al、Na、P 为高背景,Th、Si_2O、U、Zr 为低背景。

(6)江浦地球化学区(Ⅵ)。主要出露震旦系灯影组,地球化学上以 Cd、Co、Cr、F、Ni、P 高背景为特征。

(7)宁镇地球化学区(Ⅶ)。区内地层发育比较齐全,岩浆岩侵入活动强烈,地球化学上以 Bi、Cd、Au、Ag、Hg、La 高背景为特征。

(8)宁芜、溧水、溧阳地球化学区(Ⅷ)。区内主要出露晚侏罗世火山岩,地球化学上以高 Hg、F、B、Sn、W、Mn、Co、Au、Fe 为特征。

(9)茅山地球化学区(Ⅸ)。区内主要出露白垩系及泥盆系,地球化学上以高 Ba、U、SiO_2,低 CaO、K_2O、Na_2O、Al_2O_3 为特征。

(10)宜溧地球化学区(Ⅹ)。区内主要出露志留系—三叠系,地球化学上以高 Hg、SiO_2,低 K_2O、Na_2O、Al_2O_3 为特征。

(11)苏锡地球化学区(Ⅺ)。区内主要出露志留系—泥盆系,地球化学上以高 W、Sn、Pb、Zn、Ag、Au、Hg、Bi、U、SiO_2,低 Ba、Sr、Fe_2O_3 为特征。

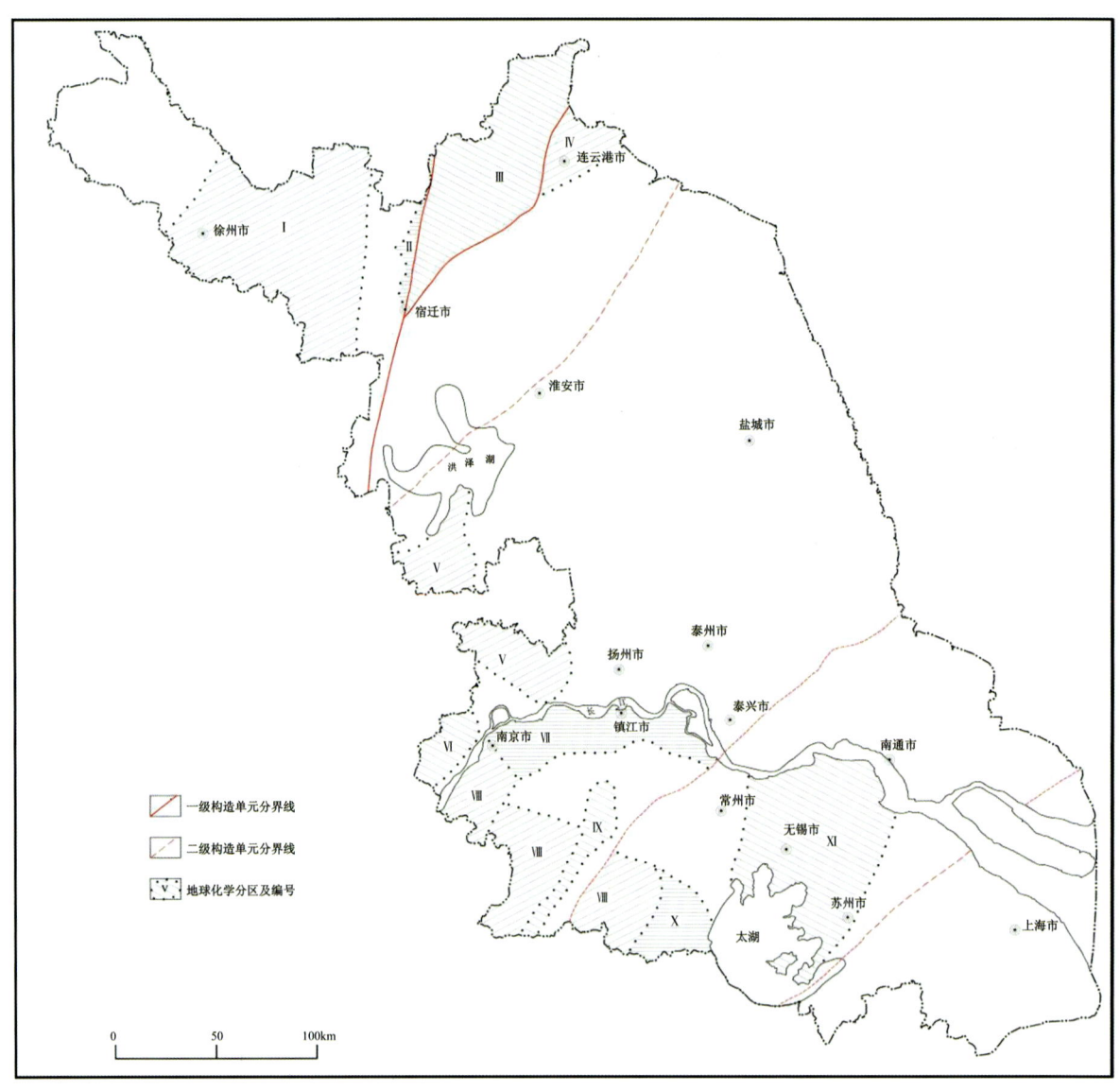

图 4-4 江苏省地球化学分区图
(引用《江苏省区域化探报告》,1988)

第五章 地球化学综合研究成果

第一节 单元素地球化学异常特征

一、异常下限的确定

前文叙述,江苏省地质、构造比较复杂,反映出元素地球化学差异性较大(地球化学分区),但化探采样面积较小(2428件样品),为较好地编制全省单元素地球化学异常图,本次对原有11个地球化学分区进行了合并,圈定4个地质子区:地质子区1(徐州地球化学分区)、地质子区2(新沂、东海、连云港地球化学分区)、地质子区3(盱眙-六合地球化学分区)、地质子区4(江浦、宁镇、宁芜、溧水、溧阳、茅山、宜溧、苏锡地球化学分区)。各地质子区39个元素(或氧化物)异常分带见表5-1。

二、元素异常特征

按照全国矿产资源潜力评价项目总体要求,江苏省开展了铁、铜、铅、锌、钼、金、磷、银、萤石和硫等预测矿种矿产资源潜力评价,为此化探课题组在编制省级39个元素(或氧化物)地球化学图、异常图的基础上针对矿种(组)开展省级地球化学信息综合研究。

受篇幅所限,本次选择 Cu、Mo、Bi、Sn、Pb、Zn、Ag、Cd、Hg、As、Sb、P 12个元素,阐明它们的空间分布特征,以及它们与地质、矿产等因素的关系,现分别简述如下。

1. 铜(Cu)

共有异常区50处,强异常区12处。除盱眙断褶带和江浦-六合断褶带的王大山—王店—竹镇一线之南西由玄武岩引起的大面积异常外,主要分布于宁镇断褶带西段的蒋王庙岩体、安基山岩体及其外围(呈半环状分布)、宁芜断陷西部边缘和东部边缘(呈北北东向带状分布)、东海隆起的安峰山水库(超基性岩)。零星分布的异常主要有连云港隆起的前云台山东朱曹和锦屏山、徐州断褶带的利国(有铁矿)、江浦-六合断褶带的冶山(有铁矿)和浦口东门镇、宁镇断褶带的镇江韦岗(有铁矿)、溧水断陷的溧水观山(有铜铅矿)、宜溧断褶带的溧阳土包山(有铁、铜矿)和上黄(有铁矿点)、苏锡断褶带的虞山(五通组)等处。

2. 钼(Mo)

共圈出异常区54处,强异常区12处。各构造异常分布较普遍,其中强异常主要分布在宁镇断褶带的麒麟门岩体、安基山岩体及其外围,宁芜断陷的宁芜向斜东部边缘,宜溧断褶带的庙西—横山水库—茅山芥一带及土包山(有铁、铜、金矿),苏锡断褶带的苏州岩体及其外围。此外,零星分布的强异常主要有徐州断褶带的利国(有铁矿)、邳县马头山-扒头山(淮河群、寒武系及辉绿岩);盱眙断褶带的涧流洞及其附近(有玄武岩火山口);江浦-六合断褶带的冶山(有铁矿);溧水断陷溧水大桑园(黄马青组及象

表 5-1 江苏省各地质子区异常浓度分带一览表

元素 (氧化物)	地质子区 1			地质子区 2			地质子区 3			地质子区 4		
	外带	中带	内带	外带	中带	内带	外带	中带	内带	外带	中带	内带
Ag	108	132	1519	94	135	167	113	130	168	134	236	315
As	17	19	21	13	18	24	14	16	18	18	25	30
Au	3.0	4.4	14.9	1.6	1.8	2.4	1.3	1.6	2.0	4.0	7.1	10.5
B	69	82	93	29	33	35	59	65	67	95	108	118
Ba	784	1463	2257	1092	1192	1243	561	632	677	484	557	628
Be	2.1	2.2	2.3	2.2	2.4	3.1	2.3	2.4	2.5	2.0	2.2	2.6
Bi	0.41	0.44	0.48	0.40	0.74	3.30	0.36	0.41	0.43	0.51	0.90	1.43
Cd	156	196	268	45	197	267	113	130	168	134	236	315
Co	26.5	34.4	39.8	24.5	34.0	42.6	58.1	66.8	70.4	18.0	20.5	28.2
Cr	80.5	89.5	95.2	60.8	72.3	81.1	278	326	348	69.1	85.4	137.7
Cu	28.9	45.3	83.1	21.2	24.6	28.4	53.7	59.3	62.5	32.2	53.3	101.6
F	616	687	768	453	538	683	538	655	711	521	645	837
Hg	44.9	74.3	105.6	24.2	42.3	54.9	28.0	57.5	101.8	150.5	297.1	537.1
La	41.9	43.7	45.9	41.8	47.6	52.2	43.1	45.9	47.4	46.3	48.3	50.3
Li	43.3	45.6	47.6	31.0	34.9	37.7	36.7	42.0	48.5	36.2	39.8	45.7
Mn	1378	2113	2604	1660	2207	2713	1670	1857	1962	853	982	1175
Mo	1.0	1.7	2.9	0.9	1.1	1.2	1.9	2.3	2.6	1.2	1.7	2.3
Nb	17.6	23.8	35.5	16.2	18.5	28.0	38.6	48.1	51.2	16.7	18.8	22.6
Ni	43.8	50.0	52.5	38.2	51.8	69.3	181.4	206.2	214.0	33.6	46.1	76.8
P	584	739	943	360	517	742	1445	1640	1752	581	799	1087
Pb	36.4	44.4	49.1	31.9	36.7	43.6	29.0	34.6	37.5	36.3	55.6	74.1
Sb	1.7	2.0	2.2	1.1	1.7	2.7	1.0	1.1	1.2	1.3	1.7	2.4
Sn	4.1	4.9	5.4	2.7	3.6	8.1	2.5	3.0	4.0	5.1	8.6	11.4
Sr	176	218	231	233	299	327	268	293	306	132	167	209
Th	18.1	19.7	20.4	14.9	17.2	18.2	13.2	15.1	15.6	16.6	19.8	22.8
Ti	6373	13 162	20 292	3301	3528	4204	11 957	13 421	13 864	4468	5275	6861
U	2.6	2.8	2.9	2.0	2.2	2.4	2.2	2.5	2.6	3.0	3.4	3.7
V	121	197	249	85	103	116	172	196	202	94	108	124
W	2.8	3.3	3.8	1.8	2.3	2.8	4.0	4.6	5.2	2.9	3.6	4.6
Y	27	33	39	26	30	40	27	29	30	22	24	74
Zn	80	114	144	68	79	89	127	144	149	79	118	174
Zr	321	346	365	460	516	558	310	325	336	385	413	436
Al_2O_3	12.5	134.	13.9	13.0	13.2	13.7	12.9	13.2	13.6	11.9	12.4	12.9
CaO	4.5	6.2	7.2	1.6	2.1	2.6	3.0	3.3	3.5	1.5	2.8	3.8
Fe_2O_3	6.9	9.9	11.6	4.9	5.8	7.0	12.3	13.9	14.5	5.4	6.4	7.4
K_2O	2.5	2.8	3.0	3.4	3.8	4.1	1.9	2.1	2.3	2.1	2.5	2.9
MgO	1.8	2.4	3.0	1.0	1.3	1.9	2.9	3.2	3.3	1.1	1.4	1.9
Na_2O	1.2	1.7	1.9	3.2	3.6	4.1	1.5	1.6	1.8	1.2	1.4	1.6
SiO_2	66.0	72.9	76.9	73.8	75.7	76.6	69.6	73.5	73.4	77.1	79.9	81.8

注：氧化物含量为%，Ag、Au、Cd、Hg 含量为 10^{-9}，其他元素含量为 10^{-6}。

山群,有铁、金矿点)与观山(有铜铅、金矿);茅山断褶带的溧阳丫髻山(坟头组、茅山组、上二叠统、下三叠统、浦口组),高淳木竹山(有铅、铁矿点)等地。

3. 铅(Pb)

共有异常区 51 处,强异常区 11 处。主要分布于宁镇断褶带的蒋王庙岩体、安基山岩体、镇江九华山岩体及其与围岩的接触带附近;宁芜断陷的板桥-凤凰山北西向铁成矿带;宜溧断褶带的李家园—省庄一带,对应茅山组、五通组及花岗斑岩;苏锡断褶带的苏州岩体外围等。其次,零星分布于东海隆起的东海农场(东海岩群及超基性岩和榴辉岩)、连云港隆起的锦屏山(混合花岗岩)、江浦-六合断褶带的浦口东门镇(第四系覆盖区)、宁镇断褶带的固山(大王山组)和栖霞山(有铅锌银矿)、溧水断陷的观山(铜、铅矿)、宜溧断褶带的土包山(铁、铜矿)、苏锡断褶带的无锡查桥(有铁、多金属矿点)以及苏州东山(茅山组及五通组)。

4. 锌(Zn)

共有异常区 49 处,强异常区 15 处。主要分布于宁镇断褶带的蒋王庙—栖霞山一带、安基山岩体、镇江九华山岩体及其外围,宁芜断陷的凤凰山—梅山,宜溧断褶带的东西岕—省庄,苏锡断褶带的苏州花岗岩外围等。上述异常分布区,为江苏省铁、铜、多金属等矿产的主要成矿地段。零星分布的异常主要出现在江浦-六合断褶带的星甸北(有赭铁矿点)、连云港隆起的锦屏山(有铅锌矿点)、东西连岛(岩石具黄铁矿化)、宁镇断褶带的天宝山(有铅锌矿点)、溧水断陷的观山(有铜铅矿及金矿点)、张千户南(有赭铁矿点)、徐州断褶带的班井(有铁、金矿点)、宜溧断褶带的土包山(有铁、铜矿点)、金山(有铁矿点)、苏锡断褶带的查桥(有铁、多金属矿点)、茅山断褶带的高淳木竹山(有铅矿化点)以及东海隆起的洪庄、双店、江浦-六合断褶带的浦口东门镇、盘城集龙王山等地。此外,与基性岩浆活动有关的有:盱眙断褶带及江浦-六合断褶带的方山组分布区均属异常区,其中玄武岩火山口及下伏有石英二长斑岩的地段为强异常区;溧水断陷的天王寺浮山玄武岩分布区及徐州断褶带的辉绿岩分布区,亦往往出现强异常。

5. 锡(Sn)

共圈出异常区 51 处,强异常区 10 处。异常区主要分布于苏锡断褶带,此外连云港隆起的锦屏山—云台山一带(对应于混合花岗岩、锦屏岩群、云台岩群),徐州断褶带的徐州市附近(对应贾园组、寒武系—奥陶系、石炭系),宁镇断褶带的蒋王庙岩体(辉长岩)、石马岩体(附近有铁矿点)、镇江九华山岩体(有铅锌矿点)附近,宁芜断陷的谷里(对应有铜矿点),溧水断陷的方山(方山组),盱眙断褶带之盱眙县城南部(对应有铜钼矿点)、溧阳上黄(下三叠统及花岗岩)等地。强异常区主要分布苏锡断褶带内,尤其是军嶂山(有锡矿点)、苏州西山(五通组)、东山(花岗岩及锡矿点)、潭山—阳山(有铅、锌、银、硫铁矿)。

6. 铋(Bi)

共圈出异常区 53 处,强异常区 8 处。异常区主要分布于宁镇断褶带、宁芜断陷、宜溧断褶带及苏锡断褶带,次为溧水断陷及茅山断褶带,其余各构造单元亦有个别的异常区出现。强异常区主要分布于宁镇断褶带的安基山岩体边缘及蒋王庙岩体南东边缘的聚宝山、燕子矶东及仙鹤门;宁芜断陷的梅山、娘娘山、南山—云台山一带、陆郎花塘街—杨家大山—阴山一带(对应有铁、铜、硫矿);宜溧断褶带的溧阳土包山(有铁、铜矿)、天井山—杨店一带及横涧北东乌山东(大王山组及花岗斑岩)、归径南蒲墅(坟头组、茅山组、花岗斑岩)、铜官山(花岗斑岩脉)、省庄西黄塔山(对应有花岗斑岩);苏锡断褶带的苏州花岗岩及其外围、无锡查桥(有铁、多金属矿点)等地。此外,零星分布于徐州断褶带的利国—吴庄,对应有铁矿;盱眙断褶带的蕉家潘,对应有方山组,下伏有石英二长斑岩;溧水断陷的爱景山—方便一带,对应有锶矿。

7. 银(Ag)

共圈出异常区 59 处,强异常区 12 处。异常区主要分布于连云港隆起、宁镇断褶带、苏锡断褶带无锡西南地区、宁芜断陷的板桥、茅山断褶带的芝山一带。此外,徐州断褶带的徐州市及种羊场、东海隆起的黑林、盱眙断褶带的盱眙县、老子山及下草湾、宁芜断陷的云台山、宜溧断褶带的土包山及野山和太华山等地亦有零星分布。

8. 锑（Sb）

共圈出异常区 56 处，强异常区 12 处。异常的分布以徐州褶皱带较多，其次为宁镇断褶带、宁芜断陷、溧水断陷、茅山断褶带、宜溧断褶带和苏锡断褶带、新沂断陷、东海隆起、连云港隆起有个别异常出现，江浦-六合断褶带无异常显示。比较主要的强异常出现在东海隆起的东海安峰山—房山（东海岩群及超基性岩）、宁镇断褶带的南京栖霞山（有铅锌银矿）、江宁淳化天宝山（有多金属矿点）、宁芜断陷的云台山—凤凰山（有黄铁矿及铁矿）、宜溧断褶带的溧阳土包山（有铁、铜、金矿）。此外，还在连云港隆起的前云台山北坡（云台岩群）、宁镇断褶带的江宁汤山（有金矿床）、南京龙潭（中志留统—下三叠统）、宁芜断陷的江宁陆郎花塘街（有铜矿点）、苏锡断褶带的戚墅堰芳茂山和江阴南闸秦宝山东端（茅山组）、苏州南阳山南东（苏州岩体北部接触带，有锌铁矿）等地出现零星异常。

9. 汞（Hg）

共圈出异常区 51 处，强异常区 10 处。异常区主要分布于宁镇断褶带、宁芜断陷、茅山断褶带、苏锡断褶带。其中强异常主要分布于徐州断褶带的徐州市附近（寒武系）、连云港隆起的大桅尖（云台岩群）、盱眙断褶带的盱眙县附近（陡山组、灯影组及闪长岩脉）、宁镇断褶带的南京红山（有铁矿）、栖霞山（有铅锌银多金属矿）、东阳（象山群、浦口组）、镇江市附近（镇江岩体北西边缘，分布志留系—下三叠统）、丹阳大港（灯影组）、宁芜断陷的娘娘山和铜井（有铜金矿）、花塘街（有铜矿点）、梅山和牛首山（有铁矿）、溧水断陷的小茅山（有铁、铜矿点）、宜溧断褶带的大港北（西横山组）、苏锡断褶带的江阴市附近、戚墅堰、芳茂山、雪浪山（茅山组及五通组）、苏州阳山（泥盆系—下二叠统、花岗岩、次流纹岩、流纹斑岩，有锌铁矿床）、光福附近（有多金属及银矿）、东山镇—西山岛（泥盆系—二叠系）等地。

10. 砷（As）

共圈出异常区 65 处，强异常区 9 处。除连云港隆起未显示异常外，其余各构造单元均有零星分布。强异常出现在东海隆起的东海安峰山—房山（东海岩群及超基性岩）、邳县马头山—扒头山（淮河群、寒武系及辉绿岩）、宁镇断褶带的南京栖霞山（有铅锌银矿）、江宁淳化天宝山（有多金属矿点）、宁芜断陷的云台山—凤凰山（有黄铁矿及铁矿）、宜溧断褶带的溧阳土包山（有铁、铜、金矿）及上黄（有铁矿点）、安徽郎溪东岭北坡和宜兴太华山（茅山组及五通组）等地。此外，砷还在徐州种羊场、盱眙断褶带、磨盘山、苏州等地有零星异常分布。

11. 金（Au）

共有异常区 65 处，强异常区 18 处。异常主要分布于徐州断褶带、宁镇断褶带、宁芜断陷、苏锡断褶带及宜溧断褶带。强异常主要分布于宁镇断褶带、苏锡断褶带及宁芜断陷东部和西部边缘。此外，还分布于徐州断褶带的利国（有铁矿）、大洞山（中寒武统—下奥陶统）、徐州市云龙湖南（贾园组、寒武系及闪长岩）、高家营（为第四系覆盖区）；连云港隆起台北镇（云台岩组）、东西连岛（云台岩组，具黄铁矿化）；江浦-六合断褶带的月塘（为第四系覆盖区）；溧水断陷的观山（有铜铅矿、金矿）；茅山断褶带的芝山（龙王山组及闪长玢岩）；宜溧断褶带的溧阳土包山（有铁、铜、金矿），宜兴大华山（茅山组及花岗斑岩）；苏州西山（茅山组及五通组）等地。

12. 磷（P）

共有异常区 57 处，强异常区 17 处。异常区主要分布于盱眙断褶带、宁镇断褶带，此外，徐州断褶带、连云港隆起带和苏锡断褶带。强异常区主要分布于盱眙断褶带之苏皖交界玄武岩，宁镇断褶带镇江附近，连云港隆起带锦屏山（锦屏岩群），苏锡断褶带苏州花岗岩外围的潭东、七子山北西坡及东山等。零星分布的强异常由徐州断褶带的利国（对应有铁矿）、马头山及扒头山（对应于淮河群、寒武系及辉绿岩），江浦-六合断褶带的老山（灯影组及铅矿化点）、竹镇及芝麻岭（对应于玄武岩），苏锡断褶带的通安

(二叠系)、西山(船山组)等。

综上所述,江苏省 Cu、Pb、Zn、Au、Ag、Sb、As、Hg、Mo、Bi、Sn 等成矿指示元素异常与已知铜金多金属矿床(点)关系非常密切,异常分布较好地反映了已知矿产的成矿作用。

第二节 典型矿床地球化学特征及找矿模式

建立典型矿床地球化学找矿模式,不仅要对化探资料中最具特征的信息进行提取,而且在研究典型矿床成矿地质背景、成因类型、控矿因素、找矿标志、化探异常的基础上,对所有最特征的信息都应进行提取和组合,尽量建立以化探信息为主的地质-地球化学找矿模式。

根据预测组研究选择的典型矿床,结合化探预测矿种的实际效果,现有的资料现状及矿产共、伴生情况等因素,本次化探选择了铜、钼、铅锌银、金、磷、硫铁矿 6 个矿种(组)开展 17 个典型矿床地球化学特征及找矿模式研究,分别从矿床地质特征、地球化学特征、地质-地球化学找矿模式进行阐述,现分别简述如下。

一、铜矿典型矿床

(一)江宁区铜井铜金矿床

1. 矿床地质特征

该矿床位于宁芜断陷盆地北段西部,矿区出露地层为白头山组及娘娘山组火山岩。矿床受北北西向断裂构造与火山机构复合控制。火山颈相霓辉正长岩与铜金矿体的形成有密切关系,是铜金矿的成矿母岩。

矿脉主要为含 Cu、Au 黄铁矿石英脉以及含 Cu、Au 重晶石方解石石英脉。铜金矿体大多为单脉状,呈北西 330°方向展布,倾向北东,倾角 75°~80°,空间上呈雁行式或侧幕式排列,脉宽几厘米至几米,一般 1~2m,脉长几十米至几百米。

矿石中铜矿物主要为黄铜矿,次为斑铜矿、辉铜矿、黝铜矿;其他金属矿物有黄铁矿、镜铁矿、赤铁矿、褐铁矿;金矿物主要为自然金。脉石矿物有的以方解石、石英为主,有的以石榴石、透辉石为主,次为绿帘石、绿泥石、绢云母、高岭土、石膏等。矿石结构主要为他形中—细粒结构。矿石构造主要为浸染状构造,其次为脉状构造、块状构造和角砾状构造。矿石类型为含金银黄铁矿(镜铁矿)黄铜矿矿石。Cu 平均品位一般为 1.0%~2.61%,最高达 8.28%,矿区 Cu 平均品位 1.459%。Au 平均品位(3.0~5.0)$\times 10^{-6}$,Ag 平均品位(9.84~13.0)$\times 10^{-6}$。矿石以不等粒结构为主,矿石构造主要为团块状、细脉状、浸染状等。

蚀变主要为钠长石化、钠黝帘石化、矽卡岩化、碳酸盐化、硅化、绿帘石化、绿泥石化、绢云母化、高岭土化,局部石膏化。铜矿化出现于矽卡岩矿物(石榴石)之后,与硅化、绿帘石化、绿泥石化有关。

2. 地球化学特征

矿区及其外围曾先后做过 1∶20 万水系沉积物测量、1∶1 万~1∶5 万土壤测量,它们所反映的地球化学特征基本相同,异常元素组合以 Cu、Au、Ag、Mo 为主,呈北北东向展布,各元素异常又不同程度地显示了北西向展布的趋势,异常范围、展布方向,分别与矿床的矿化范围、主要控矿构造、矿化带及矿体的延伸方向相吻合。

(1)水系沉积物地球化学特征。1∶20 万水系沉积物测量在矿区内异常显示良好。异常呈椭圆形北东向分布,总面积约 69km²。元素组合以 Au、Cu、Bi 为主,其次为 Cd、Hg 等。各元素的异常特征值见表5-2。异常主元素Au浓度分带完整,外、中、内带俱全,极值为47.03×10^{-9},Cu仅发育外、中带;主成矿元素异常内带相互套合,位于白头山—老梁塘一带,构成综合异常的主体,伴有较好的Bi、Cd、Hg等异常。

表5-2　1:20万水系沉积物测量铜井铜金矿区异常特征值表

元素组合	面积（km²）	强度				规模	
		浓度(10^{-6})		衬度		衬度算术规模	衬度几何规模
		最小值	最大值	算术均值	几何均值		
41Cu2	43.19	15.58	123.63	1.86	1.56	80.28	67.36
43Au3	60.63	1.3	47.03	5.27	2.2	319.49	133.37
33Bi2	56.77	0.28	2.63	2.44	1.97	138.33	112.05
68Cd2	49.78	95	212.5	0.93	0.91	46.44	45.30
33Hg1	14.97	376.5	376.5	6.07	6.07	90.82	90.82
34Hg1	1.62	387.8	387.8	6.25	6.25	10.10	10.1
各参数累计						675.36	448.9

注:元素符号前面的数字为省级单元素异常编号;元素符号后面的数字为单元素异常分带性,1表示有外带,2表示有外、中带,3表示有内、中、外带。Au、Cd、Hg含量单位为10^{-9}

(2)土壤地球化学特征。1:5万土壤测量圈定面积约$10.3km^2$综合异常,位于铜井娘娘山一带,异常呈椭圆形北北东向展布,与娘娘山火山口机构分布范围基本吻合,元素组合以Cu、Ag、Mo为主,次为Ba、Sn、Pb等,各元素异常特征值见表5-3。在娘娘山破火山口机构中心附近,组合元素水平分带为Cu、Ag、Mo、Zn,异常西南侧存在零星的Sn异常。

1:1万土壤测量在矿区有良好的化探异常显示(图5-1)。异常以Cu为主,有Pb、Zn、Mn等元素的局部异常伴生,矿区范围异常呈面型分布,即由多条北西向的异常呈北东排列成长7000m,宽约2500m的面状异常带。异常形态规整,连续性较好,单一的Cu异常较好地反映了铜矿脉的分布位置。

表5-3　1:5万土壤测量铜井铜金矿区异常特征值表

元素组合	面积（km²）	强度				规模	
		浓度(10^{-6})		衬度		衬度算术规模	衬度几何规模
		最小值	最大值	算术均值	几何均值		
6Cu2	0.54	169	169	7.02	7.02	3.79	3.79
39Pb2	7.52	27	80	1.44	1.39	10.81	10.48
30Ag3	3.09	0.15	1.9	2.19	1.42	6.76	4.38
5Ba2	1.27	775	1260	1.95	1.92	2.48	2.44
32Mo2	9.83	0.5	1.9	1.86	1.82	18.29	17.85
6Sn2	0.59	19	19	2.87	2.87	1.69	1.69
各参数累计						43.82	40.63

3. 地质-地球化学找矿模式

(1)地质-地球化学找矿模式表。根据上述矿床地质特征、地球化学特征分析以及结合前人资料,总结铜井铜金矿床地质-地球化学找矿模式见表5-4。

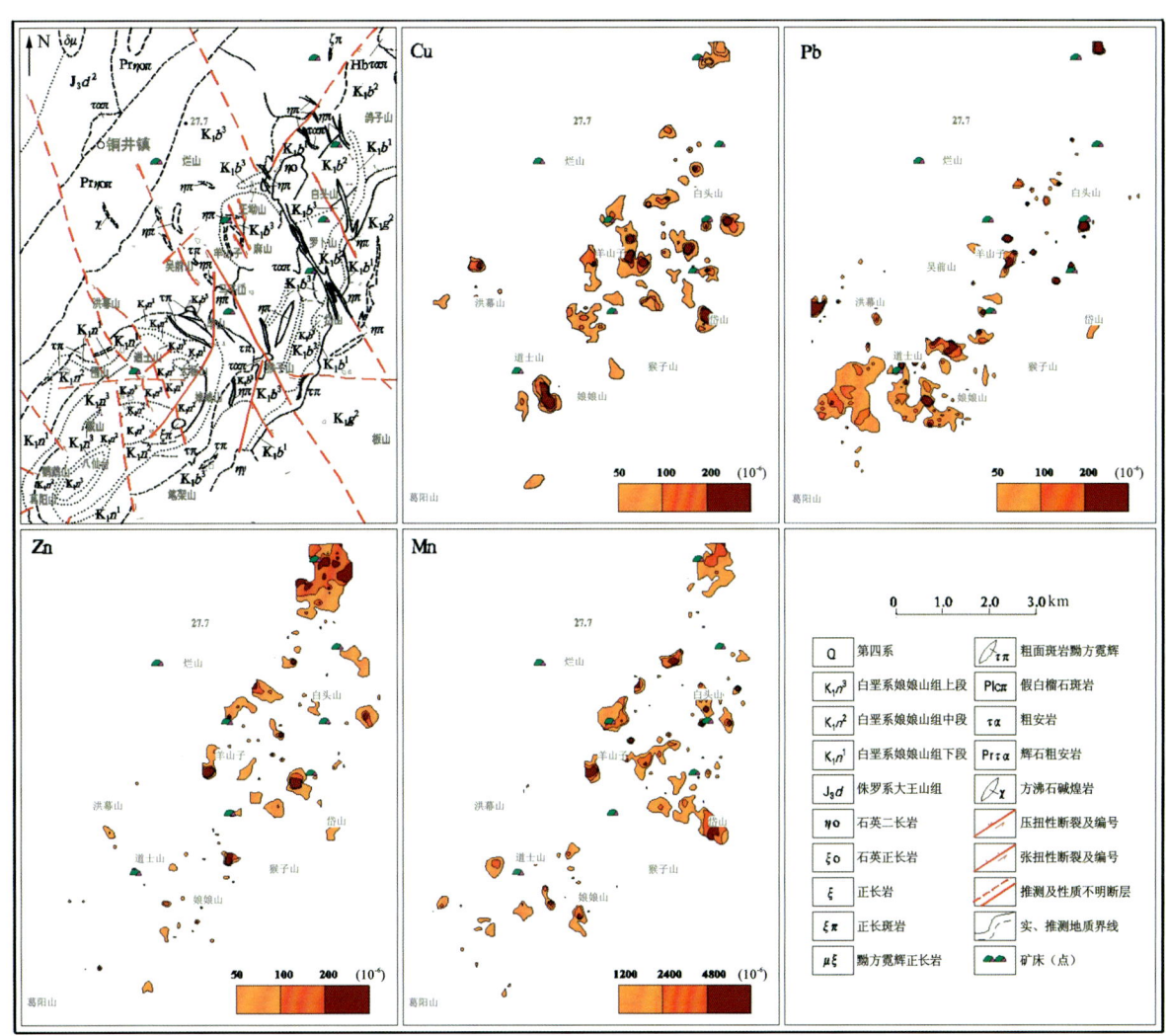

图 5-1 铜井铜金矿区 1∶1 万土壤异常剖析图
(数据引用《江苏省南京南部地区物化探普查工作报告》,1984)

表 5-4 铜井铜金矿床地质-地球化学找矿模式表

矿床类型		陆相火山岩型
地质标志	地层标志	白垩系娘娘山组碱性粗面岩
	构造标志	主要为断裂破碎裂隙构造或围绕中偏碱性火山-次火山岩体边缘近于羽状排列的张(扭性)裂隙带,其次为隐爆角砾岩筒
	岩浆岩标志	碱性、亚碱性次火山岩,$K_2O > Na_2O$,Cu、Au 元素丰度高
	蚀变标志	主要为钠长石化、钠黝帘石化、矽卡岩化、碳酸盐化、硅化、绿帘石化、绿泥石化、绢云母化、高岭土化,局部石膏化
地球化学标志	水系沉积物	Au、Cu、Bi、Cd、Hg 等元素组合
	土壤	Cu、Pb、Zn、Mn 等元素组合
	岩石	Au、Cu、Ag、Pb、Zn、As、Bi、Hg 等元素组合,矿头晕:Hg、As;矿中晕:Au、Ag、Cu(Pb)、Bi;矿尾晕:W、Mo
	铁帽	有孔雀石、蓝铜矿等氧化矿物;-30m 以上具次生富集

(2) 地质-地球化学找矿模式图。江宁区铜井铜金矿形成过程可以模式化为图 5-2。

玄武质岩浆烘烤下地壳,水和流体则伴随玄武质岩浆一道进入下地壳,一方面可以降低下地壳熔融的温度,另一方面可能从下地壳中淋滤出有用元素(Fe、Cu、Au、Mo 等),并随中基性和中酸性岩浆上升,在合适的条件下富集成矿。

(二) 江宁区獾子洞铜(金)矿床

1. 矿床地质特征

矿区出露地层较简单,除第四系外,仅有侏罗系,出露有下-中侏罗统象山群和上侏罗统西横山组,均为河湖相碎屑沉积建造,其中西横山组是矿区出露最广的地层,也是本区的赋矿层位。本区处于东西向横溪-乌山向斜南翼,呈一个单斜构造,地层走向北东,倾向北西 320°～340°,倾角 10°～25°,仅局部发育有小型短轴背斜、向斜。断裂构造发育,但规模均不大,长一般数百米至千余米,最长者 2km 左右。按走向可分为北西向、北东向、近东西向和近南北向 4 组,北西向和北东向断裂为控岩构造,近南北向张

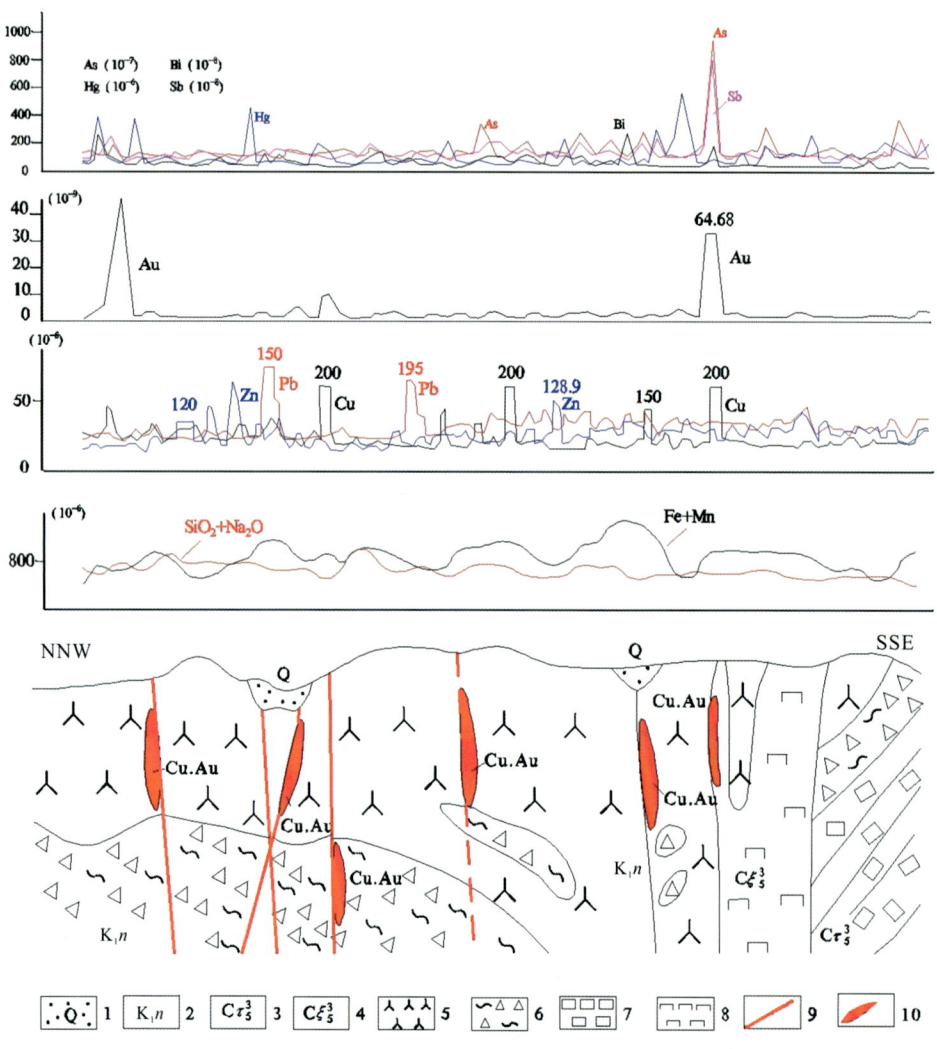

图 5-2 铜井铜金矿地质-地球化学找矿模式图(元素含量曲线数值表示该点的极值)
(据《江苏省金铜矿第二轮成矿远景区区划报告》,1994 年修改)
1.第四系;2.白垩系娘娘山旋回;3.次黝方霓辉粗面岩;4.次黝方霓辉正长岩;5.火山口-火山颈侵出熔岩相;
6.火山口-火山颈侵出熔岩相;7.近火山口爆发碎屑相;8.次火山岩相;9.实测、推测断裂;10.铜金矿体

性断裂为控矿、导矿构造,该断裂南到西横山,北至荷叶山。层间破碎带(或层间碎裂带)是容矿构造。矿区范围内,浅一超浅成侵入岩较发育,主要有荷叶山岩体和铜坑岩体两个较大的岩体,均出露于矿区中北部,前者岩性以石英闪长玢岩为主,呈北东—北东东向展布。后者岩性为闪长玢岩。荷叶山岩体和铜坑岩体均为燕山中期侵入的产物,侵入顺序上前者晚于后者。本区铜、金矿化主要与铜坑岩体有关,主要矿体均产于该岩体的接触带中,是岩浆期后热液充填交代孔隙度较大的破碎砂砾岩层所形成。

獾子洞铜(金)矿床内共圈定出16个铜(金)矿体,另有6个铜(金)矿化体和2个"金矿体"矿体呈北北东向沿伸,总长1400m,宽100～500m,所有矿体均埋深－340～60m,故均为盲矿体。主要矿体分布在－320～－250m标高段。

矿体呈似层状、透镜状产于西横山组下段与岩体接触带。以赋存于下段下部砂砾岩、砾岩层中的矿体规模相对较大,而产于下段上部石英砂岩层中的矿体厚度一般较小。矿体产状与地层产状基本一致,倾向315°～320°,倾角10°～20°。其余矿体的特征与其相似,只是厚度较小,品位较低。

矿石有用主元素为Cu,伴生有益元素有Au、Ag。矿石中铜矿物主要为黄铜矿,次为斑铜矿、辉铜矿、黝铜矿,其他金属矿物还有黄铁矿、镜铁矿、赤铁矿、褐铁矿。金矿物主要为自然金。主要脉石矿物随矿体而异,有的以方解石、石英为主,有的以石榴石、透辉石为主。次要脉石矿物有绿帘石、绿泥石、绢云母、高岭土、石膏等。

矿石构造主要为团块状构造,其次为角砾状、浸染状构造,局部有脉状构造和角砾状构造。矿石结构主要为他形中—细粒结构,单晶粒度一般为0.1～1.3mm。黄铜矿与黄铁矿、镜铁矿等金属矿物以团块状充填于含矿岩石的破碎裂隙中,常充填于方解石、石英等脉石矿物中。

蚀变主要为钠长石化、钠黝帘石化、矽卡岩化、碳酸盐化、硅化、绿帘石化、绿泥石化、绢云母化、高岭土化,局部石膏化。铜矿化出现于矽卡岩矿物之后,与硅化、绿帘石化、绿泥石化有关。

2. 地球化学特征

矿区及其外围曾先后开展过1:20万水系沉积物测量、1:5万土壤测量和1:2.5万水系沉积物测量,它们所反映的地球化学特征基本相同,异常元素组合以Cu、Au、As、Ag、Sb为主,呈北北东或北东向展布,与铜金矿(化)体在平面的投影走向非常吻合。

(1)水系沉积物地球化学特征。1:20万水系沉积物测量未发现明显的化探异常。1:2.5万水系沉积物测量,区内见4个铜异常区(图5-3),分别位于獾子洞-西横山、老洼山、东庄、大铜山。獾子洞-西横山Cu异常区呈南北向,长近5km,宽2～3km,面积约12km²。异常分带明显,内、中、外带清晰,有南、北两个浓集中心,含量值分别为$(63～113.7)×10^{-6}$和$(63～145.2)×10^{-6}$。北端浓集中心与As、Ag等元素异常套合较好,南端浓集中心与As、Ag、Sb、Pb、Zn等元素异常套合较好;东庄异常区仅部分出露,面积大于1km²,含量$(63～94.6)×10^{-6}$,与Ag、Sb等元素异常套合较好;老洼山Cu异常呈北东向近椭圆状展布,面积约3km²,含量$(63～82.1)×10^{-6}$,异常仅见外、中带,叠加有Mo、Ag、Sb等异常;大铜山Cu异常呈南北向椭圆状展布,长约0.5km,宽约0.3km,面积约0.15km²,异常浓集中心明显,内、中、外带分带清楚,与Ag、As、Sb、Mo异常套合较好。

(2)土壤地球化学特征。1:5万金土壤地球化学测量结果表明,矿床所在区域的金浓集部位分别集中在大小毛岭庵至柴山—雨山一带,其他Au异常一般都表现为孤立的峰值。但本区的区域性Au平均含量无论是西横山地区,还是溧水至杭村地区都相近,一般为$(0.7～1.2)×10^{-9}$。从地理分布来看,西横山地区,Au的含量具从西至东降低之趋势,从地质上来讲,从沉积岩地层-火山喷发岩过渡。其中在朱村组五段与西横山组及东横山组地层的接触面上,有较多隐伏的角闪闪长玢岩侵入,Au异常分布的范围广、浓度高,多金属矿化点分布较多。

1975年,华东有色地质勘探公司807队在该区进行了1:5000土壤化探扫面5.97km²。以圈定出17个以Cu为主的Cu-Pb-Zn-Mo-Ag综合异常。异常走向北东或北北东,面积0.002～0.32km²。其中Cu峰值大于$600×10^{-6}$者4个,大于$200×10^{-6}$者5个。异常多呈北东走向,与目前发现的主要铜矿体

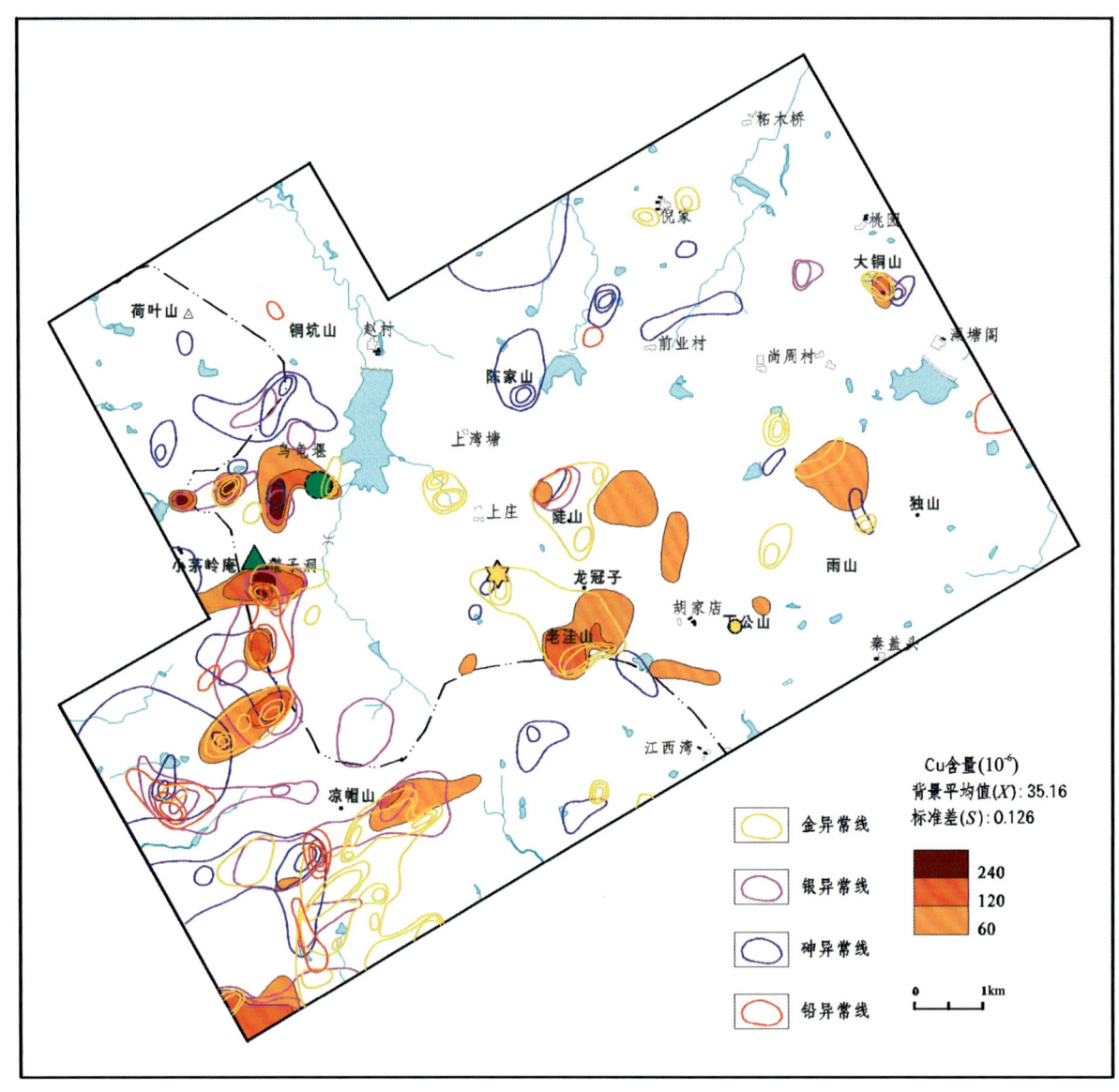

图 5-3 獾子洞铜(金)矿区水系沉积物组合异常图
(引用《江苏省江宁县—安徽省当涂县横山工区金矿化探普查工作成果报告》，1984)

走向分布地段一致。元素 Pb、Mo 与 Cu 有正相关关系，可作为本区寻找铜矿的指示元素。

（3）岩石地球化学特征。铜在各地层中的含量仅是地壳丰度的 29%～70%，而较砂岩中的丰度则高出一个数量级，区内以西横山组丰度最高，达 26.2×10^{-6}，较象山群上段高出 7.6×10^{-6}，两组（群）下段分别达 23.7×10^{-6}、32.9×10^{-6}。较上段高出 $(10\sim13.3)\times10^{-6}$，很明显在该两组（群）下段砂砾岩中铜较富集。黄马青组铜的丰度最低，仅 17.7×10^{-6}。

银在各地层中以西横山组下段丰度较高，达 96×10^{-9}，其他地层中相差不大，其丰度在 $(43\sim67.3)\times10^{-9}$ 之间。

3. 地质-地球化学找矿模式

（1）地质-地球化学找矿模式表。根据上述矿床地质特征、地球化学特征分析，总结獾子洞铜金矿地质-地球化学找矿模式见表 5-5。

表 5-5　獾子洞铜(金)矿床地质-地球化学找矿模式表

矿床类型		次火山热液-层控矽卡岩型
地质标志	地质标志	上侏罗统西横山组
	构造标志	近南北向张性断裂为控矿、导矿构造；层间破碎带(或层间碎裂带)是容矿构造
	岩浆岩标志	燕山晚期石英闪长玢岩、闪长玢岩
	蚀变标志	蚀变在平面上具有分带趋势，自岩体向外大致可出现钠长石化带、钠(斜)黝帘石化带、绿帘石化带-矽卡岩化带-矿化带-碳酸盐化带、绿泥石化带、绿帘石化带
地球化学标志	水系沉积物	Cu、Au、Ag、Pb、As 等元素组合
	土壤	Cu、Au、Ag、Pb、Zn、Mo 等元素组合
	岩石	Cu、Ag、As 等元素组合，Cu、Ag 元素丰度高
	铁帽	地表见少量孔雀石

(2)地质-地球化学找矿模式图。江宁区獾子洞铜金矿形成过程可以模式化为图 5-4。

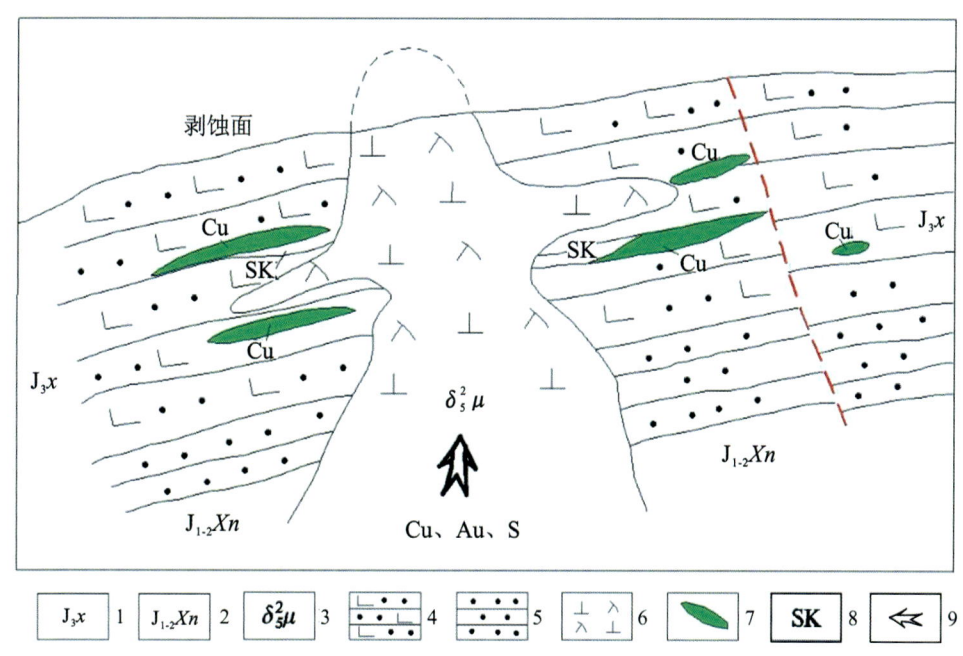

图 5-4　獾子洞铜(金)矿地质-地球化学找矿模式图
(引用《江苏省及上海市重要矿种矿产预测成果报告》,2013)
1. 上侏罗统西横山组；2. 中-下侏罗统象山群；3. 燕山中晚期闪长岩；4. 钙质砂砾岩；5. 长石石英砂岩；
6. 闪长玢岩；7. 铜金矿体；8. 矽卡岩；9. 矿液运移方向

结合区域性典型矿床研究成果，总结出铜金多金属矿的成矿模式：伴随着燕山中期中性岩浆活动。岩浆沿深断裂上侵形成闪长玢岩，由于岩浆的结晶分异作用，岩浆活动期末形成的高、中温热液运移到岩体顶部和外接触带裂隙发育的低压空间充填交代，产生矿区早期钠长石化、矽卡岩化、铜矿化；之后的再次构造活动，进一步分异的岩浆沿已有裂隙通道再次上侵，形成铜矿化和晚期碳酸盐化、硅化、绿帘石化、绿泥石化。随着岩浆继承性活动和岩体加热循环与围岩的不断交代形成的混合含矿热液向上运移扩散和充填交代，当矿液运移到岩体"帽盖"屏蔽层之下物、化条件适宜的层间破碎带部位，铜金矿物等结晶沉淀，形成层状、透镜状矿体。

(三)江宁区安基山铜矿床

1. 矿床地质特征

该矿床处于下扬子古陆块东部，宁镇穹断褶束中段，桦墅-亭子向斜南翼与汤山-仑山背斜北翼之间，近东西向断裂与北北西向断裂交会处。矿区主要位于黎家山次级背斜核部及近核两翼。矿区出露地层有中-下三叠统青龙组、中三叠统黄马青组和侏罗系象山群，深部自泥盆系至侏罗系较为齐全。区内褶皱轴向为近东西向，断裂主要为北北西向、近东西向。北北西向构造岩浆带为矿区控岩控矿构造。在黎家山背斜与北北西向断裂交会处，原地层被断裂及岩浆冲碎、吞蚀成多个岩片状捕虏体，形成了矿液活动的有利空间，从而控制了矿化带和矿体的展布。侵入岩（安基山岩体）为燕山中晚期浅—中浅成中酸性岩体，同位素测年为123～92Ma。岩株状产出，剥蚀较浅，平面上呈北北西向长椭圆形。岩性主要为花岗闪长斑岩、石英闪长斑岩。

矽卡岩型矿带受一组北北西向张性断裂控制，长约1800m，宽约800m，矿带中断裂断续分布大小不等的捕虏体，矿体主要赋存于石炭系—二叠系、三叠系的碳酸盐岩层与岩体接触带部位。矿体形态复杂，以陡倾斜透镜状为主。矿区内共查明大小矿体100余个，呈似层状、扁豆状、透镜状、脉状；主矿体呈不规则透镜状和脉状，长560～600m，厚14.23～45.35m，延深大于300m。尚见少量斑岩型铜矿体，大部分赋存于石英绢云母化花岗闪长斑岩中，少量生于砂岩捕虏体内，矿体受石英绢云母化带中北北西向裂隙控制，呈陡倾斜脉状产出，厚几米至数十米不等，走向延长200～400m不等，延深300m左右，剖面上有明显的膨大、收缩、分叉现象。矿化自地表至深达−900m尚未穿过铜钼矿化带，但品位均很低，与矽卡岩矿体邻近才富集成矿体，矿体平均品位Cu 0.3%左右。

矿石自然类型有块状黄铁矿、黄铜矿矿石，含铜磁铁矿矿石，黄铜矿硬石膏矿石，细脉浸染状黄铜矿、黄铁矿矿石及辉钼矿、黄铜矿矿石。矿石结构有乳滴状、自形—他形粒状、斑状结构等。矿石构造细脉浸染状、块状、团块状、条带状等。矿石矿物以黄铜矿、黄铁矿为主，次有闪锌矿、辉钼矿、磁黄铁矿、斑铜矿、辉铜矿、铜蓝、孔雀石、自然铜、磁铁矿、赤铁矿、褐铁矿等。矽卡岩型矿石中元素一般含量：Cu 0.8%，Mo 0.0037%，Zn 0.63%。

矽卡岩矿成矿过程分为矽卡岩-气液期（包括早、晚两个阶段），热液期（包括钾质交代作用阶段，石英-硫化物阶段和硫酸盐-碳酸盐阶段）以及表生期，其中热液期的石英-硫化物阶段为主要成矿期。

围岩蚀变较强烈，有钾长石化、黑云母化、矽卡岩化、黄铁矿化、硅化、绢云母化、绿泥石化、碳酸盐化等。

2. 地球化学特征

矿区及其外围曾先后做过1:20万水系沉积物测量、1:5000～1:5万土壤测量和1:2000岩石测量，它们所反映的地球化学特征基本相同，异常元素组合以Cu、Mo、Pb、Zn、Ag为主，呈北北西向展布，各元素又不同程度地显示了近东西向展布的趋势，分带明显。异常的范围、展布方向及分带性，分别与矿床的矿化范围、主要控矿构造、矿化带及矿体的延伸方向、成矿的分带性相吻合。

1）水系沉积物地球化学特征

1:20万水系沉积物测量所反映的安基山铜矿床的异常，与安基山岩体有关的矿床、矿点的异常连在一起，形成一个大规模（268.5km²）Cu、Pb、Zn、Au、Ag、Bi、Mo、Cd、Sb等元素的综合异常，异常轴向与主要控矿构造和矿化带的方向相吻合，呈东西向和北西向展布的趋势。各元素异常特征值列入表5-6。Pb、Zn、Au、Cu、Mo、Ag等元素异常具有明显浓度分带，尤以Cu较为完整，面积最大，安基山铜矿区位于Cu异常内带。

表 5-6 水系沉积物测量安基山铜矿区及外围异常特征值表

元素组合	面积（km²）	强度				规模	
		浓度(10^{-6})		衬度		衬度算术规模	衬度几何规模
		最小值	最大值	算术均值	几何均值		
36Pb3	196.9	20.9	300.3	63.6	1.8	457.6	353.5
27Zn3	153.5	44.3	461.9	119.3	1.8	328.8	278.4
32Cu3	234.9	20.1	898	109.2	2.6	1159.5	614.2
34Au3	88.4	1.5	41	6.8	2.5	326.1	223.6
35Au3	18.3	2.2	25.1	11.7	4.1	115.5	74.7
25Ag3	181.7	41	2100	271.8	2.5	605.8	461.7
26Bi3	186.2	0.17	6	1.0	2.0	557.8	366.6
50Cd3	248.7	70	7100	535.4	2.4	984.6	596.5
32Mo3	158.1	0.36	54	4.1	2.3	796.0	358.3
33Mo1	1.5	2.1	2.1	2.1	2.6	3.9	3.9
29Sb1	1.3	2.1	2.1	2.1	2.2	2.8	2.8
33Sb2	16.5	0.78	3.1	1.8	1.7	32.0	28.6
27Sb3	53.9	0.8	26	4.0	1.8	226.6	96.8
各参数累计						5597	3459.6

2）土壤地球化学特征

1∶5万土壤测量各元素异常的面积、强度和规模列入表 5-7。异常面积较完整，面积约 19.8km²，元素组合以 Cu、Mo、Pb、Zn、Ag 为主，As、Sb 次之，异常呈北北东向展布，同时各元素异常又不同程度地显示了近东西向展布的趋势，与矿化带及主要控矿构造延伸方向基本一致（图 5-5）。异常东段（安基山矿区地段）主要为 Cu、Mo、Pb、Zn 组合，各元素异常相互交叠，其中 Cu、Mo 最为发育，Pb、Zn 次之，Ag 不够发育；异常西段主要为 Cu、Mo、Pb、Zn、Ag、Sb 组合，其中 Pb、Ag、Sb 最为发育，Cu、Mo 次之，Zn 再之，As 最不发育。Pb、Zn 异常浓集中心在银孔山一带，Ag 异常浓集中心在射乌山东坡。Cu 异常分解成两部分，出现在射乌山、安基山两地，Mo 浓集中心主要分布在测区中部的陡山一带。Cu、Mo、Pb、Zn 异常的浓度分带完整，其他元素的异常亦不同程度地显示有浓度分带。

1∶1万土壤测量圈定指示元素 Cu、Pb、Zn、Mo、Ag 的土壤地球化学异常总特征：异常主要展布在以陡山为中心，以黄村、黎家山、安基山、银孔山、射乌山为半径的范围内，在矿区及其附近，即花岗闪长斑岩和灰岩及砂页岩接触带地带，异常的浓集强度最高，并呈北北西向展布，其他石英闪长玢岩与围岩的接触带地段，异常呈零星展布，浓集程度低，一般只有外、中带，内带少见，而每个元素，各有自己的浓集地段和展布形态（图 5-6），现分述如下。

（1）Cu 异常：异常出露广泛，但大致可分为两大浓集地段。东部异常带主要浓集地段为安基山铜矿区的中心部位，花岗闪长斑岩与下三叠统青龙组灰岩的接触带部位，异常的最高值为 $7000×10^{-6}$，异常分为一个主体和几个小块体，沿北北西向延伸，整个异常带东西宽 1500m 以上，南北向延伸在 3000m 以上，其中，主要的一个异常为矿区异常，其外带连成一体，面积大致 1000m×2700m，外带宽度较窄，一般 200～500m；中带发育于其中，主要呈 4 个北北西向—南北向块体，与岩体及接触带的走向一致；内带，最大者与矿区 7 线至 13 线深部矿体地段相吻合，其北西 15 线之西及南部猪头山一带，也见较小的内带

表 5-7　1∶5 万土壤测量安基山铜矿区异常特征值表

元素组合	面积 (km²)	强度				规模	
		浓度(10⁻⁶)		衬度		衬度算术规模	衬度几何规模
		最小值	最大值	算术均值	几何均值		
27Au3	7.12	1.1	49.2	3.85	18.25	27.42	18.25
30Cu3	12.73	10	600	3.11	25.10	39.54	25.10
20Pb3	14.21	20	800	3.49	32.38	49.61	32.38
25Zn3	16.02	7.5	1500	3.87	35.61	61.94	35.61
23Ag3	14.25	0.06	8	6.15	45.78	87.59	45.78
28As2	0.28	35	35	4.61	1.28	1.28	1.28
27As2	1.42	10	35	2.75	3.63	3.91	3.63
20Bi2	1.16	0.2	0.6	2.96	3.21	3.43	3.21
23Bi3	6.53	0.1	15	8.19	19.97	53.52	19.97
14Cd2	13.4	0.25	0.25	1.00	13.40	13.40	13.40
34Mo3	14.12	0.075	35	5.83	45.44	82.35	45.44
23Sb3	6.85	0.25	8	2.92	14.84	19.98	14.84
各参数累计						443.97	258.89

注：Au 含量单位为 10^{-9}。

异常,异常长在 100~300m 之间,其他小异常一般只有外带,一小部分有中带,展布于主体异常西北部及西南部银孔山一带。西部异常带展布于射乌山、鸡笼山一带,为石英闪长玢岩与中-下侏罗统象山群砂页岩接触带地段,一般只有外、中带,内带小而少,浓集程度不高,最大的一片异常为射乌山东北坡一带,外带为一个整体,近似东西向,似乎受基底断裂控制,东西长 2200m,南北宽 700m,中带呈几个小块体,一般在 150m×70m 左右,一般可见北北西向延伸,与侵入体产状大致相同,西北鸡笼山一带有两个小异常体,有一两个较小的内带异常。

(2) Ag 异常:异常的展布形态大致与 Cu 异常相似,但浓集程度不高,范围相对较小,其展布形态为块状、透镜状、似脉状,一般长轴方向为北北西,与岩体的侵入形态及裂隙带相一致。其他异常也可分为两个浓集地段。东部异常地段:以安基山矿区为中心,银的外、中带大致与铜的中、内带吻合,呈几个小块状异常体,沿北北西向展布,一般 200m×100m 左右,断续地往北延伸,黄村北部一带也具较明显的外、中带 Ag 异常,即 Ag 异常浓集中心比 Cu 异常的浓集中心往西北偏,南部、西南部异常小而微弱,大多数为外带异常。西部异常地段:以射乌山一带展布为主,以几块较大异常体及一些零星的小异常为特征,浓集程度不高,中、内带少见,展布部位比 Cu 异常偏南。

(3) Pb、Zn 异常:其展布情况基本相似,异常展布与黄村北部、黎家山、安基山、银孔山、射乌山东坡一带,测区中心部位的陡山、螺丝冲一带基本无异常,总体来看,Pb、Zn 异常呈一个中空的环状展布。其异常的展布形态为成群出现,各呈不相连的块体,一般 300m×150m 左右,北部的黄村北部及南部银孔山一带,外带异常东西向延伸 2000m 以上,南北宽 600m,但其中带,一般北北西向,全长 300m、宽 50m 左右的似脉状,其形态受岩体的产状控制,异常展布地段的岩性为石英闪长玢岩与泥灰岩、灰岩、砂页岩接触地段。西部射乌山一带,石英闪长玢岩与砂页岩接触地段,异常体的展布比较广,但中、内带少见,浓集程度不高。东部安基山矿区的东部边缘至黄村一带,石英闪长玢岩与灰岩接触带地段,异常浓集程度高,内带异常分布比较大,在这一地段,锌比铅的浓集程度更高,而铅却在北部的黄村、南部的银孔山

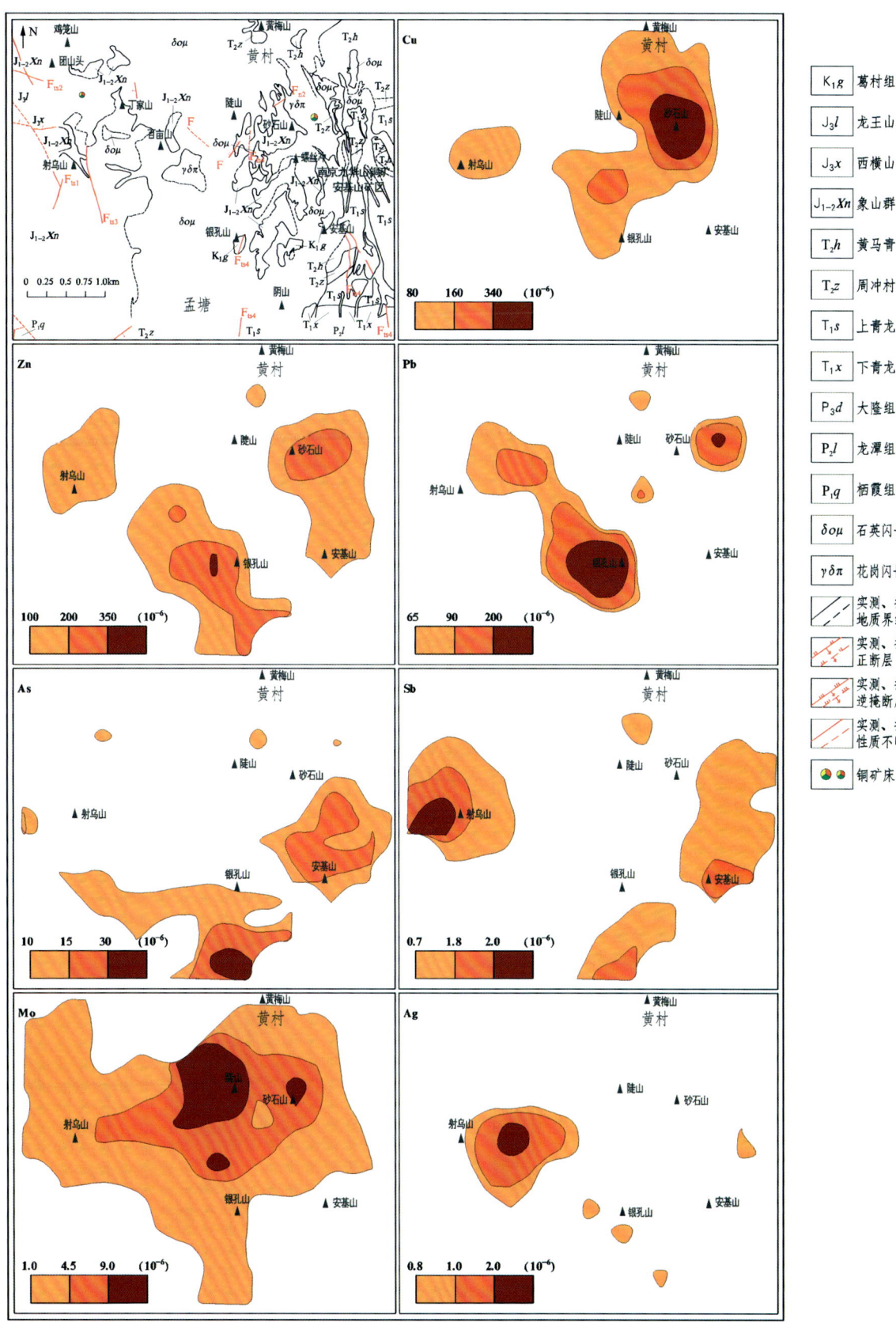

图5-5 安基山铜矿区1:5万土壤异常剖析图

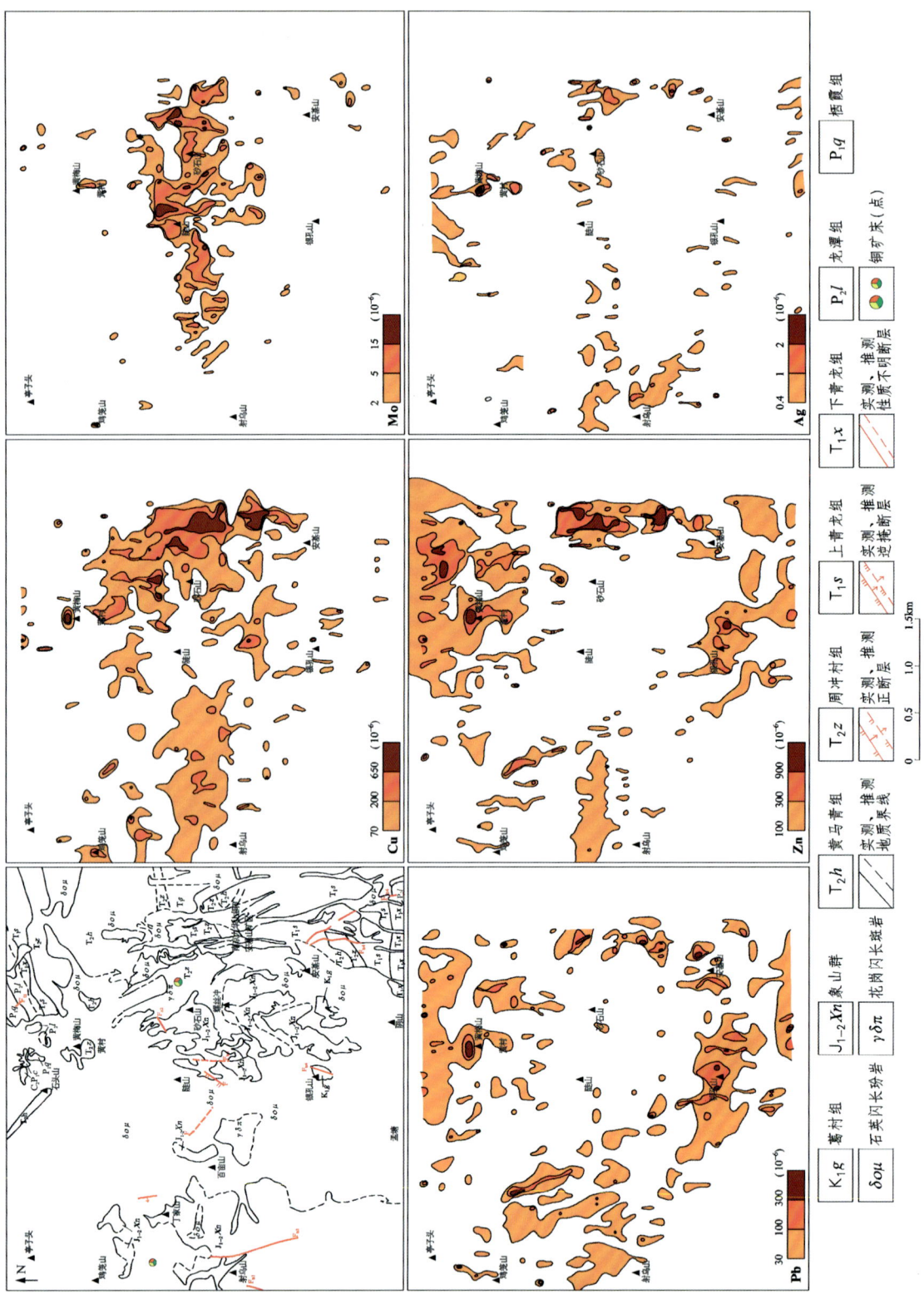

图 5-6 安基山铜矿区 1:1 万土壤异常剖析图
(引用《安基山铜矿区地球化学异常特征及成矿机理的研究报告》,1983)

浓集比锌高,中、内带展布较大。

（4）Mo异常:异常展布于异常的中心部位,以砂石山、陡山、射乌山东北坡一带为主,外带异常呈东西向,为一个长3000m、南北宽1300m的异常带,主要由一大片及几个小块体组成,受基底小背斜及侵入体的控制,异常地段主要岩石为砂页岩顶垂体及花岗闪长斑岩体的出露地段,其次为石英闪长玢岩体及东部的灰岩接触带地段。中带异常呈北北西向,透镜体状、脉状为主,也有几个块状的异常体,主要发育于主体异常的外带异常之内。内带最高的浓集地段为砂石山、陡山一带,内带异常呈小块体及小透镜体展布。总的来看,Mo异常展布部位为其他异常的核心部位,其他元素的异常体一般在其外围展布。

通过上述1∶5万及1∶1万土壤测量Cu、Pb、Zn、Mo、Ag异常特征的认识,可以发现这5个元素的分布特征形成了一个明显的内生多金属地球化学分散场,Mo异常展布于中心部位,Cu异常在Mo异常近旁浓集,而Pb、Zn异常相对在Cu异常的偏外部展布,Ag异常展布形态大致与Cu异常吻合,有些异常相对比Cu异常偏外,而与Pb、Zn异常相吻合。概括来说,地球化学分散场的中心向外,各元素的浓集顺序为Mo、Cu、(Ag)、Zn、Pb,以安基山铜矿区范围局部而言,成矿元素的展布顺序由西向东为:Mo、Cu、(Ag)、Zn、Pb,展布于花岗闪长斑岩与灰岩的接触带部位。

通过北至南向过黄村、银孔山异常剖面看到(图5-7),各元素的浓集地段为:由北向南Pb、Zn(Ag)、Cu、Mo、Cu(Ag)、Zn、Pb,明显可见Mo为核心异常,Pb、Zn为外带异常。通过东西向过砂石山、射乌山剖面可见(图5-8),矿区地段,Mo、Cu的浓集程度特别高,为受地质构造北北西向断裂带的控矿作用,花岗闪长斑岩体与灰岩接触交代作用的赋矿作用所产生;而中部、西部的砂页岩与石英闪长玢岩接触地段,异常浓集程度不大高,但可见元素的分带性基本与南北向剖面大致相同,Pb、Zn在外围,Mo、Cu在内。图中还可见到局部异常变化突出,可能因矿液受构造通道作用,沿裂隙带富集有关。

3) 岩石地球化学特征

指示元素Cu、Mo、Pb、Zn、Ag岩石地球化学异常三维空间的总特征是:异常体陡直,浓集地段与矿体相对应,主要展布于岩体与围岩接触带地段,方向性明显,北北西向展布,异常纵向及轴向延续性好,横向变化大。现按各元素的分布特征分述如下(图5-9)。

（1）Cu异常:从地表、剖面及水平断面异常图中可以看出,异常展布于矿区中部,在接触带及岩体内,沿北北西向延伸。

外带:地表及深部从3线至17线连续分布,范围广、深度大,面积在1500m×200m左右,在11线附近,延深至-1000m未见减弱。3线以南及勘探线外围地段,异常呈小透镜体状展布。在-100m、-300m断面异常中可见形态基本与地表一致,北北西向延伸,上下变化不大。

中带:地表呈不规则面状展布,分为许多互不相连的块体,最大者位于7线至11线的中部;在-100m断面,异常扩大至17线;在-300m断面,异常也扩大至17线。总的来说,它们相应于深部捕虏体状矽卡岩矿体的部位,面积一般1200m×600m左右。在地表13线至17线西部地段,还有一个500m×200m大的异常。在各剖面上可见到连续性较好的异常带,其中与外带的形状变化大致相同。在西部,中部超出剖面范围。在东部,与外带浓度递减间隔在50～100m(即外带宽度),在5线以南及13线以北,其递减间隔为200～300m,说明主要矿化地段矿液浓集高,但衰减比外围快。

内带:地表呈面状、透镜状展布,在7线至11线中部,面积为450m×150m,透镜状,大致呈北北西向断续延伸。在断面异常图中,主要呈面状、透镜体状,沿北北西向展布。范围比地表大而完整。剖面上范围大,与主矿体相对应,在7线至11线为一个整体,与中带的递减间距在100m左右(即中带宽度),在11线,延深在-1000m以下,此地段为较大矽卡岩型铜矿体及斑岩体的发育地段,是寻找深部矿体的标志。在7线以南、13线以北,异常呈透镜体状展布,断面范围一般大者在400m×200m左右,出现于中带内,而矿体则赋存于其中。有的小透镜状异常范围仅几米,而三带皆全,说明矿液沿裂隙运移充填,受裂隙或小矽卡岩体控制,对岩体的渗透能力较弱。

图5-9中的矿体赋存带,为异常大于$2200×10^{-6}$者,即铜品位大于边界品位0.2%者,为广义的矿体,为各单个矿体的赋存地段,不能代表真正的矿体形态,而能对寻找盲矿体起直接指导作用。

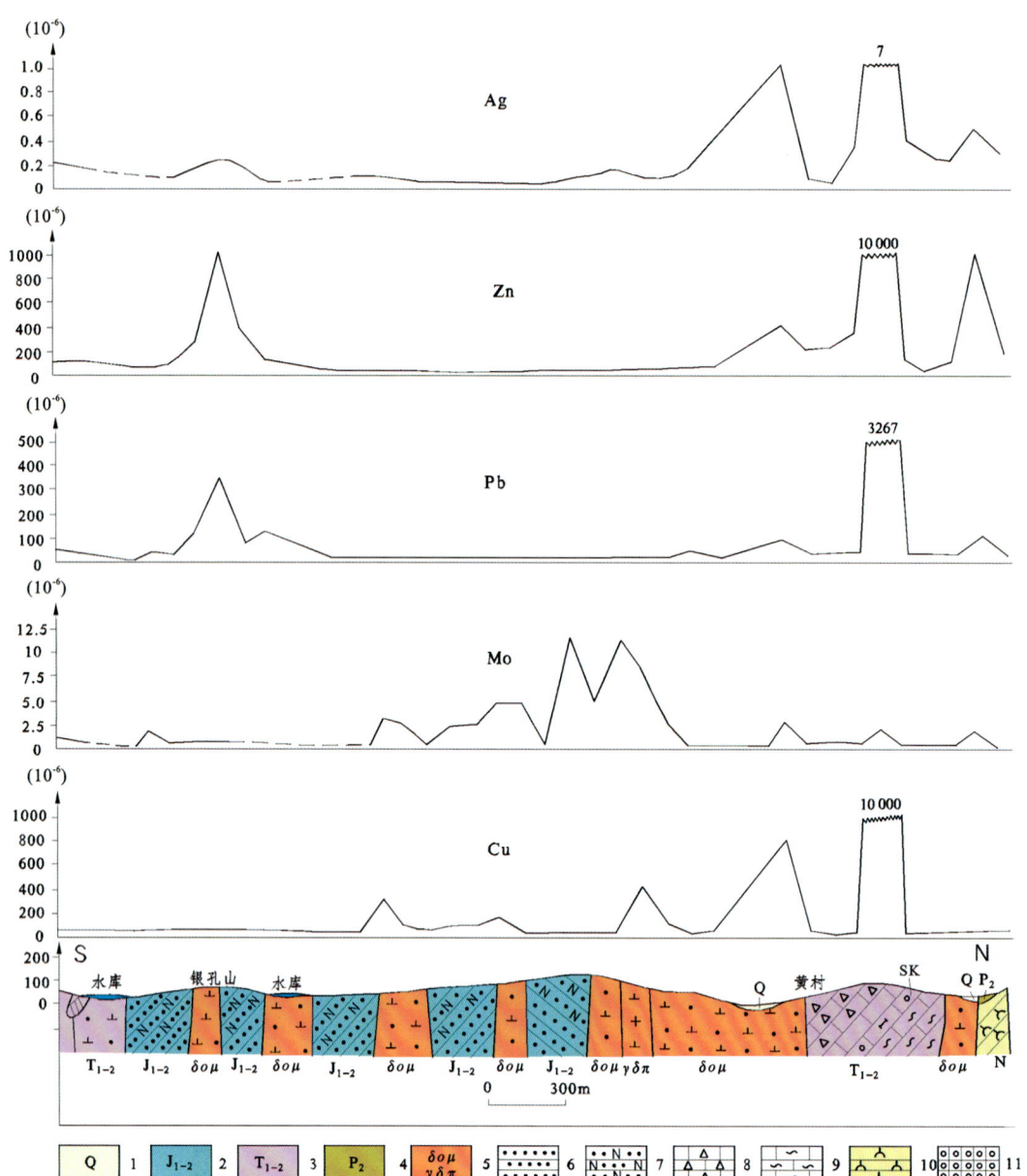

图 5-7 安基山矿区及外围土壤测量南北向分带剖面图
(引用《安基山铜矿区地球化学异常特征及成晕成矿机理的研究报告》,1983)
1.第四系;2.中-下侏罗统;3.中-下三叠统;4.上二叠统;5.石英闪长玢岩、花岗闪长斑岩;6.砂岩;
7.长石砂岩;8.角砾灰岩;9.蠕虫状灰岩;10.燧石灰岩;11.矽卡岩(SK)

(2)Mo异常:在地表,浓集范围与铜相似,但比较小,其浓集中心比铜西偏200m左右,分布在花岗闪长斑岩体中部及砂岩顶垂体接触带地段;7线至11线一带,有东西向延伸的趋势。分带叙述如下:①外带,从5线至15线为一个整体异常,其余呈零星展布;②中带,展布较凌乱,呈较小的块状或小透镜状,主要沿北北西向延伸,而在11线,可见有北东走向展布的透镜状异常;③内带,异常少见,仅见个别小透镜状异常。

矿区深部,外带:从纵剖面看,可见外带以5线至15线为一个整体,围抱着中带,浓度递减间距在100m左右,个别地段仅几米。在7线至11线剖面,可见整个异常明显在西部展布。中带:在西段,各剖

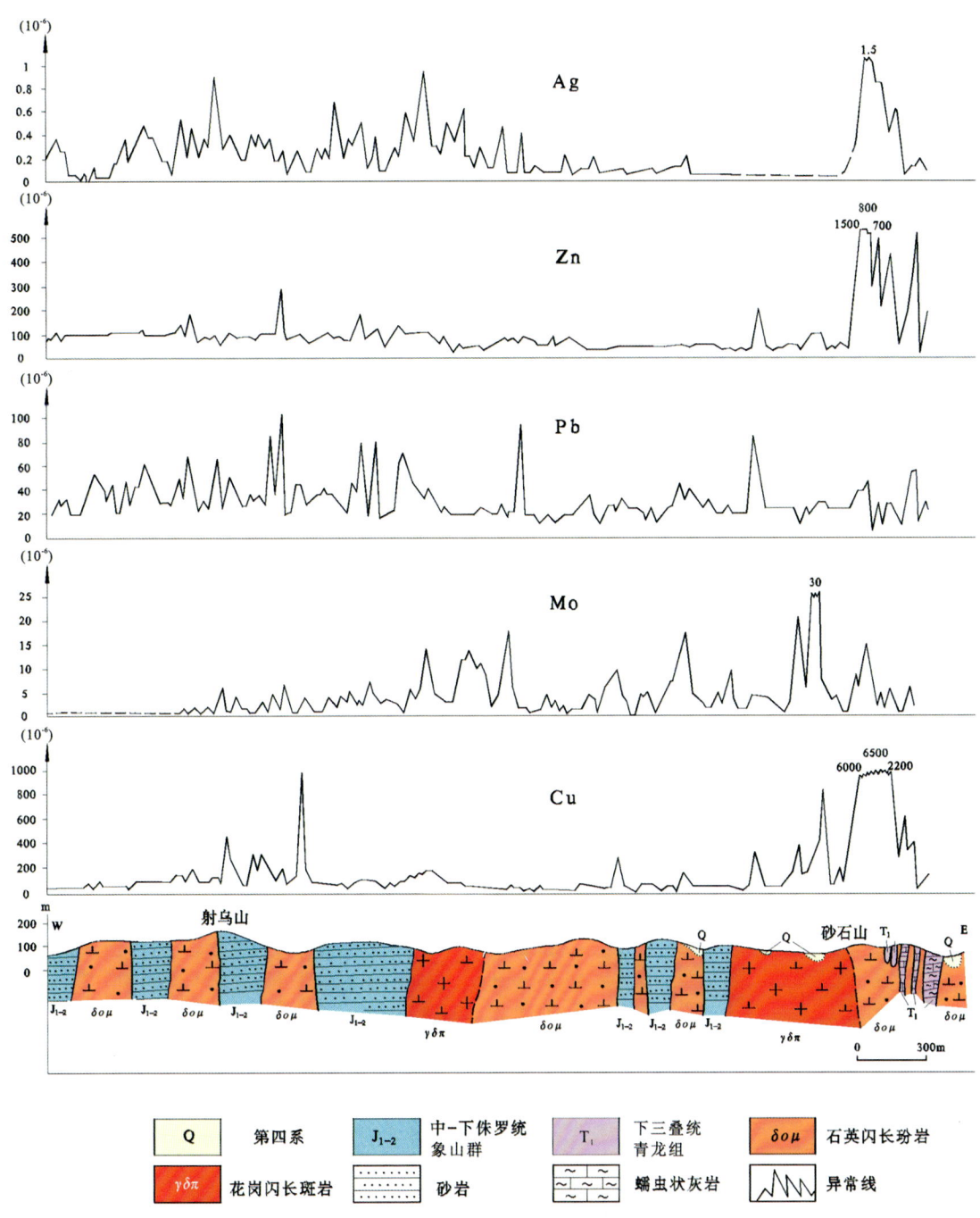

图 5-8 安基山矿区及外围土壤测量东西向分带剖面图
(引用《安基山铜矿区地球化学异常特征及成晕成矿机理的研究报告》,1983)

面未能控制其中带的界线,延伸-800m以下,也未能控制到中带的深部界线。内带:在7线至13线,呈透镜状展布于西段,以11线范围最大。

钼的总体特征为:在7线、11线异常往西延伸。在9线,异常范围较小,形态近似于铜。13线以北,5线以南,Mo异常迅速减弱,仅呈透镜状的外带异常。上述特征说明,钼在7线、11线西段深部各有一个矿化地段,钼矿化中心发育于矿区7~11线西段的岩体深部。从地表、-100m及-300m断面异常图来看,异常体展布于主矿化带地段5~17线内,异常由上而下变大,中、内带异常明显增大,异常形态在

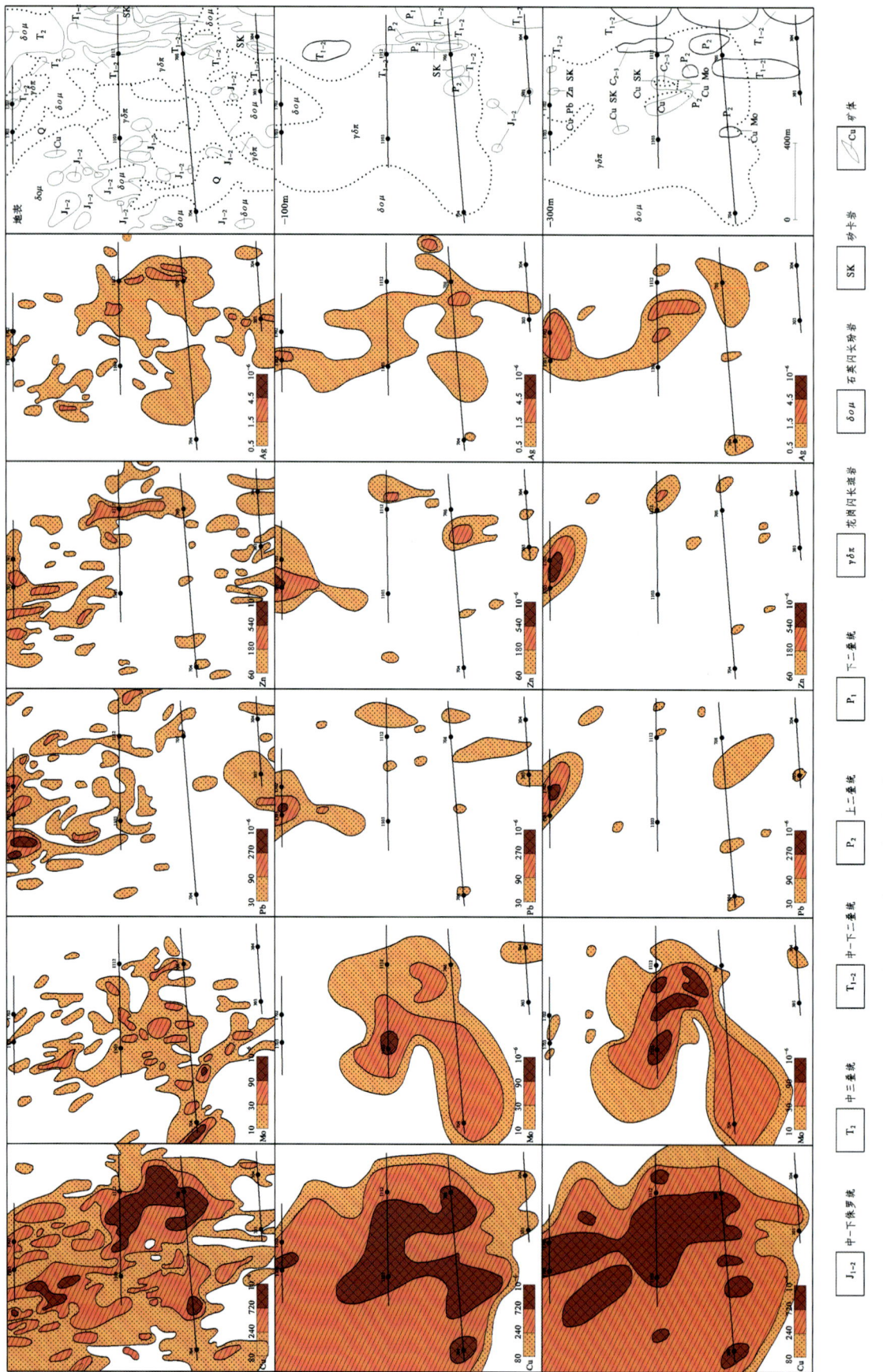

图 5-9 安基山铜矿地表、-100m 及 -300m 断面岩地球化学异常图
(引用《安基山铜矿区地球化学异常特征及成晕成矿机理的研究报告》,1983)

7线及11线,明显东西向延伸,与其他元素异常不同。

(3) Pb、Zn 异常:在地表,Pb、Zn 异常形态相似,在 Cu 异常带外围展布,皆呈零星的异常体出现。有30%异常仅外带,无中、内带。特别是在西部,岩体地段内,异常不明显。

矿区深部:Pb、Zn 异常也有一定差别,锌在主矿化带 9~13 线中间地段,即灰岩接触带及其附近,有一明显的异常带,三带明显,范围在 800m×200m 左右。

铅、锌的总体特征为:在东部、南部及西北部,在石英闪长玢岩体与围岩的接触带,异常浓集也较高。Pb 异常则以东部矽卡岩地段及矿区外围西北部,南部浓集较高,三带明显;矿区深部,从纵剖面观察,主要在西北17线深部,岩体与灰岩捕房体的接触带附近浓集,南部在5线,仅见到异常的外、中带。Zn 异常在北部,与 Pb 异常相同。在17线浅部矽卡岩体及其附近,也存在两个 Zn 异常明显地段,三带明显,它与锌的主矿体吻合,是锌矿体赋存地段,这是一个较为特殊的现象。

(4) Ag 异常:在地表,异常展布地段与 Cu 异常相似,相对小些,浓集程度不高,外带呈几大片展布,中、内带呈透镜体状零星展布。

矿区深部,从纵剖面来看,异常分两大片,似帽状展布,相对于 Cu 异常的中上方部位。外带异常一般在 -500m 一线以上;在8线、9线附近,也可深达 -700m。中、内带一般在 -400m 上下展布。在15线、17线地段,有一相对于 Pb、Zn 异常的地段。在各勘探线剖面,Ag 异常与 Cu 异常对比,Ag 异常浓度低,范围小,皆发现其展布于 Cu 异常的中、上部位。其中内带在铜、铅、锌矿体的偏上部位发育。在 -100m 断面,异常不规则,大致南北向延伸,浓集中心在9线及7线之东部和17线等地。在 -300m 断面,异常体明显变小,浓集情况也不高,其异常体与 Cu 异常体展布部位相同,但小得多。

总的来说,Ag 异常特征与铜差不多,但深部明显减弱变小,有矿液前缘晕的特征。

4) 各指示元素分带特征

在总结岩石地球化学异常特征的基础上,从地表、-100m、-300m 断面异常的分布及全矿区现有8条勘探线剖面、1条纵剖面异常的资料分析,异常三度空间的资料是比较完整的,能够反映出整个矿区主体地球化学成晕的特征,可以看出,本矿区各指示元素的分带是比较明显的。

(1) 水平分带:从地表典型剖面异常图(图 5-10、图 5-11)看到,主矿化地段东西向异常的水平分带的特点(矿区范围局部而言),属侧向分带,从东到西,各指示元素的浓集部位为 Pb、Zn、Ag、Cu、Mo,南北向异常水平分带特点比较近似于一般多金属异常分带序列,也吻合矿区外围土壤异常的分带系列,Cu、Ag 异常基本相似,在矿区中部展布,Mo 异常也在中部出现,而 Pb、Zn 异常,主要分布在矿区的外围南、北两端。在地表岩石地球化学异常图中可见,Pb、Zn 的主要异常在矿区东部、西北部及南部,在碳酸盐地层、泥质岩地层与石英闪长玢岩接触蚀变部位,属矿区的外围地带,大致形成一个半圆形异常带,Cu、Ag 异常在矿区中心部位,为花岗闪长斑岩与碳酸盐地层接触交代矽卡岩带地段及蚀变花岗闪长斑岩岩体中;钼在矿区中部及西部,在花岗闪长斑岩内及石英闪长玢岩与砂岩接触蚀变地段。可以总结出:本矿区以铜为主的成矿中心的外侧晕为铅、锌晕,在接触带靠围岩部分;内侧晕为钼晕,在接触带靠岩体部分;中心成矿晕为银、铜晕,展布在接触带为中心的地段。

(2) 垂直分带:从主矿化带钻孔资料看到,以铜矿化为主的地段 ZK912 资料分析(图 5-12),Pb、Zn 异常很微弱,仅分布在浅部,深部则无 Pb、Zn 异常,Ag 异常与 Cu 异常形态相似,但比 Cu 异常弱,往深部衰减部位比 Cu 异常高;Mo 异常相当浓集,与 Cu 异常不一致,钼在中深部相对浓集,但比 Cu 异常浅些。从矿区偏东部矽卡岩矿化带 ZK909 资料分析(图 5-13),Cu 异常含量高,Mo 异常较高,但不稳定,为几个孤立的异常体,说明钼对岩石的渗透性不强,Pb、Zn 异常增强,以浅部为主,Ag 异常则全在浅部出现。从两个异常垂直分带图中可以看出,铜、钼浓集地段,铅、锌、银在其外围及上部出现,而且异常微弱,即在主矿化带内,垂直分带的特征为铅、锌、银(铜、钼),而铜、钼的垂直分带性不明显,可以说明,在该矿钻孔资料中,还未能控制其深部的变化情况。从纵剖面及纵剖面各指示元素三带对比,来分析矿区的垂直分带特征,可以较完整地看到,银、铅、锌绝大部分异常出现于 -400m 一线以上,主矿化带内,-600m 以下基本无异常出现,铜在整个矿化带中,异常强度最大,在 -600m 以下可见其开始减弱,而钼还未见减

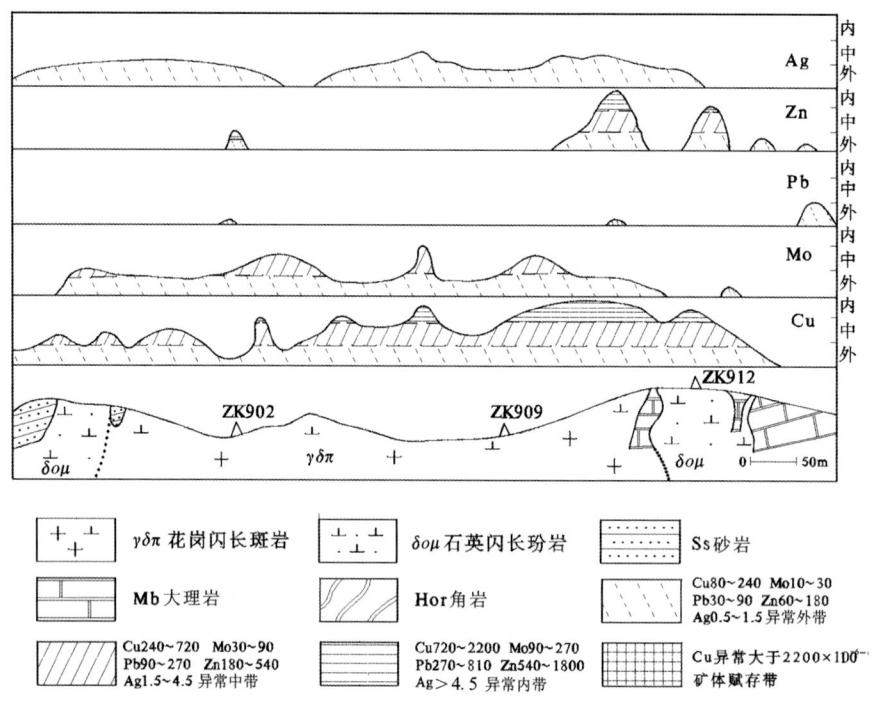

图 5-10 第 9 勘探线指示元素水平分带图
(引用《安基山铜矿区地球化学异常特征及成晕成矿机理的研究报告》,1983)

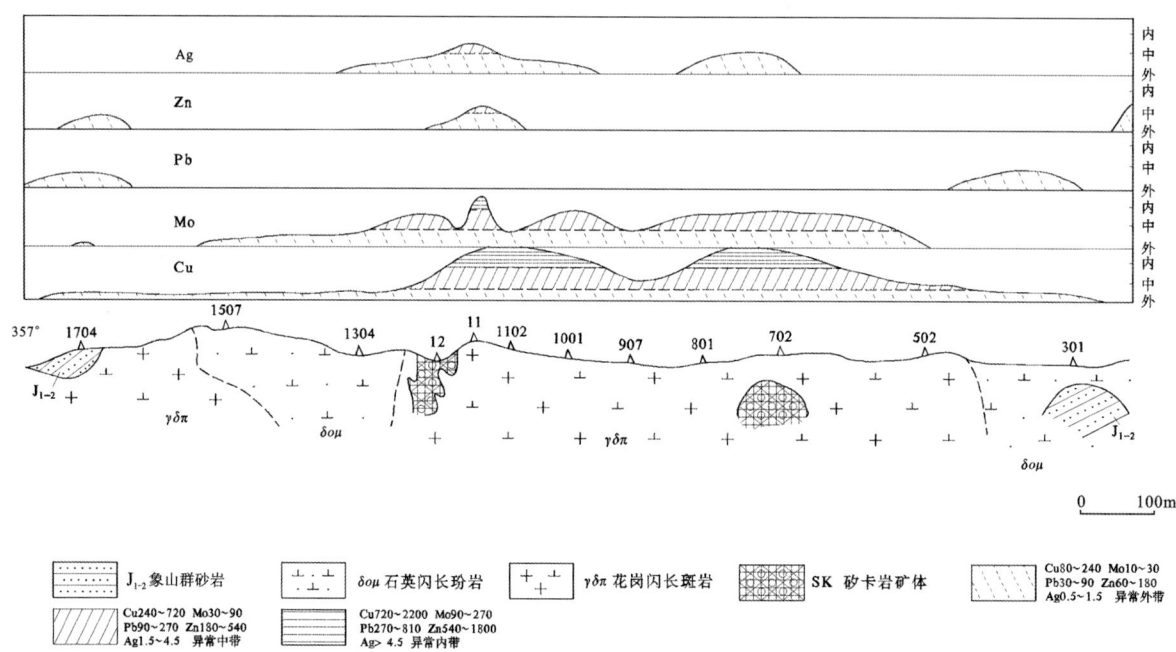

图 5-11 纵剖面南北向指示元素水平分带图
(引用《安基山铜矿区地球化学异常特征及成晕成矿机理的研究报告》,1983)

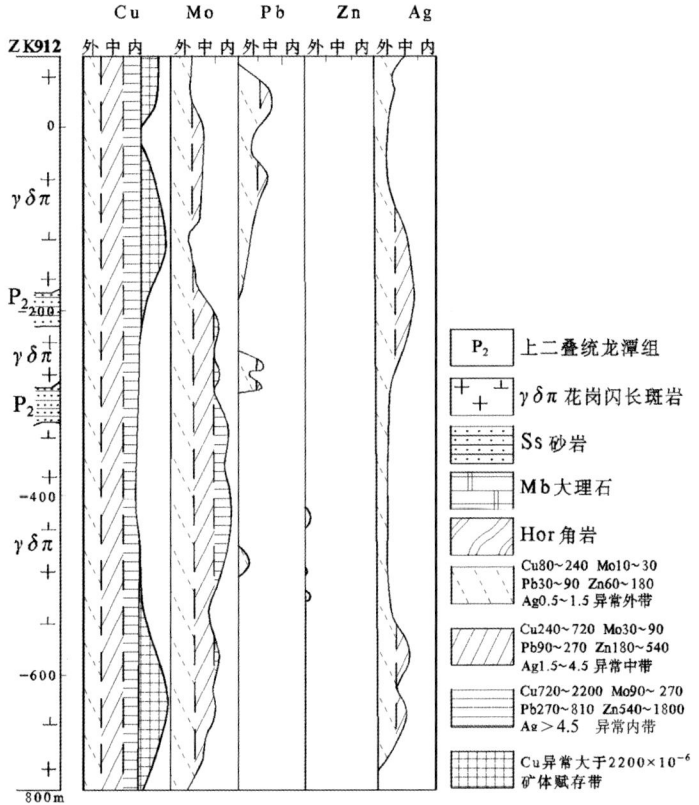

图 5-12 ZK912 指示元素垂直分带图
(引用《安基山铜矿区地球化学异常特征及成晕成矿机理的研究报告》,1983)

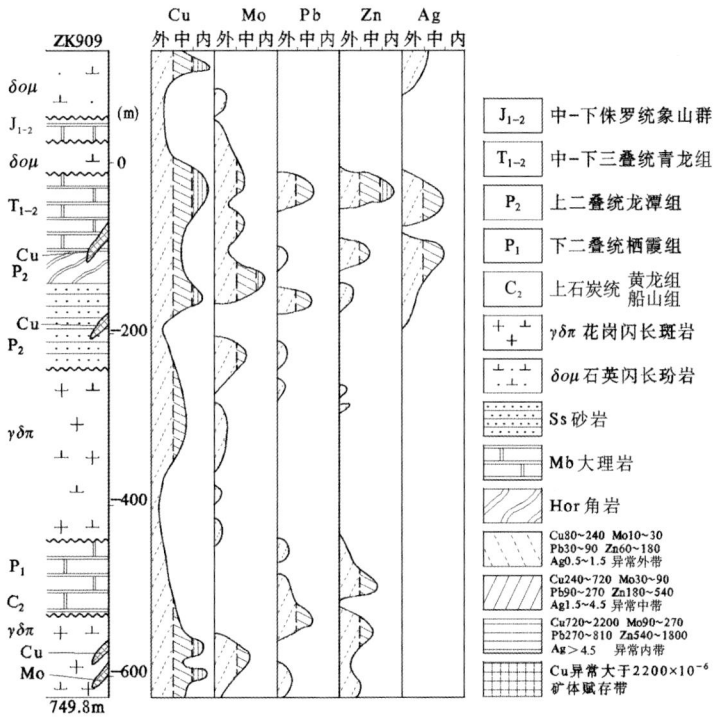

图 5-13 ZK909 指示元素垂直分带图
(引用《安基山铜矿区地球化学异常特征及成晕成矿机理的研究报告》,1983)

弱现象。从地表、-100m及-300m断面对比可见，钼从地表至-300m增强趋势明显，铅、锌、银则相反，在地表，异常较明显，而在-300m断面上则很微弱。综上所述，可得出矿区由上而下垂直分带为Pb、Zn、Ag、Cu、Mo。

从整套岩石地球化学异常资料分析，一般可见Ag异常展布于Cu异常的中偏上部位，Pb、Zn异常展布于Cu异常的外围上部，从纵剖面观察，特别明显，Mo比Cu异常偏下。上述情况可以说明，本矿的矿上晕为银晕，矿下晕为钼晕，总的来说：本矿的前峰晕为银晕，外围晕为铅、锌晕，成矿晕铜晕在中心部位，尾晕为钼晕。

3. 地质-地球化学找矿模式

(1) 地质-地球化学找矿模式表。根据上述矿床地质特征、地球化学特征分析，总结江宁区安基山铜矿床的地质-地球化学找矿模式表(表5-8)。

(2) 地质-地球化学找矿模式图。据指示元素异常分带性，结合矿床地质特征，围绕安基山岩体可建立如下地质-地球化学模式图(图5-14)。地球化学成晕模式可分3~4带：Ⅰ.钼带，以钼为主，内见钼、铜晕，展布在中心部位，为石英闪长玢岩、花岗闪长斑岩、砂岩顶垂体出露地段，从整个侵入体的分布特征来看，晕的基底属岩浆源的中心部位。Ⅱ.铜带，分布于钼带外侧，以铜为主，包括有Mo、Cu、Ag、Zn、Pb晕，为花岗闪长斑岩、石英闪长玢岩与砂岩、灰岩的主要接触交代带。Ⅲ.铅、锌带，展布于铜带外侧，以Pb、Zn为主，包含有Cu、Ag、Zn、Pb晕，为石英闪长玢岩与砂岩、灰岩接触交代的外带。Ⅳ.锰、汞带，据光谱资料分析，Mn、Hg在测区外围明显增高，虽未系统整理成晕，但可说明，指示元素Mo、Cu、Ag、Zn、Pb晕的外侧存在Mn、Hg带，此带地层蚀变微弱，矿化不强，但可作为追踪上述指示元素地球化学晕的线索。

表5-8　江宁区安基山铜矿床地质-地球化学找矿模式表

矿床类型		以热液接触交代为主矽卡岩型
地质标志	地层标志	石炭纪—三叠纪碳酸盐岩，以栖霞组为主
	构造标志	北北西向导岩断裂及其旁侧构造与岩体捕房体接触带复合构造
	岩浆岩标志	燕山中晚期阶段中酸性花岗闪长斑岩、石英闪长玢岩，含Cu 92×10^{-6}，Cu/Zn比值低(4~19)
	蚀变标志	矽卡岩化，由岩体内至外具分带现象
地球化学标志	水系沉积物	元素组合非常复杂，有Cu、Pb、Zn、Mo、Bi、Au、Ag等
	土壤	Cu、Mo、Pb、Zn、Ag、As、Sb等组合，元素水平分带内带：Cu、Mo、Ag；外带：Pb、Zn、Ag、As、Sb
	岩石	(1) 花岗闪长斑岩中铜钼浓度克拉克值大于6，可作为铜钼矿标志；石英闪长斑岩中铅锌浓度克拉克值大于2，可作为铅锌矿标志。 (2) 矿前晕：Ag、Pb、Zn；Cu/Pb=5 　　矿中晕：Cu、Mo；Cu/Pb=50 　　矿尾晕：Mo、Cu；Cu/Pb=150 (3) 元素对比值标志：Cu/Zn>100，Cu/Pb>20，Cu/(Ag×100)>30(铜矿化标志)；Cu/Zn、Cu/Pb<10(铅锌矿化标志)；10<Cu/Zn<100(铜锌矿化标志)；10<Cu/(Ag×100)<30(含银的铜铅锌矿化标志)
	铁帽	Cu>0.40%，Pb<0.06%，Zn>0.30%，Mo>0.001%，Ag>0.5×10^{-6}

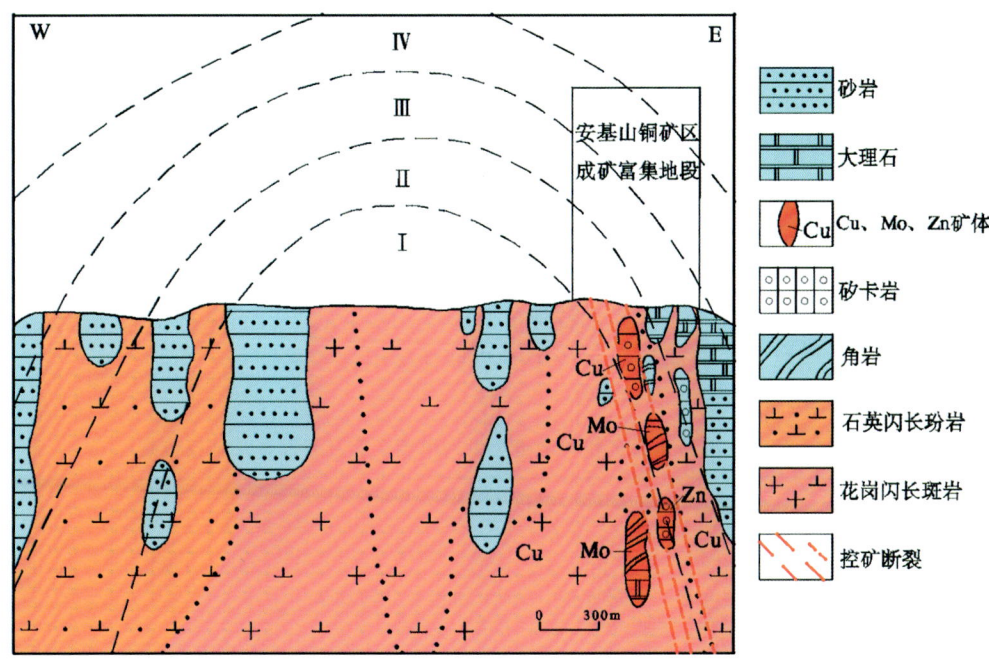

图 5-14 安基山铜矿地质-地球化学找矿模式图
(引用《安基山铜矿区地球化学异常特征及成晕成矿机理的研究报告》,1983)

(四)句容市盘龙岗铜钼矿床

1. 矿床地质特征

该矿区位于下扬子古陆块宁镇断褶束中段。宝巢复背斜中段轴部偏南部位,近东西向纵断裂是主要的控矿构造,其次是北西向断裂,岩体中部分节理也是容矿裂隙。矿区零星出露地层为志留系高家边组、坟头组,泥盆系五通组,二叠系栖霞组、孤峰组、龙潭组,三叠系青龙组、周冲村组。区内岩浆岩分布广泛,为下蜀-高资岩体南部边缘部分,中酸性—酸性,属中深—浅成相,呈岩株状、岩枝状及脉状产出。岩石测年为 117~112Ma,属燕山晚期产物。岩性主要为花岗闪长斑岩,其次为石英闪长玢岩、石英二长斑岩、二长斑岩。

矿区内铜钼含矿带主要赋存于燕山晚期花岗闪长斑岩与志留系高家边组、坟头组角岩化泥质粉砂岩超覆接触带内侧,少部分布于接触带外侧的角岩化泥质粉砂岩之中。含矿带产状受接触带控制,多平行于岩体与围岩的接触界面。含矿带东西长 1200 余米,南北宽 100~200m,走向为 250°~70°,倾向为上陡下缓,向北(北西)倾斜。已探明的矿体产出标高 89~594m。主矿体呈透镜状及似层状,大多数小矿体主要呈小透镜状、脉状。

矿石矿物以黄铜矿为主,其次为黄铁矿,少量辉钼矿、闪锌矿、方铅矿,微量磁铁矿。脉石矿物主要为石英、绢云母、斜长石、钾长石,其次为角闪石、黑云母,少量绿泥石、绿帘石、磷灰石、锆石、榍石。矿石结构以他形粒状结构为主,次为不规则状、片状结构。矿石构造以浸染状、细脉状构造为主,团块状为次,少量串珠状构造。

矿石类型以斑岩型铜矿石、斑岩型钼矿石、角岩型钼矿石为主,斑岩型铜钼矿石少量。矿区平均品位 Cu 0.35%,Mo 0.042%。

围岩蚀变:早期蚀变为黑云母化,随后产生低品位铜矿化和钼矿化;中期蚀变为绢云母化和伴随产生的主要铜矿化;晚期蚀变为泥化、碳酸盐化。

2. 地球化学特征

矿区范围及其外围曾先后做过1:20万水系沉积物测量、1:5万土壤测量,它们所反映的地球化学特征基本相同,异常元素组合以Cu、Mo、Bi、Pb、Zn、Ag为主,呈近东西向展布,与矿化带及主要控矿构造延伸方向基本一致。

(1) 水系沉积物地球化学特征。1:20万水系沉积物测量所反映的盘龙岗铜钼矿床的异常,与安基山岩体有关的如安基山铜矿床、伏牛山铜矿床等矿床的异常连在一起,形成一个大规模($268.5km^2$)Cu、Pb、Zn、Au、Ag、Bi、Mo、Cd、Sb等元素的综合异常,异常轴向与主要控矿构造和矿化带的方向相吻合,呈东西向和北西向展布的趋势。各元素异常特征值见表5-9。Cu、Pb、Zn、Au、Mo、Ag等元素异常内、中、外带清晰,浓集中心明显。盘龙岗铜钼矿位于综合异常区中偏东部。

表5-9 1:20万水系沉积物测量盘龙岗铜钼矿区及外围异常特征值表

元素组合	面积 (km^2)	强度				规模	
		浓度(10^{-6})		衬度		衬度算术规模	衬度几何规模
		最小值	最大值	算术均值	几何均值		
36Pb3	196.9	20.9	300.3	63.6	1.8	457.6	353.5
27Zn3	153.5	44.3	461.9	119.3	1.8	328.8	278.4
32Cu3	234.9	20.1	898	109.2	2.6	1159.5	614.2
34Au3	88.4	1.5	41	6.8	2.5	326.1	223.6
35Au3	18.3	2.2	25.1	11.7	4.1	115.5	74.7
25Ag3	181.7	41	2100	271.8	2.5	605.8	461.7
26Bi3	186.2	0.17	6	1.0	2.0	557.8	366.6
50Cd3	248.7	70	7100	535.4	2.4	984.6	596.5
32Mo3	158.1	0.36	54	4.1	2.3	796.0	358.3
33Mo1	1.5	2.1	2.1	2.1	2.6	3.9	3.9
29Sb1	1.3	2.1	2.1	2.1	2.2	2.8	2.8
33Sb2	16.5	0.78	3.1	1.8	1.7	32.0	28.6
27Sb3	53.9	0.8	26	4.0	1.8	226.6	96.8
各参数累计						5597	3459.6

注:Ag、Au、Cd含量单位为10^{-9}。

(2) 土壤地球化学特征。1:5万土壤测量圈出了$4.89km^2$综合异常,元素组合以Cu、Mo、Pb、Zn、Ag为主,Bi、Sb次之。各元素异常特征值见表5-10。异常呈近椭圆形,近东西向展布,与矿化带及主要控矿构造延伸方向基本一致(图5-15)。Pb、Zn、Ag、As、Sb异常展布形态规则,浓度分带完整,浓集中心明显,元素异常套合性较好,浓集中心与老人峰铅锌矿重合;Cu异常近长条状呈北东向展布,内、中、外带分带清晰,浓集中心明显,与Mo异常套合性较好,浓集中心与盘龙岗铜钼矿重合。

(3) 岩石地球化学特征。本次收集到盘龙岗铜钼矿区钻孔中蚀变岩与矿石共63件中的Cu、Pb、Zn、As、Ag元素含量分析数据,各统计参数见表5-11,与宁镇地区岩石相比,矿区岩石Cu、Pb、Zn、Ag、As等元素均呈现显著的富集。

表 5-10　1∶5万土壤测量盘龙岗铜钼矿区异常特征值表

元素组合	实际面积	强度				规模	
		浓度(10^{-6})		衬度		衬度算术规模	衬度几何规模
		最大值	最小值	算术均值	几何均值		
33Au1	0.193	17.8	4.5	3.348	2.688	0.648	0.52
36Au1	0.088	17.4	17.4	5.225	5.225	0.457	0.457
41Cu3	10.239	400	20	3.078	2.097	31.518	21.475
27Pb1	0.088	60	60	1.861	1.861	0.163	0.163
30Pb3	5.193	1000	25	3.349	1.962	17.391	10.189
32Zn3	3.843	710	40	2.928	1.96	11.252	7.532
31Ag3	1.979	3.5	0.1	4.915	2.36	9.729	4.67
29Bi1	0.075	0.4	0.4	3.478	3.478	0.262	0.262
30Bi3	7.32	7	0.1	5.56	2.661	40.699	19.482
18Cd2	6.46	0.25	0.25	1	1	6.46	6.46
39Hg1	0.137	0.4	0.4	5.634	5.634	0.774	0.774
38Hg2	0.116	0.3	0.3	4.225	4.225	0.491	0.491
27Sb2	0.716	12	0.25	6.004	1.309	4.298	0.937
41Mo3	6.294	10.1	0.175	3.623	2.342	22.805	14.738
各参数累计						146.947	88.15

注：Au含量单位为10^{-9}。

表 5-11　盘龙岗铜钼矿区钻孔岩石地球化学特征参数表

元素	最小值	最大值	中值	平均值	标准差	宁镇地区岩石	富集系数
Cu(10^{-6})	30	30 000	500	3903	7028	13.03	38
Pb(10^{-6})	20	87 800	1000	7397	15 886	21.75	46
Zn(10^{-6})	25	62 000	3750	15 031	18 750	29.6	127
Ag(10^{-6})	8	100	10	20.7	26.9	0.08	125
As(10^{-6})	25	1000	300	3535	293.5	4.48	67

注：富集系数=中值/宁镇地区岩石。

3. 地质-地球化学找矿模式

(1)地质-地球化学找矿模式表。根据上述矿床地质特征、地球化学特征分析，总结句容市盘龙岗铜钼矿床的地质-地球化学找矿模式表(表5-12)。

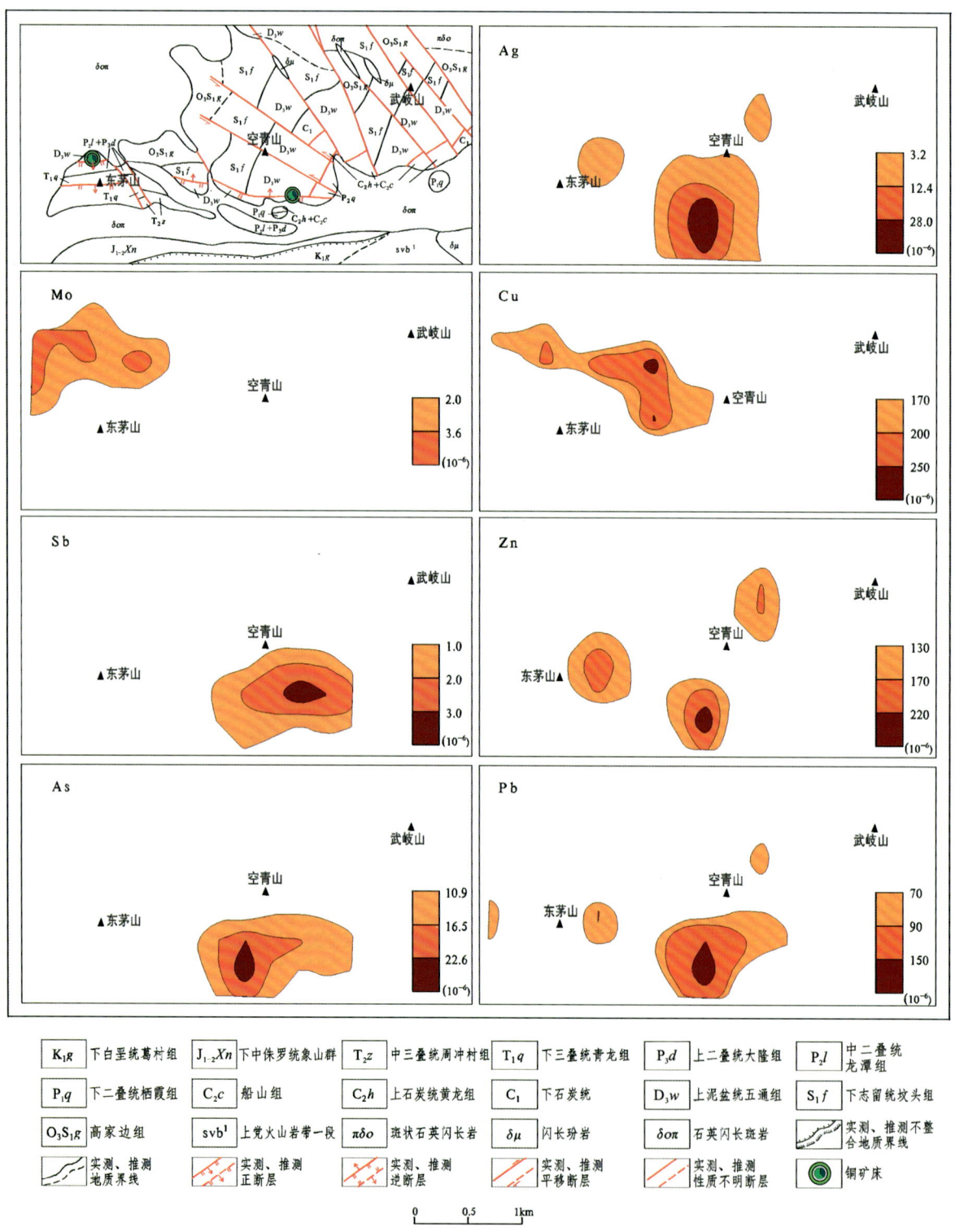

图 5-15 盘龙岗铜钼矿区 1∶5 万土壤地球化学异常剖析图

表 5-12 句容市盘龙岗铜钼矿床地质-地球化学找矿模式表

矿床类型		斑岩型
地质标志	地层标志	志留系高家边组、坟头组泥岩、砂质泥岩及细砂岩
	构造标志	岩体内接触带裂隙构造
	岩浆岩标志	燕山中晚期阶段中酸性花岗闪长斑岩、石英闪长斑岩,含 Cu 73×10^{-6},Cu/Zn 比值高(27~110)
	蚀变标志	岩体由内至外具钾化→硅化、绢云母化→泥化等分带现象
地球化学标志	水系沉积物	Cu、Mo、Bi、Pb、Zn、Au、Ag 等元素组合
	土壤	Cu、Mo、Bi、Pb、Zn、Ag 等组合,元素水平分带内带:Cu、Mo;外带:Bi、Pb、Zn、Ag
	岩石	矿前晕:Pb、Zn、Ag 矿中晕:Cu、Mo 矿尾晕:Mo
	铁帽	不发育

(2)地质-地球化学找矿模式图。句容市盘龙岗铜钼矿床的地质-地球化学找矿模式见图 5-16。

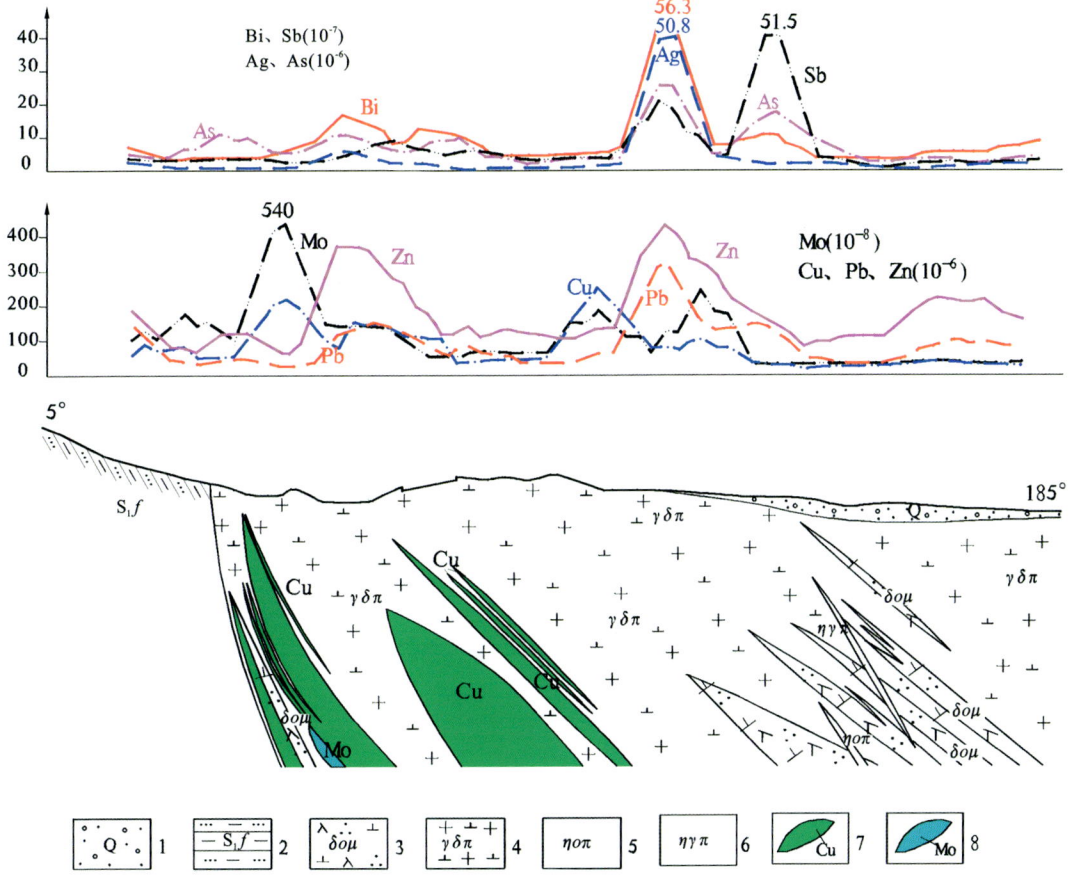

图 5-16 盘龙岗铜钼矿床地质-地球化学找矿模式图
(引用《江苏省及上海市重要矿种矿产预测成果报告》,2013)
1.第四系浮土;2.下志留统坟头组泥岩-粉砂岩-砂岩建造;3.石英闪长玢岩;4.花岗闪长斑岩;
5.石英二长斑岩;6.二长花岗斑岩;7.铜矿体;8.钼矿体

二、钼矿典型矿床

(一)句容市铜山钼铜矿床

1. 矿床地质特征

该矿区位于下扬子陆块宁镇褶皱束的中部,龙(潭)-仓(头)复背斜东段南翼。上泥盆统五通组,二叠系栖霞组、孤峰组、龙潭组、大隆组,下三叠统青龙组均有出露,栖霞组为矿区主要赋矿层位。侵入岩为燕山晚期斑状黑云母石英闪长岩(花岗闪长斑岩),与成矿关系密切。发育于上泥盆统五通组与二叠系间的纵向逆断层为矿区控矿构造,侵入接触带为控矿容矿构造。

矿区内铜钼矿体主要赋存于岩体与二叠系栖霞组大理岩接触的矽卡岩带中,少部分赋存于蚀变黑云母石英闪长岩中。矿体在矽卡岩中大致平行排列,其产状受矽卡岩控制,矽卡岩又受接触带控制。矿区中段接触带产状变化较大,沿倾向大致呈"S"形,铜钼矿体一般富集于接触带产状较缓的部位。当接触带陡立,或向北倾斜时矽卡岩厚度虽大,但矿体很小,当接触带向南缓倾时,则矿体厚大,且品位较富。矿区中部矿体走向近东西向,南倾,倾角一般 40°~60°,局部为 70°~80°。其中规模较大的 1 号铜钼矿体产于含透辉石钙铝榴石矽卡岩中,走向延长 400 余米,倾向最大延深 538m,平均厚 7.37m。2 号铜钼矿体产于透辉石石榴石矽卡岩中,走向延长 450m,倾向最大延深 500m 以上,平均厚 5.76m。下部含矿带以钼矿化为主,局部有白钨矿化。矿体位于内接触带内、正接触带部位或蚀变闪长岩中。矿化不稳定,矿体形态为透镜状,厚度和品位变化均较大。其中以 3 号矿体最大,矿体沿走向和倾向多随接触面变化,长 350m,延深 200m 左右,均厚 8.07m。

矿石矿物以黄铜矿、辉钼矿为主,次为磁铁矿、磁黄铁矿、黄铁矿、白钨矿和少量闪锌矿、白铁矿。脉石矿物以石榴石、透辉石为主,次为斜长石、透闪石、方柱石和少量绿帘石、阳起石、角闪石、绿泥石、石英等。铜矿石主要矿物组合:①黄铜矿-黄铁矿-矽卡岩矿物及热液蚀变矿物;②黄铜矿-磁铁矿-磁黄铁矿-黄铁矿-闪锌矿-矽卡岩矿物及热液蚀变矿物;③局部地段辉铜矿、斑铜矿、铜蓝、沿黄铜矿的边缘进行交代,黝铜矿和黄铜矿成连晶。钼矿石主要矿物组合:①辉钼矿-黄铁矿-矽卡岩矿物及热液蚀变矿物;②辉钼矿-矽卡岩矿物及热液蚀变矿物。

矿体品位变化较大,主要铜矿体平均含 Cu 1.38%~1.82%;Mo 0.155%~0.335%;铜钼混合型中的 Cu 品位 0.34%~0.67%,Mo 品位为 0.029%~0.075%,局部地段 W 平均含量可达 0.1%~1.538%。单工程平均品位 Cu 可高达 4.74%,Mo 可高达 0.807%。矿石中有金伴生,其中 2 号矿体钼矿石中含金可高达 1.43×10^{-6},在无矿矽卡岩中也含有少量的金。

2. 地球化学特征

矿区及其外围曾先后开展过 1:20 万水系沉积物测量、1:5 万土壤测量和 1:5 万岩石测量,它们所反映的地球化学特征总体相同,异常元素组合以 Cu、Mo、Bi、Pb、Zn、Ag 为主,呈近东西向展布,各元素异常又不同程度地显示了近南北向展布的趋势,分带明显。异常的范围、展布方向及分带性,分别与矿床的矿化范围、主要控矿构造、矿化带及矿体的延伸方向大体相吻合。

(1)水系沉积物地球化学特征。1:20 万水系沉积物测量反映了一个大规模(268.5km²)Cu、Pb、Zn、Au、Ag、Bi、Mo、Cd、Sb 等元素的综合异常,异常轴向与主要控矿构造和矿化带的方向相吻合,呈东西向和北西向展布的趋势。各元素异常特征值列入表 5-13。Pb、Zn、Au、Cu、Mo、Ag 等元素异常具有明显浓度分带,尤以 Cu 较为完整,面积最大,铜山钼铜矿区位于 Cu 异常内带。就矿区范围而言,异常元素组合较为简单,以 Cu、Mo、Pb、Zn、Ag 为主,次为 Sb、Au。Cu、Mo、Pb、Zn 异常范围最大,浓度较高,为主要成矿元素,Ag、Au、Sb 异常浓度亦较高,但范围较小,为矿床主要伴生元素。

表 5-13　1∶5 万土壤测量铜山钼铜矿区异常特征值表

元素组合	实际面积	强度				规模	
		浓度（10^{-6}）		衬度		衬度算术规模	衬度几何规模
		最大值	最小值	算术均值	几何均值		
29Au3	3.269	64.6	1.400	4.237	2.231	13.850	7.294
32Cu3	6.363	1500	15.000	4.366	1.496	27.780	9.521
21Pb2	1.498	150	40.000	2.569	2.256	3.848	3.379
27Zn3	4.361	500	60.000	2.375	2.049	10.357	8.935
26Ag2	2.549	1.5	0.030	3.905	2.281	9.955	5.815
24Bi2	2.444	1.2	0.100	3.241	2.077	7.921	5.075
15Cd2	3.175	0.25	0.250	1.000	1.000	3.175	3.175
35Mo2	4.839	30.1	0.175	4.672	1.631	22.611	7.890
各参数累加						99.497	51.084

注：Au 含量单位为 10^{-9}。

（2）土壤地球化学特征。1∶5 万土壤地球化学测量圈定指示元素 Cu、Pb、Zn、Mo、Bi、Ag、Cd、Sb、As 地球化学总体特征：异常主要展布于正盘山-羊山-铜山向南突出的弧形带上，在矿区及附近，即石英闪长斑岩与栖霞组灰岩接触带地带，异常的浓集强度最高，并呈近东西向展布（与矿体一致）。结合剖析图（图 5-17）可以看出，Bi 异常浓集中心主要分布于石英闪长斑岩体内；Cu、Mo（Ag）异常主要出现在石英闪长斑岩与栖霞组灰岩接触带地段；Pb、Zn、Cd 异常主要分布于正盘山—羊山一带以西，空间上处于二叠纪—三叠纪碳酸盐岩地层与石英闪长斑岩接触蚀变部位，属矿区的外围地带，大致形成一个 1/4 圆形异常带。

（3）岩石地球化学特征。1∶5 万岩石地球化学测量有 Cu、Bi、Pb、Zn、Ag、Cd、As、Sb 异常显示，多数异常元素有一定的浓度分带性，但发育程度不同，其中 Cu、Bi、Ag、As 比较完整（图 5-18），综合考虑这些元素异常空间分布位置，元素呈现的异常范围由小到大，由内向外有 Cu-Bi-Ag、As、Sb-Zn、Pb，具有一定的元素分带性。

3. 地质-地球化学找矿模式

（1）地质-地球化学找矿模式表。综合上述矿床地质特征和地球化学特征，句容市铜山铜钼矿床的地质-地球化学找矿模式可简化如表 5-14 所示。

（2）地质-地球化学找矿模式图。铜山铜钼矿床地质-地球化学找矿模式见图 5-19。

燕山晚期花岗闪长斑岩、斑状石英闪长岩沿五通组、高骊山组和栖霞组之间的断裂侵入，岩体与二叠系栖霞组碳酸盐岩地层接触交代形成的矽卡岩型钼铜矿，主要矿体产于石英闪长岩与栖霞组灰岩间的外接触带中。主岩体内黑云母的 K-Ar 同位素年龄为 106.0Ma，表明铜山钼铜矿床为燕山晚期第二次岩浆侵入活动这一热事件所引发的热液成矿作用的产物。

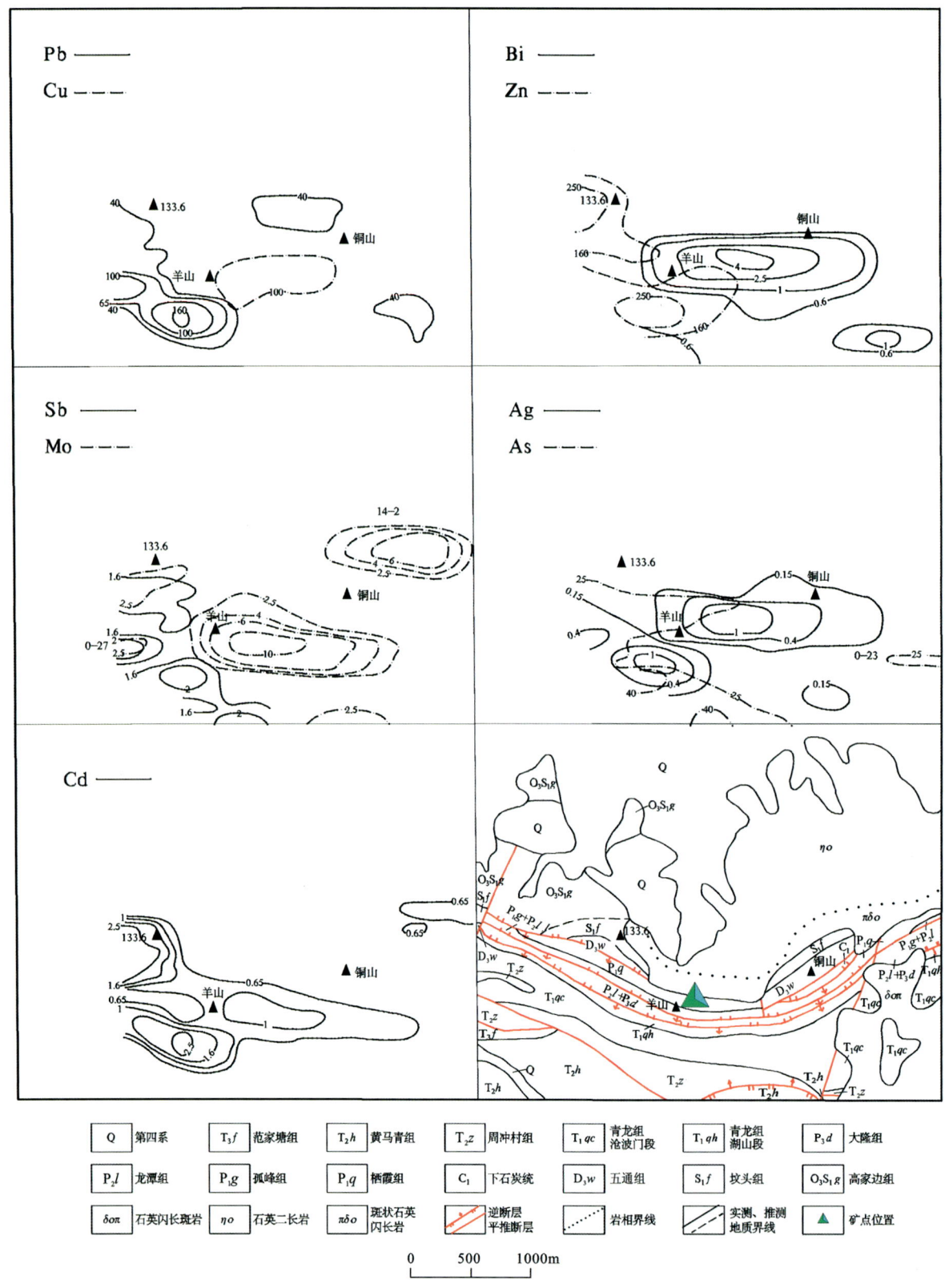

图 5-17 铜山铜钼矿区 1:5 万土壤地球化学异常剖析图
(据《宁镇地区 1:5 万区域矿产调查报告》,1984 年修改)

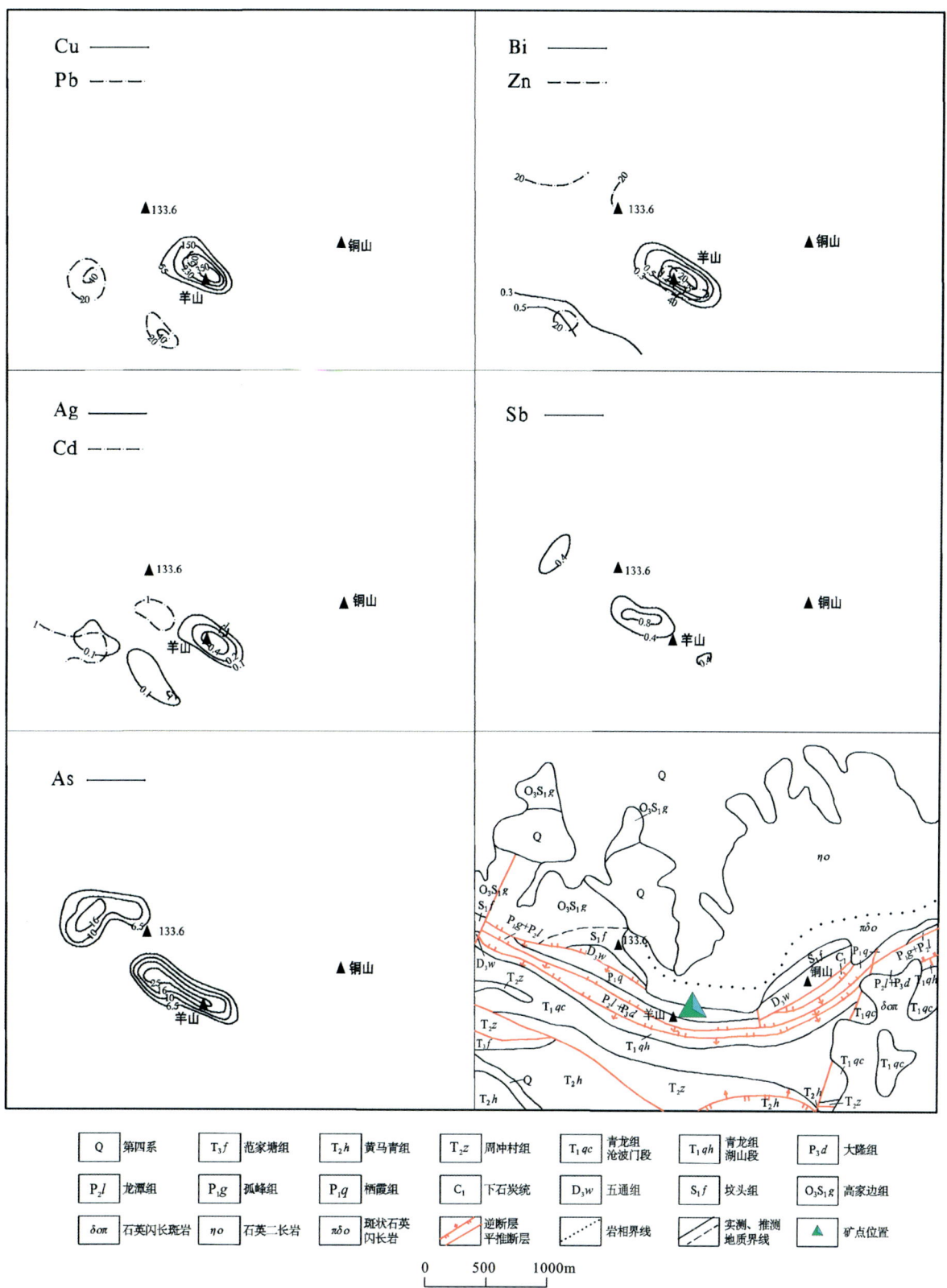

图 5-18 铜山铜钼矿区 1:5 万岩石地球化学异常剖析图
(据《宁镇地区 1:5 万区域矿产调查报告》,1984 年修改)

表 5-14 句容市铜山铜钼矿床地质-地球化学找矿模式表

矿床类型		矽卡岩型
地质标志	地层标志	二叠系栖霞组至龙潭组,以栖霞组为主
	构造标志	沿硅钙面发育的走向层滑断裂与岩体接触带复合构造
	岩浆岩标志	燕山中晚期阶段中酸性花岗闪长斑岩、石英闪长斑岩,含 $Cu\ 69\times10^{-6}$,Cu/Zn 比值低($4\sim19$)
	蚀变标志	矽卡岩化,由岩体内至外具明显分带
地球化学标志	水系沉积物	Cu、Pb、Zn、Au、Ag、Bi、Mo 等元素组合
	土壤	Cu、Pb、Zn、Mo、Bi、Ag、As、Sb 等元素组合,具水平分带,内带为 Cu、Mo、Bi、Ag,外带为 Pb、Zn、Ag、Sb
	岩石	矿前晕:Pb、Zn、As 矿中晕:Cu、Mo、Ag 矿尾晕:Cu、Mo
	铁帽	$Cu>0.3\%$,$Pb<0.06\%$,$Zn>0.3\%$,$Mo<0.001\%$,$Ag>1.4\times10^{-6}$

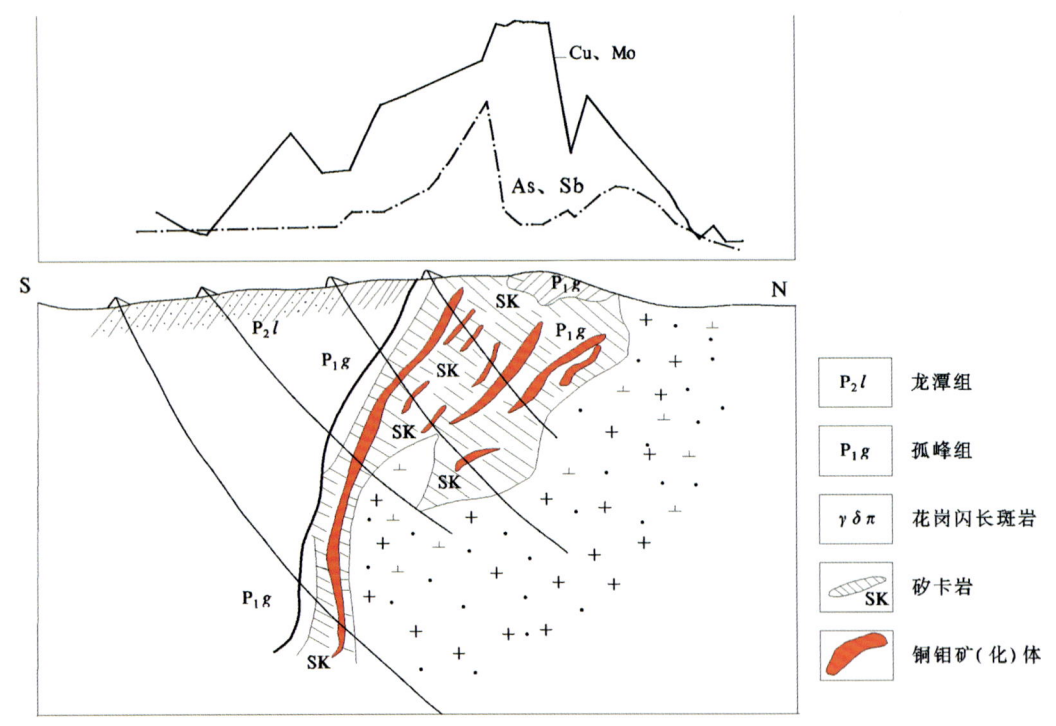

图 5-19 铜山铜钼矿床地质-地球化学找矿模式图
(引用《苏南铜多金属矿勘查研究报告》,1995)

(二)镇江市谏壁钼钨矿床

1. 矿床地质特征

该矿区位于宁镇山脉东段埤(埤城)-孟(孟河)复背斜的北西倾没部位。矿区第四系分布广泛,基岩出露零星,主要出露地层为下震旦统黄墟组下段千枚岩、角岩化和千枚岩化泥质粉砂岩、绢云母化粉砂岩、碳质页岩、白云质灰岩、白云岩;上震旦统灯影组厚层状间夹薄层状灰岩、白云岩、厚层状大理岩化白云质灰岩,该层与赋矿的二长花岗岩呈侵入接触;高家边组中厚层状绢云母化泥岩、泥质粉砂岩等。区内岩浆活动频繁,分布广泛,形成一套同源不同期次的中酸性杂岩体,它们在空间上紧密相连,成因上密切相关。岩性以二长花岗岩为主,其次为多种脉岩。二长花岗岩体具有中等剥蚀深度,属中深成相,燕山晚期产物,为本区钨钼矿成矿母岩。矿区断裂构造发育,大体上可划分为:近东西向、北西向、北东向及岩体内部近于东西向羽状构造裂隙带。近东西向断裂为纵向北倾之逆断层,断层上盘为黄墟组,下盘为灯影组。该断裂为导岩、导矿构造。北西向断裂构造为一南倾的逆断层,黄墟组逆覆于灯影组之上。岩体内部近于东西向展布的羽状构造裂隙带为本区钨钼矿体的成生提供了容矿空间,控制了钨钼矿体的展布。

主要矿体大致分为上、下两段,上段埋深标高为$-50\sim-300$m,下段埋深标高为$-350\sim800$m。矿体(矿化体)单层厚$0.5\sim23.25$m,一般厚$2\sim10$m,矿脉群(矿体)长度最大达590m左右,一般长数十米至百余米,延伸$100\sim300$m。从单个矿体对应来看,无任何标志层可寻,但受控于构造羽裂带,多呈侧列式的群脉,不连续分布,根据矿脉较集中产出部位和空间位置及规模大致划分为两个主矿体(矿脉群)及13个小矿体。

矿石矿物主要为辉钼矿,其次为白钨矿,少量黄铜矿。伴生矿物主要为黄铁矿,其次为磁铁矿、镜铁矿、假象赤铁矿,局部见少量磁黄铜矿、斑铜矿、方铅矿、闪锌矿、穆磁铁矿、辉铋矿、斜方辉铅铋矿。脉石矿物为石英、钾长石、柘榴石、透辉石、黑云母、楣石、褐帘石、磷灰石、方解石、绿帘石、绿泥石。辉钼矿呈半自形—自形晶粒状结构;叶片状、菊花状、粉末状结构;白钨矿呈自形—半自形晶粒状结构。矿石构造主要有细粒浸染状、细脉状、网脉状、斑点状—不规则团块状等。矿石的自然类型有辉钼矿石、黄铜辉钼矿石、白钨辉钼矿石、白钨矿石。

围岩蚀变分带较明显,可分为正接触带、内接触带、内带。正接触带中透辉石、透闪石、石榴石矽卡岩与W、Mo、Cu关系密切,但连续性差;内接触带硅化、钾长石化、绿泥石化在空间上与矿化关系密切;内带钾长石化、钠长石化与白钨矿化空间关系较为密切。

2. 地球化学特征

(1)地层地球化学特征。据地层含矿性分析,震旦系含Mo$(7.4\sim29.0)\times10^{-6}$,Cu$(15.0\sim92.0)\times10^{-6}$,Pb$(62.0\sim202.0)\times10^{-6}$,Zn$(43.0\sim283.0)\times10^{-6}$;寒武系含Mo 133.0×10^{-6},Cu 70.0×10^{-6};志留系含Mo 183.0×10^{-6},Cu 132.0×10^{-6},Pb 36.4×10^{-6},Zn 111.1×10^{-6};石炭系含Mo $63.0.0\times10^{-6}$,Cu 193.5×10^{-6}。上述地层中W、Mo、Cu元素的含量明显高于其他时代地层。因此,该地区具备形成铜、钼、钨等矿产的地球化学前提。

(2)侵入岩地球化学特征。对区内岩石微量元素含量的分布特征分析表明:二长花岗岩体中富集系数(元素含量与岩石克拉克值之比)较高的元素有Cu(6.1)、Pb(3.4)、Zn(1.06);在霏细斑岩中富集系数较高的有Cu(34.8)、Pb(9.1)、Zn(6.3)。表现脉岩更富集,其与矿化关系更为密切。主岩体中W、Mo、Sn含量普遍偏高,分别为克拉克值的5倍、17倍和10倍,而霏细岩类W、Mn含量也明显偏高,分别为克拉克值的5倍和43倍。其他各类岩石的W、Mo含量大多数接近于克拉克值。由此可见,二长花岗岩和各类脉岩霏细斑岩的微量元素及成矿元素变化规律具有明显的相似性,反映了它们成因上的联系,是同源不同期的产物,即霏细岩类脉岩是花岗岩浆分异、演化晚期的产物。它对成矿元素的活动、转移、富集起着重要的作用。

(3) 土壤地球化学特征。根据宁镇地区1∶5万土壤地球化学测量,Cu、Pb、Zn、Mo、Bi等元素具有非常相似的空间分布特征,空间上大多与中酸性岩体或铜多金属矿(点)分布有关,镇江谏壁钼钨矿床就处于零山-水晶山Mo元素高背景带的北西段。

3. 地质-地球化学找矿模式

(1) 地质-地球化学找矿模式表。综合上述矿床地质特征和地球化学特征,镇江市谏壁钼钨矿床的地质-地球化学找矿模式可简化如表5-15所示。

表5-15 镇江市谏壁钼钨矿床地质-地球化学找矿模式表

矿床类型		斑岩型
地质标志	地层标志	震旦系黄墟组、灯影组
	构造标志	近东西向、北西向、北东向断裂构造为区内导岩导矿构造,岩体内部近于东西向羽状构造裂隙带,是主要赋矿空间
	岩浆岩标志	燕山晚期二长花岗岩,含Mo、W分别为7.5×10^{-6}、22.1×10^{-6}
	蚀变标志	具蚀变分带,自内向外依次出现钾长石化、绢云母化带-硅化、钾长石化、矽卡岩化带-硅化、钾长石化带-大理岩化带
地球化学标志	水系沉积物	
	土壤	处于Cu、Mo、Bi、Pb、Zn高背景带之上
	岩石	主岩体中W、Mo、Sn含量普遍偏高,分别为克拉克值的5倍、17倍和10倍
	铁帽	不明显

(2) 地质-地球化学找矿模式图。谏壁钼钨矿床地质-地球化学找矿模式见图5-20。

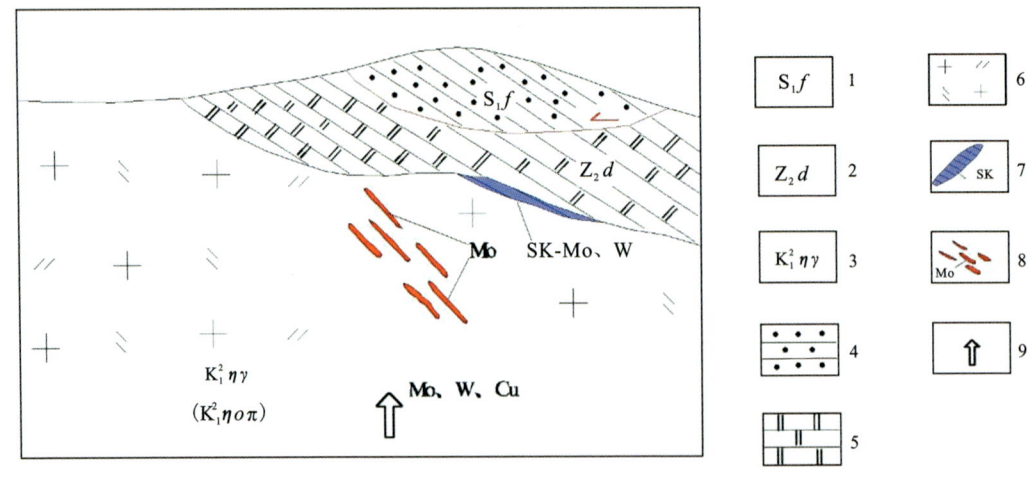

图5-20 谏壁钼钨矿床地质-地球化学成矿模式图
(引用《江苏省及上海市重要矿种矿产预测成果报告》,2013)
1.下志留统坟头组;2.震旦系灯影组;3.燕山晚期二长花岗岩;4.砂岩;5.白云岩;6.二长花岗岩;
7.含钼钨矿矽卡岩;8.钼矿体;9.含矿热液运移方向

三、铅锌银矿典型矿床

(一)南京市栖霞山铅锌银矿床

1. 矿床地质特征

该矿床位于宁镇断褶束北侧龙仓复背斜南翼,受层位、岩性、岩相控制十分明显。上石炭统黄龙组碳酸盐地层为最主要赋矿层位,显示出层控矿床特征。上构造层由象山群砂页岩组成开阔的背斜褶皱。下构造层褶皱强烈,栖霞山-甘家巷复式背斜是背斜西延的再现部分,自北到南由甘家巷背斜、五亩山向斜、大凹山背斜、钱家渡向斜等次级褶皱组成。断裂构造十分发育,纵向断裂,以 F_2 为代表,是矿区的重要容矿构造之一,发育于栖霞山-甘家巷复背斜的南翼(倒转翼),断层面与地层层面大致平行或小角度相交,层间错动,略有逆冲,使浅部的五通组砂岩、下石炭统高骊山组粉砂岩逆冲到石炭纪、二叠纪灰岩之上。断裂走向北东-南西,纵贯全区,断续长 5km 以上,属压性、压扭性构造,其"先压后张"特征。横向断裂,亦十分发育,可归纳为两级,共 40 余条。一级横断裂规模较大的有甘家巷—钱家渡河栖霞-长林断裂,切割深,是导矿构造。二级横断裂部分与 F_2 纵断裂配套,在成矿前发生,在交叉部位矿体往往膨大,少数直接赋存于横断裂中的矿体规模较小。此外,还有沿象山群砂岩与下构造层之间不整合面发生的断裂破碎带、古岩溶构造等,常被后期矿液充填交代,也是重要的容矿构造。矿区内未出露岩浆岩体,仅西部甘家巷地表及个别钻孔深部见有少量的闪长玢岩岩脉。在矿区西南方向尧化门一带则有石英闪长岩体出露。

矿区有大小矿体 17 个,主矿体 9 个,总体呈带状分布。主矿体赋存于高骊山组与黄龙组之间硅钙岩层界面控制的纵向断裂带中,矿体上部延伸至 F_2 断裂旁侧断裂中,旁侧断裂大致沿象山群与下构造层不整合面发育,形成数十米厚的构造角砾岩。主矿体形态规则,呈似层状、大透镜状产出,走向北东,倾向北西,矿体长约 1400m,厚 30~50m 不等。

矿石主要工业类型有 Pb-Zn-S 型、Pb-Zn-S-Mn 型、Pb-Zn-Cu 型、单硫型和碳酸锰型 5 种。主要矿石矿物为闪锌矿、方铅矿、黄铁矿,次为菱锰矿、黄铜矿、黝铜矿、白铁矿,此外,有少量磁铁矿、磁黄铁矿、毒砂、辉银矿、螺状硫银矿、深红银矿、含银自然金、辰砂和镜铁矿等。脉石矿物主要为石英、方解石,次为白云石、重晶石、玉髓,少量萤石、石膏、滑石,偶见钙铁辉石、阳起石、透闪石、透辉石和绿帘石等。常见矿石结构有粒晶结构、镶嵌结构、交代结构、显微压碎结构,次为乳滴状结构、显微包含结构、草莓结构、束状变晶结构和凝灰结构。矿石构造以角砾状、浸染状为主,次为块状,尚有脉状、网脉状、条带状及层纹状构造。矿体围岩蚀变弱,较为常见的是硅化、碳酸锰化、重晶石化,局部见萤石化、石膏化。在矿区西部甘家巷矿段,蚀变稍强,个别地段(如 150 线附近)见有透辉石、阳起石和透闪石等蚀变矿物。

2. 地球化学特征

矿区范围及其外围曾先后做过1:20万水系沉积物、1:5万土壤及1:1万土壤测量,它们所反映的地球化学特征基本相同,异常元素组合较为复杂,主要有 Pb、Zn、Ag、Cu、Au、As、Sb、Cd、Bi、Hg 等,异常呈北东向展布,异常较好地反映了栖霞山铅锌银矿床的成矿作用。

1)水系沉积物地球化学特征

1:20万水系沉积物圈出了 77.17km² 综合异常,元素组合复杂,主要有 Au、Pb、Zn、Ag、Cd、Sb、Hg,次为 Cu、As、Bi、Hg、Mo 等,各元素异常特征值列入表 5-16。异常呈北东向不规则状展布,与栖霞山-大凹山铅锌银多金属矿化带延伸方向一致,异常范围与矿区范围基本吻合。Au、Pb、Zn、Ag 等元素浓度分带完整,一般都发育有外、中、内带,且它们的异常规模均较大,总体来说,该综合异常反映了区内已知矿产的成矿作用,属矿致异常。

表 5-16 1∶20 万水系沉积物测量栖霞山铅锌银矿区异常特征值表

元素组合	面积(km²)	强度 浓度(10^{-6})		强度 衬度		规模 衬度算术规模	规模 衬度几何规模
		最小值	最大值	算术均值	几何均值		
31Au3	42.72	2.10	30.00	4.83	3.09	206.50	132.36
35Pb3	44.93	22.80	375.70	3.30	1.78	148.62	80.11
26Zn3	35.81	52.30	639.80	2.66	1.67	95.18	60.10
31Cu1	15.96	63.20	63.20	2.85	2.85	45.60	45.60
23Ag3	43.64	76.00	1000	3.01	1.91	131.53	83.71
31As3	28.16	9.80	98.50	2.72	1.66	76.71	46.95
25Bi1	22.12	0.52	0.82	2.09	2.05	46.30	45.49
49Cd3	66.69	100	1200	2.69	2.17	180.00	145.02
25Hg1	6.97	343	343	5.53	5.52	38.53	38.53
26Hg1	9.99	380	380	6.12	6.12	61.17	61.17
29Mo2	7.58	3.40	3.40	4.16	4.16	31.53	31.53
28Sb3	43.63	1.00	12.00	3.32	2.03	144.65	88.56
各参数累计						1206.32	859.13

注：Au、Ag、Cd、Hg 的含量单位为 10^{-9}。

2）土壤地球化学特征

1∶5 万土壤测量在栖霞山—南象山一带圈出了面积约 15.1km² 呈北北东—南西西向的长条状综合异常，元素组合以 Pb、Zn、Ag、Au、Hg、Sb、As 为主，并有 Cd、Bi、Mo 等，各元素异常特征值列入表 5-17。该异常处于栖霞山-铜山高背景带上，单元素呈现的异常范围由小到大、由内向外依次为：Mo-Bi-Zn-Pb-Au-Hg-Cd-As-Sb，具有一定的元素分带性，越向西南方向非带性越明显。多数异常元素都有一定的浓度分带性，但发育程度不同，其中 Pb、Zn、Ag、Sb、As、Hg 比较完整（图 5-21）。

表 5-17 1∶5 万土壤测量栖霞山铅锌银矿区异常特征值表

元素组合	面积(km²)	强度 浓度(10^{-6})		强度 衬度		规模 衬度算术规模	规模 衬度几何规模
		最小值	最大值	算术均值	几何均值		
15Au3	9.59	1	70	4.74	2.53	45.45	24.22
9Cu2	0.24	70	70	2.80	2.80	0.67	0.67
17Cu2	2.93	25	60	1.93	1.87	5.64	5.47
3Pb3	11.4	10	2000	6.01	2.51	68.52	28.62
6Zn3	5.42	15	3600	5.91	1.49	31.99	8.05
5Ag3	12.12	0.03	5.00	7.30	3.46	88.50	41.94
11As1	0.2	20	20	2.64	2.64	0.54	0.54
10As3	10.69	3.00	1500	10.78	2.49	115.16	26.64
9Bi2	1.09	0.2	0.5	2.90	2.70	3.151	2.94
6Bi2	1.84	0.1	0.6	2.61	2.07	4.791	3.80
4Cd3	11.10	0.25	20	3.63	1.35	40.26	14.95
9Hg3	11.74	0.05	1.8	4.60	2.55	54.03	29.93
17Mo3	4.61	0.15	15	4.06	1.24	18.72	5.73
9Sb3	13.21	0.25	50	13.30	4.96	175.67	65.47
各参数累计						653.10	258.96

注：Au、Ag、Hg 含量单位为 10^{-9}。

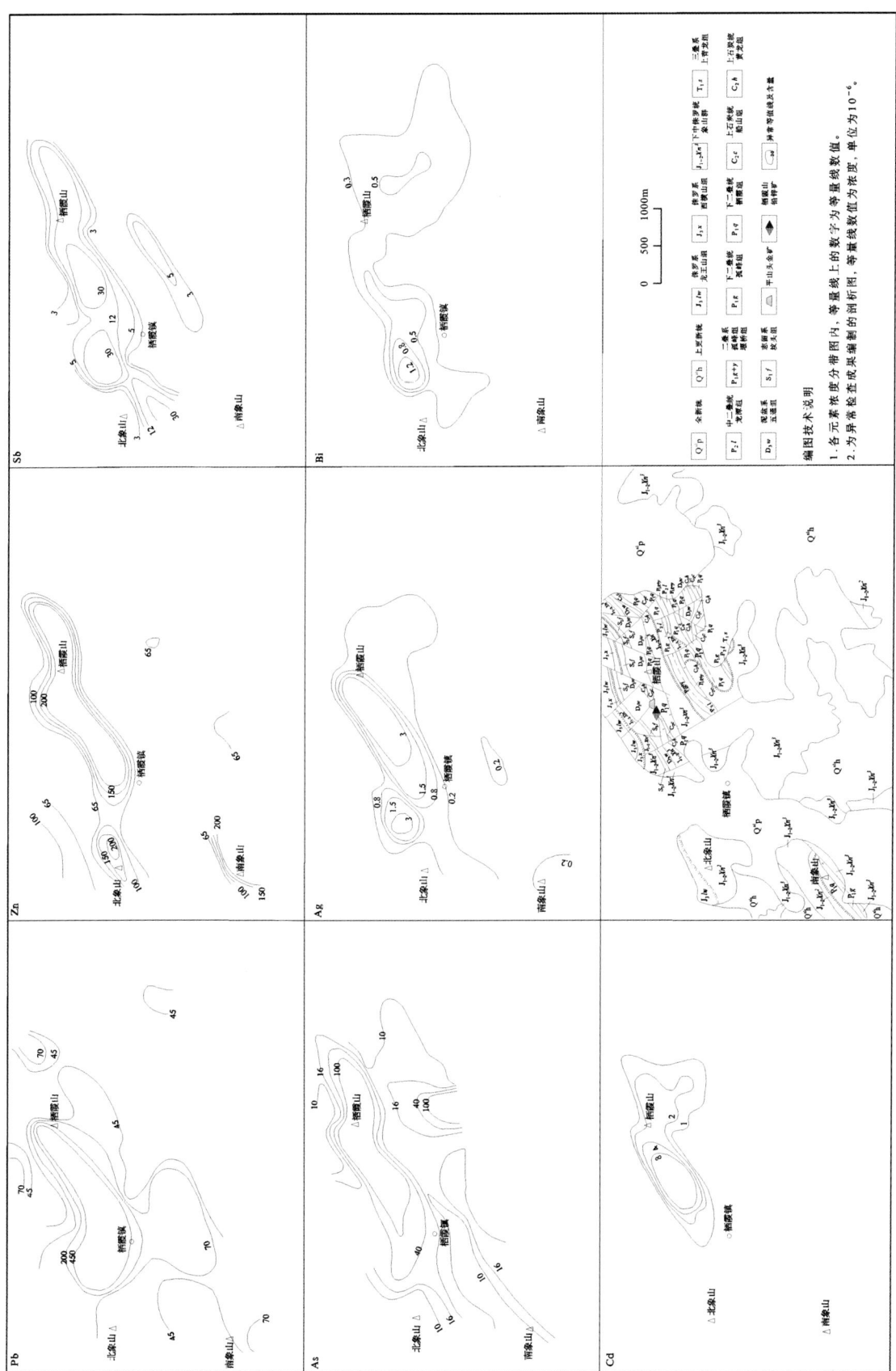

图 5-21 栖霞山铅锌银矿区土壤异常剖析图
(引用《宁镇地区 1:5 万区调报告化探成果资料》,1984)

矿区钻探资料表明，该异常完全反映了栖霞山铅锌银多金属矿床的面貌。异常轴部与矿体水平投影重合，高浓度的异常为出露的矿体和埋藏较浅的隐伏矿体的反映，中等浓度的异常反映矿体埋藏较深。自北东向南西Sb、Hg等易挥发的元素浓度增高，与主矿体向南西侧伏具有明显的一致性。

栖霞山矿区1∶1万土壤汞测量，矿石中汞含量一般是地层丰度的2个数量级，表明土壤地球化学汞异常与栖霞山铅锌银矿床成矿作用有关。在排除已知干扰异常区域，以2×10^{-9}等浓度线勾绘的土壤汞异常，异常总体呈北东东向展布，呈多峰状，极大值25×10^{-9}，一般$(6\sim10)\times10^{-9}$，异常带的展布与已知矿体和有关断裂构造基本一致，矿区的工业污染会加大异常范围，但异常主体部位还是客观地反映了地球化学的面貌，当矿体埋深较大且上覆地层裂隙不甚发育时，则异常不明显以致消失。从1∶1万土壤汞测量也可以看出，汞异常是栖霞山多金属矿成矿作用的反映。

3. 地质-地球化学找矿模式

1）地质-地球化学找矿模式表

分析矿床地质特征和地球化学特征，总结南京栖霞山铅锌银矿床的地质-地球化学找矿模式可简化如表5-18所示。

2）地质-地球化学找矿模式图

南京市栖霞山铅锌银矿形成过程可以模式化为图5-22。

表5-18 栖霞山铅锌银矿床地质-地球化学找矿模式表

矿床类型		碳酸盐岩型
地质标志	地层标志	石炭系黄龙组、二叠系栖霞组碳酸盐岩为成矿有利层位和主要赋矿地层
	构造标志	层间断裂
	岩浆岩标志	深部有中酸性岩体
	蚀变标志	硅化、碳酸锰化、重晶石化，局部见萤石化、石膏化
地球化学标志	水系沉积物	Pb、Zn、Ag、Cd、Sb、Hg、Au、As、Cu等元素组合
	土壤	Pb、Zn、Ag、Au、Hg、Sb、As等元素组合
	岩石	矿前晕：As、Sb、Hg 矿中晕：Pb、Zn、Cd、Bi 矿尾晕：Pb、Zn、Cu、Mo Pb/Cu=1.36～3.28
	铁帽	$Cu=0.1\%\sim0.16\%$，$Pb>0.16\%$，$Zn>0.45\%$，$Mo<0.0013\%$，$Ag>5\times10^{-6}$

研究表明宁镇地区基底形成以后，上地幔局部活化，产生地壳断裂，断块上升。中生代地台开始活化，随区域构造运动产生深大断裂。在沿江断裂挤压作用下，地壳加速破裂，产生负压致使地幔隆升。磁性基底和盖层同步隆升，同时伴随大规模岩浆侵入。岩浆通过沿江断裂在所处的沉积盖层中属半封闭条件，在6.3km深处形成紫金山岩浆库。由于后期构造影响，一部分岩浆脱离紫金山岩浆库，自西向东迁移，并逐渐变为中性。随着迁移距离的增加，温度渐渐降低，在岩浆完全固结以前，岩浆结晶、分异物中富含氟、氯，岩浆熔蚀震旦系陡山沱组（千枚岩：铅202×10^{-6}、锌283×10^{-6}）、南沱组（含砾绢云母千枚岩，银1.15×10^{-6}）的高矿化度热液在自身温度、压力驱动下继续上浮，并与渗流至地下淋滤了矿原层（陡山组、南沱组）而富含铅、锌、银的卤水相汇合形成以岩浆热液为主体的混合矿热液，进入纵向断裂和不整合面，在合适的层位，主要是下石炭统—下二叠统（特别是黄龙组白云岩、白云质灰岩）中，结晶、沉淀、富集成矿，形成以岩浆热液为主的复式层控矿床。

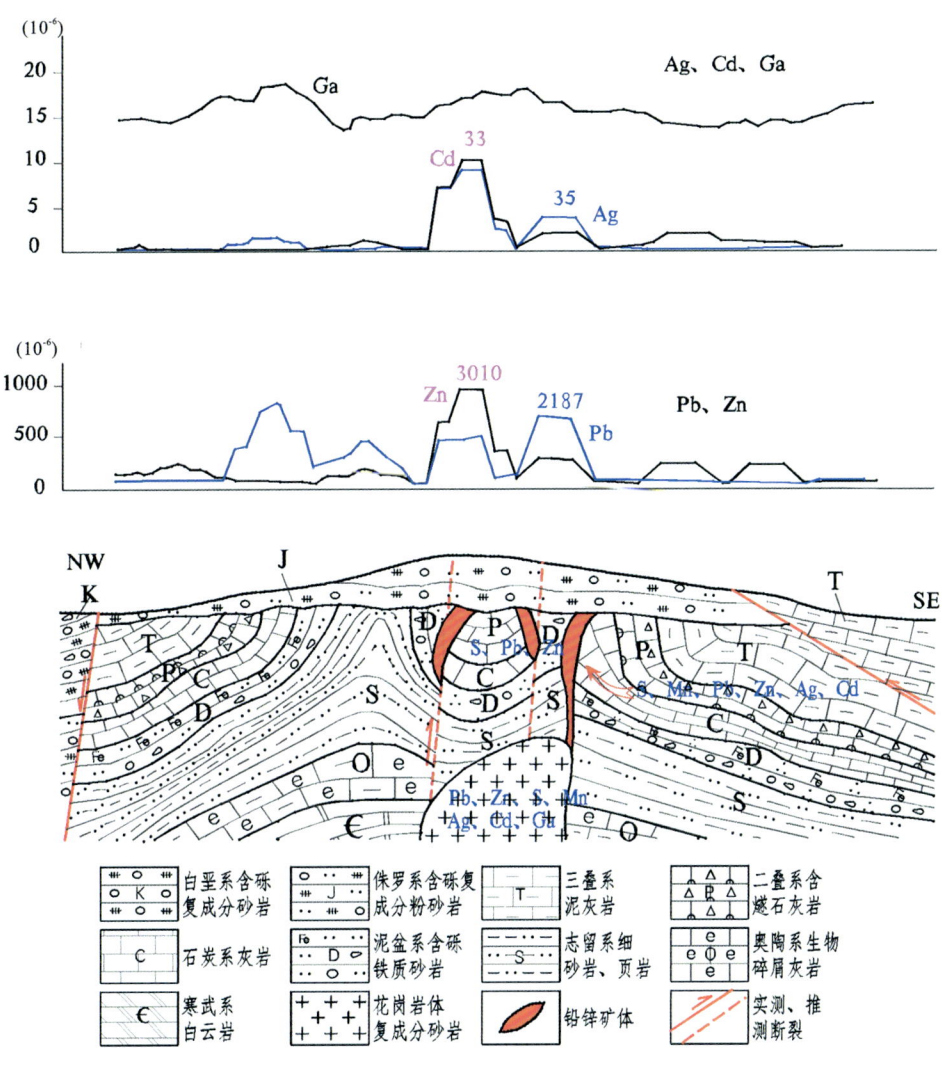

图 5-22 栖霞山铅锌银矿地质-地球化学找矿模式图(元素含量曲线数值表示该点的极值)
(据《江苏省铅锌银矿第二轮成矿远景区划报告》,1994 年补充)

(二)溧水区观山铜铅矿床

1. 矿床地质特征

观山铜铅矿处于新桥-白马断裂与马鞍山-李巷断裂的交会点,观山古火山之中心部位。整个火山通道被粗安质次火山岩侵入充填,其形态与该次火山岩的形态基本一致,呈向南西倾斜收缩的喇叭状。火山颈四周为早白垩世大王山组丘虎山旋回和观山旋回之粗安质-粗面质火山岩,距火山通道较近处的火山岩多为粗安质集块角砾岩,而距离较远的多为粗安质凝灰角砾岩、粗安岩。成矿岩体为白垩纪次火山岩-斑岩,呈岩颈及岩脉状产出,与大致同期侵位的闪长岩类存在过渡关系。矿床围岩是侏罗纪—白垩纪浅成岩体及其爆发角砾岩,也可以是成矿前的其他围岩。

矿体定位与产出于火山通道外侧的裂隙带中,呈近平行、平行的脉体或脉带,矿脉沿走向和倾向长度可达数百米,铜含量一般在1%左右。成矿作用以充填和交代为主,呈细脉、复脉分布。矿脉均分布在粗安斑岩次火山岩体的边缘,在地表表现为重晶石赤铁矿铁帽,在面上大致呈三角形(或近环形),每条矿脉的产状均与粗安斑岩接触面一致,向"三角形"(近环形)的中心倾斜。各矿脉长短不一,倾角陡,厚度变化较大,矿化不均匀。浅部矿体膨大收缩、分枝复合现象明显,平行小矿体也较多;到深部矿体渐趋稳定,形态较规则,厚度变化较小。有用组分的分布具分带性。在平面上,自北西向南东铜矿带过渡到铅铜混合矿带,再过渡到铅矿带;在垂直方向上,地表的铜铅金混合矿向深部过渡为铜矿。北部矿体的金含量高于南部,形成金共生矿体或独立矿体。矿脉长数十米至数百米,最长达1850m,宽一般2~5m,最大达30m,倾角较大,一般50°~80°。剖面上可见多个平行矿体,各矿体大致呈侧列式排列,其间距一般10~25m。规模较大的矿脉为一号、二号、六号,其中:一号脉长1850m,走向近东西,倾向北,由2条断续的主矿体和10个小矿体组成,以铜矿为主;二号脉长900m,走向北东,倾向南东,由1个主矿体和13个小铜矿体组成。主矿体旁侧有数条扁豆状的小矿脉,呈大致平行于主矿体的雁列式排列,并组成约30m宽的矿带;六号脉长1350m,走向北西,倾向南西,倾角60°左右,呈舒缓波状弯曲伸展。该矿脉分为北西和南东两矿段,北西矿段为铜铅金混合矿,南东矿段为铅(锌)。

矿化以铜铅锌硫化物-碳酸盐(石英、重晶石)组合为主,矿体原生带的主要金属矿物为黄铜矿、方铅矿、闪锌矿,次为斑铜矿、辉铜矿,并伴生黄铁矿、赤铁矿等。在氧化带上述矿物被氧化形成褐铁矿、软锰矿、孔雀石、铜蓝及铅矾等次生矿物,在地表形成"铁帽"。脉石矿物以菱铁矿为主,次为重晶石、石英及方解石。矿石的结构多为微粒、细粒,地表可见胶状。

矿体的围岩蚀变有两期:早期蚀变类型有绢云母化、硅化、黄铁矿化、菱铁矿化;后期有绿帘石化、高岭石化、碳酸盐化、重晶石化及赤铁矿化。蚀变分带较明显,略呈对称的带状,由矿体向两侧依次为菱铁矿化、重晶石化、黄铁矿化、硅化、高岭石化和绢云母化。

2. 地球化学特征

矿区范围及其外围曾先后做过1:20万水系沉积物、1:5万土壤及1:1万土壤测量,它们所反映的地球化学特征基本相同,异常元素组合较为复杂,主要有Pb、Cu、Au、Zn、Mo、As、Cd、Sb、Ag等,异常呈北东向展布,异常较好地反映了观山铜铅矿床的成矿作用。

1)水系沉积物地球化学特征

1:20万水系沉积物圈出了124km² 综合异常,元素组合复杂,主要有Au、Cu、Pb、Zn、Ag,其次为Mo、As、Cd、Sb等,各元素异常特征值列入表5-19。异常呈北东向近椭圆状展布,与观山矿化带延伸

表5-19 1:20万水系沉积物测量观山铜铅矿区异常特征值表

元素组合	实际面积 (km²)	强度				规模	
		浓度(10^{-6})		衬度		衬度算术规模	衬度几何规模
		最大值	最小值	算术均值	几何均值		
45Au2	25.155	27.5	1.1	3.858	2.408	97.056	60.569
45Cu2	57.72	105.5	20.1	2.17	1.909	125.276	110.213
42Pb3	96.689	183	24.9	2.344	1.936	226.657	187.195
37Zn1	6.309	149.5	77.9	2.041	1.937	12.876	12.221
31Ag1	18.455	250	71	1.891	1.696	34.897	31.291
44As3	63.224	296	11.5	3.043	1.791	192.376	113.231
73Cd3	97.926	1200	50	1.701	1.107	166.542	108.396
43Mo2	113.663	4.7	0.74	1.89	1.754	214.817	199.361
42Sb2	59.198	2.6	0.98	1.863	1.783	110.295	105.562
各参数累计						1180.792	928.039

注:Au、Ag、Cd含量单位为10^{-9}。

方向一致,异常范围与矿区范围基本吻合。Au、Cu、Pb等元素浓度分带完整,一般都发育有外、中、内带,且它们的异常规模均较大,总体来说,该综合异常反映了区内已知矿产的成矿作用,属矿致异常。

2) 土壤地球化学特征

1:5万土壤金测量结果显示,在矿区圈定了面积为2.0km²的Au异常,异常走向近东西,峰值为$20×10^{-9}$,异常外、中带非常发育;溧水1:5万区域矿产调查进行了同比例尺土壤地球化学测量工作,在矿区外围圈出较好的Cu、Pb、Zn、Ag异常(图5-23)。异常位于已知观山铜铅矿东西两侧,异常分为东西两部分,东半部分位于黄山口村附近的公路南侧山坡上,西半部分位于新山里、于巷及观山矿部一带,此二部异常应通过观山矿区连成一片。高浓度中心范围不大,但反映明显,且各元素浓度中心彼此重合,Cu、Pb异常,极大值最高,含量达$3000×10^{-6}$以上,锌银含量较低,Pb异常的分布范围较其他元素

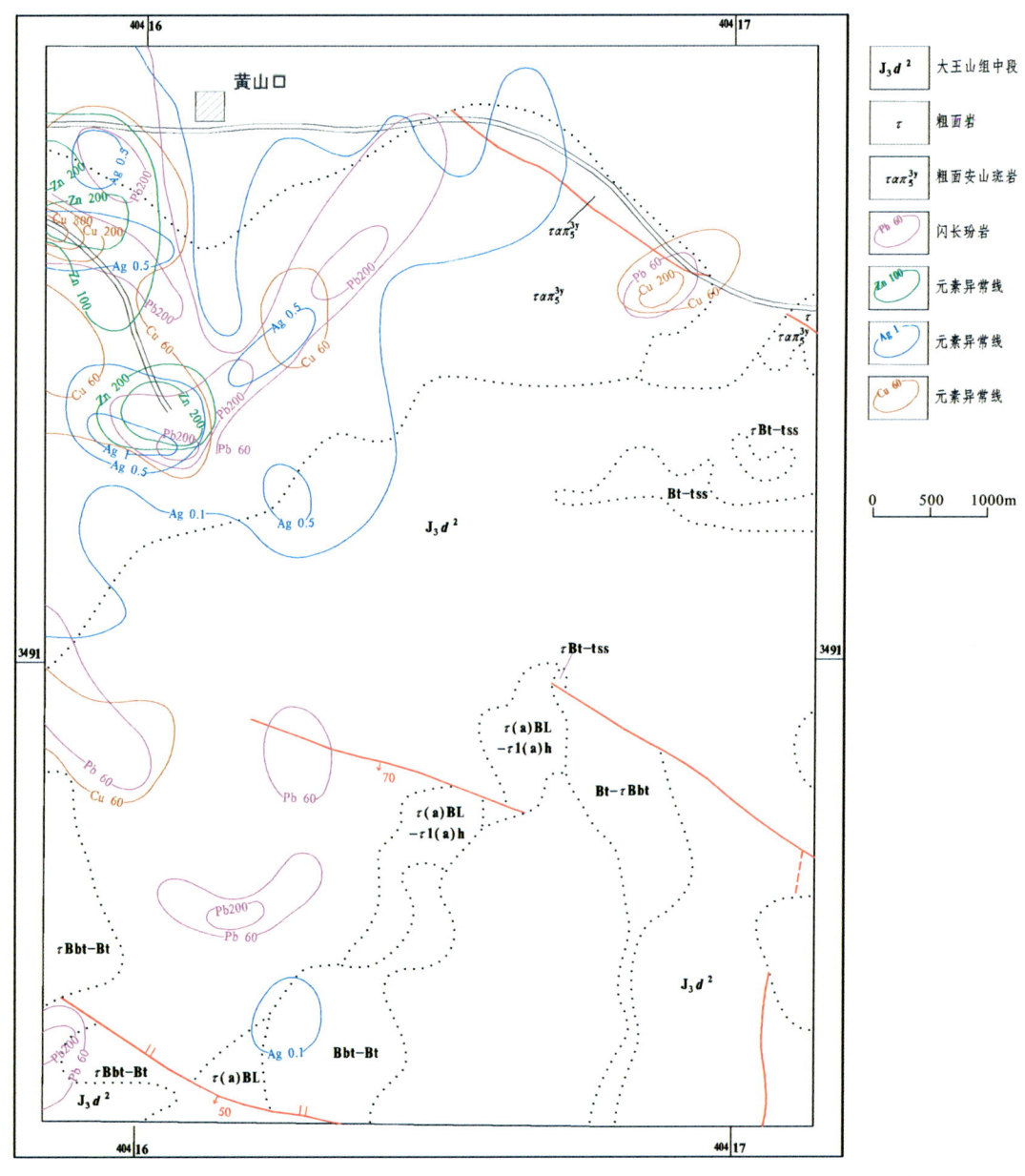

图5-23 观山铜矿外围东部铜多金属异常

(据《溧水地区1:5万区调报告化探成果》,1986年修改)

大,尤其在观山西有一定延伸。

1∶1万土壤地球化学测量结果亦显示,在矿区外围圈定了较好的Cu、Pb、Zn、Ag异常(图5-24),其中Cu、Pb、Ag等异常范围大,峰值高,分带完整,具有明显的浓集中心。

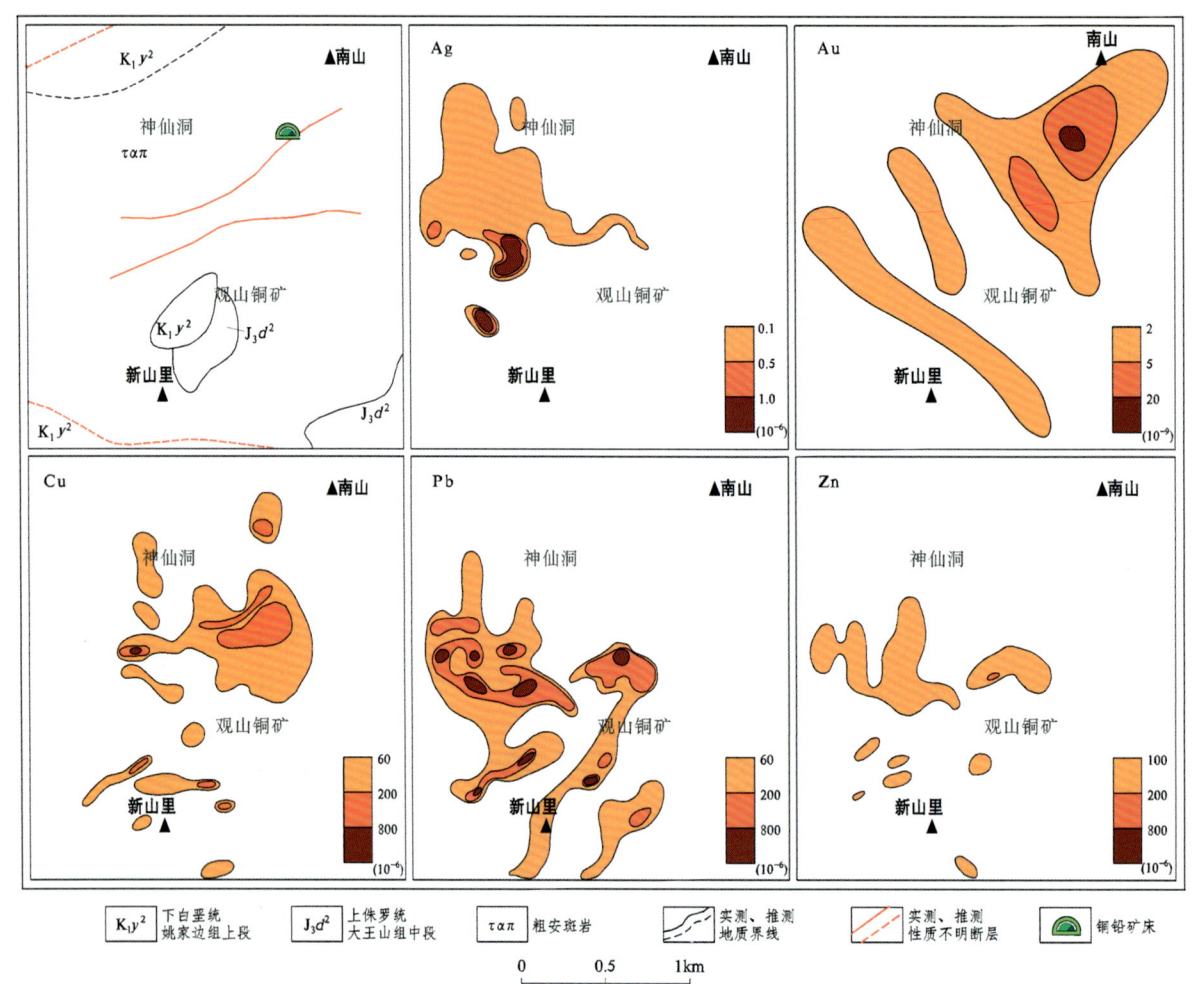

图5-24 观山1∶1万土壤元素地球化学异常剖析图
(据《溧水地区1∶5万区调报告化探成果》,1986年修改)

3. 地质-地球化学找矿模式

1) 地质-地球化学找矿模式表

分析矿床地质特征和地球化学特征,总结南京观山铜铅矿床的地质-地球化学找矿模式可简化如表5-20所示。

2) 地质-地球化学找矿模式图

溧水区观山铜铅矿形成过程可以模式化为图5-25。

矿化带、矿体均受观山次火山岩体(粗安斑岩)中断裂所控制,近东西向、北西向和北东向3组断裂形成近似环状分布的断裂构造破碎带,矿体产于该断裂构造破碎带中,矿床成因类型属中低温热液充填型,工业类型为脉状铜铅矿床。

表 5-20 观山铜铅矿床地质-地球化学找矿模式表

矿床类型		陆相火山岩型
地质标志	地层标志	粗安质集块角砾岩
	构造标志	近东西向、北西向和北东向 3 组断裂形成近似环状分布的断裂构造破碎带
	岩浆岩标志	白垩纪姚家边旋回粗安斑岩
	蚀变标志	主要有硅化和菱铁矿化,次为重晶石化、黄铁矿化,局部有绢云母化和碳酸盐化,其中硅化和黄铁矿化与矿化关系密切
地球化学标志	水系沉积物	Au、Cu、Pb、Zn、Ag、Mo、As、Cd、Sb 等组合异常
	土壤	Cu、Pb、Zn、Au、Ag 等组合异常
	岩石	
	铁帽	矿脉氧化带较发育,露头几乎全为铁帽,氧化深度在标高 20m 左右,次生富集带不发育,次生矿物主要为褐铁矿、软锰矿,次为孔雀石、蓝铜矿及铅矾

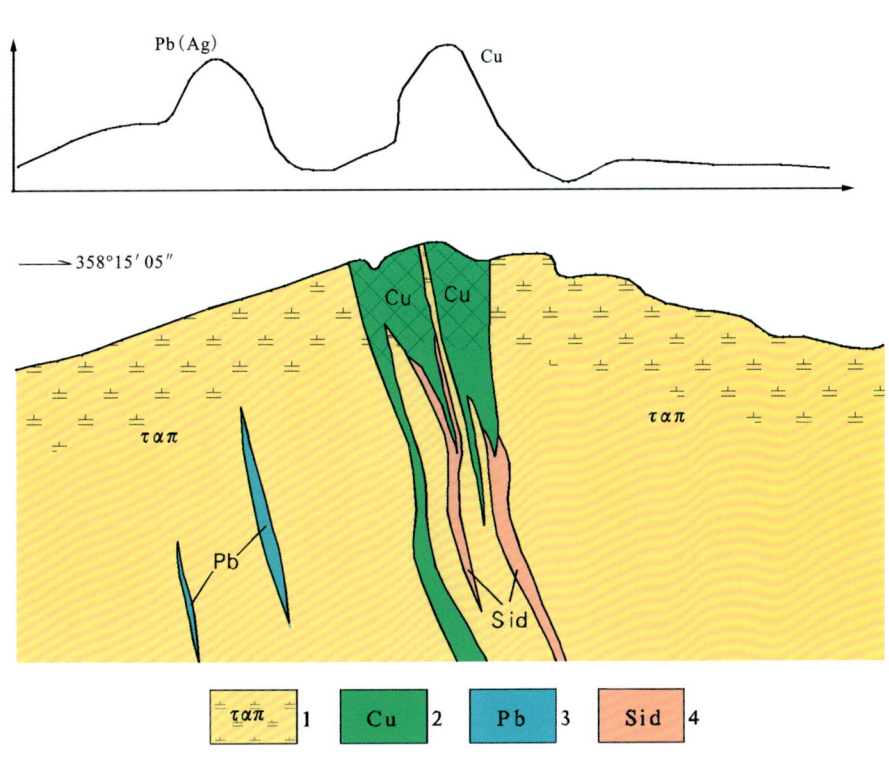

图 5-25 观山铜铅矿地质-地球化学找矿模式图
(据《苏南铜多金属矿勘查研究报告》,1995 年修改)
1.姚家边旋回粗安斑岩;2.铜矿体;3.铅矿体;4.菱铁矿

(三)苏州市吴宅铅锌银矿床

1. 矿床地质特征

该矿床位于太湖构造隆起区,北东向潭山-通安桥断裂和光福-迂里逆推断裂复合控制印支期—燕山早期花岗斑岩的侵入,主岩体边部沿底板逆推断裂贯入,呈岩舌状顺层侵入于古生代地层中。矿体主要产于花岗斑岩边部岩舌体与石炭纪、二叠纪碳酸盐围岩的接触带及其附近的碳酸盐岩地层中，受层间构造控制明显。

主矿体产于逆推断裂下盘碳酸盐岩与岩体接触带附近，称为Ⅱ矿带。呈似层状、透镜状，长100～400m不等，延深100～200m，厚数米至10余米，产状平缓，与地层产状一致。近矿围岩蚀变有矽卡岩化、硅化、绢云母化、绿泥石化、萤石化、碳酸盐化等。产于逆推断裂带上盘五通组碎屑岩中受断裂控制的裂隙充填型矿体，呈脉状产出，称为Ⅰ矿带，矿体规模小。

矿石矿物主要有闪锌矿、方铅矿、黄铁矿、磁铁矿，次有磁黄铁矿，局部有黄铜矿，少量银、铋和碲的矿物（呈微粒状分布于黄铁矿、方铅矿、黄铜矿等载体矿物中）。矿石构造有块状、稠密浸染状、条纹状、细脉浸染状等。各矿体矿石平均品位：Pb 4.06%～4.08%，Zn 4.08%～5.2%，Cu 0.51%～0.63%，S 8.30%～25.27%，Ag(50～793)×10^{-6}，伴生有益组分：Bi 0.017%～0.284%，In 0.003%～0.0036%，Cd 0.004%～0.182%，Se 0.0029%～0.0373%，Te 0.0009%～0.0095%。

2. 地球化学特征

矿区范围及其外围曾先后做过1∶20万水系沉积物测量、1∶5万～1∶1万土壤测量及1∶2000岩石地球化学测量，它们所反映的地球化学特征基本相同，异常元素组合有Pb、Zn、Ag、Au、Bi、Cd、Hg等，呈北东向展布，分带明显。浓集中心和异常展布方向与逆推断裂、舌状接触带及层间构造破碎带等一致，显示构造控矿特点。

1）水系沉积物地球化学

1∶20万水系沉积物测量圈出了34.78km²综合异常，元素组合以Pb、Zn、Au、Bi、Cd、Hg为主，Ag、As、Sb次之。各元素特征值列入表5-21。异常呈近椭圆状，北东向展布，与光福-通安桥北东向断裂方向一致。Pb、Zn、Ag、Cd等元素异常内、中、外带清晰，浓集中心明显；Au、Bi、Hg等元素异常仅见中、外带。迁里、潭山铅锌银矿位于综合异常区内，吴宅铅锌矿位于综合异常北东侧。

表5-21 1∶20万水系沉积物测量吴宅铅锌矿区异常特征值表

元素组合	面积(km²)	强度				规模	
		浓度(10^{-6})		衬度		衬度几何均值	衬度几何规模
		最小值	最大值	算术均值	几何均值		
56Pb3	34.78	33.1	205.78	4.015	139.631	3.183	110.718
52Zn3	70.781	53.4	1180.1	3.978	281.574	2.093	148.176
42Ag3	31.027	99	535	2.969	92.125	2.454	76.155
58Au2	42.974	4.3	9.15	3.177	136.536	3.091	132.834
53Cu1	2.62	54.73	54.73	2.474	6.484	2.474	6.484
56As2	6.811	27.38	34.58	2.455	16.721	2.438	16.608
42Bi2	51.321	0.41	1.613	2.375	121.865	2.039	104.626
94Cd3	42.011	170	30675	33.295	1398.756	5.373	225.735
42Hg2	44.021	149	611.5	5.406	237.976	5.019	220.947
54Sb2	6.486	1.595	2.575	2.195	14.234	2.133	13.836

注：Au、Ag、Cd、Hg含量单位为10^{-9}。

2）土壤地球化学

区域1∶5万土壤测量圈出4.22km²综合异常，元素组合较为简单，以Pb、Zn、Hg为主，Cu次之。

异常呈不规则状,总体呈北东向展布。Pb、Zn、Cu、Hg 异常套合较好,其中 Pb、Hg 异常内、中、外带清晰,浓集中心明显,Cu、Zn 异常仅见外、中带。

1:1 万地球化学异常图只收集到 Cu、Pb、Zn、Hg 四个元素的异常图,从异常分布来看,Cu、Zn 异常较弱,在吴宅铅锌矿床附近几乎无异常显示;Pb 元素异常明显,大部分呈近椭圆状,总体呈北东向展布,与区内北东向断裂延伸方向一致,异常内、中、外带清晰,见 3 个明显浓集中心,分布于吴宅铅锌矿床及鸡笼山锌银矿床附近;Hg 元素异常较明显,呈长条状,北西向展布,异常仅见外、中带,分布于吴宅铅锌矿床周围。

3)岩石地球化学

矿区 1:2000 岩石地球化学测量显示,异常总体呈北东向条带状产出,由多元素组成,以 Pb、Zn、Ag、Cu、Bi 等成矿元素组合为主,伴生组分 Cd、Sb、As、Hg 等元素也很发育(图 5-26)。Cu、Pb、Zn、Ag、Cd 元素套合较好,Bi、As、Sb 元素套合较好,分带清晰,浓集中心和异常展布方向与逆推断裂、舌状接触带及层间构造破碎带延伸方向一致,显示构造控矿特征。

将吴宅矿区内第Ⅺ综合剖面图(图5-27)中的钻孔岩石地球化学异常银浓度分带与地质剖面图

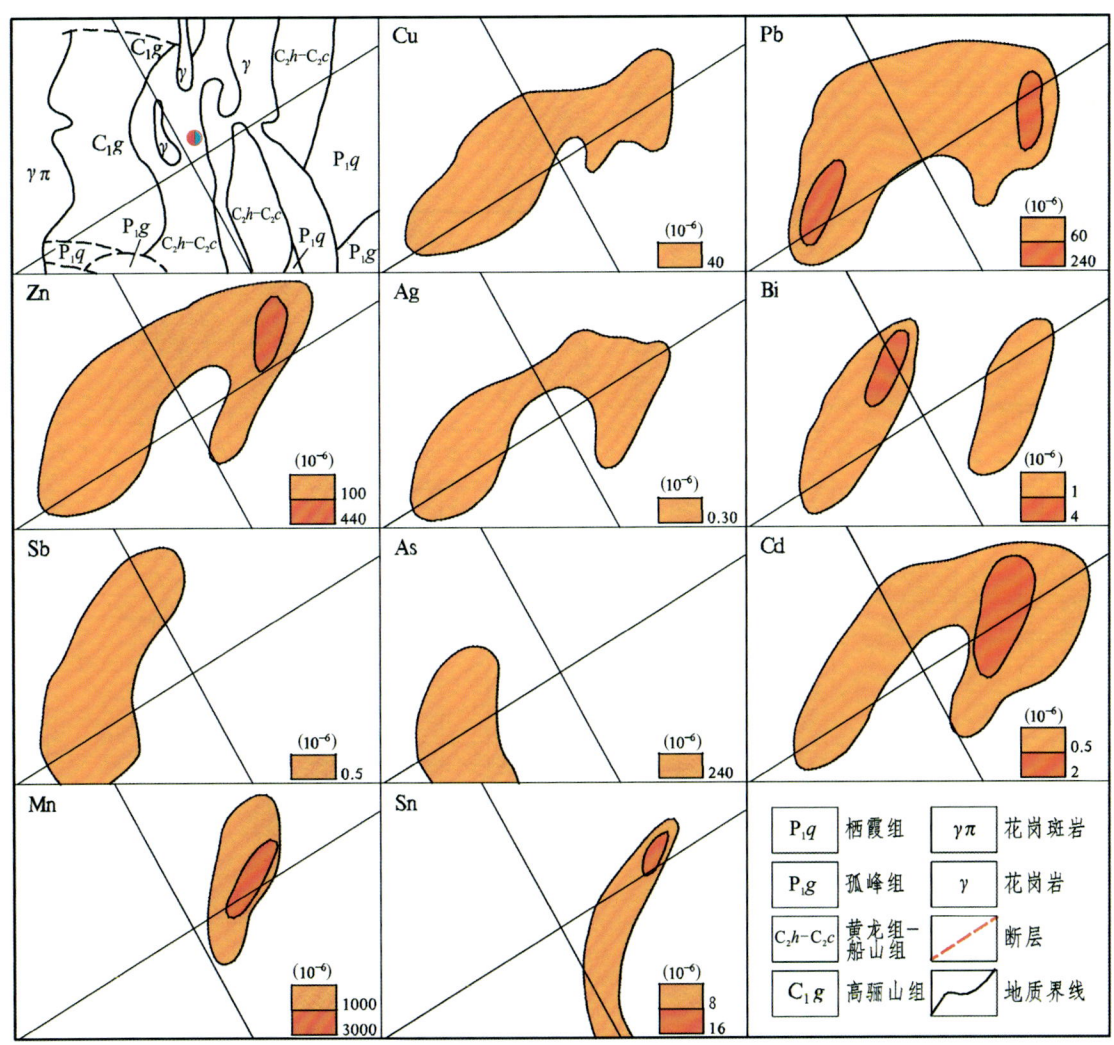

图 5-26 吴宅铅锌银矿床岩石地球化学异常简图
(引用《江苏省铅锌银矿第二轮成矿远景区划报告》,1994)

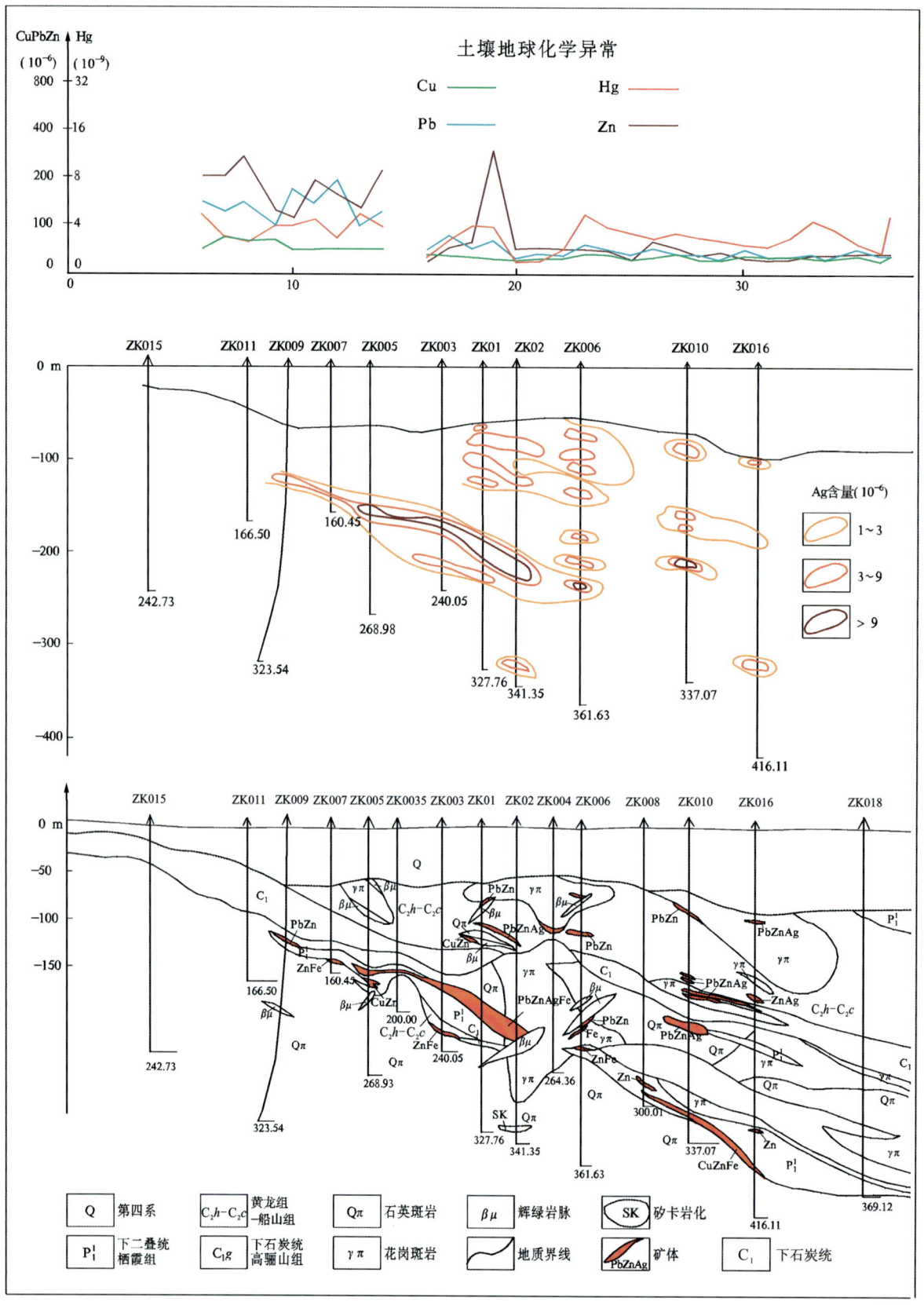

图 5-27 吴宅矿区第Ⅺ综合剖面图
(引用《江苏省苏州西部测区物化探工作报告》,1986)

对照,可知银的矿化含量大致分为3个浓度带,低带$(1\sim3)\times10^{-6}$,中带$(3\sim9)\times10^{-6}$,高带$>9\times10^{-6}$,并且呈多层状,平行于推覆构造线的方向分布。矿区内花岗斑岩、石英斑岩广泛发育,在推覆构造上盘高骊山组、黄龙组、船山组地层中的银矿化较弱,仅有中、低带,且不连续。而在推覆构造下盘栖霞组地层中的银矿化较强,最高达638×10^{-6}。中高带范围大,连续性好,这一现象是推覆构造作用引起地层倒转所致,表明该区成矿作用与推覆构造作用、地层岩性、石英斑岩、花岗斑岩岩浆热液作用都有密切关系。

3. 地质-地球化学找矿模式

1) 地质-地球化学找矿模式表

分析矿床地质特征和地球化学特征,总结吴宅铅锌银矿床的地质-地球化学找矿模式可简化如表5-22所示。

表5-22 吴宅铅锌银矿床地质-地球化学找矿模式表

矿床类型		层控矽卡岩型
地质标志	地层标志	石炭系黄龙组、船山组,二叠系龙潭组、长兴组
	构造标志	花岗斑岩与泥质围岩接触带内侧和舌状岩体破碎裂隙带
	岩浆岩标志	燕山早期花岗斑岩、石英斑岩,含$Cu\ 50.7\times10^{-6}$,$Pb\ 46.7\times10^{-6}$,$Zn\ 103.4\times10^{-6}$,具有较好的含矿性
	蚀变标志	主要有矽卡岩化、硅化、绢云母化、绿泥石化、萤石化、碳酸盐化等
地球化学标志	水系沉积物地球化学	Pb、Zn、Au、Bi、Cd、Hg、Ag、As、Sb等元素组合
	土壤地球化学	Cu、Pb、Zn、Hg等元素组合
	岩石地球化学	矿前晕:As、Sb、Hg 矿中晕:Pb、Zn、Ag、Cu 矿尾晕:W、Sn
	构造地球化学	Pb、Zn、Bi、Mo、Sn、W、Au、Sb、As、F、Hg等元素异常呈条带状或串珠状分布,并有低值伴随。断裂带的头部有土壤汞气异常,都标志断裂带具有控矿作用
	铁帽地球化学	在地表铜含量较高地段($>200\times10^{-6}$)均见有铜草

2) 地质-地球化学找矿模式图

吴宅铅锌银矿形成过程可以模式化为图5-28。

成矿物质主要来源于印支期花岗斑岩。成矿有利部位是潭山-通安桥北东向导岩倒矿断裂与潭山-倪芝圩双重逆推断裂形成"马石"地层和原地体中间层构造贯通的石炭纪—二叠纪碳酸盐岩和碎屑岩,部分为碎屑中陡裂隙和斑岩体边缘裂隙带。有志留纪—泥盆纪碎屑岩组成的上盘(外来体)覆盖于石炭系—二叠系之上,构成良好的屏蔽层。矿床矿化类型以层控矽卡岩型最为发育,伴有热液型和斑岩型,具"三位一体"组合特征。

四、金矿典型矿床

(一) 溧水区金驹山金矿床

1. 矿床地质特征

该矿床位于溧水中生代火山岩盆地观山火山机构西南部,区内出露地层为大王山组,岩性为粗安质

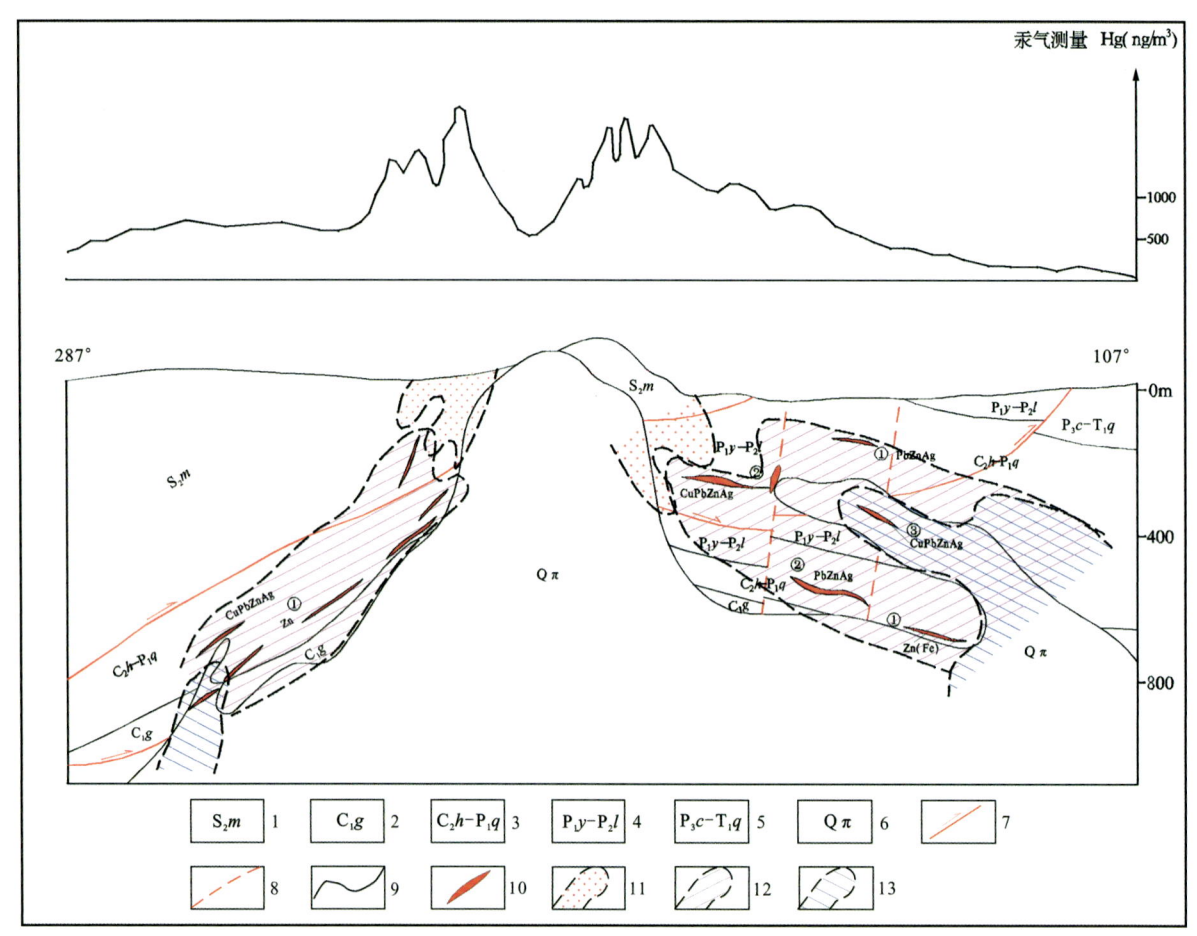

图 5-28 吴宅铅锌银矿地质-地球化学找矿模式图
(引用《江苏省铅锌银矿第二轮成矿远景区划报告》,1994)

1.茅山组石英砂岩夹泥质粉砂岩;2.高骊山组泥砂质岩;3.黄龙组—栖霞组碳酸盐岩;4.堰桥组—龙潭组粉砂岩夹泥质;5.长兴组—青龙组碳酸盐岩;6.石英斑岩;7.逆推断裂;8.控矿构造;9.地质界线;10.矿体:①矽卡岩型,②热液型,③斑岩型;11.汞、砷、锑矿前晕;12.铅、锌、银、铜矿中晕;13.钨、锡矿尾晕

火山碎屑岩及粗安岩,为金矿化主要赋矿层位。矿区褶皱为一略向北东倾伏的舒缓向斜,断裂构造十分发育,其中北西向、近东西向和北东东向断裂为主要控矿构造。与金矿化有关的次火山岩是粗安斑岩、正长斑岩。

矿区已发现的含金(碲)的黄铁矿石英蚀变破碎带与围岩(粗安岩)界线不清,以北西向为主,带长 90~500m,宽 0.1~4m,倾向南西,倾角 65°~75°,其次为近东西向。破碎带在平面上呈雁行排列,多见尖灭再现、尖灭侧现现象,矿体呈脉状、透镜状,生于蚀变破碎带中。金矿化向脉中心富集,并与硅化渐强有关。

热液蚀变可分早、晚两期:早期伴随次火山侵入而发生的面型蚀变,为绢云母化、高岭土化、黄铁矿化等;晚期热液蚀变沿破碎带发育,带状分布,主要有硅化、黄铁矿化、重晶石化和碳酸盐化等,金矿化和晚期热液蚀变有关,尤其与硅化、黄铁矿化关系密切。矿石类型为黄铁矿石英型和黄铁矿石英重晶石型,星点状、浸染状构造。矿石矿物主要为自然金、碲金矿,次要为银金矿、黄铁矿、碲金银矿、黄铜矿等;脉石矿物主要为石英、重晶石,次要为菱铁矿、方解石、绢云母等。

2. 地球化学特征

矿区范围及其外围曾先后做过1:20万水系沉积物、1:5万土壤及1:1万土壤测量,它们所反映的地球化学特征基本相同,异常元素组合较为复杂,主要有 Au、Cu、Pb、As、Cd、Mo、Sb、Ag 等,异常呈北东向展布,异常区内分布有定山金矿化点、金驹山金矿床、观山铜铅矿床、金鸡山铜铅矿床,异常较好地反映了区内已知金、铜、铅矿产的成矿作用。

1)水系沉积物地球化学特征

1∶20万水系沉积物圈出了约 124.13km^2 的综合异常,元素组合复杂,主要有 Au、Cu、Pb,其次为 Mo、As、Cd、Sb、Ag 等,各元素异常特征值列入表 5-23。异常呈北东向近椭圆状展布,与金驹山-观山矿化带延伸方向一致,异常范围与矿区范围基本吻合。Au、Cu、Pb 等元素浓度分带完整,一般都发育有内、中、外带,且它们的异常规模均较大,总体来说,该综合异常反映了区内已知矿产的成矿作用,属矿致异常。

表 5-23 1∶20 万水系沉积物测量金驹山金矿区异常特征值表

元素组合	实际面积 (km^2)	强度				规模	
		浓度(10^{-6})		衬度		衬度算术规模	衬度几何规模
		最大值	最小值	算术均值	几何均值		
45Au2	25.155	27.5	1.1	3.858	2.408	97.056	60.569
42Pb3	96.689	183	24.9	2.344	1.936	226.657	187.195
45Cu2	57.72	105.5	20.1	2.17	1.909	125.276	110.213
31Ag1	18.455	250	71	1.891	1.696	34.897	31.291
37Zn1	6.309	149.5	77.9	2.041	1.937	12.876	12.221
43Mo2	113.663	4.7	0.74	1.89	1.754	214.817	199.361
44As3	63.224	296	11.5	3.043	1.791	192.376	113.231
73Cd3	97.926	1200	50	1.701	1.107	166.542	108.396
42Sb2	59.198	2.6	0.98	1.863	1.783	110.295	105.562
各参数累计						1180.792	928.039

注:Au、Ag、Cd 含量单位为 10^{-9}。

2)土壤地球化学特征

1∶5万土壤金测量结果显示,在金驹山金矿区圈定了面积为 1.5km^2 的金异常,异常走向南北,峰值为 25×10^{-9},一般含量为(3~6)×10^{-9},异常由3个部分组成,异常浓度分带完整(内、中、外带)。

1∶1万土壤测量结果显示(图 5-29),异常分布在杭村西金鸡山—曲山—新山里一带。异常形状从各元素的等值线图上来看,没有固定的形状,但铜、铅、锌都有明显的浓集中心,铅、锌、铜的最高异常值分别达 1000×10^{-6}、1000×10^{-6}、4000×10^{-6},银在区内一般以(1~5)×10^{-6} 的异常星点显示,有的地区银晕高达 10×10^{-6}。

3)岩石地球化学特征

本次收集了金驹山金矿区蚀变岩 56 件(绢云母化粗安质角砾凝灰岩、金矿化粗安质角砾凝灰岩、硅化绢云母破碎粗安岩、金矿化褐铁矿石英蚀变岩),按岩(矿)石类型统计列于表 5-24。

与溧水不同工区岩石金丰度相比,矿区各类样品金含量明显富集,尤其是破碎带石英蚀变岩,指示与矿区金矿化作用强烈。

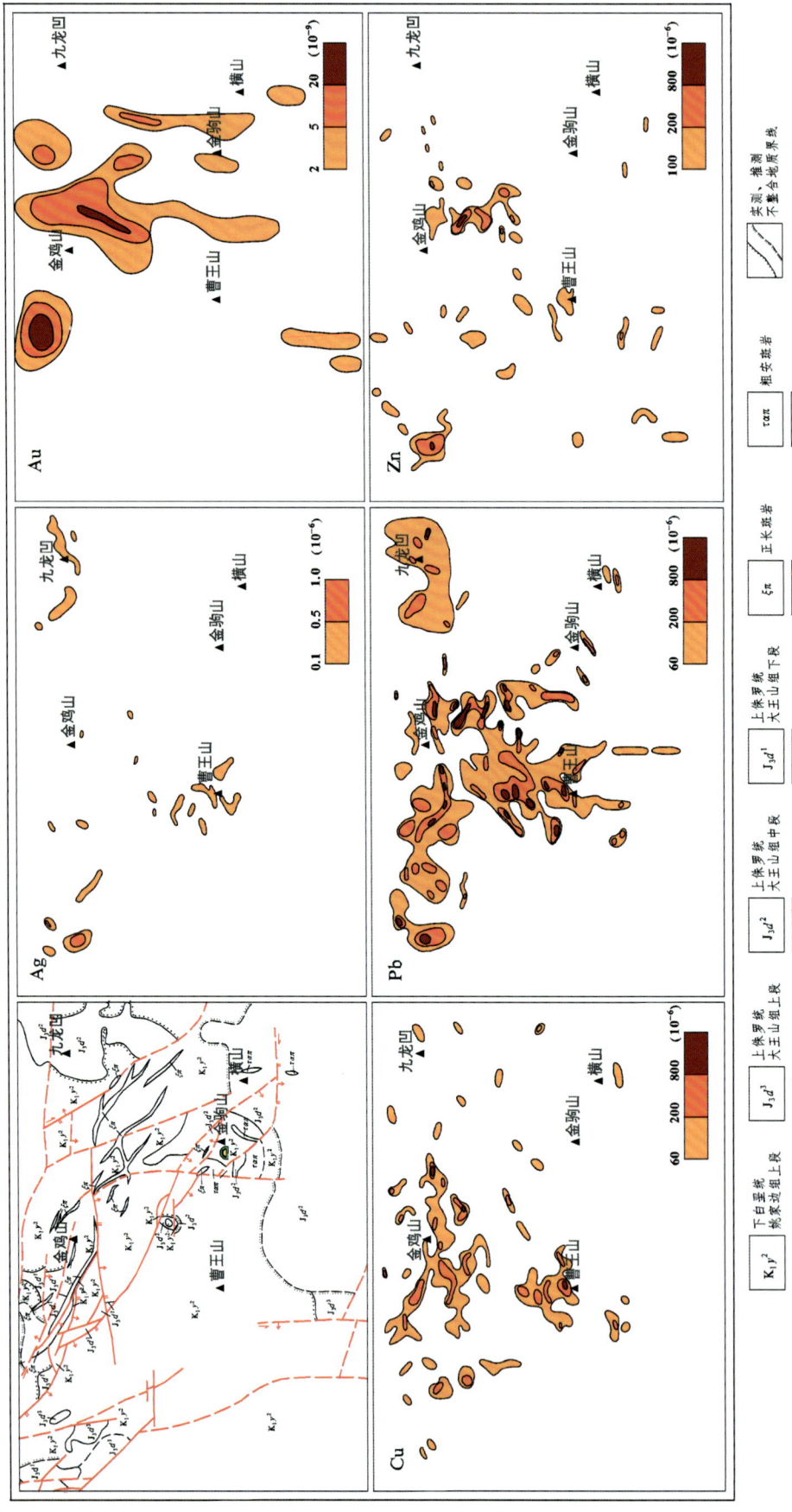

图 5-29　金驹山 1:1 万土壤元素地球化学异常剖析简图
(据溧水地区 1:5 万区调报告化探成果,1986 年修改)

表 5-24 各类岩(矿)石金含量统计参数表 （单位：10^{-6}）

岩(矿)石	最小值	最大值	中值
矿化角砾凝灰岩	0.03	0.54	0.17
矿化熔岩	0.03	0.50	0.135
矿化粗安岩	0.01	0.98	0.20
石英蚀变岩	0.05	0.88	0.34

3. 地质-地球化学找矿模式

1）地质-地球化学找矿模式表

分析矿床地质特征和地球化学特征，总结金驹山金矿床的地质-地球化学找矿模式可简化如表5-25所示。

表 5-25 金驹山金矿床地质-地球化学找矿模式表

矿床类型		陆相火山岩型
地质标志	地层标志	侏罗纪龙王山组角砾凝灰岩、晶屑凝灰岩夹粗安岩
	构造标志	断裂构造十分发育，其中北西向、近东西向和北东东向断裂为主要控矿构造
	岩浆岩标志	燕山早期的正长闪长斑岩和粗安斑岩，金含量一般为$(1\sim4)\times10^{-9}$
	蚀变标志	主要为硅化、绢云母化、黄铁矿化、重晶石化、菱铁矿化
地球化学标志	水系沉积物	Au、Cu、Pb、Mo、As、Cd、Sb、Ag等元素组合
	土壤	Cu、Au、Pb、Zn、Ag等元素组合
	岩石	在矿化带附近或矿化带上Cu、Pb、Zn含量一般$(400\sim1500)\times10^{-6}$，最高$(700\sim1000)\times10^{-6}$；Ag一般$n\times10^{-6}$；Au一般$(2\sim7)\times10^{-9}$，个别达$30\times10^{-9}$
	铁帽	地表氧化带多呈铁锰帽，或呈褐铁矿化破碎蚀变岩出现，偶见少量黄铜矿、黄铁矿、方铅矿，或次生矿物孔雀石、褐铁矿、蓝铜矿、铅矾等

2）地质-地球化学找矿模式图

溧水区金驹山金矿形成过程可以模式化为图5-30。

燕山期次火山岩、侵入岩（正长斑岩、花岗斑岩、粗安斑岩等）上侵，在大王山组火山碎屑岩的构造破碎带或构造裂隙中，由于侵入岩的多次侵入活动（具有多阶段矿化特征），在构造破碎带或构造裂隙中形成金矿体，因此该金矿的成因应属与中生代中酸性侵入岩有关的中低温热液沿裂隙充填的脉状金（碲）矿和多金属矿。

（二）溧水区燕子口金矿床

1. 矿床地质特征

燕子口金矿床位于横山-老虎头铁、铜、金多金属成矿区。矿区出露地层有中侏罗统朱村组、陡山组，上侏罗统西横山组及第四纪松散沉积物。岩体以石英闪长玢岩、角闪闪长玢岩等为主。断裂构造十分发育，以北东向、近东西向、北西向、南北向断裂为主，其中北东向、近东西向、北西向断裂为成矿断裂，

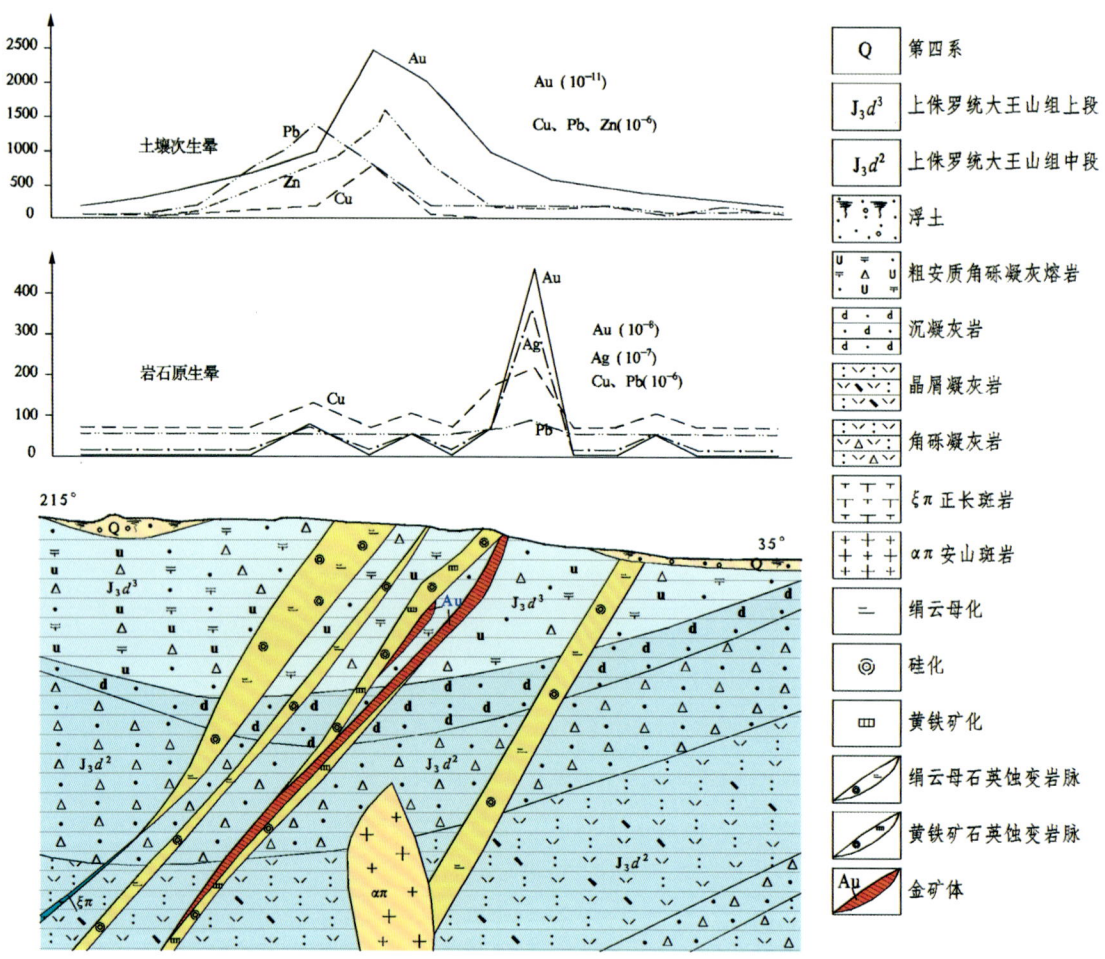

图 5-30　金驹山金矿地质-地球化学找矿模式图

南北向断裂为成矿后断裂。

矿区经槽探、钻探工程揭露和控制,发现含金构造破碎带长 1800m,宽 150m,走向近东西向。容矿岩石以破碎程度不等的变质细粒石英砂岩、石英闪长玢岩为主。凡破碎程度较高者(尤其是构造角砾岩、褐铁矿化碎裂岩),含矿性更好。矿体产于构造破碎带构造角砾岩和褐铁矿化碎裂岩中。共圈出 11 个金矿体,长 50~500m 不等,视厚度 0.97~6.16m,个别矿体控制延深达 135m,Au 品位在 $(1.01~202)×10^{-6}$,平均品位 $(1.12~6.59)×10^{-6}$。矿体形态均为脉状。

矿石矿物主要为褐铁矿、自然金,其次为赤铁矿、磁铁矿、黄铁矿、黄铜矿、方铅矿、闪锌矿、自然银。脉石矿物以石英为主,绢云母、白云石次之,方解石、绿帘石微量。矿石结构构造:他形晶粒状结构、交代假象结构为主,次为交代残留结构、包含结构、聚粒状结构、碎裂结构。稀疏浸染状构造、稠密浸染状构造为主,次为块状构造、细脉浸染状构造。蚀变主要有褐铁矿化、赤铁矿化、黄铁矿化、硅化、次生石英岩化、绿帘石化、石榴石化、碳酸盐化、绢云母化、泥化、高岭土化;黄铁矿化(褐铁矿化)与自然金的关系较密切。

2. 地球化学特征

矿区范围及其外围曾先后做过 1:20 万及 1:2.5 万水系沉积物测量、1:5 万~1:1 万土壤测量,它们所反映的地球化学特征基本相同,异常元素组合以 Au、As、Sb、Hg 为主,伴生元素组合为 Ag、Cu、Zn。异常呈东西向展布,各元素异常又不同程度地显示了近北西向展布的趋势,分带明显。异常的范围、展布方向及分带性，分别与矿床的矿化范围、主要控矿构造、矿化带及矿体的延伸方向、成矿的分带性相吻合。

1）地层地球化学特征

本次收集了矿区陡山组分析数据（表5-26）。由表可见，陡山组富集金、铜、铅、锌成矿元素，尤其是陡山组下段的变质中—细粒石英砂岩，为成矿提供了矿质物质，是重要的成矿围岩。

表5-26 陡山组微量元素含量一览表

组	段	岩性	样品数	$Au(10^{-6})$	$Cu(10^{-6})$	$Pb(10^{-6})$	$Zn(10^{-6})$
陡山组	上段	变质泥质粉砂岩	24	0.02	23.01	21.03	77.44
		变质细粒石英砂岩	44	0.043	21.10	74.12	91.48
		变质中—细粒石英砂岩	14	0.115	97.19	82.83	63.26
		变质中—粗粒石英砂岩	9	0.107	82.70	16.59	42.70
	下段	变质粉砂质泥岩	19	0.033	15.51	20.95	70.31
		变质泥质粉砂岩	35	0.026	40.34	23.85	71.73
		变质细粒石英砂岩	75	0.072	45.71	22.32	74.70
		变质中—细粒石英砂岩	12	0.109	124.47	39.22	216.31
		变质中—粗粒石英砂岩	27	0.032	47.30	17.44	48.75
		变质含砾石英砂岩	6	0.103	27.22	12.76	53.63
		变质砂砾岩	7	0.260	57.00	39.10	59.75

注：数据引用《江苏省南京市江宁区上湾塘金矿普查2012年度设计书》，2012。

2）水系沉积物地球化学特征

横山地区1∶2.5万水系沉积物测量，在燕子口至老洼山一带有较完整的Au异常显示，燕子口金矿区位于该异常的北西端（处于异常中带范围内），异常呈北西向不规则状展布，长约2.3km，宽约0.6km，面积约1.5km²，异常浓度分带完整，内、中、外带俱全，伴有As、Mn、Sb等异常。

3）土壤地球化学特征

1∶5万土壤金测量，在神仙洞至横山—雨山一带圈出了面积约7.5km²的Au异常，异常走向近东西向。燕子口金矿位于异常中部（$5×10^{-9}$等值线范围内）。异常金含量一般为$(2.5\sim10)×10^{-9}$，峰值为$250×10^{-9}$，异常综合评价居全区首位。异常处于西横山组与朱村组的接触带上，有零星的角闪闪长玢岩侵入，区内有老虎头铁矿、丁公山铁矿、丁公山金矿点等。江苏省地质二队开展三级异常查证，认为该区异常主要与区内金矿化有关。

与溧水地区1∶5万区调同时开展土壤地球测量结果表明，在小茅山、骨塘山、小茅山地区形成三角形异常带，见图5-31，元素组合以Cu、Pb、Zn、Mo为主，次为Co、As，其中Cu、Pb、Zn、Mo元素在燕子口形成明显的异常浓集中心，其中铜峰值达到了$160×10^{-6}$。

1∶1万土壤测量结果表明，燕子口地区Au异常主要分布在博望-桑园铺北东向背斜的北西翼，横溪-大魏庄东西向断裂喷发带南侧。总体呈东西向展布，主要是受一系列断裂构造和广泛分布的石英闪长玢岩脉控制，异常浓集中心主要在燕子口—龙官山—跃进水库一带。As、Sb、Bi异常与Au异常套合较好，浓集程度略低于Au异常。Ag、Cu、Pb、Zn浓集程度低，一般只有外、中带，内带少见，而每个元素，各有自己的浓集地段和展布形态（图5-32）。

Au异常具有明显的方向性，异常带主要呈近东西向和北西向展布，个别异常呈南北向分布。主要分布在75.5高地、193.1高地、258.1高地、269.5高地北东、鸡冠岭西侧、燕子口—卫岭子、龙官山、茅

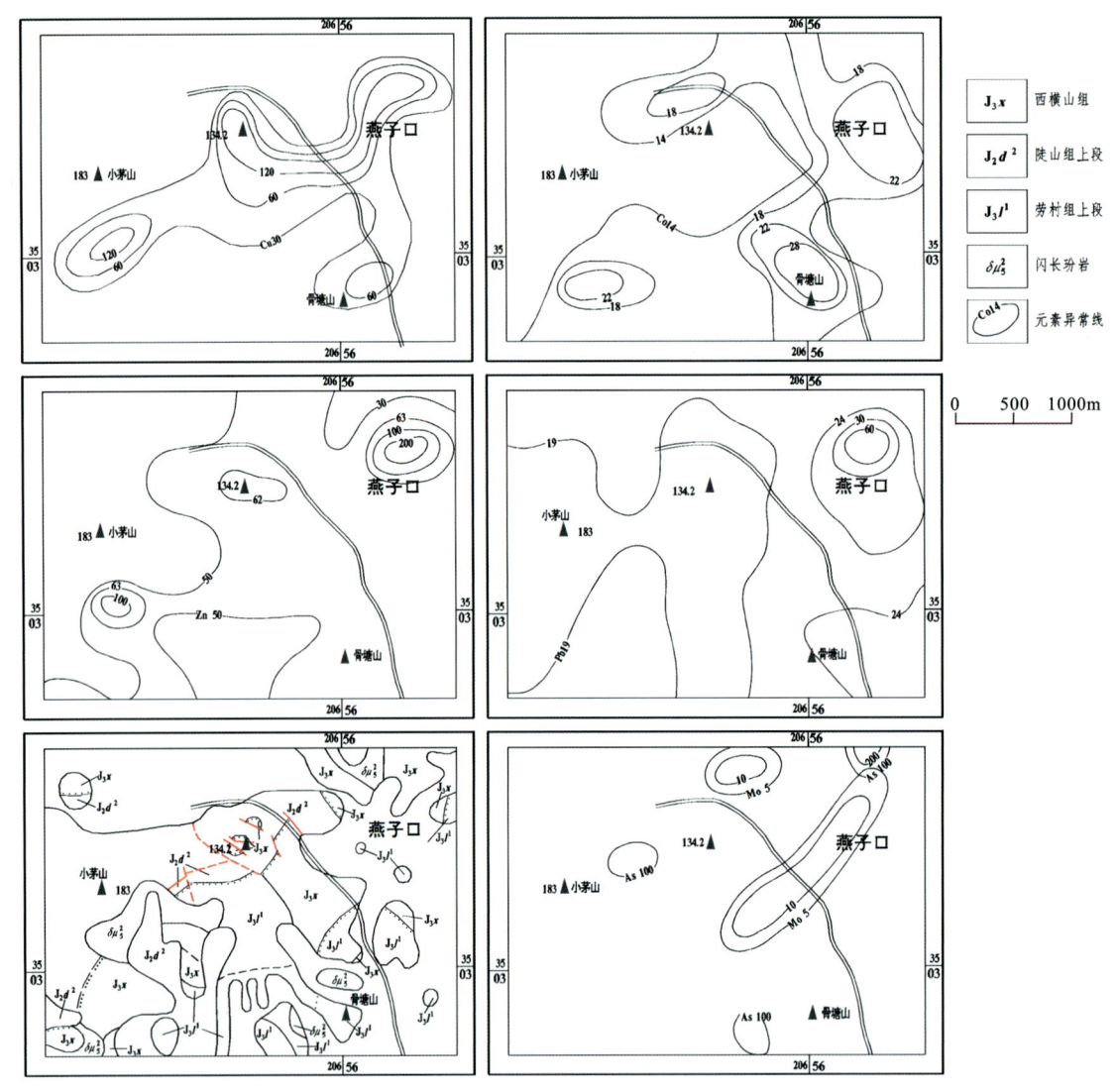

图 5-31 小茅山—骨塘山—燕子口 1∶5 万土壤异常图
(据溧水地区 1∶5 万区调报告化探成果,1986 年修改)

庵、跃进水库一带等,异常多呈圆形或椭圆形,含量一般在 $(10 \sim 50) \times 10^{-9}$ 之间,最高峰值可达 1005×10^{-9},异常浓度分带完整,具有明显的浓集中心。

4) 岩石地球化学特征

矿区未系统采集岩石地球化学样品,选用了 TC001 及 TC301 分析数据,编制地球化学剖面图(图 5-33),矿体中心元素 Au、Ag 套合较好,曲线形态相似,金矿指示元素 As、Bi、Sb 高值点与金矿中心有重叠,但矿体远端显示也较强,伴生 Cu、Pb、Zn 元素在矿体中心也有显示,但主要浓集中心有向矿体两端、远离矿体中心位置迁移的趋势。从剖面图可以看出,分带序列大致是(As、Bi、Sb)—(Cu、Pb、Zn)—(Au、Ag),这与地球化学浓集中心展布特征所显示的分带性基本一致。

为了确定燕子口金矿区地球化学元素水平分带特征,在 TC001 及 TC301 数据的基础上采用重心法和线金属量衬度进行水平分带研究。水平分带序列参数见表 5-29,TC001 线金属量衬度法元素水平分带 Au-As-Sb-Cu-Ag-Bi-Zn-Pb,重心法元素水平分带 Au-Sb-Bi-As-Zn-Ag-Pb-Cu。TC301 线金属量衬度法元素水平分带 Au-As-Ag-Bi-Cu-Zn-Sb-Pb,重心法元素水平分带 Sb-Pb-Bi-As-Cu-Zn-Ag-Au。同一地区,不同方法和不同剖面获得水平分带结果却不同,因为线金属量衬度实质上反映的是指示元素

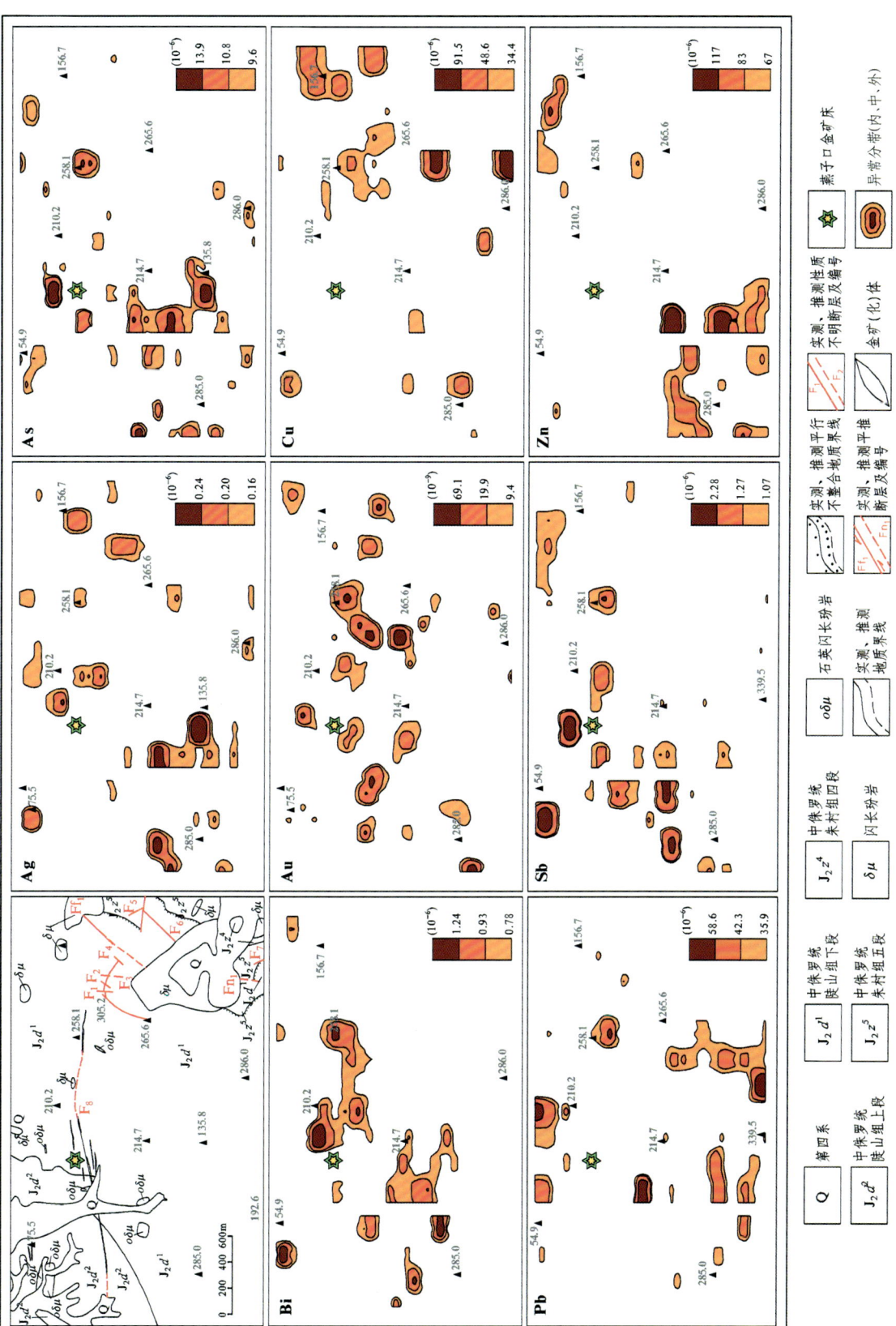

图 5-32 燕子口金矿区 1:1 万土壤异常剖析图

(引用《江苏省南京市江宁区上圩塘金矿普查 2012 年度设计书》,2012)

在成晕过程中带入量的相对多少,并没有考虑异常发育的空间位置,用它确定的水平分带序列中,成矿元素总是位于序列的头一个位置实属正常。利用此方法得出的水平分带序列,既不能反映不同元素异常中心相对于矿化中心的空间变化规律,也不完全反映成晕过程中指示元素间相对活动性,只是异常的强度序列。重心法既考虑了异常发育的空间位置,也考虑了不同空间位置上的异常强度大小,所得出的水平分带序列,不仅反映不同元素的异常中心相对于矿化中心的空间有序排列,而且也反映了成晕过程中元素间相对活动性。但利用重心法对不同工程 TC001 及 TC301 做出的结果却截然相反,TC301 水平分带呈正序显示,而 TC001 水平分带呈反序显示(成矿且不活泼元素金离矿体中心最远),当主矿化阶段分带序列为反序分带时,指示已知矿体下部或近旁有隐伏矿体叠加,经钻探工程验证 TC001 水平分带为矿体Ⅳ-2号与Ⅲ号矿叠加结果,这也证明重心法算出的水平分带结果可信,因此,燕子口金矿区元素水平分带序列为 Sb-Pb-Bi-As-Cu-Zn-Ag-Au。

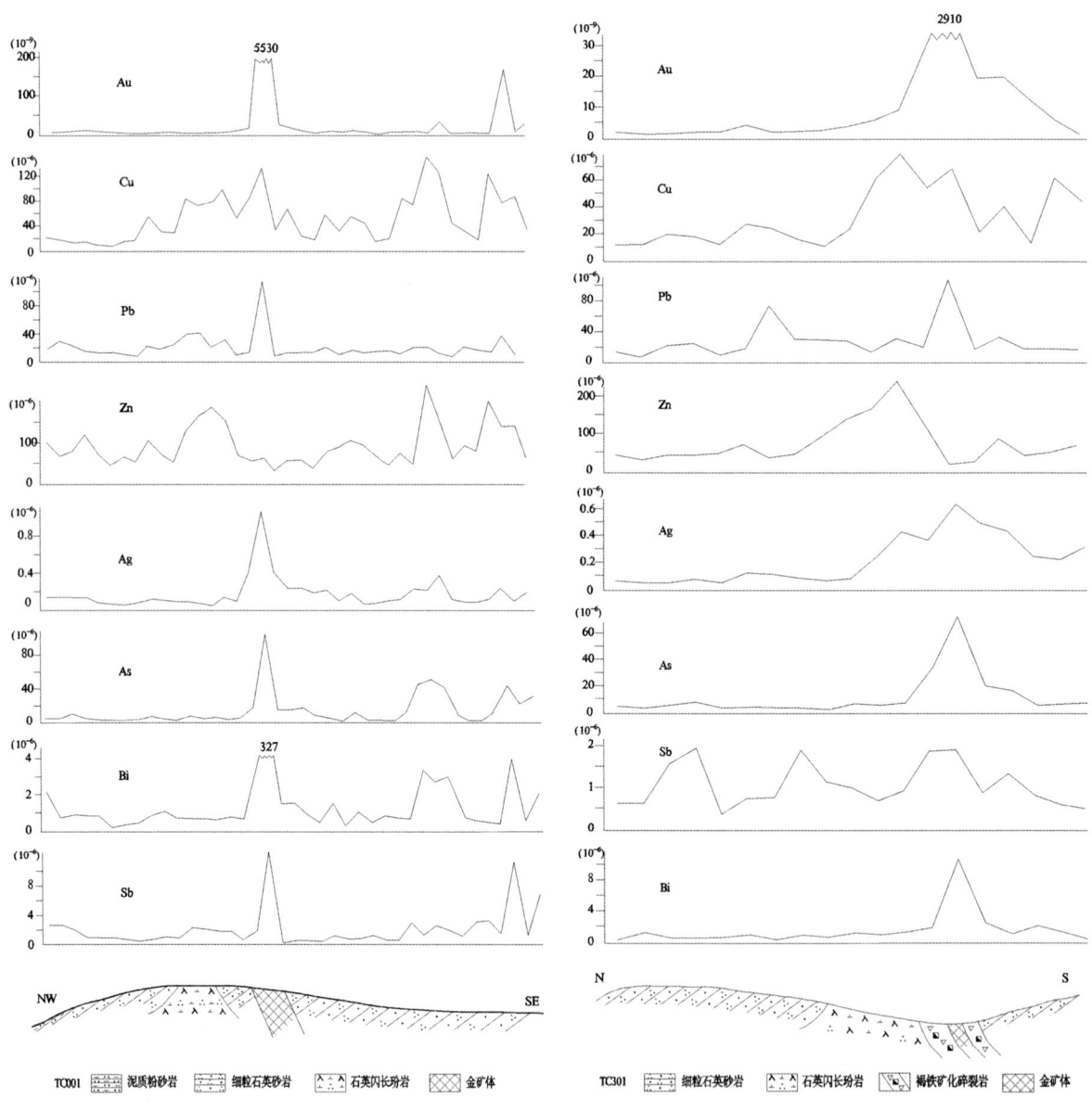

图 5-33 岩石地球化学剖面图

(数据引用《江苏省南京市江宁区上湾塘金矿普查》项目,2009)

3. 地质-地球化学找矿模式

1)地质-地球化学找矿模式表

分析矿床地质特征和地球化学特征,总结燕子口金矿床的地质-地球化学找矿模式可简化如表 5 - 27 所示。

表 5 - 27 燕子口金矿床地质-地球化学找矿模式表

矿床类型		破碎蚀变岩型
地质标志	地层标志	中侏罗统陡山组石英砂岩
	构造标志	断裂破碎带、层间破碎带及接触带
	岩浆岩标志	燕山晚期石英闪长玢岩、闪长玢岩,金平均含量 60.3×10^{-9},高于地壳克拉克值
	蚀变标志	褐铁矿、赤铁矿、黄铁矿、硅化等蚀变与金矿化关系明显
地球化学标志	水系沉积物	Au、Ag、Cu、Pb、As、Sb、Mo、Zn、Bi 等元素组合,以其 Au、Cu 高为特征
	土壤	Au、Cu、Ag、Sb、Bi、Pb、Zn 等元素组合
	岩石	Sb、Pb、Bi、As、Cu、Zn、Ag、Au 具水平分带 矿头晕:As、Sb 矿中晕:Au、Ag、Zn、Cu 矿尾晕:W、Mo
	铁帽	地表铁锰帽非常发育

2)地质-地球化学找矿模式图

溧水区燕子口金矿形成过程可以模式化为图 5 - 34。

燕山早期龙王山早亚旋回岩体的侵入,导致了火成岩热源附近岩石中水的升温,形成热泉系统,由于水密度的降低使其上升,同时,热水溶液中不断加入由地表向下渗滤的降水。在通过陡山组时与其进行组分的交换,从中淋滤出成矿物质。含矿热液沿着断裂破碎带上升过程中,由于热量的散失及溶液中 pH 值和氧化还原电位的变化,金络合物被破坏,于是沿着断裂带沉淀下来,在断裂破碎带及附近的岩石中形成金矿化或金矿体。

近地表的地下水和含大气氧的下降地表水与浅部断裂破碎带中的矿化岩石及围岩发生风化淋滤作用,方解石等矿物被溶蚀,并使褐铁矿、赤铁矿、黄铁矿等硫化物氧化。早期金矿(化)体含金颗粒的矿物被溶解时,这些金胶粒直接转入溶液,形成含金胶粒溶液进行迁移。当氧化带中介质条件有所改变时,这些金胶粒则发生凝聚作用而沉淀下来,被黏土矿物、胶状褐铁矿、赤铁矿等吸附,负载于这些矿物的晶隙、裂隙中。

综上所述,金矿体严格受断裂破碎带控制,矿床成因属构造破碎蚀变岩型金矿床。

(三)江宁区汤山金矿床

1. 矿床地质特征

该矿床位于宁镇断块隆起之汤仑背斜弧形弯曲转折处,因背斜枢纽在此隆起,形成汤山短轴背斜。它为一小型微细浸染型金矿床。控矿地层为奥陶系红花园组、汤头组泥灰岩。区内构造主要有褶皱构造和断裂构造,前者主要为汤山短轴背斜,后者包括环形断裂带(F_1)、近南北向张性断裂、放射状断裂及隐伏断裂等。矿区的岩浆活动主要表现为燕山晚期浅成岩的侵入,已发现的仅为闪长玢岩。它主要分布于矿区的中部和东北部,多呈岩脉及岩枝分布,大多呈北东走向。矿区的蚀变和矿化主要发生在 F_1

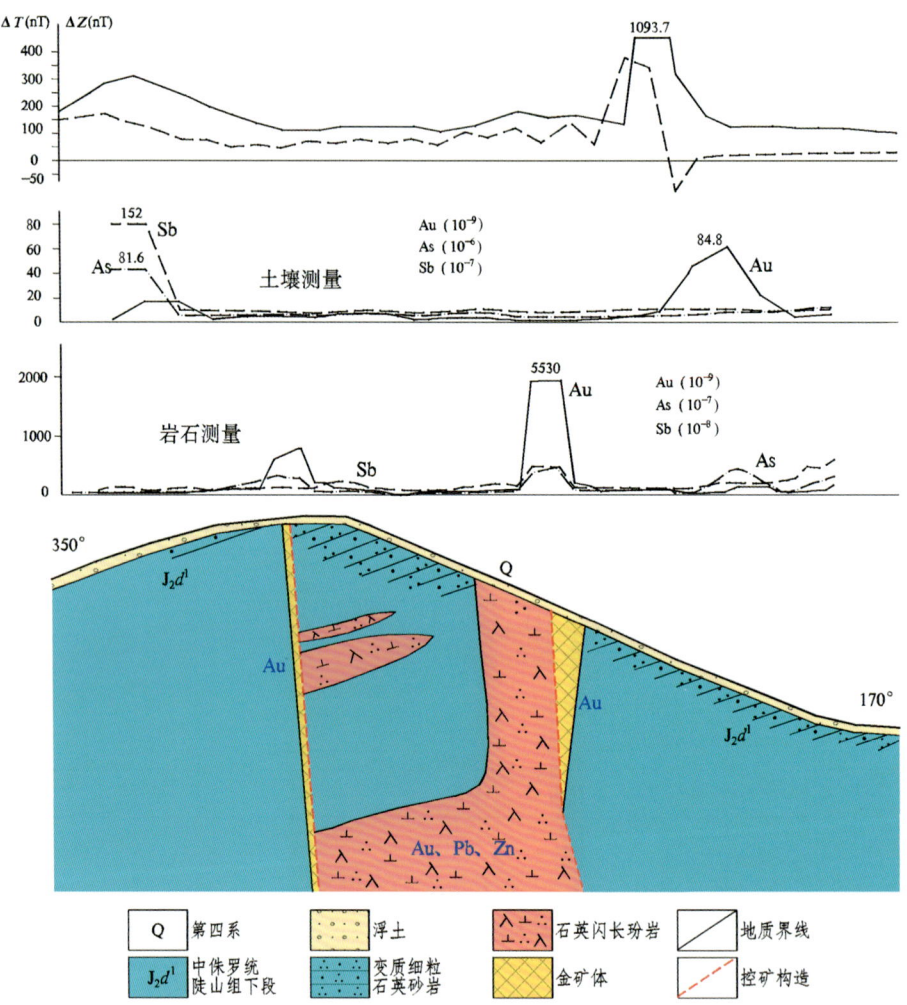

图 5-34 燕子口金矿地质-地球化学找矿模式简图(元素含量曲线数值表示该点的极值)
(据《江苏省南京市江宁区上湾塘金矿普查》项目资料补充,2009)

断裂带中及附近,次为岩体接触带附近。主要有硅化和次生石英岩化、褐铁矿化、黄铁矿化、赤铁矿化、重晶石化和萤石化、泥化以及铜铅锌矿化和汞锑矿化。根据矿(化)带的分布位置及不同特征,划分了 4 个矿(化)段,分别为黄栗墅矿(化)段、汤山镇矿(化)段、建新村矿(化)段和汤山头矿(化)段。本研究以黄栗墅矿(化)段进行矿床地质特征描述。黄栗墅矿(化)段位于汤山北坡黄栗墅一带,矿(化)带长 2km,总体走向 75°左右,倾向北西,倾角 65°～85°。本矿段是矿区金矿(化)最富集的地段,金储量占全矿区储量的 93.59%,发现 11 个金矿体,即 1～11 号矿体。它们都集中分布在本矿段西部,除 3 号矿体产于 F_1 下盘以下,其余矿体均赋存于 F_1 断裂带的泥状角砾岩及硅化带中。矿体走向呈透镜体及条带状,倾向上呈上大下小的楔形体或透镜体,产状与 F_1 一致,倾角 72°～88°。

矿石中已初步查明有 38 种矿物。泥状角砾岩矿石以含水云母、蒙脱石等黏土矿物为主,硅化岩矿石以石英为主,其次为褐铁矿。副矿物主要有锆石、辰砂、金红石、磷灰石、重晶石、黄铁矿、黄铜矿、闪锌矿等。矿石中含少量的自然金颗粒,大部分呈显微—次显微的胶粒分散金赋存在水云母黏土矿物及胶状褐铁矿中。

2. 地球化学特征

矿区范围及其外围曾先后做过 1∶20 万水系沉积物测量、1∶5 万～1∶5000 土壤测量和 1∶1 万岩石地球化学测量,它们所反映的地球化学特征基本相同,异常元素组合主要有 Au、As、Sb、Ag、Pb、Cu

等，异常呈北北东向展布，与汤山背斜大致吻合，反映出区域褶皱构造控矿因素。

1）地层地球化学特征

经对矿区有关地层含金性的统计，奥陶纪灰岩、泥灰岩中金含量较高。红花园组（O_1h）灰岩（25件样品）平均含金$20×10^{-9}$，比宁镇地区灰岩的背景含量（$3×10^{-9}$）高6倍多。可见，金（矿）化与奥陶系中含金量普遍有着密切的关系。其高背景值的地层可视为本区金矿化的来源之一。此外，经过对金和其他元素的相关分析表明：金与砷的相关性最好，相关系数为0.73（表5-28）。为此，砷是该地区找金的重要指示元素。

表5-28 主要相关系数表

元素	Au	Ag	As	Bi	Sb	Cu	Pb	Zn
Au	1.00							
Ag	0.18	1.00						
As	0.73*	0.10	1.00					
Bi	0.52	-0.03	0.44	1.00				
Sb	0.18	0.46	0.36	0.07	1.00			
Cu	0.25	0.01	0.26	0.61*	0.003	1.00		
Pb	0.45	0.65*	0.47	0.56	0.62*	0.39	1.00	
Zn	0.33	-0.05	0.47	0.71*	0.17	0.64*	0.45	1.00

注：* $p<0.001$。

2）水系沉积物地球化学特征

1∶20万水系沉积物圈出了32.41km²综合异常，元素组合较为简单，以Au、As、Sb为主，Cu、Cd次之。各元素异常特征值列入表5-29。异常呈近椭圆形，北东向展布，与汤山背斜大致吻合。Au含量一般为$(6.6～11.5)×10^{-9}$，最高可达$14.5×10^{-9}$。Cu、As、Sb元素浓度分带完整，分内、中、外带，Au、Cd元素只有中、外带。建新金矿点、汤山头金矿床位于综合异常区中偏西部。

3）土壤地球化学特征

1∶5万土壤测量各元素异常的面积、强度和规模列入表5-30。异常面积较为完整，面积约14.5km²，异常总体呈北东东向长条状分布，元素组合比较复杂，以Au、As、Ag、Sb为主，Pb、Zn、Mo次之，Cu、Bi、Hg、Cd再次之。为更进一步了解矿区各元素异常分布特征，选择Au、Ag、As、Sb、Cu、Mo编制汤山金矿区土壤异常剖析图（图5-35）。

各元素浓度分带比较完整，有内、中、外带，异常呈串珠状沿汤山头—团子尖—汤山镇一带北东东向展布。异常区出现了2个金浓集中心，分别位于汤山头—朱砂堰和汤山镇，浓度一般为$(7.4～40.8)×10^{-9}$，自西向东，2个浓集中心的峰值依次为$251.0×10^{-9}$、$93.6×10^{-9}$。

垂直于F_1环形断裂带布置1∶5000土壤剖面异常特征研究发现，在F_1断裂带上具有明显的金高值异常，与破碎带十分吻合，金浓度一般为$(50～150)×10^{-9}$；金矿体上异常则更明显，异常浓度极大值大于$300×10^{-9}$，宽度大于50m，梯度陡，形态规则。此外，金矿体上方具有较显著的As异常，异常浓度极大值大于$600×10^{-9}$，异常宽度基本与Au异常吻合。Ag异常较宽缓，可一直延伸至断裂带的下盘围岩中。该剖面上无明显的Sb异常显示。

4）岩石地球化学特征

汤山西部1∶1万岩石地球化学测量圈出两个异常（图5-36），与F_1较吻合。其中汤山头Hg、Ag、As、Pb、Zn、Mo异常，面积0.72km²，形态规则，连续性较好。Ag、As、Hg异常呈不规则面状展布；Pb、

表 5-29　1∶20 万水系沉积物测量汤山金矿区异常特征值表

元素组合	面积 (km²)	强度				规模	
		浓度(10⁻⁶)		衬度		衬度算术规模	衬度几何规模
		最小值	最大值	算术均值	几何均值		
33Cu3	16.14	24.2	32	1.3	1.29	20.99	20.85
33Au2	21.31	2.4	14.5	4.16	3.37	88.69	71.76
32As2	20.58	12.7	35	1.99	1.85	40.94	38.13
34As3	17.02	14	50	2.30	2.00	39.11	34.05
52Cd2	27.37	100	220	1.24	1.19	33.83	32.67
31Sb3	29.46	0.83	4.6	2.35	1.86	69.24	54.69
各参数累计						292.8	252.15

注：Cd 含量单位为 10^{-9}。

表 5-30　1∶5 万土壤测量汤山金矿区异常特征值表

元素组合	面积 (km²)	强度				规模	
		浓度(10⁻⁶)		衬度		衬度算术规模	衬度几何规模
		最小值	最大值	算术均值	几何均值		
23Au3	10.66	1.10	251	6.06	2.61	64.61	27.77
23Cu2	0.53	100	100	4	4	2.13	2.13
8Pb2	1.81	40	100	2.33	2.20	4.20	3.97
12Pb3	5.75	25	400	2.59	1.98	14.87	11.38
15Zn3	5.70	40	350	2.21	1.96	12.62	11.18
25Ag3	6.19	0.01	2.50	4.92	2.88	30.43	17.81
22As3	12.19	5	150	4.29	2.50	52.22	30.49
22Bi1	0.32	0.30	0.30	2.61	2.61	0.83	0.83
15Bi2	0.93	0.10	0.80	3.77	2.76	3.51	2.57
10Cd2	2.72	0.25	0.25	1.00	1.00	2.72	2.72
29Hg2	0.26	0.40	0.4	5.63	5.63	1.46	1.46
27Hg2	0.59	0.25	0.3	3.87	3.86	2.27	2.26
31Hg2	0.63	0.10	0.4	3.29	2.82	2.08	1.78
30Mo1	0.09	2.00	2	3.45	3.45	0.30	0.30
31Mo1	0.58	1.50	2	3.02	2.99	1.75	1.73
26Mo3	3.41	0.24	5	3.56	2.54	12.13	8.65
15Sb3	13.41	0.25	70	9.95	2.99	133.34	40.11
各参数累计						341.47	167.14

注：Au、Cd、Hg 含量单位为 10^{-9}。

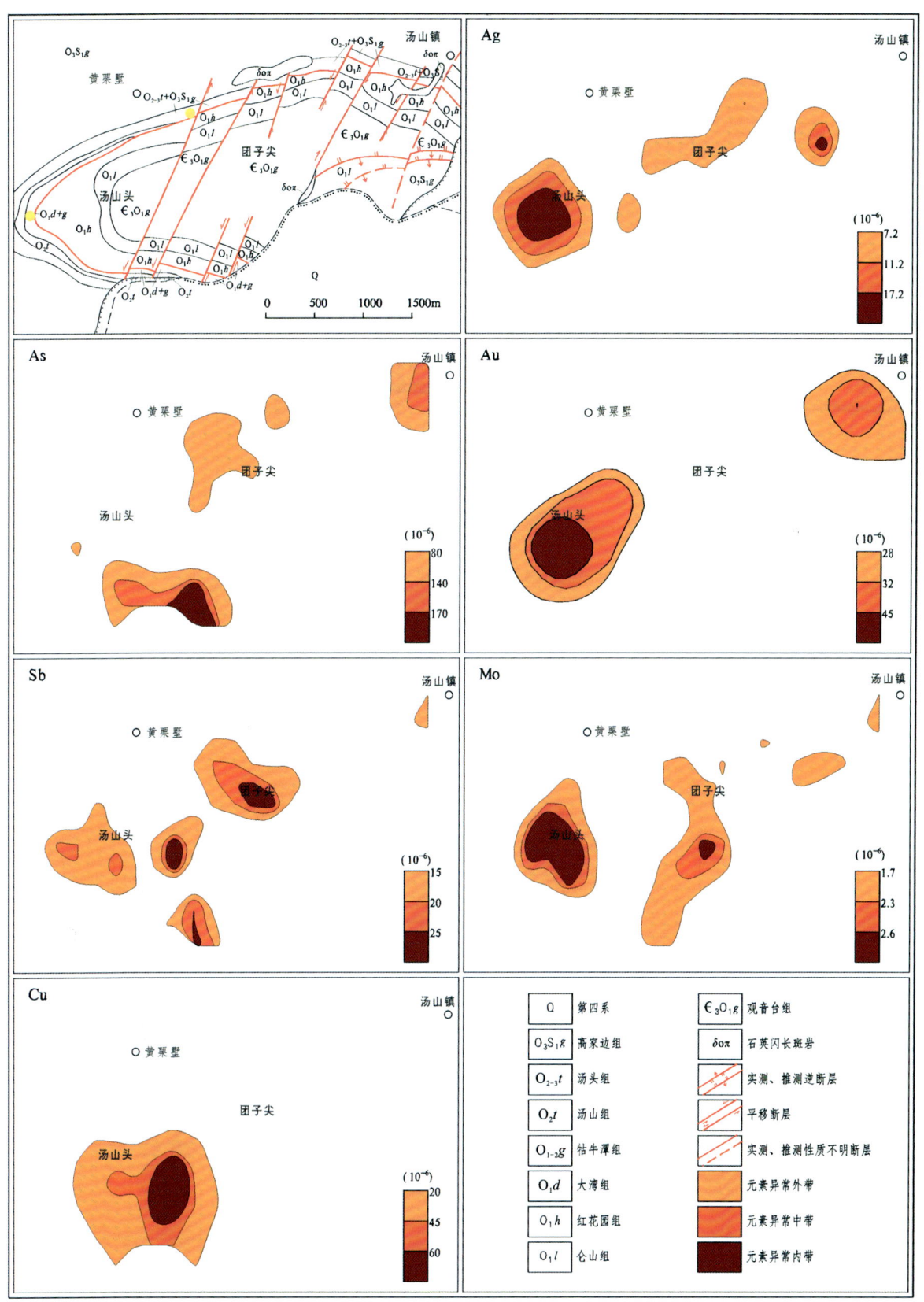

图 5-35 汤山金矿区 1∶5 万土壤剖析图

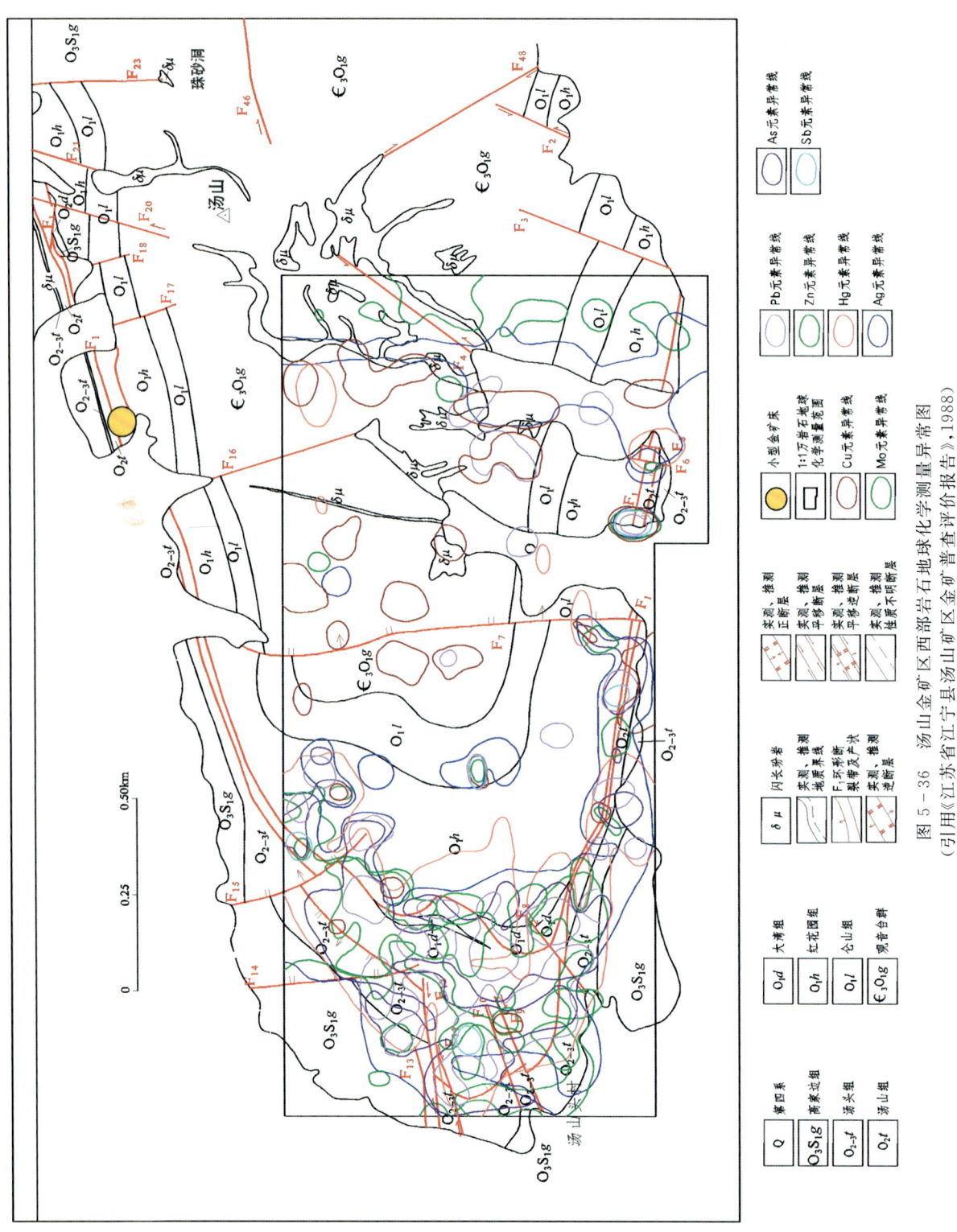

图5-36 汤山金矿区西部岩石地球化学测量异常图
(引用《江苏省江宁县汤山金矿区金矿普查评价报告》,1988)

Zn异常呈圆形、不规则形,大致呈北北东向断续延伸,它们被As异常所包围;Mo异常大多数呈封闭的不规则状展布,异常外带分布范围较大。综合考虑这些元素异常空间分布位置,它们具有一定的垂直分带现象。由上而下分别为Hg、Ag、As-Mo-Pb、Zn,且主要指示元素Ag、Hg、As、Pb具清晰、完整的浓度分带,指示金矿、多金属矿的累乘晕发育良好。另一异常为建新村Ag异常,面积0.38km²,呈近南北向条状不封闭分布,异常的元素组合有Ag、Cu、Pb、Mo、Hg。主要元素为Ag,具清晰完整的浓度分带。经对1∶1万岩石的一部分副样做了金的分析后发现:Au异常与F_1断裂带十分吻合,浓度最高(100~776)×10^{-9}。

从主矿化带典型钻孔资料看到,以金矿化为主的地段ZK104资料分析,Cu、Sb异常很微弱,仅分布在前部,深部则无Pb、Sb异常;Au异常与As异常形态非常相似,含量曲线具有同步变化的趋势,它们在浅部(硅化岩)含量相对较高,变异系数较大,这与剖面土壤采样分析结果相吻合,它是寻找金矿的理想层位;Pb、Zn、Ag异常形态比较类似,它们都在两个深度段出现了含量高值区(突变):①地表深部15~45m处硅化岩分布区;②地表深部80~92m处硅化岩与白云质灰岩接触地段。

3. 地质-地球化学找矿模式

1)地质-地球化学找矿模式表

通过改良格里戈良分带指数法,初步排出分带序列从浅到深为As-Sb-Au-Ag-Pb-Zn-Cu。综合考虑矿区其他钻孔岩石地球化学资料分析,一般可见Pb、Zn异常展布于Cu异常的中偏上部,Ag异常展布于Cu异常的外围上部。上述情况可以说明,汤山金矿的矿前晕为砷、锑;成矿晕为金、银;矿尾晕为铅、锌、铜。汤山金矿地质-地球化学找矿模式见表5-31。

表5-31 汤山金矿床地质-地球化学找矿模式表

矿床类型		卡林型(微细浸染型)
地质标志	地层标志	奥陶系红花园组、汤头组泥灰岩,Au、Ag、As、Sb、Hg等元素普遍富集
	构造标志	环形断裂破碎带
	岩浆岩标志	燕山晚期闪长玢岩,金含量39×10^{-9}
	蚀变标志	主要有硅化、褐铁矿化、黄铁矿化、赤铁矿化、重晶石化、萤石化、泥化、锑汞矿化等
地球化学标志	水系沉积物地球化学	Au、As、Sb、Cu、Cd等元素组合
	土壤地球化学	Au、As、Ag、Sb、Pb、Zn、Mo等元素组合,As、Au是最重要的标志元素
	岩石地球化学	矿头晕:As、Sb 矿中晕:Au、Ag 矿尾晕:Pb、Zn、Cu
	构造地球化学	As、Au异常宽度一致,与破碎带十分吻合,Au>150×10^{-9},As>150×10^{-6}
	铁帽地球化学	铁帽发育,主要有赤铁矿、泥状角砾岩

2)地质-地球化学找矿模式图

南京市汤山金矿形成过程可以模式化为图5-37。

矿区岩浆侵入导致岩体附近岩石中地下水升温,形成热泉系统(此热泉系统现在还在继续活动),由于水密度的降低使其上升,同时,热水溶液中不断加入由地表向下渗滤的大气降水,这种循环在通过该

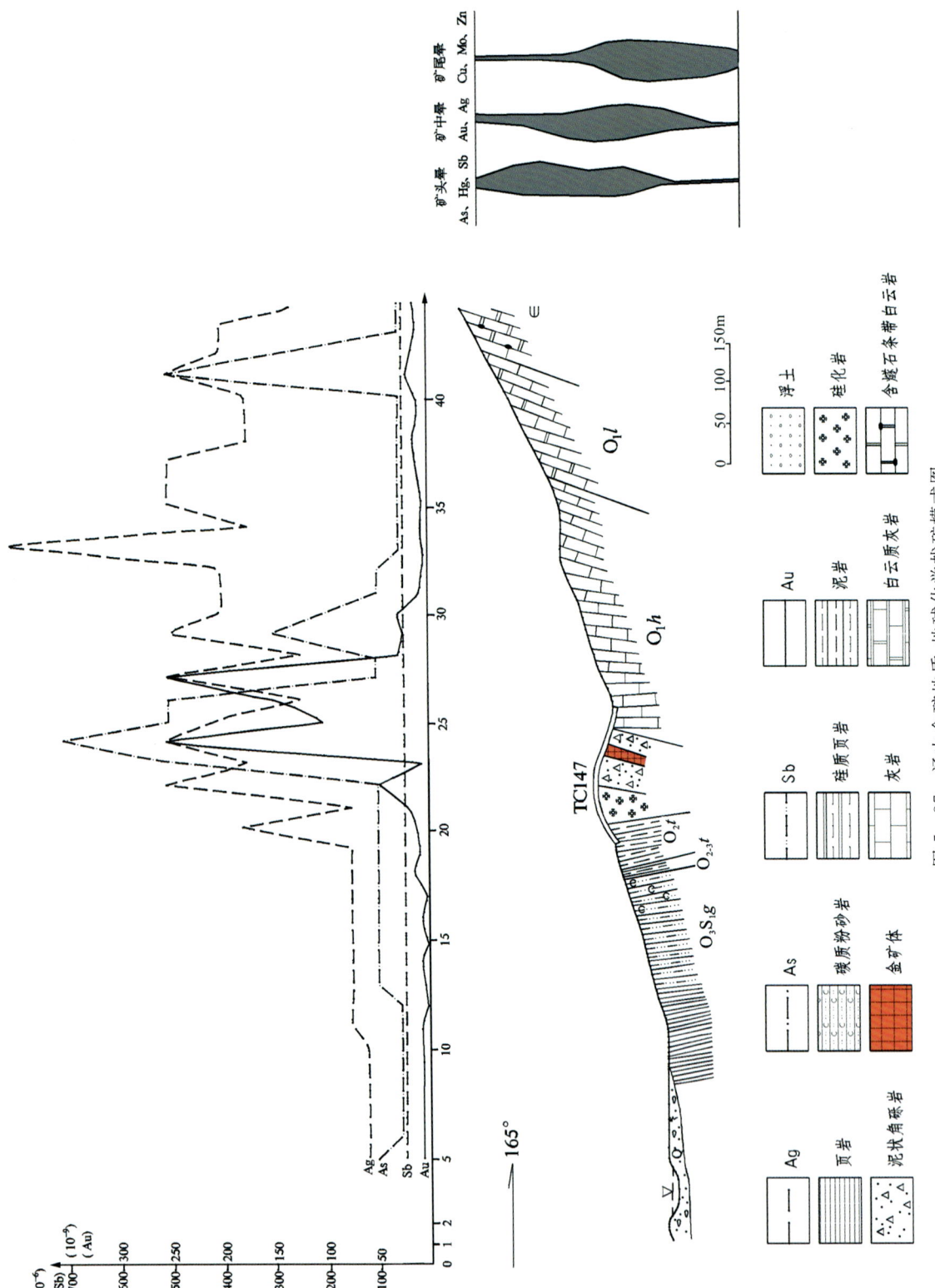

图 5-37 汤山金矿地质-地球化学找矿矿模式图
(引用《江苏省江宁县汤山矿区金矿普查评价报告》,1988)

套金高背景的碳酸盐岩建造时,与之进行组分的交换,从中淋滤出金等成矿物质,金便以$[AuS]^-$和$[Au(S_2O_3)_2]^{3-}$等络阴离子的形式被溶解活化,从而形成上升的含矿热液。含矿热液沿F_1环形断裂带上升过程中与断裂破碎带和附近孔隙度大且化学性质活泼的碳酸盐岩石又发生交代作用,由于热量的散失及溶液中pH值和氧化还原电位的变化,金络合物被破坏,于是在断裂带和附近孔隙度大且化学性质活泼的碳酸盐岩石中,金自溶液中沉淀下来,形成金矿化或金矿体(早期的原生金矿体或矿化体)。

(四)溧阳市土包山铁金矿床

1. 矿床地质特征

矿区内第四系覆盖较厚,基岩出露较差,所见地层皆不完整,具不同程度的蚀变,主要有泥盆纪五通组、石炭纪高骊山组、黄龙组、船山组,二叠纪栖霞组、龙潭组,侏罗纪大王山组及第四系。矿区位为溧阳-南渡断裂与溧阳-庙西断裂交会处,两侧分布有侏罗纪火山岩,古生代沉积地层呈地垒分布其中。矿区外围断裂较发育,主要见北东东向、北东向、北西向3组。区内侵入岩分布较广,主要有石英闪长玢岩(为成矿母岩)、花岗闪长岩,偶见煌斑岩脉。

矿区赋存以磁铁矿为主,共伴生金、硫矿,矿体产出主要受石英闪长玢岩与石炭纪黄龙组、船山组接触带的控制,具有似层状特征,总体规模较小。矿床内共发现金矿体10个,其规模不一,品位变化大。其中具有工业意义的矿体6个。矿体大多产于内带的磁铁矿中,并受石英闪长玢岩和围岩的接触带控制。矿体连续性差、形态不规则。矿体分布在0~3线之间,东西宽153.00m,南北长165.00m。矿体似层状、透镜体状、囊状分布,走向近南北,多为西倾,局部转为东倾,倾角10°~50°。工程控制的矿体底板标高在-186.00~-18.00m之间,矿层底板围岩多为矽卡岩,局部为石英闪长玢岩、花岗闪长岩、大理岩等。

矿石类型以磁铁矿型金矿石和磁铁矿黄铁矿型金矿石为主。矿石矿物以自然金、磁铁矿为主,次为黄铁矿,少量的黄铜矿、磁黄铁矿、毒砂、褐铁矿化、赤铁矿等。脉石矿物主要为方解石、石榴石、绿泥石、绿帘石、透辉石等。矿石结构构造:粒状变晶结构—自形变晶结构为主,镜下见填隙结构、嵌晶结构、粒状结构。金矿物多为填隙结构,充填在矿石裂隙中。块状构造为主,次为浸染状构造,部分为角砾状构造。围岩蚀变有矽卡岩化、黄铁矿化、碳酸盐化、钠长石化、硅化、高岭土化、褐铁矿化等。矿化蚀变略具分带,矿体内部金矿化、磁铁矿化、黄铁矿化、碳酸盐化;矿体两侧矽卡岩化;岩体钠长石化、高岭石化。

2. 地球化学特征

矿区范围及其外围曾先后做过1:20万、1:5万水系沉积物测量、1:1万~1:2000土壤测量和1:1万岩石地球化学测量,它们所反映的地球化学特征基本相同,异常元素组合主要有Au、As、Sb、Cd、Bi、Hg、Ag、Pb、Cu等,异常呈北东向展布,异常区内分布有土包山小型金矿床、仙人山铜矿点、仙人山小型铁矿床,本异常为已知矿产成矿作用的反映。

1)水系沉积物地球化学特征

1:20万水系沉积物圈出了92.38km²综合异常,轴向近东西向的不规则椭圆形,异常连续性较好,各元素异常特征值列入表5-32。多数元素具有浓度分带性,Pb、As、Bi、Cd、Sb均发育有内、中、外3个带。异常区加密采样分解为3个异常,有多处浓集中心。

1:5万水系沉积物圈出了7.36km²综合异常,呈北东向展布,形态规则,连续性较好,异常长约4km,宽约2km。各元素异常的面积、强度和规模列于表5-33。多数元素具浓度分带性,Au、Cu、Pb、Zn、Ag、As、Sb均发育有内、中、外3个带(图5-38),金含量一般为$(2.5\sim12.9)\times10^{-9}$,极大值为$24.6\times10^{-9}$。综合考虑这些元素异常空间的分布位置,它们具有一定水平分带现象,从内至外依次为Mo-Sn-Ag-Zn-Pb-Au-Cu-Sb-As。

表 5-32　1∶20 万水系沉积物测量土包山铁金矿区异常特征值表

元素组合	面积 (km²)	强度				规模	
		浓度(10⁻⁶)		衬度		衬度算术规模	衬度几何规模
		最小值	最大值	算术均值	几何均值		
48Au2	16.94	6.2	8.15	3.87	3.83	65.51	64.9
48Cu2	21.14	25.97	88.05	2.4	2.12	50.66	44.78
47Pb3	18.31	24.57	141.1	3.03	2.15	55.48	39.43
40Zn2	16.52	308	308	5.53	5.53	91.34	91.34
34Ag2	10.91	312	312	3.83	3.83	41.74	41.74
49As3	39.73	18.37	97.1	3.12	2.52	124.01	99.99
36Bi3	31.87	0.6	3.8	5.32	3.78	169.5	120.34
78Cd3	36.04	70	705	1.35	0.92	48.79	32.96
47Mo2	82.08	1.2	2.4	1.89	1.86	155.13	152.54
46Sb3	37.83	1.09	15.45	4.7	2.67	177.93	101
各参数累计						980.08	789.02

注：Au、Ag、Cd 含量单位为 10^{-9}。

表 5-33　1∶5 万水系沉积物测量土包山铁金矿区异常特征值表

元素组合	面积 (km²)	强度				规模	
		浓度(10⁻⁶)		衬度		衬度算术规模	衬度几何规模
		最小值	最大值	算术均值	几何均值		
1Au3	5.45	1.9	24.6	4.91	3.68	26.72	20.05
1Cu3	6.23	18.92	107.15	2.56	2.25	15.96	13.99
1Pb3	4.01	24.09	196.22	2.87	2.11	11.52	8.48
1Zn3	3.35	4.49	433.4	3.16	1.68	10.58	5.62
1Ag3	1.36	0.64	0.64	6.60	6.60	8.98	8.98
1As3	5.49	13.5	125	3.36	2.50	18.43	13.71
1Bi1	0.43	3.8	3.8	9.34	9.34	4.00	4.00
1Cd1	0.61	0.705	0.705	4.33	4.33	2.63	2.63
1Hg2	0.29	0.152	0.2	2.51	2.49	0.72	0.71
2Hg1	0.07	0.15	0.15	2.14	2.14	0.16	0.16
1Mo1	0.59	2.4	2.5	3.29	3.29	1.95	1.95
2Sb2	0.23	1.867	1.867	1.99	1.99	0.45	0.45
3Sb3	7.01	15.45	15.45	16.49	16.49	115.58	115.58
3Sn3	1.64	6.87	9.4	2.70	2.67	4.44	4.39
各参数累计						222.12	200.68

注：Au 含量单位为 10^{-9}。

第五章 地球化学综合研究成果

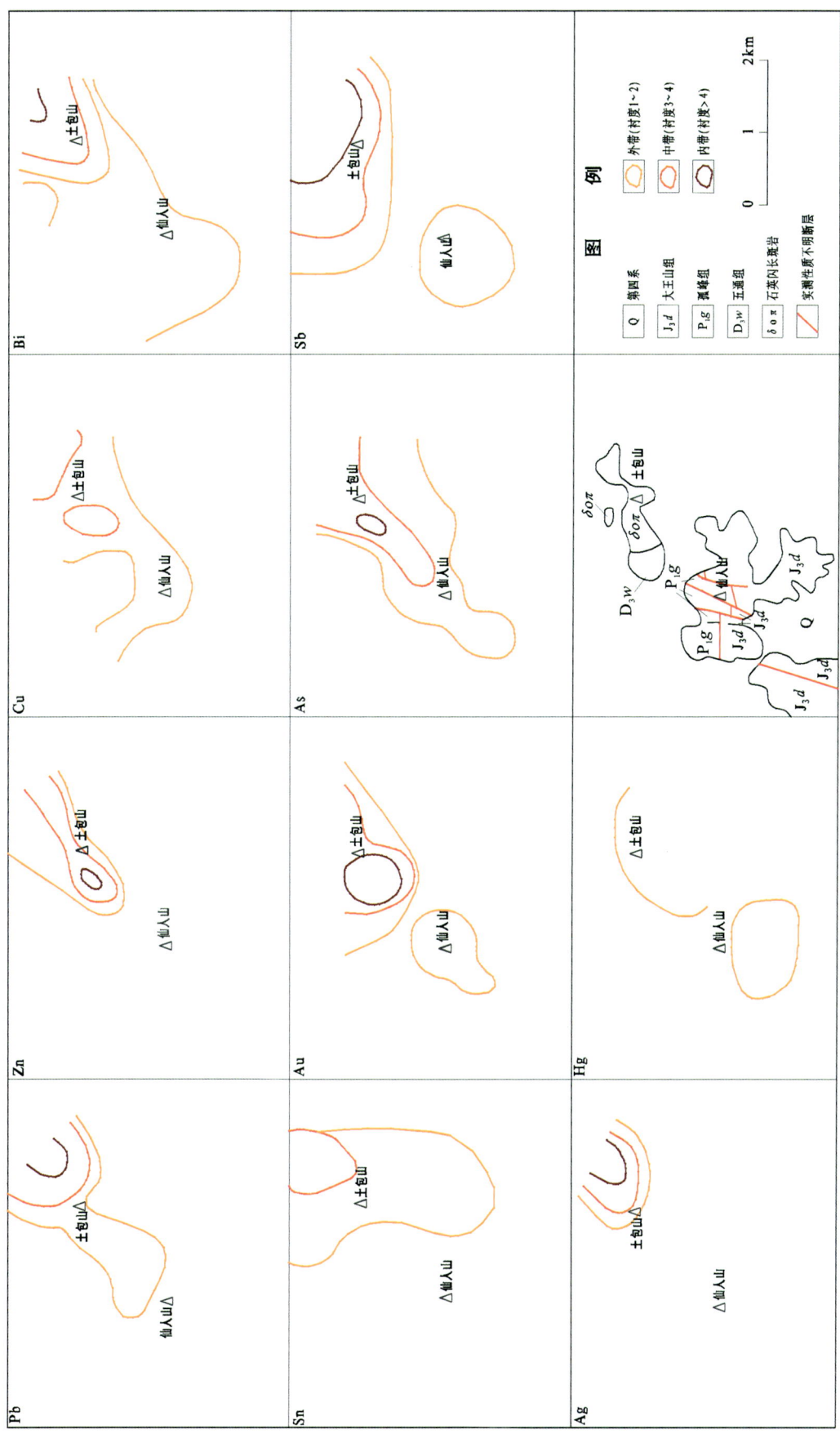

图 5-38 土包山矿区 1:5 万水系沉积物剖析简图
（引用《宜溧地区 1:5 万区调报告化探成果资料》，1988）

2) 土壤地球化学特征

测区 1∶2000 土壤测量圈定 Au 异常 2 处(图 5-39),其一位于 2~14 号测线之间,基本上遍及整个测区,发育于栖霞组、黄龙组、五通组的矽卡岩化带中,为近东西走向的长条状异常。$10×10^{-9}$ 等浓度线长 380m,宽 10~100m 不等。该异常带上有两个较强的异常,位于测区西部的 Au 异常,走向近东西,$50×10^{-9}$ 的等浓度线长 190m,宽 10~20m,在出露铁帽 Gnd10 的周围形成浓集中心,峰值达 $180×10^{-9}$,与 Gnd10 铁帽大致吻合;位于测区中部的 Au 异常,也呈近东西走向,似椭圆形,$50×10^{-9}$ 的等浓度线长 180m,宽 20~60m,异常峰值为 $200×10^{-9}$;其二位于土包山-野猫山东侧,也呈近东西走向,似椭圆形,$40×10^{-9}$ 等浓度线长 80m,宽 10~20m,异常峰值为 $280×10^{-9}$。西侧异常无论在规模还是在含量上均强于东侧异常,但它们共处于同一主体异常轴上,因此认为这两个异常是受同一地质体控制,异常向东侧有逐渐减弱和尖灭的趋势,这可能与该地段矿化减弱和浮土增厚有关。从异常分布趋势来看,$5×10^{-9}$ 的等浓度线在测区东西两侧均不封闭。因此,可以推断本区 Au 异常是与近东西向的构造有关,即金矿的含矿构造应力为近东西向构造。

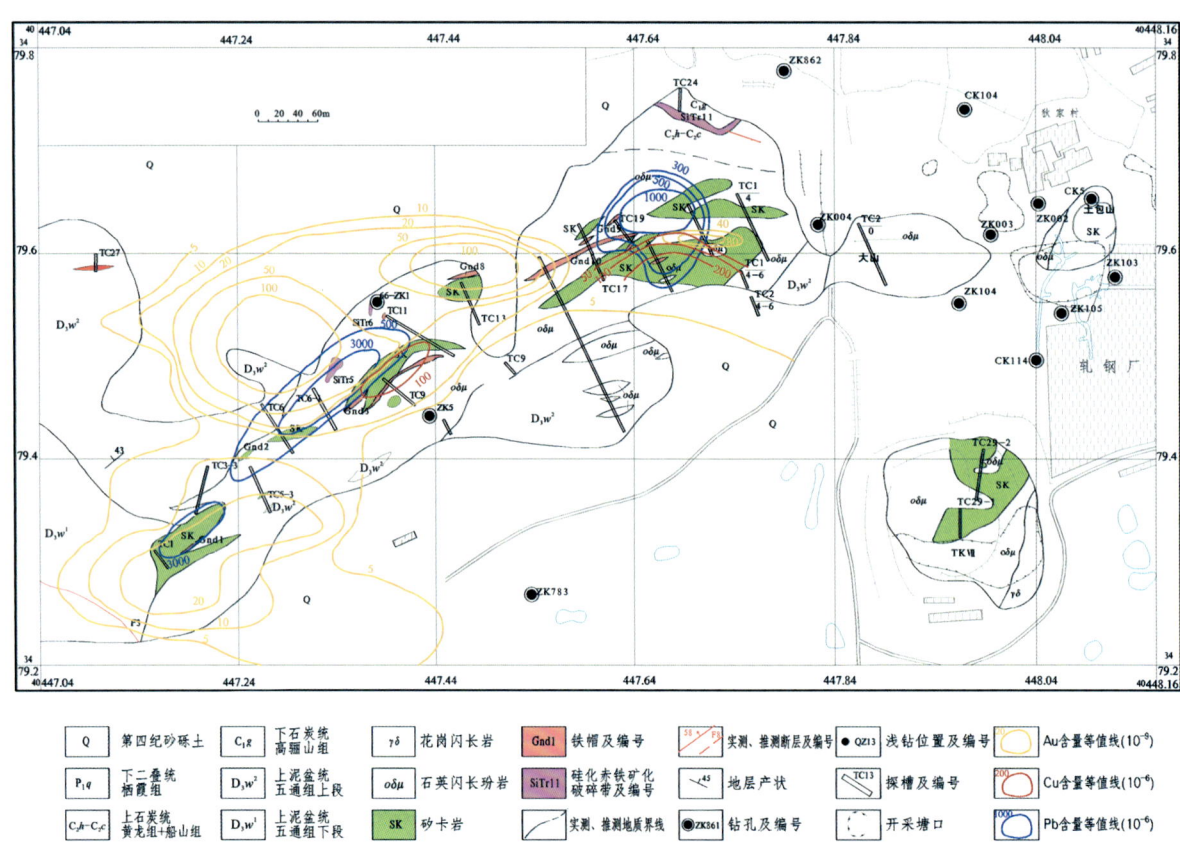

图 5-39 土包山铁金矿区土壤地球化学等值线图
(引用《江苏省溧阳县野猫山-土包山金矿普查报告》,1988)

3) 岩石地球化学特征

本次收集了矿区石英闪长玢岩、闪长玢岩等侵入岩体微量元素,见表 5-34。与中国花岗岩、闪长岩的平均含量相比,有如下特点:

(1) 石英闪长岩和花岗闪长岩的微量元素特征大体相似。

(2) 相对来说,Mn、Ti、V、Ga、Cr、Sr、Ba 等元素相对稳定,与中国花岗岩、中国闪长岩相差不大。

表 5-34 土包山铁金矿区各类侵入岩微量元素含量表

元素	石英闪长岩	闪长玢岩	花岗闪长岩	中国花岗岩	中国闪长岩
Ag		1		0.06	0.054
As	≤100	135	155	1.2	1.1
Au	1.8	157.5	24	0.48	0.81
Ba	2700	1360	1872	680	850
Be	5	4.2	5	3.2	0.95
Co	19	13	18	3	21
Cr	≤30	32	30	6.6	76
Cu	≤30	155	216	5.5	27
Ga	20	12	13	18	20.3
Mn	1000	1680	1496	320	890
Mo	≤5	5	5	0.7	0.6
Ni	12	27	16	5.2	31
Pb	85	62	32	26	16
Sn	≤10	25	15	2.2	1.3
Sr	550	<30	472	220	610
Ti	3350	2510	2528	1380	4850
V	110	33	87	23	125
Zn	150	2880	152	40	88
Zr	130	64	108	155	183

注：Au含量单位为$\times 10^{-9}$，其他元素为$\times 10^{-6}$。中国闪长岩、中国花岗岩数据引自鄢明才和迟清华(1997)。

(3)相比中国花岗岩、闪长岩来说，Cu、Zn、Au等成矿元素含量一般较高，其中闪长玢岩中的锌含量高达2880×10^{-6}，金含量最高达157.5×10^{-9}，铜含量可达155×10^{-6}，花岗闪长岩的铜较高，达216×10^{-6}，金达24×10^{-9}。

1线剖面微量元素作出岩石地球化学图(图 5-40)，由图可以看出，1线剖面Au异常外带非常发育，10×10^{-9}的浓度等值线连续分布，异常宽约200m，纵深约220m，与石英闪长玢岩分布范围基本一致；Au异常中带在钻孔(ZK102)中由浅及深呈串珠状连续分布，但在钻孔(ZK101)中只有深部呈现零星分布。

3. 地质-地球化学找矿模式

1）地质-地球化学找矿模式表

土包山铁金矿地质-地球化学找矿模式见表 5-35。

2）地质-地球化学找矿模式图

土包山铁金矿形成过程可以模式化为图 5-41。

矿体产于燕山晚期闪长玢岩和石炭纪碳酸盐岩地层接触带中，成矿物质主要来源于闪长玢岩岩浆和围岩，岩浆携带铁、金、硫等含矿热液与碳酸盐岩地层发生热接触交代反应，生成典型的接触交代矽卡岩型铁(金)矿床；晚期矿浆由于重力作用，铁矿浆沿构造破碎空间贯入为主；高骊山组中含铁石英岩石以及后期花岗闪长岩热岩浆侵入的进一步活化也起到了重要作用。

综上所述，矿床属矽卡岩-热液充填型。

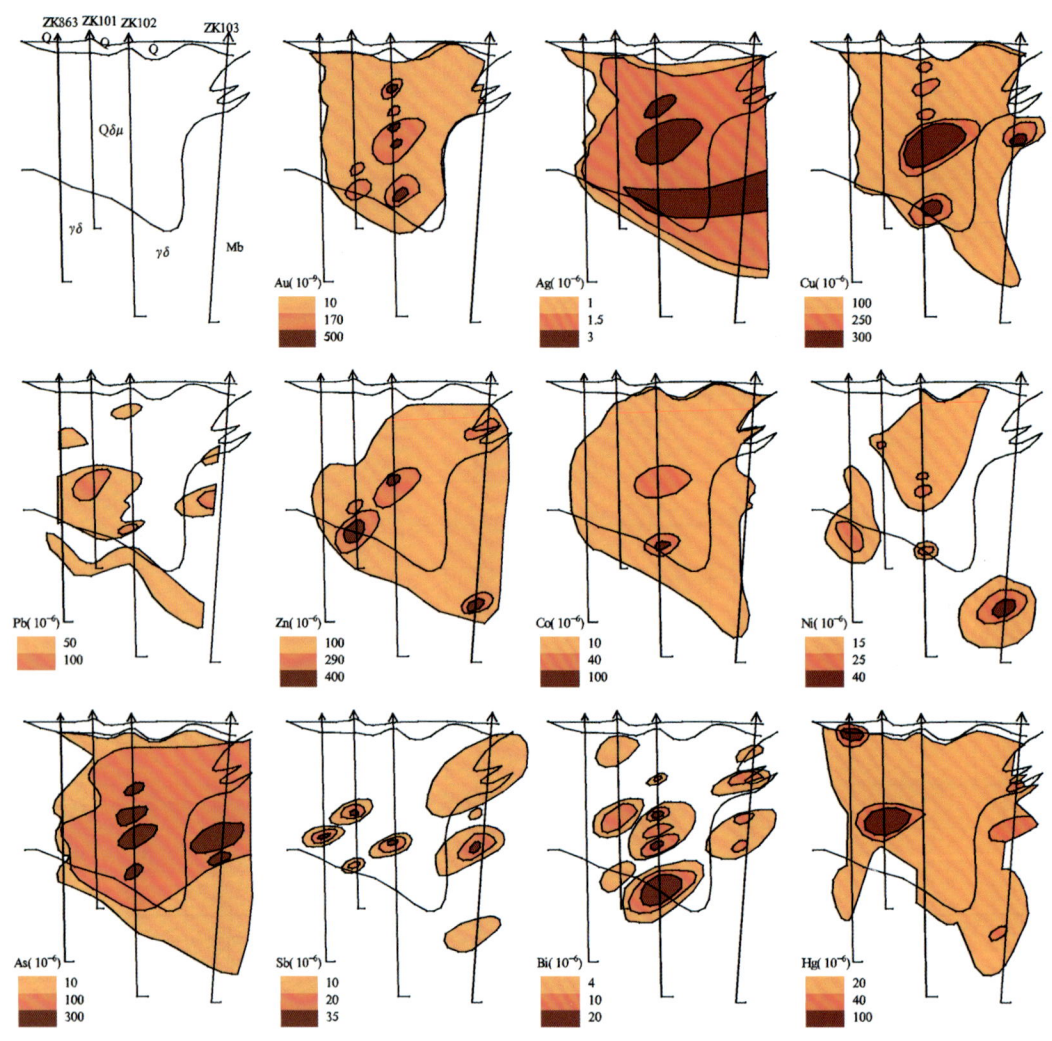

图 5-40 土包山铁金矿床 1 线微量元素空间分布图
(引用戴爱华,1995)

表 5-35 土包山铁金矿床地质-地球化学找矿模式表

矿床类型		侵入岩体内及接触带型
地质标志	地层标志	石炭系黄龙组、船山组
	构造标志	推覆构造带旁侧的岩体捕房接触带及北北东向断裂带
	岩浆岩标志	燕山晚期石英闪长玢岩、花岗闪长岩,金含量 157.5×10^{-9}
	蚀变标志	矽卡岩化、大理岩化、碱质交代蚀变
地球化学标志	水系沉积物	Au、As、Sb、Cd、Bi、Hg、Ag、Pb、Cu 等元素组合
	土壤	Cu、Pb、Zn、Ag、Au、As、Sb、Cd、Bi 等元素组合
	岩石	矿头晕:Hg 矿中晕:Au、Ag、As、Sb、Bi、Cu 矿尾晕:Co、Mo
	铁帽	铁帽、孔雀石、蓝铜矿

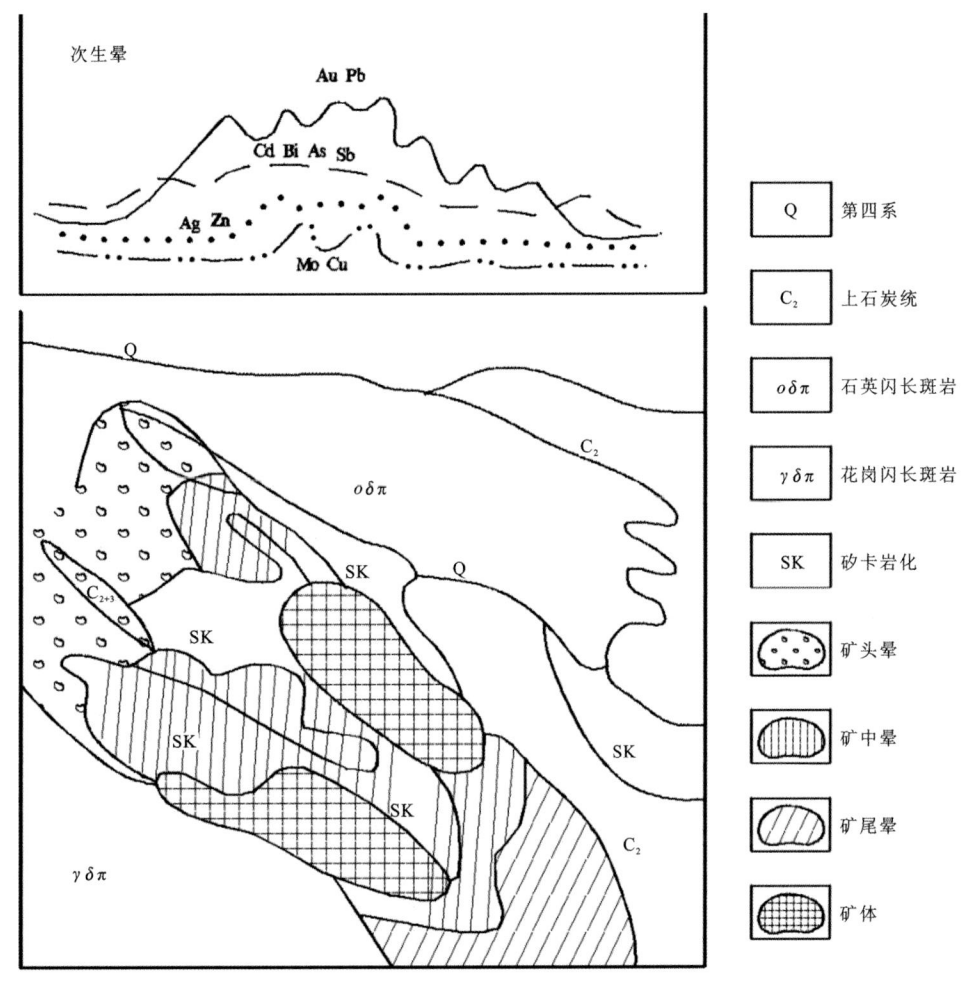

图 5-41 土包山铁金矿地质-地球化学找矿模式图
(引用《苏南铜多金属矿勘查研究报告》,1995)

五、磷矿典型矿床

(一)连云港市锦屏磷矿床

1. 矿床地质特征

该矿床的区域构造位于秦岭-大别造山带(中央造山系)之武当-大别隆起的东延部分与苏鲁变质造山带的南部,其西部为郯庐深大断裂,南部为响水-盱眙断裂。二级构造主要为北北东向海-泗断裂和北东向邵-桑断裂。矿区处于北北东向锦屏倒转背斜倾伏端。锦屏岩群、云台岩群构成倒转背斜的两翼,磷矿层赋存于锦屏岩群中,锦屏岩群呈弧形展布。矿区断裂构造以纵向逆断层为主,小的褶皱、节理、劈理等小构造也很发育。

磷矿层位于锦屏岩群的上部及下部,矿层不连续且有分层。一般矿层产于大理岩、云母片岩中,与围岩呈过渡关系,产状与围岩基本一致。矿区可分3个矿段:西山矿段、东山矿段、陶湾矿段。西山矿段以下矿层为主,位于倒转背斜倾没端的西侧,为北西翼唯一发现磷矿的地段。矿体为似层状,距底板2~16m,长2071m,延深大于450m,厚5~35m。沿走向变化较大,而沿倾向较为稳定。东山矿段以上矿层为主,位于倒转背斜倾没端的东侧。上矿层矿体呈透镜状,底板160m,长961m,延深大于430m,矿体厚度变化较大,呈多层出现,矿层最大厚度可达46m,平均厚30m;下矿层呈透镜状,长约380m,延深在230m以上。陶湾矿段有上、下两个矿层,以上矿层为主。上矿层见4条矿体,以1号规模最大,长1340m,最大厚度11.64m,平均厚度5.27m,控制最大垂深-553m,矿体平均品位11.95%。下矿层呈透镜状,长400m,延深110m,厚4m。

矿石类型主要有细粒磷灰岩、云母磷灰岩、锰磷矿3种。矿石矿物为磷灰石,脉石矿物以方解石、白云石为主,其次有白云母、石英、黑云母、磁铁矿、锰土等。矿石具细粒粒状变晶结构、细粒花岗变晶结构、细粒磷片花岗变晶结构,块状、条带状、条纹状构造。矿体平均含P_2O_5 13.22%～17.41%,矿石最高含P_2O_5达34.43%。矿区平均含P_2O_5 14.19%,CaO 36.43%,MgO 8.70%,CO_2 20.79%,Fe_2O_3 2.33%,Al_2O_3 0.91%,酸不溶物14.40%。

2. 地球化学特征

矿区及其外围曾先后做过1:20万水系沉积物测量、1:5万土壤测量,它们所反映的地球化学特征基本相同,异常元素组合以P、Cu、Pb、Zn、Cu、As为主,异常的范围反映了矿床的矿化范围。

1) 水系沉积物地球化学特征

1:20万水系沉积物圈出了40.93km^2的综合异常,轴向北东向的不规则状椭圆形,各元素异常特征值列入表5-36。P、Pb、Zn、Cu、Mo等异常均发育有内、中、外3个带。从异常平面分布情况来看,北侧发育有Cu、Mo、Pb、Zn异常,对应于锦屏铅锌矿点;南侧发育有P异常,对应有锦屏磷矿。

2) 土壤地球化学特征

1:5万土壤地球化学测量,在区域大致分为云台山地球化学区(分前云台山区、后云台山区)、锦屏地球化学区,磷矿所在的锦屏地球化学区以锡、铌、磷、银、铜、铅高背景,镧、砷、锌、铋低背景为特征。衬值异常图显示,矿区及外围P、As、La异常非常发育,它们断续地围绕着锦屏山体分布,异常区对应于锦屏组地层,其中P异常与矿化范围对应关系良好。

表5-36 1:20万水系沉积物测量锦屏磷矿区异常特征值表

元素组合	面积(km^2)	强度				规模	
		浓度(10^{-6})		衬度		衬度算术规模	衬度几何规模
		最小值	最大值	算术均值	几何均值		
9P3	23.76	187	5856	2.59	1.13	61.437	26.927
2Pb3	29.52	16.9	84.9	1.73	1.431	51.059	42.231
5Zn3	32.35	56.8	195.1	2.242	1.95	72.549	63.083
3Cu3	16.66	42.95	42.95	3.147	3.147	52.414	52.414
6Ag2	17.02	80.5	169.25	1.862	1.795	31.702	30.56
3Bi1	19.52	0.302	0.49	1.725	1.692	33.673	33.025
5Cd2	16.26	440	440	4.764	4.764	77.478	77.478
6Hg2	19.52	30.5	49	3.236	3.186	63.173	62.212
4Mo3	32.90	0.728	1.41	1.64	1.586	53.934	52.167
各参数累计						497.419	440.097

注:Au、Ag、Cd、Hg含量单位为10^{-9}。

3) 岩石地球化学特征

由表 5-37 可见,从东海岩群朐山组到锦屏岩群、云台岩群,铜、铅、铌、磷、银的背景值由高到低,呈不断减少的趋势,而砷、镧、锑、锡、铋、锌变化不大。此外还可以看出,朐山组中,具有富铋、铅、贫锡、铜的地球化学特征;锦屏岩群中,具有富磷、铋、贫锡、铜的地球化学特征;云台岩群下段中,从第一岩性层到第五岩性层,一般具有富铋贫锡的地球化学特征,另外,铅、银、砷、铌背景值也较高。

在上述各元素中,相对于克拉克值而言,一般铅、铌、镧、铋、砷、银丰度系数大于1,属于富集型元素,而锡、铜、锌、磷丰度系数一般小于1,属于相当亏损型元素。

表 5-37 地层元素背景统计表

群	组	层	背景含量(10^{-6})										
			Cu	Pb	Zn	Nb	La	P	Sb	Sn	Bi	As	Ag
云台岩群		五段	1.90	15.84	47.37	17.94	36.63	376.32	0.50	2.67	0.160	5.00	0.075
		四段	10.50	13.75	55.00	18.75	55.50	400.00	0.50	3.38	0.180	4.25	0.063
		三段	5.20	22.75	43.16	17.01	28.01	411.10	0.50	2.74	0.160	5.52	0.075
		二段	13.00	1.25	23.33	26.67	31.67	800.00	0.50	2.42	1.080	1.00	0.010
		一段	11.15	39.55	40.45	37.27	46.36	563.64	0.50	4.05	0.100	1.91	0.050
锦屏岩群			18.66	29.29	44.41	18.40	27.42	9608.33	0.50	1.07	0.080	5.42	0.080
东海岩群	朐山组		18.31	53.41	42.00	66.61	31.80	518.75	0.53	9.10	0.340	1.38	0.120
维氏值(1962)			47	16	83	20	29	930	0.50	25	0.009	1.70	0.070

注:引用《江苏省连云港市云台—锦屏地区地球化学测量报告》,1986。

3. 地质-地球化学找矿模式

1) 地质-地球化学找矿模式表

锦屏磷矿地球化学找矿模式见表 5-38。

表 5-38 锦屏磷矿床地质-地球化学找矿模式表

矿床类型		沉积变质岩型
地质标志	地层标志	中元古界锦屏岩群
	构造标志	北北东向锦屏倒转背斜的南西倾伏端及其翼部控制着磷矿体的分布
	岩浆岩标志	
	蚀变标志	大理岩化、绿帘石化
地球化学标志	水系沉积物	P、Pb、Zn、Cu、Mo 等元素组合
	土壤	P、As、La 等元素组合
	岩石	云台岩群具有富 P、Bi,贫 Sn、Cu 特点
	铁帽	不发育

2) 地质-地球化学找矿模式图

锦屏磷矿形成过程可以模式化为图 5-42。

中元古代,该区沉积了一套细粒级的碎屑岩和化学岩(泥质岩、碳酸盐岩、磷酸盐岩及少量锰质岩),

经区域变质作用形成了含磷灰岩的变质岩系,后期的褶皱断裂构造使矿层增厚、富集形成了磷矿床。矿床类型属海相沉积的变质型磷灰岩矿床。

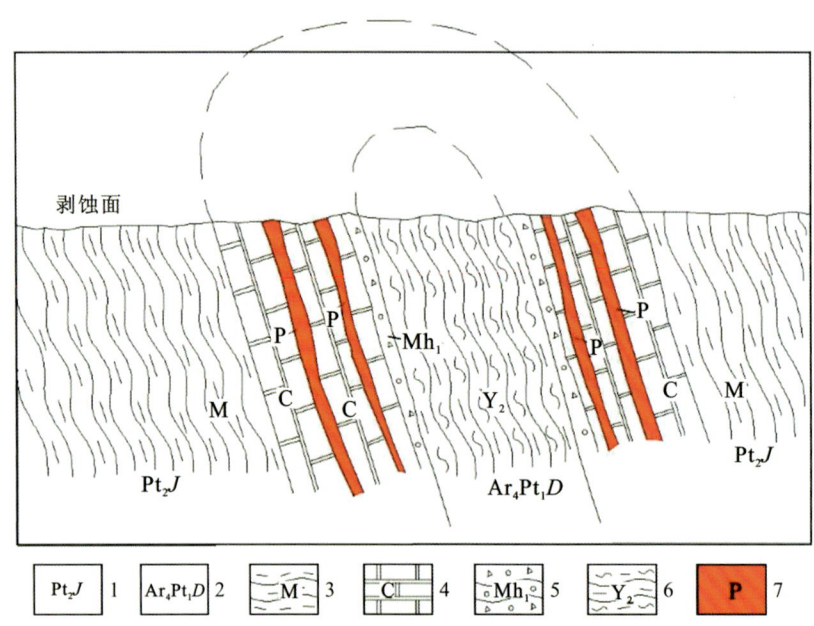

图 5-42 锦屏磷矿床地质-地球化学找矿模式简图
(引用《江苏省及上海市重要矿种矿产预测成果报告》,2013)
1.中元古代锦屏岩群;2.古元古代东海岩群;3.云母片岩;4.大理岩;5.砾石片岩;
6.混合片麻岩;7.磷块岩(磷矿体)

六、硫铁矿典型矿床

(一)南京市云台山硫铁矿床

1. 矿床地质特征

该矿床位于宁芜火山岩盆地东侧中段之云台山-乔木山北北东向压扭性断裂带北段。矿区地层有周冲村组、黄马青组、象山群、龙王山组。发育北北东—北东、北北西、北西西3组断裂。云台山-乔木山断裂带,由1~4条冲断层组成,浅部为近直立的挤压破碎带,深部变缓,它控制了辉长闪长玢岩的侵入,次一级断裂构造及层间裂隙控制矿体。矿体主要赋存于周冲村组碳酸盐岩中,在黄马青组钙质泥质粉砂岩、象山群砂页岩、龙王山组火山岩及辉石闪长玢岩中亦有矿体赋存。

云台山矿区分狮子山、云台山、母鸡山、秃子山等矿段,共有200多个矿体,组成北北东—北东向延伸的矿带,长达5km,延深200~400m。矿体多呈扁豆状、透镜状、似层状,少数呈脉状。大矿体形态较复杂,一般均呈不规则的透镜状,沿走向及倾向常有分叉、尖灭现象。矿体产状与地层产状大体一致,倾向主要为北西,局部倾向南东,倾角30°~55°。长25~475m,厚1~69m,一般厚2~10m。

矿石矿物以黄铁矿为主,次有少量白铁矿、磁铁矿、菱铁矿和极少量镜铁矿、黄铜矿、闪锌矿、方铅矿、磁黄铁矿等。脉石矿物主要为白云石、方解石、石英,次为绢云母、绿泥石,少量高岭土、金云母等。矿石主要为他形粒状结构,次为自形、半自形粒状结构;块状、浸染状、细脉状、条带状及角砾状构造。矿石类型有块状黄铁矿、稠密浸染状黄铁矿、稀疏浸染状黄铁矿、细脉状黄铁矿、角砾状黄铁矿矿石。矿区平均品位 S 31.48%,TFe 含量 20%~40%。氧化矿石中含 Cu 0.02%~0.06%,个别达 0.4%;Zn 0.02%~0.4%;Au (0.3~0.6)×10^{-6}、Ag (1~7)×10^{-6}。As 一般 0.01%~0.059%,F 0.01%~0.08%。

围岩蚀变有硅化、碳酸盐化、绢云母化、高岭土化、绿泥石化等。

2. 地球化学特征

矿区及其外围曾先后做过1:20万水系沉积物测量、1:5万土壤测量,它们所反映的地球化学特征基本相同,异常元素组合以 Cu、Mo、Bi 为主,各元素相互交叠,综合异常的范围反映了矿床的矿化范围。

1)水系沉积物地球化学特征

1:20万水系沉积物化探扫面圈出了 Cu、Mo、Bi、Cd、Sb、Au、As 等元素的异常。各元素异常特征值列入表5-39。由表可见,Cu、Bi、Mo、Cd、Sb 等元素无论是含量还是规模均比较大,综合异常面积约142km²,异常呈椭圆状北北东向延伸,与区域控岩控矿构造方向大体一致。异常浓度分带不同程度地发育,相互交叠。

表5-39 1:20万水系沉积物测量云台山硫铁矿矿区异常特征值表

元素组合	面积（km²）	强度				规模	
		浓度(10^{-6})		衬度		衬度算术规模	衬度几何规模
		最小值	最大值	算术均值	几何均值		
42Cu1	55.091	19.150	81.980	2.009	1.819	110.698	100.201
44Au3	41.153	1.800	64.680	7.138	2.407	293.765	99.045
34Bi3	100.229	0.292	1.903	2.551	2.249	255.646	225.444
69Cd2	124.120	82.500	250.000	0.910	0.875	113.001	108.605
43As3	38.885	14.300	95.750	2.422	2.002	94.172	77.840
40Mo2	98.538	0.573	2.925	2.029	1.900	199.908	187.174
39Sb3	81.045	1.080	8.287	1.987	1.735	161.013	140.648
40Sb1	13.250	2.600	2.600	2.737	2.737	36.263	36.263
41Sb1	10.118	1.600	1.600	1.684	1.684	17.042	17.042
各参数累计						1281.508	992.262

注：Au、Ag、Cd 含量单位为10^{-9}。

2)土壤地球化学特征

1:5万土壤测量结果表明(图5-43),在矿区范围内有较好的土壤化探异常显示,异常面积约3.5km²,异常长轴呈北北东向,与已知矿化带的走向一致。元素组合以 Cu、Pb、Mo 为主,次为 Zn、As。元素浓度分带不同程度地发育,其中铜、钼比较完整,发育有内、中、外带,结合矿区地质特征,铜浓集中心与云合山硫铁矿床位置非常吻合,Mo、Pb、As、Zn 异常与 Cu 异常部分重叠,但中心有向南西延伸的趋势。因此认为该异常为已知硫铁矿成矿作用的反映。

3)岩石地球化学特征

前人对莺子山黄铁矿地质化探剖面样品测试结果表明,P、Cu、Mo、Ba、Sr 等元素在剖面上出现异常,硫与钼呈明显的正相关关系,在矿体上方 Mo 异常值达到最高,而在两侧围岩中则逐渐降低,硫与磷呈明显的负相关,P 异常主要分布于矿体附近围岩中,在矿体上方异常值最小,其他元素与矿化不明显。

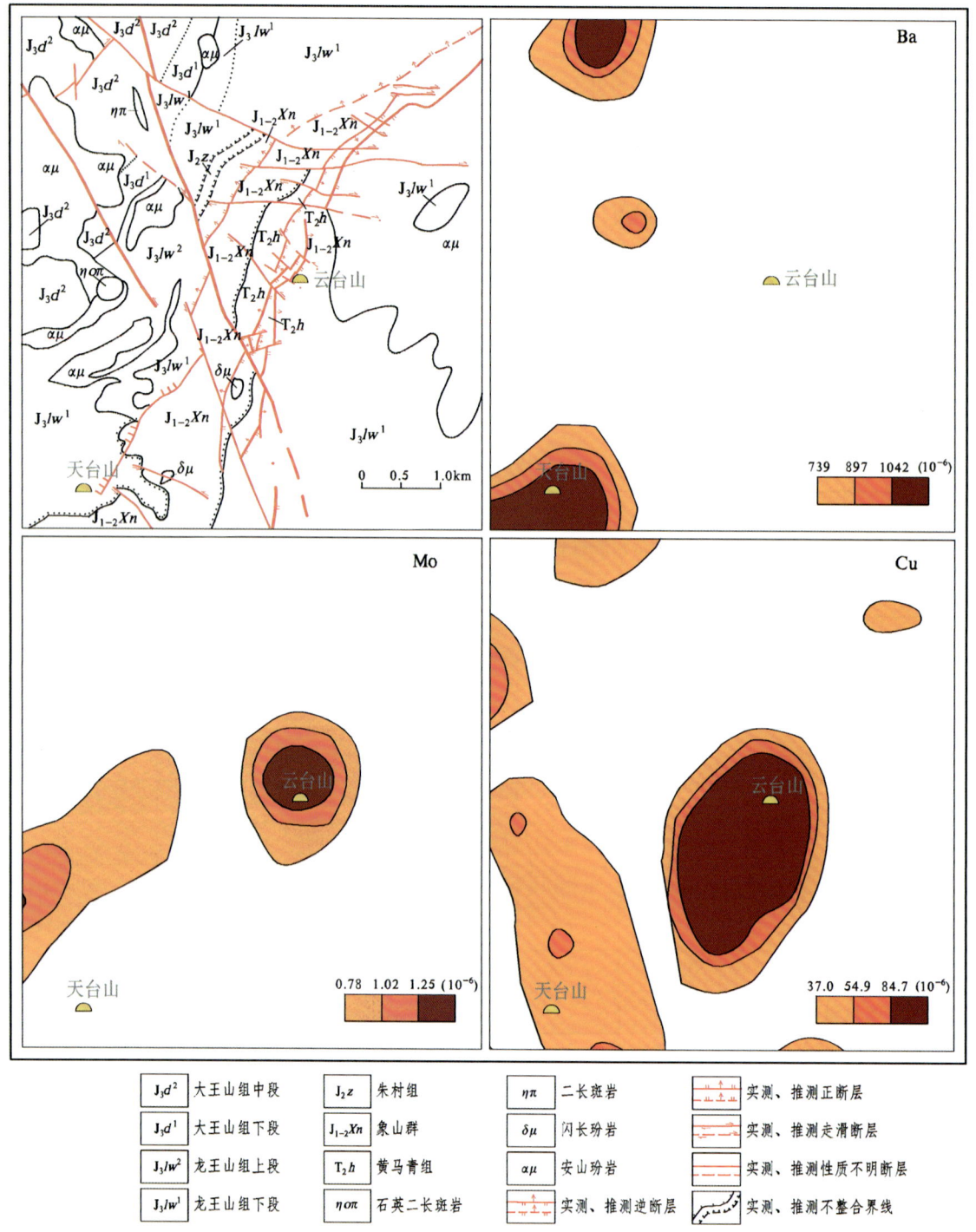

图 5-43　云台山硫铁矿 1∶5 万土壤地球化学异常剖析图

3. 地质-地球化学找矿模式

1）地质-地球化学找矿模式表

云台山硫铁矿地质-地球化学找矿模式见表 5-40。

2）地质-地球化学找矿模式图

云台山硫铁矿形成过程可以模式化为图 5-44。

云台山硫铁矿主要受地层的控制,产于中三叠统黄马青组的矿体产状与地层一致,成矿与该组第三段的白云岩、白云质灰岩及泥岩、粉砂岩有关。云台山硫铁矿床属与中三叠统黄马青组有关的层控矿床为主体,并伴有火山热液成因的两种成因并存的复合矿床,后期热液活动一方面可使赋存于地层的黄铁矿或含硫岩石进一步活化富集,同时,也可能使原来就已很富的黄铁矿层发生贫化,规模扩大。

表 5-40 云台山硫铁矿床地质-地球化学找矿模式表

矿床类型		陆相火山岩型
地质标志	地层标志	主要为周冲村组、黄马青组,其次为龙王山组
	构造标志	主要以北东为主的逆断层及层间破碎带
	岩浆岩标志	白垩纪辉长闪长玢岩
	蚀变标志	围岩蚀变主要为硅化、碳酸盐化、绢云母化、高岭土化、绿泥石化等
地球化学标志	水系沉积物	Cu、Mo、Bi、Cd、Sb、Au、As 等元素组合
	土壤	Cu、Pb、Mo、Zn、As 等元素组合
	岩石	Cu、Mo、Ba、Sr 富集,以 Mo 为特征
	铁帽	不甚发育

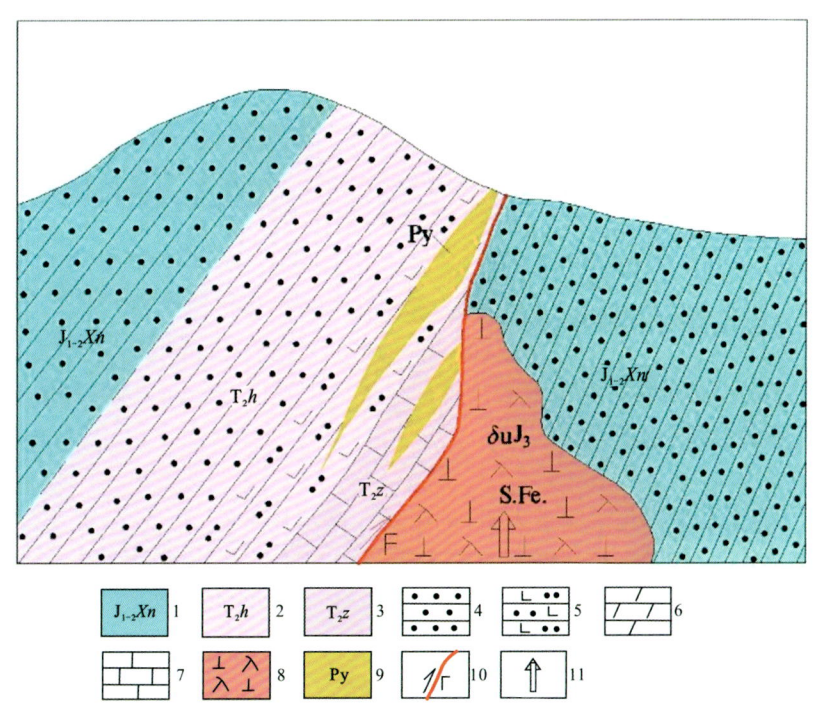

图 5-44 云台山硫铁矿床地质-地球化学找矿模式图
(引用《江苏省及上海市重要矿种矿产预测成果报告》,2013)
1.象山群;2.黄马青组;3.周冲村组;4.砂岩;5.钙质粉砂岩;6.泥灰岩;7.灰岩;8.闪长玢岩;
9.黄铁矿体(Py);10.断层;11.热液运移方向

(二) 南京岔路口硫铁矿床

1. 矿床地质特征

该矿区位于下扬子陆块宁镇褶皱束西段杨坊山-长林村压扭性断裂带上。出露地层为周冲村组灰岩、角砾状灰岩，黄马青组及象山群砂质页岩、粉砂岩及砂岩等。矿区断裂发育，东西向压扭性断裂带不仅控制了闪长岩的侵入，也控制了矿体的分布。北西向断裂形成于成矿之后，切割了矿体。燕山晚期闪长岩呈岩床、岩舌状沿近东西向断裂侵入，与成矿关系密切。

矿体主要赋存于岩体接触带和断裂内，以及接触带上部周冲村组角砾状灰岩中，少数矿体赋存于黄马青组砂页岩及岩体裂隙中。矿体呈透镜状、似层状，部分有分叉复合现象。走向近东西，倾向南，倾角$30°\sim70°$，上陡下缓。已控制矿化带长1000余米、宽约800m，延深600余米。在灰岩、角砾状灰岩与接触带中矿体规模较大，厚$0.43\sim18m$，最厚约30m，控制长250m左右，延深200余米。闪长岩中矿体呈脉状，规模小，长数米至数十米。

矿石矿物成分以黄铁矿为主，氧化后成褐铁矿。伴生有少量磁黄铁矿、磁铁矿、黄铜矿、斑铜矿、方铅矿、闪锌矿；脉石矿物有石英、方解石、绿泥石及硅酸盐矿物。矿物组合为黄铁矿-石英、黄铁矿-方解石。矿石结构有自形粒状结构、半自形粒状结构、他形粒状结构及压碎结构。矿石构造主要为块状构造、浸染状构造、细脉浸染构造、角砾状构造等。矿石含$S\ 14.39\%\sim50.52\%$，多数在20%以上，块状、粉状矿石含S高；含Pb+Zn微量，局部高者达1%左右；$As\leqslant0.039\%$；F一般小于0.05%，仅少数达0.6%。岩体接触带和角砾状灰岩中的矿体多为块状富矿，断层中和岩体构造裂隙内部为浸染状、细脉浸染状贫矿。浅部矿体均已氧化成褐铁矿，氧化深度一般30m，最深达100m。

围岩蚀变主要为硅化、绿泥石化、高岭土化、角岩化、绿帘石化、阳起石化、透闪石、大理岩化等。

2. 地球化学特征

矿区及其外围曾先后做过1∶20万水系沉积物测量、1∶5万～1∶1万土壤测量，它们所反映的地球化学特征基本相同，异常元素组合以As、Sb、Ag、Bi、Mo、Cu为主，异常的范围反映了矿床的矿化范围。

1）水系沉积物地球化学特征

1∶20万水系沉积物测量所反映的异常，元素组合较简单，以Bi、Zn、Hg为主，Au次之，各元素浓度均较低，分别为Bi $(0.75\sim2.5)\times10^{-6}$，Hg $(0.373\sim0.708)\times10^{-6}$，Au $(2.3\sim7.5)\times10^{-9}$，Zn $(47.5\sim50.6)\times10^{-6}$。Bi异常呈北东东向展布，其长度与矿化带的长度相吻合，Au、Hg异常仅在矿区西部有反映，异常元素方分带和浓度分带不甚明显。

2）土壤地球化学异常

宁镇地区1∶5万土壤地球化学测量表明，矿床所在区域显示有Au、Zn、As、Bi、Cd、Sb综合异常，面积约$2.6km^2$，呈近东西向延伸，异常浓度：Au一般$(5\sim10)\times10^{-9}$，最高达100×10^{-9}；Zn最高达300×10^{-6}；Cd一般$(0.25\sim0.50)\times10^{-6}$，最高达$1\times10^{-6}$；Sb一般$(0.25\sim2.0)\times10^{-6}$，最高达$7\times10^{-6}$。元素浓度分带不同程度地发育，异常套合性较好，结合岔路口地质特征，可以看出，异常元素的浓集中心分别与矿区两个硫铁矿（聚宝山、朝阳山）矿段吻合性较好。

据尧化门1∶1万土壤测量的成果，异常位于南京市岔路口—聚宝山一带（图5-45），面积约$5.6km^2$，异常位于杨坊山-长林断裂带的西段，地球化学场的岔路口-谭家山高背景带上。元素组合主要为As、Sb、Ag、Bi、Mo、Cu，其中As、Ag最为发育，Cu、Bi、Sb次之，Mo再次之，Mn最不发育。

根据异常元素的空间分布特征，结合矿区硫铁矿体平面投影分布，可以看出，Mo、Cu元素与闪长岩分布比较吻合，可作为矿尾晕；Bi(As)异常的两个浓集中心分别对应于朝阳山、聚宝山矿段，与硫铁矿成因有着密切的联系，可作为成矿晕；Sb、Ag(As)为远程指示元素，与矿体位置相差较远，认为矿头晕，聚宝山地段的东缘，Ag异常浓度高，内、中、外带均有，且向东未封闭。

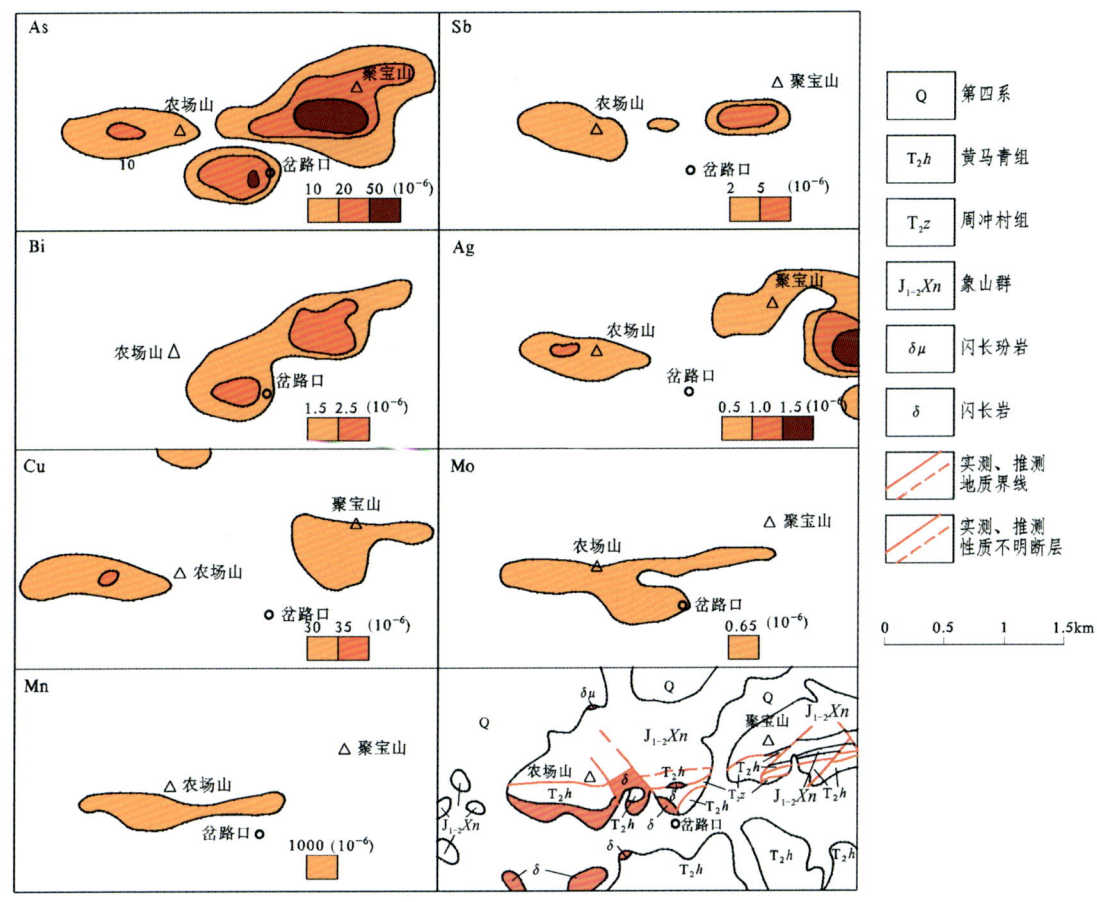

图 5-45　岔路口硫铁矿区土壤剖析简图
(引用《尧化门工区化探普查工作成果资料》,1986)

3)岩石地球化学特征

矿区Ⅶ号勘探线钻孔岩石测量的结果表明,As、Sb、Bi、Mo、Cu、Zn、Sr 等元素异常显示较好,主要分布于矿体及其附近围岩中。其中 As、Ba 异常浓度分带完整,内、中带面积较大。As 异常内带以矿体为中心,分布于其周围,将矿体包围在其中;Ba 异常外带分布于矿体及其围岩中,中、内带往往偏离矿体,分布于矿体下盘围岩中;Mn、Zn 异常外带范围与矿体基本吻合,其他元素异常只在矿体范围内零星分布。As、Mo、Zn、Cu 在矿石中的含量高于其他岩石,为成矿的主要指示元素。

由于矿体产出的部位及其他随机因素的影响,岩石地球化学分带序列不很稳定,用格里良分带指数法计算的各钻孔元素垂直分带序列不尽相同,不过有几种元素在分带序列中的位置还是比较稳定的,Cu、Mo 总是处于序列的下部,Sb、Ba 总是处于序列的上部。

3. 地质-地球化学找矿模式

1)地质-地球化学找矿模式表

岔路口硫铁矿地质-地球化学找矿模式见表 5-41。

2)地质-地球化学找矿模式图

岔路口硫铁矿形成过程可以模式化为图 5-46。

燕山晚期中酸性岩浆沿逆断层及断层附近的裂隙侵入上升,含矿热液随之运移、渗透到断层带及其附近的围岩孔洞或裂隙(次级构造)中,当含矿热液沿构造裂隙渗透、运移到碳酸盐空间时,在还原的环境下 Fe^{2+} 和 S_2^{2-} 就会以 FeS_2 的形式沉淀下来形成黄铁矿矿体。

表 5-41 岔路口硫铁矿矿床地质-地球化学找矿模式表

矿床类型		矽卡岩型
地质标志	地层标志	中三叠统周冲村组、黄马青组碳酸盐岩
	构造标志	近东西向逆冲断裂带
	岩浆岩标志	燕山晚期闪长岩
	蚀变标志	主要蚀变有碳酸盐化、绿泥石化、高岭石化、硅化、绢云母化、石膏化等
地球化学标志	水系沉积物	Bi、Zn、Hg、Au 等元素组合
	土壤	Au、Zn、As、Bi、Cd、Sb、Cu、Mo 等元素组合,具有水平分带性,由内向外依次:Mo、Cu-Bi(As)-Sb、Ag(As)
	岩石	矿头晕:Sb、Ag 矿中晕:As、Zn 矿尾晕:Cu、Mo
	铁帽	铁帽发育,主要矿物为黄铁矿、褐铁矿等,Cu 169×10^{-6},Ag 2.89×10^{-6},Pb 423×10^{-6},Zn 1135×10^{-6}

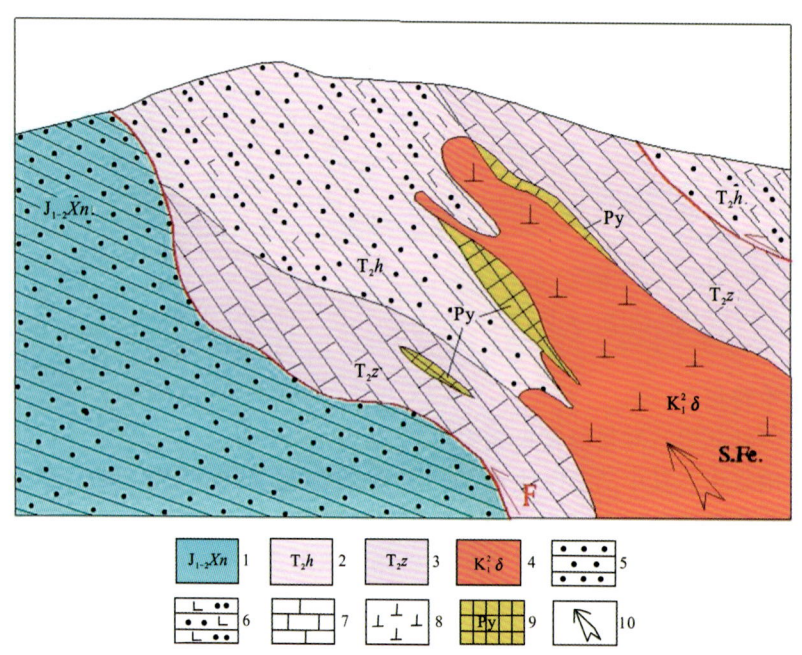

图 5-46 岔路口硫铁矿床地质-地球化学找矿模式图
(引用《江苏省及上海市重要矿种矿产预测成果报告》,2013)
1.中下侏罗统象山群;2.中三叠统黄马青组;3.中三叠统周冲村组;4.燕山晚期闪长岩;
5.砂岩;6.钙质粉砂质泥岩;7.灰岩;8.闪长岩;9.黄铁矿体;10.含矿热液运移方向

(三)苏州潭山铅锌硫铁矿矿床

1. 矿床地质特征

该矿床位于下扬子陆块,无锡-湖州断块东部,木渎-洞庭向斜的西翼,潭东-光福-通安桥断裂西南端。矿体主要产于该断裂与铜井山近东西向断裂的交会复合部位。矿区出露地层为中下泥盆统茅山组、上泥盆统五通组砂岩,中石炭统黄龙组灰岩、白云质灰岩。燕山早期侵入的闪长玢岩与石英斑岩（花岗斑岩）呈复杂的岩株状穿插于围岩中,形成许多围岩捕虏体。

整个矿床共分3个矿段,即东矿段、西矿段和铜井山矿段。东矿段包括5个矿体,西矿段包括7个矿体。其中以西矿段的8号矿体规模最大,长320m,延深150m,厚50～60m,为近水平之透镜体。其余各矿体长100m左右,厚10～40m不等,延深一般50～60m,最大延深140m以上,为大小不一的透镜体。矿体走向北东东,西矿段矿体呈水平产出,东矿段的矿体倾向北北西,倾角50°左右。多数矿体产于锰钙铁辉石矽卡岩中,部分矿体位于绿帘石化、绿泥石化的闪长玢岩中,少量产于捕虏体中。

矿石矿物以黄铁矿、闪锌矿、方铅矿为主,其次为磁铁矿、黄铜矿。此外还有磁黄铁矿、毒砂、白铁矿、赤铁矿等。脉石矿物主要为石英、菱铁矿、锰钙铁辉石、石榴石、方解石等。矿石具他形粒状结构、乳浊状结构、碎裂结构,块状构造、角砾状构造及浸染状构造。矿石自然类型可分致密块状、碎裂状、浸染状3种。工业类型可分黄铁矿矿石、铅锌黄铁矿矿石、铁铅锌黄铁矿矿石、铅锌矿矿石4类。其中铅锌矿石与铅锌黄铁矿矿石为主要矿石类型。有用组分以S、Pb、Zn为主,伴生有益组分为Ag、Ge,有害组分为As、F。矿床平均品位:S 35.6%,Pb 1.94%,Zn 3.72%,As 0.5%,F 0.05%。Ag和Ge主要富集于铅锌矿石和铅锌黄铁矿矿石中,平均含Ag 90.45×10^{-6},最高达 300×10^{-6}。

近矿围岩蚀变主要为矽卡岩化、绿帘石化、绿泥石、黄铁矿化,其次为硅化、碳酸盐化。

2. 地球化学特征

矿区范围及其外围曾先后做过1:20万～1:5万水系沉积物测量、1:5万～1:1万土壤测量,它们所反映的地球化学特征基本相同,异常元素组合有Pb、Zn、Ag、Cd、Hg等,呈北东向展布,与北东向构造基本一致。

1）水系沉积物地球化学特征

1:20万水系沉积物化探扫面圈出了Pb、Zn、Ag、Cd、Au、As、Hg等元素的异常。各元素异常特征值列入表5-42。异常面积约 $74km^2$,异常呈椭圆状北东向延伸,与区域控岩控矿构造方向大体一致。异常浓度分带不同程度地发育,相互交叠。潭山铅锌硫铁矿床就位于Pb、Zn、Ag等多元素异常内带。1:5万水化学、分散流测量结果表明,在潭山矿区及其外围圈出了多个Pb、Zn异常,伴有Cu、Mn等元

表5-42　1:20万水系沉积物测量潭山铅锌硫铁矿矿区异常特征值表

元素组合	面积(km^2)	强度				规模	
		浓度(10^{-6})		衬度		衬度算术规模	衬度几何规模
		最小值	最大值	算术均值	几何均值		
58Au2	42.974	4.300	9.150	3.177	3.091	136.536	132.834
53Cu1	2.620	54.730	54.730	2.474	2.474	6.484	6.484
56Pb3	34.780	33.100	205.780	4.015	3.183	139.631	110.718
52Zn3	70.781	53.400	1180.100	3.978	2.093	281.574	148.176
42Ag3	31.027	99.000	535.000	2.969	2.454	92.125	76.155
56As2	6.811	27.380	34.580	2.455	2.438	16.721	16.608
42Bi2	51.321	0.410	1.613	2.375	2.039	121.865	104.626
94Cd3	42.011	170.000	30 675.000	33.295	5.373	1398.756	225.735
42Hg2	44.021	149.000	611.500	5.406	5.019	237.976	220.947
54Sb2	6.486	1.595	2.575	2.195	2.133	14.234	13.836
各参数累计						2445.902	1056.119

注:Au、Ag、Cd、Hg含量单位为 10^{-9}。

素异常,结合地质矿产特征,认为区内 Pb 等多元素异常为已知矿床成矿作用的综合反映。

2)土壤地球化学异常

江苏省物探队 202 队于 1961 年在该区开展了 16.9km² 土壤化探测量,发现了以铅为主的异常 19 处,其中铅、锌、钼(编号 9I)与潭山铅锌硫铁矿有密切关系,异常呈东西走向,范围较大,元素含量较高,其中 Pb 最高达 1.0%～1.3%,Zn 达 1.0%～4.0%,经矿区勘探异常与矿体基本吻合。

华东地质勘探公司 814 队于 1985 年在该区开展 1∶1 万土壤地球化学测量,面积约 124km²,矿区所在位置处于 Pb、Zn、Cu、Hg 的多组分异常带(图 5-47),异常带主要沿潭东-光福-通安断裂破碎带分布。矿区以 Pb 50×10^{-6} 等值线圈定异常长 250m,宽 20～40m,异常极大值为 1500×10^{-6},浓集中心浓度内带的走向与已知矿化带的走向一致;以 Zn 50×10^{-6} 等值线圈定异常,形态不规则,总体呈北北东向延伸,异常极大值为 1100×10^{-6}。

3)岩石地球化学特征

矿区呈近东西向等轴状分布,面积约 8km²,异常元素组合复杂,有 Pb、Zn、Ag、Cu、Au、Bi、Sb、As、Hg 等组分,以 Pb、Zn、Ag、Cu 等成矿元素为主,具同心状浓集特点。其中 Au、Ag、Sb、As 等元素主要

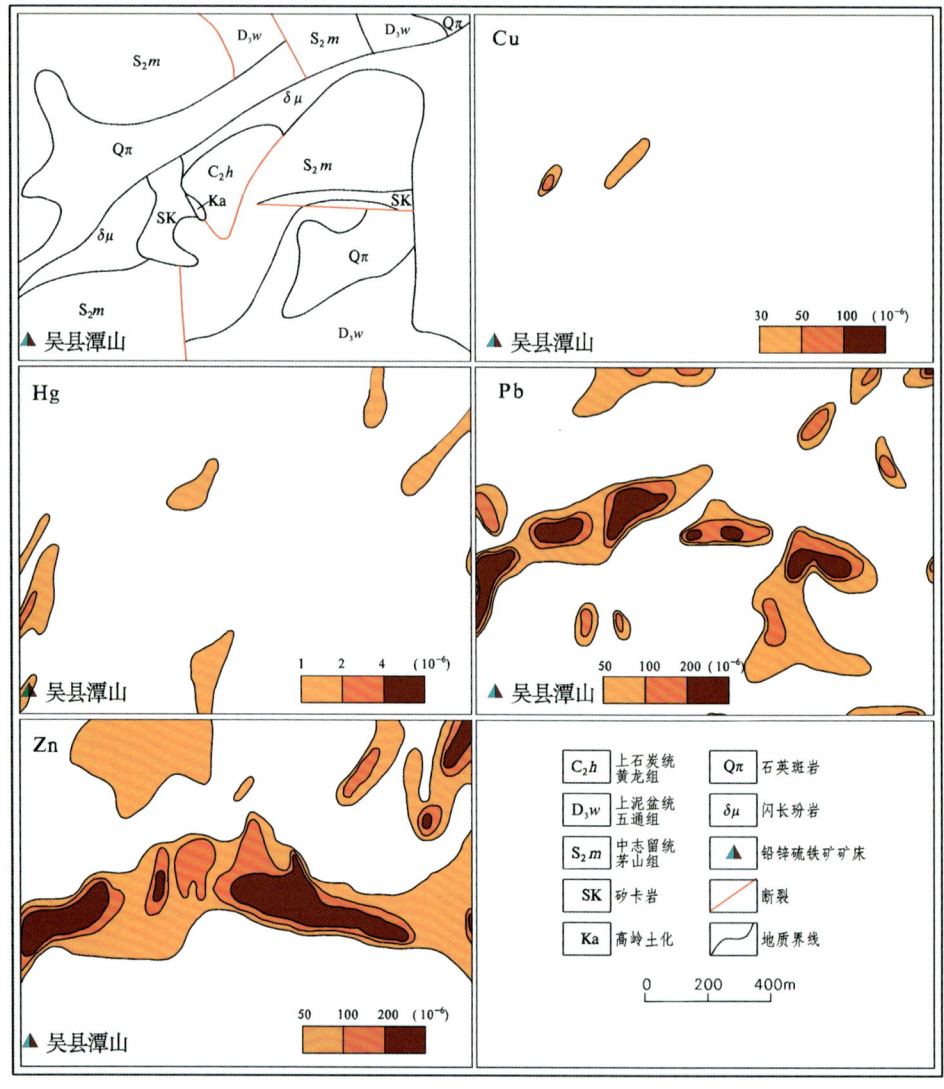

图 5-47 潭山锌硫铁矿 1∶1 万土壤地球化学异常剖析图
(引用《江苏省苏州西部测区物化探工作报告》,1986)

显示近东西向展布,铜呈近南北向产出,Sb、As 异常面积最大,Hg 异常在外围分布。Pb、Zn 异常最大浓度均大于 1000×10^{-6},Cu 400×10^{-6},Ag 42×10^{-6}。

3. 地质-地球化学找矿模式

1)地质-地球化学找矿模式表

潭山锌硫铁矿地质-地球化学找矿模式见表 5-43。

2)地质-地球化学找矿模式图

潭山铅锌硫铁矿形成过程可以模式化为图 5-48。

表 5-43 潭山铅锌硫铁矿矿床地质-地球化学找矿模式表

矿床类型		矽卡岩型
地质标志	地层标志	主要为石炭系黄龙组、船山组以及二叠系长兴组等碳酸盐岩地层
	构造标志	光福-潭东断裂带以及石英斑岩(花岗斑岩)与碳酸盐岩的接触带
	岩浆岩标志	燕山早期晚阶段的石英斑岩、闪长玢岩,以高 Pb、Zn、Ag、Cd、Cu 为特征
	蚀变标志	主要为矽卡岩化、碳酸盐化、菱铁矿化、绿泥石化、绿帘石化、高岭土化、绢云母化
地球化学标志	水系沉积物地球化学	Pb、Zn、Ag、Cd、Au、As、Hg 等元素组合
	土壤地球化学	Pb、Zn、Cu、Hg 等元素组合
	岩石地球化学	矿头晕:Ag、As、Sb 矿中晕:Pb、Zn、Mo、Cu 矿尾晕:Ni、Co
	构造地球化学	Pb、Zn、Bi、Mo、Sn、W、Au、Sb、As、F、Hg 等异常呈条带状或串珠状分布,并有低值伴随。断裂带的头部有土壤汞气异常,都标志断裂带具有控矿作用
	铁帽地球化学	氧化带见黄铁矿、孔雀石,地表有铜草分布

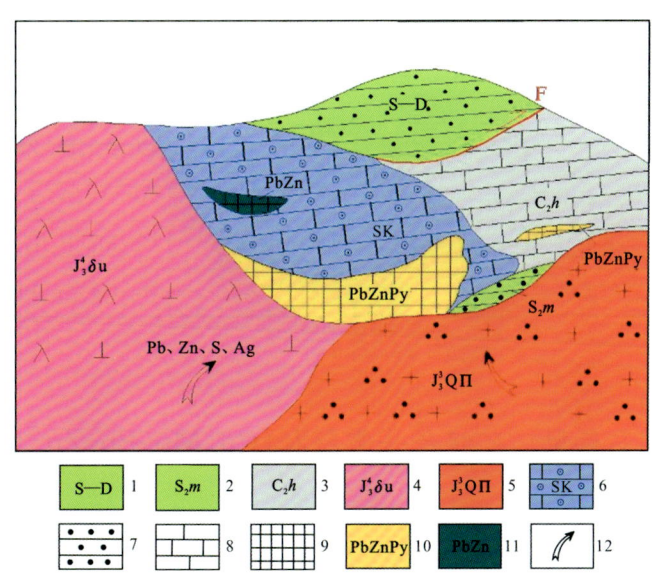

图 5-48 潭山铅锌硫铁矿床地质-地球化学找矿模式图
(引用《江苏省及上海市重要矿种矿产预测成果报告》,2013)

1.志留系—泥盆系;2.中志留统茅山组;3.上石炭统黄龙组;4.闪长玢岩(燕山早期晚阶段);
5.石英斑岩(燕山早期晚阶段);6.矽卡岩;7.砂岩;8.碳酸盐岩;9.矿体;10.铅锌黄铁矿体;
11.铅锌矿体;12.含矿热液运移方向

第三节　地球化学组合与综合异常特征分析

根据前述典型矿床地球化学特征研究,结合本次针对铜、钼、铅、锌、金、银、硫等矿种所开展的地球化学研究工作及化探工作现状,初步确定主要矿产预测类型地球化学特征元素组合,见表 5-44。根据特征元素编制省级地球化学组合异常及综合异常。

一、地球化学组合异常特征

由于篇幅所限,本书挑选主要的矿产预测类型对应的组合元素异常特征进行简述。

表 5-44　江苏省及上海市部分矿产预测类型及研究工作区一览表

序号	预测矿产类型	预测矿种	主要特征元素
1	安基山式矽卡岩斑岩型铜矿	Cu	Cu、Mo、Pb、Zn、Ag
2	铜井式陆相火山岩型铜金矿	Cu、Au	Cu、Au、Pb、Zn、Ag
3	獾子洞式层控矽卡岩型铜金矿	Cu、Au	Cu、Au、Pb、Zn、Mo
4	铜山式矽卡岩型钼矿	Mo	Mo、Cu、Bi、Pb、Zn
5	谏壁式斑岩型钨钼矿	Mo	Mo、Bi、Cu、Pb、Zn
6	栖霞山式碳酸盐岩型铅锌矿	Pb、Zn、Ag	Pb、Zn、Ag、As、Cd、Sb、Au
7	吴宅式层控矽卡岩型铅锌矿	Pb、Zn、Ag	Pb、Zn、Ag、Cu、Hg
8	五部式陆相火山岩型铅锌矿	Pb	Pb、Zn、Au、Ag、Cu
9	汤山式卡林型金矿	Au	Au、Ag、As、Sb、Hg、Pb
10	新桥式铁帽型金矿	Au	Au、Ag、Mn、Cu、Pb
11	焦家式破碎蚀变岩型金矿	Au	Au、Ag、As、Sb、Hg
12	西横山式破碎蚀变岩型金矿	Au	Cu、Au、Pb、Zn、Mo
13	侵入岩体内及接触带型金矿	Au	Au、Ag、As、Cu、Pb
14	云台山式陆相火山岩型硫铁矿	S	Cu、Mo、P、Ba、Sr
15	铜陵式矽卡岩型硫铁矿	S	As、Cd、Ag、Pb、Zn、Sb

(一)安基山式矽卡岩型铜矿组合异常特征(Cu、Mo、Pb、Zn、Ag)

1. 宝华山-九华山-徐湾异常区

异常元素组合主要为 Cu、Mo、Pb、Zn、Ag。Cu 异常规模大,外带面积大于 230 km^2,异常具有明显的浓度分带和浓集中心,3 个浓集中心分布于老人峰、铜山、安基山—伏牛山等地(图 5-49),内带异常很好地反映赋矿地段(如铜山铜矿床、老人峰铜矿床、盘龙岗铜矿床、安基山铜矿床、伏牛山铜矿床等),表明与成矿关系密切。Pb、Zn 异常规模次之,但也具明显的浓度分带和浓集中心,Pb、Zn 异常与 Cu 异常中带叠合较好。Mo 异常主要位于 Cu 异常的中心偏西部,与安基山岩体对应关系较好,表明与岩体关系密切。Ag 异常形成两个浓集中心,均与 Cu 异常中带叠合较好。

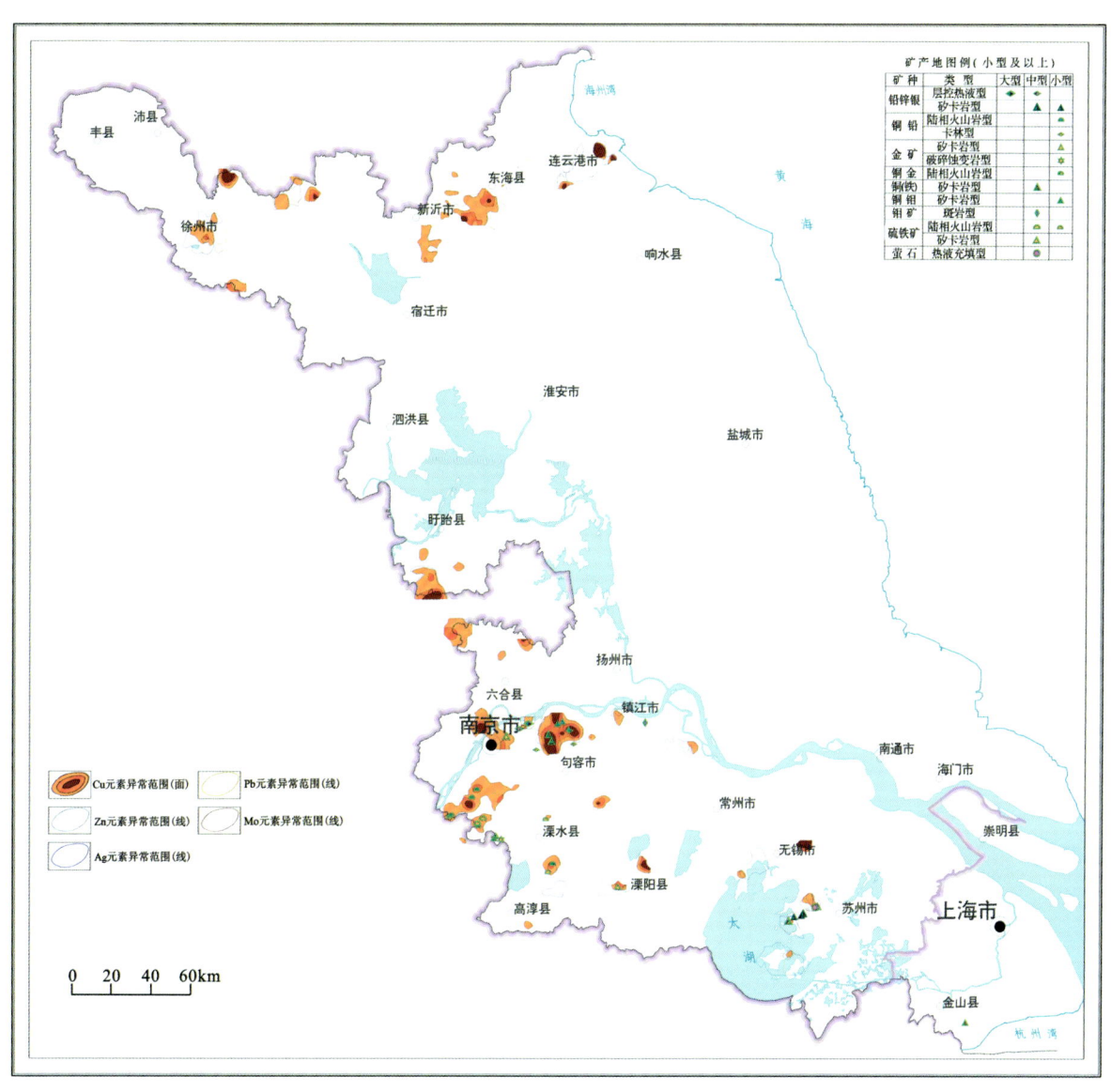

图 5-49　江苏省及上海市 Cu-Mo-Pb-Zn-Ag 组合异常图

2. 利国异常区

异常元素组合主要为 Cu、Mo、Zn，还有弱的 Pb 异常。Cu 异常规整，具有明显的浓度分带和浓集中心，其外带异常包围了利国铁矿田，而内带异常则反映赋矿地段。Mo、Zn 异常则分别与 Cu 异常中带、内带叠合较好。此外，还伴有弱的 Pb、Ag 等元素异常，但与成矿元素的异常叠合较差。

3. 镇江九华山异常区

异常元素组合主要为 Cu、Pb、Zn、Mo，还有弱的 Ag 异常。Cu 异常规整，浓度分带较差（只有外带异常），异常中心与回龙山铜矿点比较吻合，表明与成矿关系密切。Pb 异常与 Cu 异常相似，叠合度较好；Zn 异常呈近东西向不规则状包围 Cu 异常；Mo 异常与 Cu 异常北西部分重叠；此外，还伴有弱的 Ag 异常，但与成矿元素的异常叠合较差。

(二) 栖霞山式碳酸盐岩型铅锌矿(Pb、Zn、Ag、As、Cd、Sb、Au)

1. 大凹山-栖霞山异常区

异常元素组合主要为 Pb、Zn、Ag、As、Sb,次为 Cu、Mo、Cd、Hg 等。元素异常浓集中心清晰,它们互相重叠(图 5-50)。Pb 异常规模大,外带面积约 45km², 异常规整,具有明显的浓度分带和浓集中心,其外带异常包围了甘家巷铅锌矿床、平山头金矿床,内带异常包围了栖霞山铅锌矿床,表明与成矿关系非常密切。异常区主要发育 Zn、Ag、As、Sb 等共、伴生元素的异常,这些元素异常具明显的浓度分带和浓集中心,与成矿元素 Pb 异常叠合好,构成同心环状异常,也进一步表明与成矿关系密切。综合考虑这些元素异常空间分布位置,它们具有一定的水平分带现象:由内向外依次为 As、Zn、Sb、Ag、Pb 等。

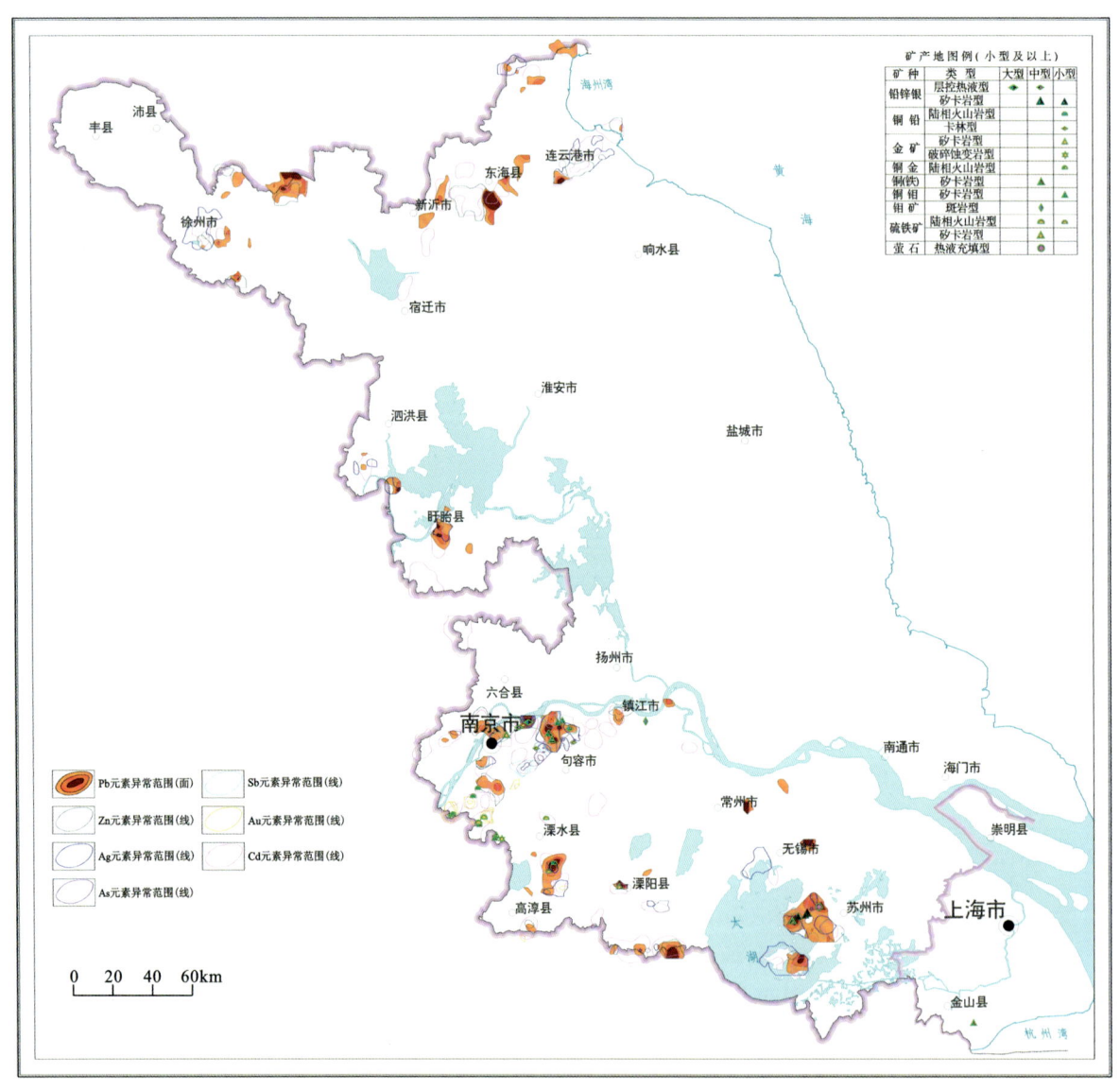

图 5-50 江苏省及上海市 Pb-Zn-Ag-As-Cd-Sb-Au 组合异常图

2. 观山-红石山异常区

异常元素组合主要为 Pb、As、Sb、Zn、Ag,元素异常浓集中心清晰,互相重叠。Pb 异常规模大,外带面积约 96km^2,异常规整,具有明显的浓度分带和浓集中心,其中、内带异常反映赋矿地段(观山铜铅锌矿床、金鸡山铜矿点、金驹山金矿床等),表明与成矿关系密切。As、Sb 等元素异常范围较大,发育 2~3 个浓集中心,呈不规则状环抱 Cu 异常分布。Zn、Ag 异常不甚发育,浓度分带较差(仅发育外带异常),与铜内带异常叠合较好。

3. 省庄异常区

异常元素组合主要为 Pb、Zn、As、Ag。Pb 异常规模大,外带面积约 83km^2,铅最高含量达 386×10^{-6},异常规整,具有明显的浓度分带和浓集中心,异常中带较好反映赋矿地段(省庄铅锌矿点),表明与成矿关系密切。Zn 异常浓度分带不完整(仅发育外带异常),但与 Pb 元素异常相似,叠合度好。此外,还伴有弱的 Ag、Sb 异常,但与 Pb 元素异常叠合较差。

(三)汤山式卡林型金矿(Au、Ag、As、Sb、Hg、Pb)

以盱眙异常区为例。该异常元素组合主要为 Au、Ag、Hg、As、Sb,Au 异常外带面积约 31km^2(图 5-51),峰值达 3.9×10^{-9},浓度分带完整,发育有内、中、外带,异常沿北北东向佛窝-老子山断裂破碎带,Ag、Hg、As 异常与 Au 异常重叠性良好,而 As 异常位于异常区南部,与 Au 异常部分重叠。区内已知有古桑金矿化点,其金矿化体就产于北北东向佛窝-老子山断裂破碎带内,因此,元素 Au、Ag、As、Sb、Hg 组合异常分布特征较好地反映了区内的金矿化特征。

(四)铜山式矽卡岩型钼矿(Mo、Cu、Bi、Pb、Zn)

以铜山-伏牛山异常区为例。该异常元素组合非常复杂(图 5-52),主要为 Cu、Mo、Bi、Pb、Zn,次为 Hg、Sb、As 等,各元素浓度分带完整,均发育有内、中、外带,异常近南北向分布,其中 Cu、Mo、Bi、Pb 元素向东侧有延伸的趋势。元素具有较好的浓度分带,Cu、Bi、Mo 主要分布于异常区内部,Pb、Zn 主要分布于异常区中部,As、Sb、Ag、Hg 分布异常区的南部,与主异常部分重叠。该区为宁镇地区重要铜钼多金属矿田,这些元素异常范围较好地覆盖了区内已知的多金属矿床(点),对铜山式矽卡岩型钼矿具有良好的指示意义。

(五)云台山式陆相火山岩型硫铁矿(Cu、Mo、P、Ba、Sr)

该类元素组合异常主要分布于宁芜、溧水火山岩盆地,如宁芜盆地的天台山异常区,元素组合主要为 Cu、Mo、Ba、Sr,次为 P。异常主要呈北北东向展布,Cu、Mo 主要分布于异常区的内部,与已知的天台山、云台山黄铁矿床对应吻合,Ba、Sr 分布于异常区的中部,它们与 Cu、Mo 部分重叠,而 P 异常主要分布于异常区的北西侧。

二、地球化学综合异常特征

(一)分布特征

根据铜、钼、铅、锌、金、银等预测矿种,在分地球化学子区基础上编制的全省单元素地球化学异常图,本次化探选择 Cu、Pb、Zn、Au、Mo、Bi、Ag、As、Cd、Sb、Hg 11 种元素异常的外带线按空间域叠加方法编制省级综合异常图,全省共圈定综合异常 107 个(图 5-53)。综合异常在全省化探扫面范围内均有分布,按预测矿种主成矿元素来看,综合异常分布与省内已知矿床(点)、岩体、构造的关系非常密切。现

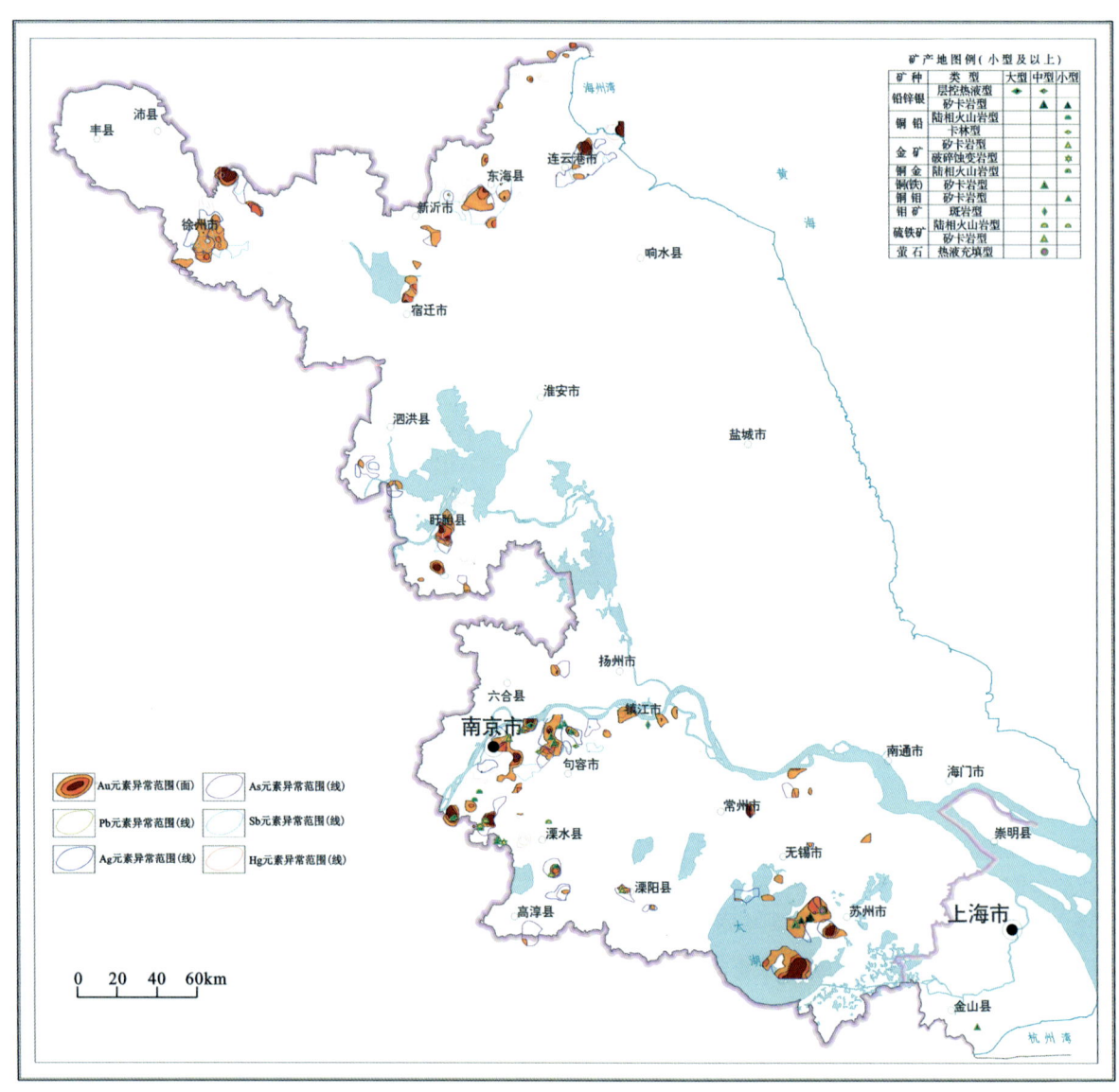

图 5-51 江苏省及上海市 Au-Ag-As-Sb-Hg-Pb 组合异常图

将主要综合异常空间分布特征简述如下：

(1) 以铜为主综合异常主要分布于宁镇断褶带安基山岩体及外围(有铜钼多金属矿床)、宁芜断陷西部边缘和东部边缘[与已知铜金矿床(点)相吻合]，零星分布于连云港隆起的朱曹(有黄铁矿化)、徐州利国(有铁矿)、徐州班井(有铜矿点)、六合冶山(有铁矿)、溧水断陷的溧水观山(有铜铅矿)、茅山断褶带的茅东(有铁矿点)、溧阳市土包山(有铁、铜矿)、上黄(有铁矿点)、无锡查桥(有多金属、铁矿点)等地。

(2) 以钼为主综合异常呈零散分布，其中强度最大的钼异常分布于宁镇断褶带的麒麟门岩体、安基山岩体及其外围(有铜钼矿床)，宁芜断陷的东部边缘(有次火山岩)，江浦-六合断褶带的冶山(有铁矿)，宜溧断褶带的庙西—横山水库—茅山芥一带(有多金属矿床)，苏州断褶带的苏州岩体及其外围(有花岗岩)。

(3) 以铅锌银为主综合异常主要分布于长江以南地区，少量分布于长江以北地区。其中的强异常区主要分布于东海桃林镇东侧(有多金属矿化点)、栖霞山—岔路口(有铅锌银多金属矿床)、潭山—南阳山(有铅锌硫铁矿床)、观山(有铜铅矿床)、连云港锦屏(有铅锌矿点)、宜溧断褶带的李家园—省庄一带(有

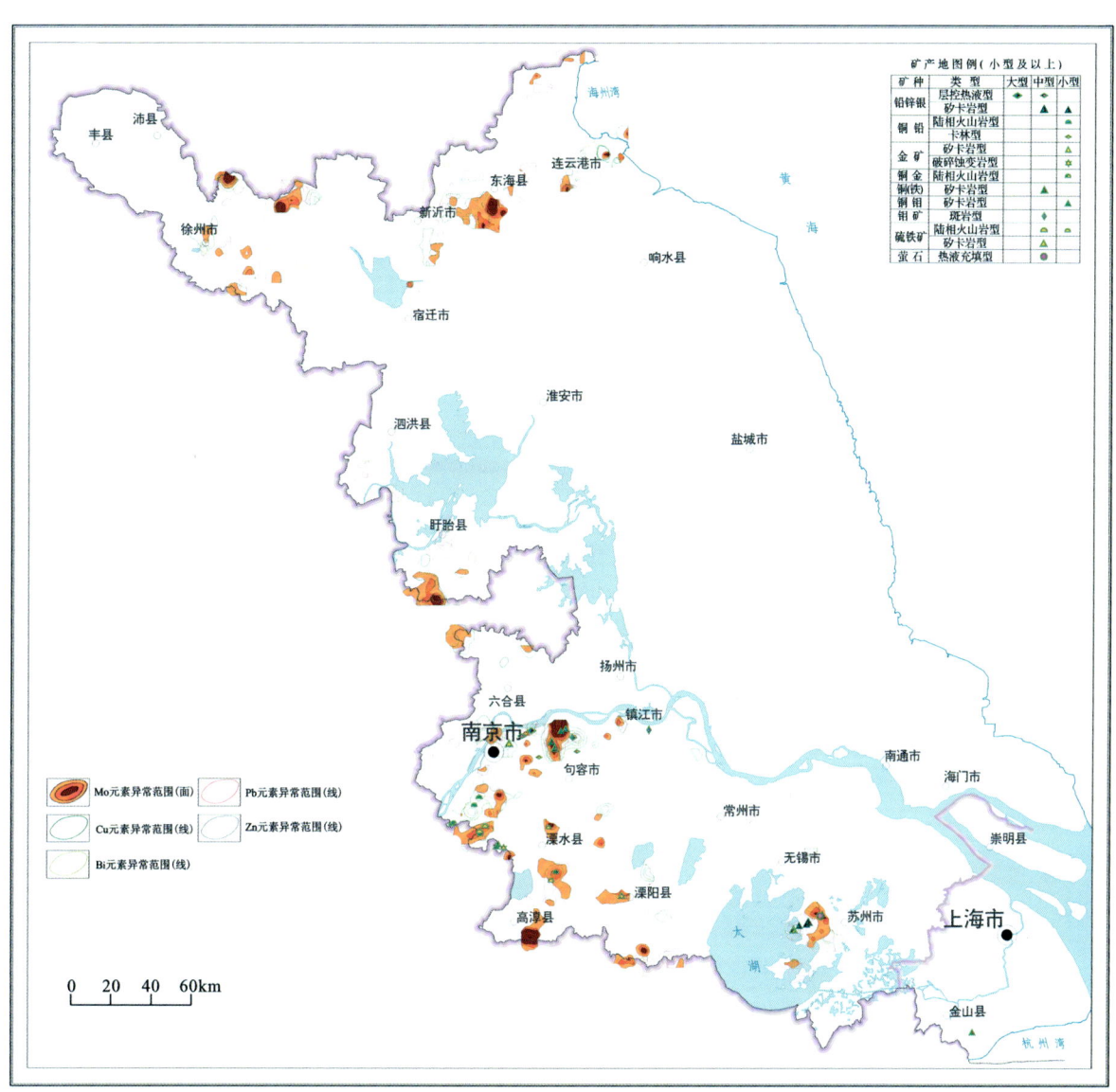

图 5-52 江苏省及上海市 Mo-Cu-Bi-Pb-Zn 组合异常图

铅锌矿点)、溧溪断褶带的无锡查桥(有铁、多金属矿点)和无锡芳茂山等地,这类异常与全省铅锌银矿产地分布非常吻合,较好地反映了铅锌银综合异常对寻找该类矿具有良好的地球化学指示意义。

(4)以金为主综合异常在全省均有大面积的分布,强异常区主要分布于宁镇断褶带(金矿较多)、苏锡断褶带及宁芜断陷东部和西部边缘(有铜金矿)。此外还分布于徐州利国(有铁矿)、班井(有金矿化点)、大洞山(有铁矿)、东西连岛(有黄铁矿化)、盱眙佛窝(有金矿化点)、溧水观山(有铜铅矿、金矿)、茅山断褶带的芝山(有金矿化)、溧阳土包山(有铁、铜、金矿),综合异常几乎覆盖了全省金矿床(点)。

(二)异常分类

根据异常区的异常特征和地质、矿产情况,综合考虑异常的地质起因、地质找矿意义和工作(或认识)程度,将所有的综合异常按性质分成甲、乙、丙、丁四类。分类的原则及每个异常的归属详见表 5-45。

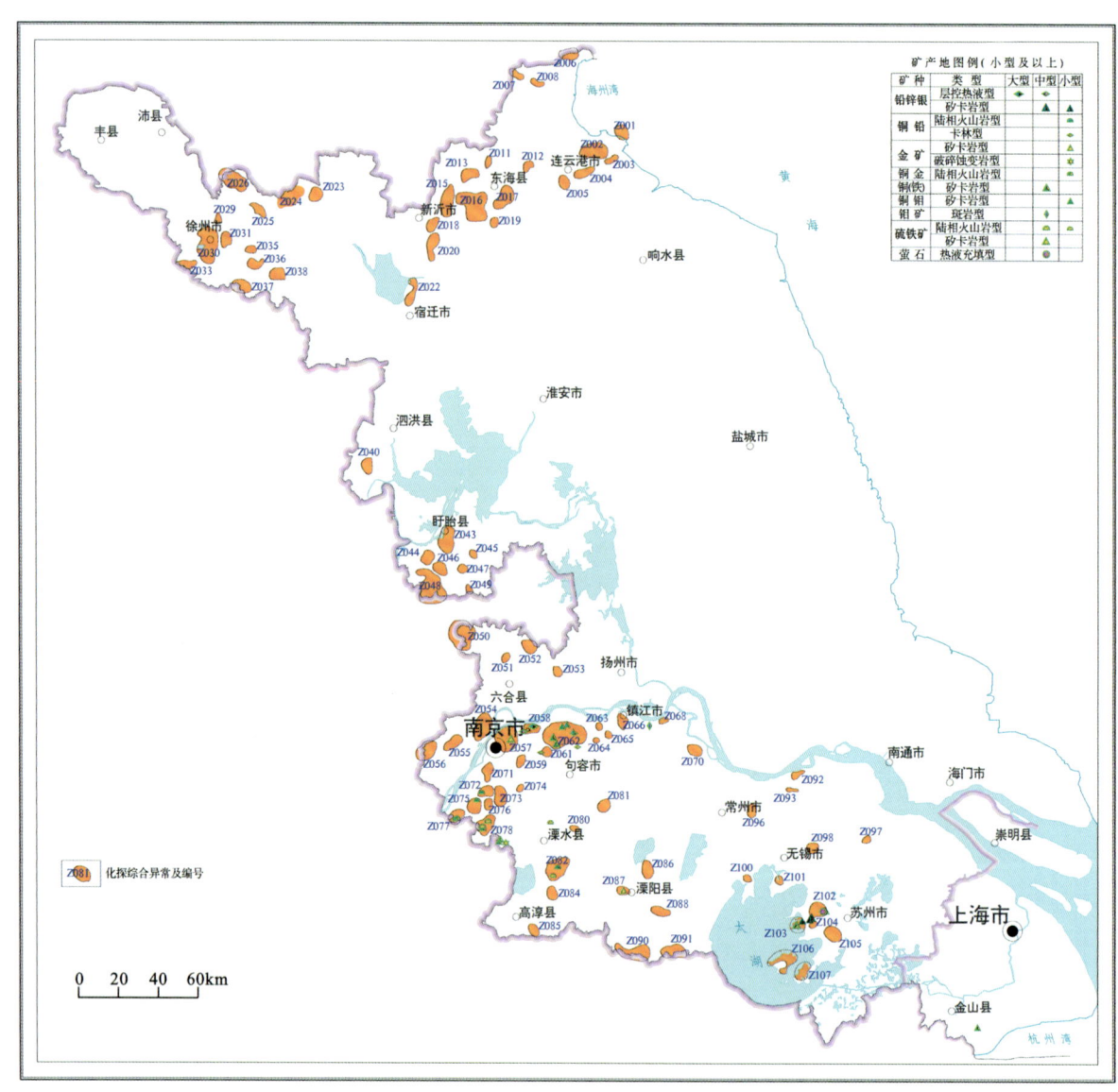

图 5-53 江苏省化探综合异常分布图

(三)异常评序

本次选择地质条件(断裂、岩浆岩、蚀变)、与矿产关系、异常元素组合、伴生元素、异常元素浓度分带情况、元素套合关系、综合异常区规模、异常检查结果等参数,对甲、乙、丙三类异常进行评序。其方法是分别就上列参数对这些异常逐一打分,最后得出总分作为异常评序的依据。具体打分标准见表 5-46。

异常评序的结果列入表 5-47。从异常评序表上,可以基本反映出甲、乙、丙三类异常找矿远景的大致顺序。

表 5-45 综合异常分类表

异常类别	分类原则	异常编号
甲(矿致异常)	反映了已知矿,但在矿产地的发现和评价中未起过显著作用的异常	Z026、Z052、Z058、Z061、Z062、Z066、Z071、Z072、Z073、Z075、Z076、Z077、Z078、Z079、Z082、Z084、Z086、Z087、Z089、Z090、Z102、Z103、Z104(计 23 个)
乙(有找矿意义的异常)	反映已知矿化、矿点或对找矿有其他指示作用的地质体、构造的异常	Z001、Z003、Z005、Z006、Z015、Z023、Z024、Z025、Z027、Z028、Z029、Z030、Z031、Z033、Z037、Z038、Z040、Z042、Z043、Z046、Z056、Z057、Z059、Z060、Z063、Z064、Z065、Z067、Z080、Z081、Z083、Z085、Z088、Z091、Z098、Z101、Z105、Z106、Z107(计 39 个)
丙(性质不明的异常)	已进行了物化探工作,但由于各种原因,仍不能判断性质,不能排除其他找矿意义的异常	Z002、Z004、Z007、Z009、Z011、Z012、Z013、Z016、Z017、Z018、Z022、Z032、Z034、Z041、Z044、Z047、Z048、Z050、Z051、Z055、Z069、Z092、Z093、Z094、Z095、Z096、Z097、Z099、Z100(计 29 个)
丁(无找矿意义的异常)	在找矿和解决其他地质问题方面均无意义的异常	Z008、Z010、Z014、Z019、Z020、Z021、Z035、Z036、Z039、Z045、Z049、Z053、Z054、Z068、Z070、Z074(计 16 个)

表 5-46 异常评序标准表

评序项目	评分条件和得分					
成矿地质条件	(1)断裂构造					
	(2)侵入岩、次火山岩与沉积岩、火山岩的接触带					
	(3)热液蚀变					
	具上列 1 个条件		具上列 2 个条件		具上列 3 个条件	
	1		2		3	
与已知矿关系	在 1 个异常内按最高条件算分,不累加					
	矿化点		矿点		矿床	
	1.5		2.5		3.5	
异常元素组合	1~2 个元素		3 个元素		4 个元素	
	1		2		3	
伴生元素	1~2 个		3~5 个		>5 个	
	0.5		1.0		1.5	
主、伴生元素套合关系	差		一般		好	
	0		0.5		1.0	
浓度分带	有 2 个带的元素		有 3 个带的元素			
	0.5		1.0			
综合异常区规模	<16	16<31	31<57	57<76	76<105	105<177
	1	2	3	4	5	6
	177<356	≥356				
	7	8				
异常检查结果	反映一般		反映较好		新发现矿化点	新发现矿点
	0		1		2	3
说明:总得分相同,按规模排序						

表 5-47 江苏省区域化探水系沉积物综合异常评序表

序号	异常编号	异常名称	找矿标志的评序得分								总得分
			成矿地质条件	与已知矿关系	异常元素组合	伴生元素	浓度分带	异常套合关系	综合异常规模	异常检查结果	
1	Z062	安基山-亭子-徐湾	3	3.5	3	1	1.5	1	8	1	22
2	Z057	燕子矶-樱驼村	3	3.5	3	1.5	1	1	8	1	22
3	Z026	利国	3	3.5	3	1.5	1	1	8	1	22
4	Z102	阳山	3	3.5	3	1.5	0.5	1	8	1	21.5
5	Z103	潭山	3	3.5	3	1	1	1	8	1	21.5
6	Z082	观山	3	3.5	3	1	1	1	8	1	21.5
7	Z058	栖霞山	3	3.5	3	1.5	1	1	7	1	21
8	Z087	仙人山-土包山	3	3.5	3	1.5	0.5	1	7	1	20.5
9	Z030	徐州	3	2.5	2	1.5	1	1	8	1	20
10	Z105	七子山	3	2.5	2	1	1	1	8	1	19.5
11	Z073	静龙山-凤凰山	3	3.5	2	1	0.5	1	7	1	19
12	Z066	镇江九华山	3	3.5	3	1	0.5	1	6	1	19
13	Z024	扒头山	3	1.5	2	1	1	1	8	1	18.5
14	Z077	白头山-老梁塘	3	3.5	1	1	1	1	7	1	18.5
15	Z078	云台山	3	3.5	1	1	1	1	7	1	18.5
16	Z075	花塘街	3	3.5	1	1	1	1	6	2	18.5
17	Z043	盱眙	3	2.5	2	1	0.5	1	7	1	18
18	Z061	汤山	3	3.5	1	1	0.5	1	5	3	18
19	Z091	省庄	3	2.5	1	1	1	1	7	1	17.5
20	Z098	吼山	2	2.5	3	1	1	1	7		17.5
21	Z072	大世凹-谷里	3	3.5	2	1		1	6	1	17.5
22	Z071	西善桥	3	3.5	1	1.5	0.5	1	6	1	17.5
23	Z056	李家喷	3	2.5	1	1	0.5	1	7	1	17
24	Z015	桃林-高塘	3	2.5	1	1	0.5	1	6	2	17
25	Z085	漕塘	3	2.5	3	1		0.5	5	2	17
26	Z059	青龙山	3	2.5	1	1	1	1	6	1	16.5
27	Z107	东山	3		1	1	1	1	8	1	16
28	Z090	小梅岭-李家园	3	3.5	1	1.5	0.5	0.5	5	1	16
29	Z106	西山	3		2	1		0.5	8	1	15.5
30	Z037	伴山	2	2.5	2	1	0.5	0.5	7		15.5
31	Z031	西贺村	2	2.5	1	1.5	0.5	1	6	1	15.5
32	Z005	锦屏山	2	2.5	2	1	1	1	6		15.5

续表 5-47

序号	异常编号	异常名称	找矿标志的评序得分							总得分
			成矿地质条件	与已知矿关系	异常元素组合	伴生元素	浓度分带	异常套合关系	综合异常规模	异常检查结果	
33	Z023	望母山	3	2.5	1	1	1	1	6	1	15.5
34	Z001	东西连岛	2	1.5	2	1	1	1	6	1	15.5
35	Z086	上黄	3	3.5	1	1	1	1	5	0	15.5
36	Z016	廖塘	2		2	1.5	0.5	1	8	0	15
37	Z088	金山冲-紫云山	3	2.5	1	1	1	0.5	5	1	15
38	Z033	罗岗-姜楼	3	3.5	1	1		0	4	2	14.5
39	Z084	铜锣井	3	3.5	1	1		1	4	1	14.5
40	Z063	高资	3	3.5	1	1	0.5	1	3	1	14
41	Z048	蒋大山-参谋巷	2		1	1	0.5	1	8	0	13.5
42	Z022	晓店	3		2	1	0.5	1	6		13.5
43	Z065	十里长山	3	3.5	1	1		1	3	1	13.5
44	Z104	穹隆山	3	3.5	1	1	0.5	1	3	0	13
45	Z101	崞嶂山	3	3.5	1	0.5		1	3	1	13
46	Z067	大凌家湾	3	3.5	1	1		0.5	3	1	13
47	Z052	冶山	3	3.5	1	1	0.5	1	3		13
48	Z060	连山	3	2.5	1	1.5		1	2	2	13
49	Z006	仲家湖	3		1	0.5	0.5	0.5	6	1	12.5
50	Z002	金苏庄	1		2	1.5	1	1	6		12.5
51	Z025	大泉	2	2.5	1	0.5	0.5	1	5	0	12.5
52	Z081	茅山	3	2.5	1	0.5	1	0.5	4		12.5
53	Z083	芝山	3	2.5	1	1		1	2	2	12.5
54	Z076	阴山	3	3.5	1	1		1	2	1	12.5
55	Z038	狄山	2	2.5	1	0.5	0.5	0.5	5		12
56	Z046	佛窝	2	2.5	1	0.5	1	1	4	0	12
57	Z079	爱景山	3	3.5	1	1	0.5	1	1	1	12
58	Z089	九条岗	3	3.5	1	1	0.5	1	1	1	12
59	Z050	竹园庄	1		1	1	0.5	1	7	0	11.5
60	Z042	甘泉山常	3	2.5	1	1		1	3		11.5
61	Z064	韦岗	3	3.5	1	1		1	2	0	11.5
62	Z096	万茂山	2		1	1	1	1	5	0	11
63	Z017	沙薛埠-上庄	2		2	1		1	4	0	11
64	Z018	大佃户庄常	3		1	0.5		1	5		10.5

续表 5-47

| 序号 | 异常编号 | 异常名称 | 找矿标志的评序得分 ||||||| 总得分 |
			成矿地质条件	与已知矿关系	异常元素组合	伴生元素	浓度分带	异常套合关系	综合异常规模	异常检查结果	
65	Z004	南城	2		1	1	0.5	1	5		10.5
66	Z041	下草湾	2		1	1	0.5	1	5		10.5
67	Z040	大端庄	2	2.5	1	1		1	3		10.5
68	Z029	留武湖	3	1.5	1	0.5		1	2	1	10
69	Z044	林山头	2		1	0.5		1	5		9.5
70	Z055	钓鱼台	3		1	0.5		0.5	3	1	9
71	Z100	摩天岭	2		1	0.5		1	4		8.5
72	Z093	骆驼桥	2		1	0.5		1	4		8.5
73	Z080	浮山	2		1	0.5		1	3	1	8.5
74	Z007	黑林	3		1	1		0.5	2	1	8.5
75	Z069	圌山	1		1	0.5	0.5	1	3	1	8
76	Z003	板桥	1		1	1	1	1	3		8
77	Z092	邬家巷	2		1	0.5		1	3		7.5
78	Z097	虞山	2		1	0.5		1	3		7.5
79	Z099	三茅峰	3		1	0.5		1	2		7.5
80	Z027	柳泉	2	2.5	1	0.5		0.5	1		7.5
81	Z012	白塔埠	1		1	0.5	0.5	1	3		7
82	Z011	横沟	2		1	0.5	0.5	1	2		7
83	Z028	前亭	2	1.5	1	1		0.5	1		7
84	Z051	平山	1		1	0.5		1	3		6.5
85	Z047	袁大山	1		1	1		1	2		6
86	Z009	官庄	3		1	0.5		0.5	1	0	6
87	Z094	五峰顶	2		1	0.5		1	1		5.5
88	Z013	赵圩子	2		1	0.5		1	1		5.5
89	Z095	舜过山	1		1	0.5		1	1		4.5
90	Z032	义安山	1		1	0.5		0.5	1		4
91	Z034	三堡	1		1			0.5	1		3.5

第四节 地球化学推断地质构造

对江苏省 8190 件样品（区域化探水系沉积物及多目标土壤）进行 39 个元素因子分析，在方差总解释量为 85.13% 的情况下获得 16 个因子。经方差最大旋转后，形成元素在各因子中的组合。对因子中元素组合的载荷进行分析,按大小获得各因子中特征元素组合,它是本次进行推断地质构造的前提。

根据地球化学理论和《化探资料应用技术要求》,结合因子分析结果,每一个因子代表1类元素组合,它指示特定的地质体或构造线。

应用对应每一个数据点的因子得分制作各因子二维空间得分图,根据特征元素组合高值区勾绘地质构造面或线,并进行相应的地质推断(图5-54),本次推断侵入体18处、断裂构造8条。

1. 基性—超基性岩体

Co、Cr、Ni、Mn、Ti、V、Fe_2O_3等铁族元素组合(因子F1),高值区主要分布于盱眙、六合、东海、徐州等地,为玄武岩、辉绿岩及榴辉岩分布范围。结合已知基性—超基性岩分布范围,本研究提取F1因子得分等值线(≥1.51)勾绘地质体界线,结合江苏省地质背景,最终圈定基性—超基性岩分布区12处,见表5-48。

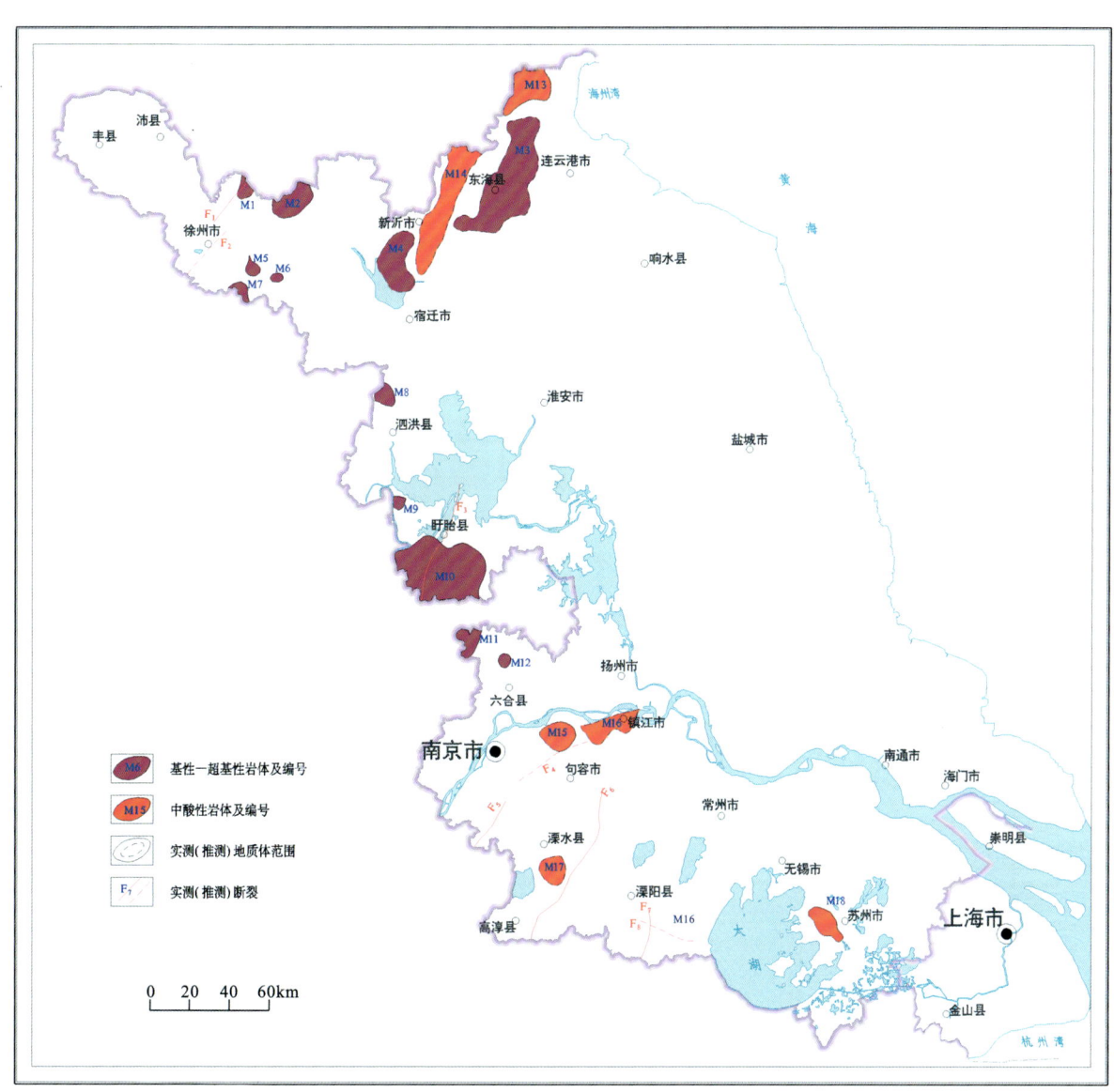

图5-54 江苏省及上海市地球化学推断地质构造图

表 5-48 推断基性—超基性岩与实测地质单元的对应关系一览表

岩体编号	地理位置	对应地质单元	岩体编号	地理位置	对应地质单元
M1	利国江庄	震旦纪辉绿岩	M7	赭兰	震旦纪辉绿岩脉
M2	贾汪汴塘	震旦纪辉绿岩	M8	泗洪	青山组
M3	东海阿湖	东海岩群	M9	管镇	下草湾组
M4	新沂城岗	宿迁组	M10	盱眙	震旦纪辉绿岩脉
M5	种羊场	震旦纪辉绿岩脉	M11	竹镇	方山组
M6	黄集	震旦纪辉绿岩脉	M12	黄岗	方山组

2. 中酸性岩体

Ba、Sr、La、Zr、Al、K、Na 等大离子亲石元素组合(F4),高值区与全省已知中酸性岩体分布区范围比较吻合,本次编图提取 F4 因子得分等值线(≥0.76)勾绘中酸性岩体界线,结合地质背景,最终圈定砂岩分布区 6 处,见表 5-49。

表 5-49 推断中酸性岩体与已知地质单元的对应关系一览表

岩体编号	地理位置	对应地质单元
M13	黑林	与该地区石英闪长岩和花岗闪长岩分布相对应
M14	桃林	与桃林二长花岗岩体分布范围基本一致
M15	安基山	与安基山岩体分布范围一致
M16	石马	与宁镇石马岩体分布范围基本一致
M17	晶桥	与溧水中部粗面岩、粗面安山岩范围相一致
M18	苏州	与苏州花岗岩、花岗斑岩分布相对应

3. 推断构造

Ag、As、Bi、Pb、Sb 元素组合形成的 F5 因子,高值区具有近似呈线状分布的特征,结合全省已知断裂的分布,确定该因子特征值反映了成矿断裂构造,确定了 8 条成矿断裂带,见表 5-50。

表 5-50 推断成矿断裂与已知断裂的对应关系一览表

断裂编号	对应断裂名称	断裂编号	对应断裂名称
F_1	徐州-吴庄断裂	F_5	方山-小丹阳断裂
F_2	徐州-班井断裂	F_6	茅山断裂
F_3	老子山-桂五断裂	F_7	湖汊-祝陵断裂
F_4		F_8	

第六章 预测工作区地球化学研究

第一节 预测工作区的划分

矿产预测类型是开展本次矿产预测工作的基本单元,典型矿床研究、区域成矿规律研究、矿产预测工作都以此为基本单元。凡是由同一地质作用下形成的,成矿要素和预测要素要求基本一致,在同一预测底图上完成预测工作的矿床、矿点和矿化线索可以归为同一矿产预测类型。根据这一原则,在此次江苏省及上海市矿产资源潜力评价工作中,对铁、铜、钼、铅、锌、金、银、磷、萤石和硫铁矿10个重要矿种共划分出了26个矿产预测类型进行预测评价,其中铁矿有7个矿产预测类型,铅锌(银)矿种组有3个矿产预测类型,铜(金)矿有4个矿产预测类型,金矿有5个矿产预测类型,钼矿有2个矿产预测类型,磷矿有2个矿产预测类型,硫铁矿有2个矿产预测类型,萤石矿有1个矿产预测类型,共分布在6个四级成矿区带中,根据矿产预测类型空间分布,本次共确定了43个矿产预测类型工作区。

根据预测组提供的预测矿产类型及预测工作区,结合化探工作特点及江苏省化探工作现状,本次化探专题确定了铜、钼、铅、锌、金、银、硫7个矿种15个矿产预测类型对应于23个矿产类型预测工作区开展编图与研究工作,具体见表6-1。

第二节 预测工作区地球化学工作

一、资料收集与整理

基于江苏省地球化学勘查工作现状,按照化探资料应用技术要求,尽可能地收集以往区域地球化学勘查与异常查证工作的资料,为开展预测工作区、典型矿床及找矿预测靶区圈定等编图研究作了较好的数据准备,本次基本完成江苏省历年来所开展过地球化学工作的数据收集。

1. 预测工作区数据收集与整理

随着区域地质调查和矿产普查的同时开展了较多地球化学勘查工作,主要是进行1∶5万土壤、水系沉积物以及岩石地球化学测量工作,本次基本完成了江苏省重要成矿远景区化探资料的收集,如宁镇、宁芜、溧水、宜溧、盱眙、东海西部、邳睢等地,详见表6-2。

2. 异常查证数据收集

预测工作区地球化学测量后发现了一大批有找矿意义的异常,针对异常开展了一些大比例尺(1∶2.5万~1∶1万)化探异常查证工作,并提交了异常查证报告;同时,冶金部门在全省预测区重点地段开展过1∶1万地球化学测量工作,取得了不少成果资料,其原始数据及成果资料均为本次资料收集的对象,详见表6-2。

表 6-1 江苏省及上海市部分矿产预测类型及研究工作区一览表

序号	预测矿产类型	预测矿种	矿产类型预测工作区
1	安基山式矽卡岩斑岩型铜矿	Cu	宁镇预测工作区
			宜溧预测工作区
2	铜井式陆相火山岩型铜金矿	Cu、Au	宁芜预测工作区
			溧水预测工作区
3	獾子洞式层控矽卡岩型铜金矿	Cu、Au	溧水预测工作区
4	柿竹园式矽卡岩型钼矿	Mo	宁镇预测工作区
5	阳储岭式斑岩型钨钼矿	Mo	宁镇预测工作区
			盱眙预测工作区
6	栖霞山式碳酸盐岩型铅锌矿	Pb、Zn、Ag	宁镇预测工作区
7	吴宅式层控矽卡岩型铅锌矿	Pb、Zn、Ag	苏州西部预测工作区
			宜溧预测工作区
8	五部式陆相火山岩型铅锌矿	Pb	溧水预测工作区
9	汤山式卡林型金矿	Au	宁镇预测工作区
10	新桥式铁帽型金矿	Au	宁镇预测工作区
			宜溧预测工作区
11	焦家式破碎蚀变岩型金矿	Au	东海-新沂预测工作区
			徐州-利国预测工作区
12	西横山式破碎蚀变岩型金矿	Au	溧水预测工作区
13	侵入岩体内及接触带型金矿	Au	宜溧预测工作区
14	云台山式陆相火山岩型硫铁矿	S	宁芜预测工作区
			溧水预测工作区
15	铜陵式矽卡岩型硫铁矿	S	宁镇预测工作区
			苏州西部预测工作区
合计	15		23

表 6-2 江苏省及上海市地球化学测量数据收集情况一览表

序号	工区	采样介质	比例尺	样品数量	分析指标
1	宁镇地区	土壤	1:5万	4402	Au,As,Cd,Ba,Be,Co,Ni,Sb,Sn,Sr,Th,Ti,V,W,Mo,Ag,Cu,Pb,Zn,Bi,Hg,Cr,Mn(计23项)
2	宁芜地区	土壤	1:5万	2581	Ti,V,Zr,Ga,Sn,Cu,Pb,Zn,Co,Ni,Ag,Mo,Cr,Ba,Sr,Be,As,Nb,Y(计19项)
3	溧水地区	土壤	1:5万	7999	Mn,Ti,V,Zr,Ga,Sn,Cu,Pb,Zn,Co,Ni,Ag,Mo,Cr,Ba,Sr,Be,As,La,Y(计20项)

续表 6-2

序号	工区	采样介质	比例尺	样品数量	分析指标
4	宜溧地区	水系沉积物	1:5万	2430	Ag,As,Au,Bi,Cd,Hg,Mo,Sb,Sn,W,Ba,Co,Cr,Cu,Li,Mn,Ni,Pb,Sr,Ti,V,Zn,K_2O,Na_2O,Al_2O_3,Fe_2O_3,MgO,CaO(计28项)
5	东海西部	土壤	1:5万	3061	Cu,Pb,Zn,Cr,Co,Mo,Ag,Bi,As,Ti,Mn,Ba,Be,Sr,Zr,B,Sn(计17项)
6	东海西部	岩石	1:5万	1503	Cu,Pb,Zn,Mo,Cr,Ni,Co,Mn,Ti,Ag,Ba,Be,B,Sr,Zr,As(计16项)
7	江浦地区	土壤	1:5万	740	Cu,Pb,Zn,Sn,Mo,Ba,Sr,P,Li,As,Sb,Bi,Ge,Ag(计14项)
8	盘龙岗矿区	土壤	1:5万	95	Zn,Bi,As,Pb,Sb,Sn,Cd,W,Mo,Cu,Ag(计11项)
9	邳睢地区	土壤	1:5万	3830	Cu,Pb,Zn,Mo,As,Ba,Mn,Zr,Ga,Be,La,Y(计12项)
10	徐州地区	土壤	1:5万	3532	Mn,Ti,V,Zr,Ga,Sn,Cu,Pb,Zn,Co,Ni,Mo,Cr,Ba,Sr,Be(计16项)
11	安基山矿区	土壤	1:5万	191	Mn,Ga,Sn,Cu,Pb,Zn,Co,Mo,Ba,Sr,As,Cd,Bi,Sb,Ge,Te(计16项)
12	栖霞山矿区	土壤	1:2.5万	77	Cu,Pb,Zn,Mo,Mn,Ag,As,Sb,Bi,Cd,Ga,Sn,Co,Sr,Ge,W,Tl(计17项)
13	汤山矿区	土壤	1:2.5万	313	Cu,Pb,Zn,Mo,Mn,Ag,As,Sb,B,Cd(计10项)
14	燕子口矿区	土壤	1:2万	1226	Au,Cu,Pb,Zn,Ag,As,Sb,Bi(计8项)
15	苏州西部	土壤	1:1万	11 626	Cu,Pb,Zn,Hg(计4项)
16	铜井矿区	土壤	1:1万	3710	Cu,Pb,Zn,Mn(计4项)
17	高淳漕塘	土壤	1:1万	824	Cd,Tl,Au,F,Cu,Pb,Zn,Mo,V,Ni,Ag,As,Ba,Be,Ge(计15项)
18	江宁天宝山	土壤	1:1万	4856	Cu,Pb,Zn,Mo(计4项)

3. 以往成果图件数字化

由于时间久远数据资料丢失或破损而无法收集到原始数据，本次针对其成果资料，包括异常剖析图、平面地球化学异常图、剖面地球化学异常图、三维地球化学异常图、钻孔岩石地球化学图等进行数字化，按照数据模型要求，形成规范文件。

二、图件编制

1. 基础图件编制

根据预测工作区内所开展的预测矿产类型，开展地球化学图、单元素地球化学图、组合异常图、综合异常图以及找矿预测图编制，完成的工作具体详见表 6-3。

表 6-3 预测工作区完成地球化学图件一览表

序号	预测工作区	预测矿种（组）	矿产预测类型（个）	地球化学指标	地球化学图（幅）	单元素异常图（幅）	组合异常图（幅）	综合异常图（幅）	找矿预测图（幅）
1	宁镇	Cu,Mo,Pb,Zn,Au,Ag,S	7	Au,Ag,As,Bi,Cd,Cd,Mn,Mo,Pb,Sb,Sn,Zn	13	13	7	1	6
2	宁芜	Cu,Au,S	2	Ag,As,Ba,Be,Cu,Mn,Mo,P,Pb,Sn,Sr,Zn	12	12	2	1	3
3	溧水	Cu,Au,Pb,S	5	Au,Ag,Ba,Be,Cu,Mn,Mo,Pb,Sn,Sr,Zn	11	15	5	1	4
4	宜溧	Cu,Au,Pb,Zn,Ag	4	Ag,As,Au,Bi,Cd,Cu,Hg,Mn,Mo,Pb,Sb,Sn,W,Zn	14	14	4	1	3
5	苏西	Pb,Zn,Ag,S	2	As,Ag,Au,Bi,Cu,Hg,Mo,Pb,Sb,Sn,W,Zn,	12	16	3	1	3
6	东海-新沂	Au	1	As,Au,Cu,Pb,Zn,Ag,Sb	14	14	1	1	1
7	徐州-利国	Au	1	Ag,As,Au,Hg,Sb,	5	5	1	1	1
8	盱眙	Mo	1	Ba,Cu,Mo,Co,Pb,Zn,Sn	7	7	1	1	1
合计			23		88	96	24	8	22

2. 其他图件编制

选择宁镇预测工作区1∶5万土壤测量数据开展了元素叠加分析以及因子分析，分别编制了铅锌多金属矿、铜矿、金矿累乘指数图及指示各种成矿作用的累加指数图，分析成矿元素的迁移与富集成矿的印迹及矿床剥蚀深度，为该区综合异常解释、评价与寻找多金属矿、铜矿、金矿提供了重要的参考依据。

三、综合研究

（1）对宁镇、溧水、宁芜、宜溧、苏西等资料丰富且工作程度较高的预测工作区1∶5万综合异常进行逐一登记、解释评价，并形成异常登记表和异常特征参数表。

（2）地球化学找矿预测区的圈定与解释评价研究。

第三节　主要预测工作区地球化学特征

根据各预测工作区主要矿产预测类型及地质地球化学背景分析，可以看出，宁镇预测工作区以铜、钼多金属矿为特点，苏西预测工作区以铅、锌、银、硫矿产为重点，溧水预测工作区则以金矿为主要预测矿种，这3个预测工作区涵盖所有的预测矿种及绝大多数矿产预测类型，因此，本书以宁镇、苏西和溧水作为叙述预测工作区地球化学特征的典型，现分别简述如下。

一、宁镇预测工作区地球化学特征

(一)地层地球化学特征

根据表 6-4,本区自震旦系至白垩系微量元素的分配具有如下特点:

(1)时代最老的震旦系,几乎所有的元素的丰度都是最低的。

(2)以碎屑岩为主的志留系、泥盆系,各元素丰度普遍较高,包括有碎屑岩与火山岩的白垩系,多数元素亦有较高的丰度。

(3)以碳酸盐为主的奥陶系,As、Sb、Ba 元素明显富集,这主要与该系汤山组上段、汤头组的高丰度有关。

(4)主要为碳酸盐所组成的石炭系,多数元素比较贫化,这是由于该系黄龙组、船山组的低丰度所引起。

(5)Mo 元素在二叠系和寒武系中特别富集,这是由于二叠系大隆组和寒武系幕府山组下段 Mo 丰度甚高起了主要作用。

表 6-4 各时代地层微量元素丰度表

时代	白垩纪	侏罗纪	三叠纪	二叠纪	石炭纪	泥盆纪	志留纪	奥陶纪	寒武纪	震旦纪
样品数	52	17	43	25	39	15	24	47	24	7
As	4.60	9.02	4.41	6.00	3.22	8.72	10.35	16.45	6.65	1.84
Sb	0.63	0.63	0.38	0.38	0.21	0.44	0.28	0.92	0.25	0.15
Ba	703.27	311.69	213.27	237.26	90.38	167.06	210.52	607.59	125.55	75.00
Zn	47.00	30.00	13.80	29.99	10.86	30.44	70.31	22.64	11.27	5.00
Cd	0.16	0.17	0.09	0.32	0.19	0.17	0.08	0.11	0.08	0.05
Pb	9.72	5.18	3.82	4.05	2.12	13.82	6.88	5.38	3.48	0.87
Cu	17.36	17.85	20.99	20.23	5.54	30.22	21.89	18.58	9.14	6.04
Bi	0.13	0.12	0.18	0.13	0.10	0.20	0.23	0.13	0.06	0.05
Mo	0.73	0.66	1.00	2.71	1.72	1.74	0.61	1.31	2.40	1.50
Sn	1.02	0.67	0.56	0.62	0.47	1.01	1.14	0.49	0.37	0.15
Ge	0.41	0.44	0.17	0.27	0.13	0.53	0.65	0.15	0.13	0.05
Co	6.22	4.88	6.74	9.29	10.37	5.86	9.91	7.79	3.93	4.39
Ni	15.64	13.63	16.59	17.21	15.91	13.92	29.13	15.38	6.95	3.26
Cr	70.84	84.46	58.40	87.71	69.43	31.77	73.53	39.95	27.27	15.00
V	81.15	26.89	36.68	43.46	12.97	57.49	60.05	23.83	9.95	4.21
Ti	2968.90	1609.42	1066.86	701.06	518.16	3337.89	3809.84	818.38	297.01	50.00
Zr	145.04	148.58	42.83	45.82	31.44	294.19	229.61	22.04	14.39	5.00
Sr	237.52	50.20	321.62	109.19	186.16	54.63	96.96	182.70	123.92	118.77
Mn	236.30	324.27	224.29	99.90	166.44	121.90	117.11	265.08	120.73	72.95

注:元素含量均为 10^{-6}。

根据地区丰度系数及标准离差统计可以看出,某些组(段)富集元素的组合比较复杂,或者少数元素富集程度很高,或者标准离差比较大的元素较多。现将具备这种情况的组(段)综述如表 6-5 所示。

表 6-5 部分组(段)的富集元素及标准离差较大的元素表

地层名称		代号	富集元素	标准离差较大的元素
范家塘组		$T_3 f$	Co,Sb,As,Bi,Pb,(Ge,Mo,Cd,Sn,Ni,Cr,V,Ti,Zr)	Zn,Co,Ni,Mn
周冲村组		$T_2 z$	V,Ti,Ni,Zr,Cu,Pb,As,Bi,(Mn,Sn,Cr,Ba,Sr,Cd,Sb,Ge)	As,Ba,Pb,Bi,Sn,Ge,Ti,Zr
下青龙组	上段	$T_1 x^2$	Cu,Ba,Ni,V,Ti,Mn,Zr,(Zn,Cr,Sb,Ge,Sn,Mo,Co,Cr,Sr)	Ba,Cd,Pb,Cu,Bi,Sn,Ge,V,Zr
	下段	$T_1 x^1$	Ti,Mn,V,Zr,Ni,Ba,Cu,Zn,Sn,(Co,Cr,Mo,Sr,Bi,Ge)	Ba,Zn,Pb,Cu,Bi,Sn,Ge,Zr
大隆组		$P_3 d$	Mo,Cd,Cu,V,Cr,Sb,(Pb,Zn,As,Ge,Ba,Sn,Ni,Mn)	
高骊山组		$C_1 g$	Mo,Cd,(Cu,Pb,Sr,Co,Mn)	Mn,Pb,Cd,Cu,Bi,Mo,Ba,Sn,Ge,Co,Cr,V
五通组上段		$D_3 w^2$	Pb,Cu,Mo,Ti,Zr,(As,Ge,Cd,Bi,Zn,Co,Ni,Cr,V,Sn)	Mn,Co,Ni,Ge,Ba,Zn,Pb,Cu,Mo
汤头组		$O_{2-3} t$	As,Sb,Ba,Pb,Zn,Ti,Zr,Cd,Bi,Ge,Sn,Ni,V,Cu,Co,Cr,Mn,(Mo)	As,Sb,Zn,Cd,Mn,Mo,Ge,Cr
汤山组	上段	$O_2 t^2$	As,Sb,Ba,Ge,Pb,Zn,Sn,Ti,V,Zr,Cd,Bi,Cr,Cu,Ni,(Co)	Sb,Cd,Co,Mn
	下段	$O_2 t^1$	Ba,As,Ti,Sb,Cu,Ni,V,Zr,Mn,(Pb,Sn,Mo,Co)	As,Sb,Sn
牯牛潭组		$O_{1-2} g$	Sb,As,Ba,Ti,Pb,Cu,Mn,(Zn,Mo,Cr,Ni,V,Zr)	
幕府山组下段		$\in_1 m^1$	Mo,As,Cd,Pb,(Cu)	Mo

从表 6-5 中可以对本区地层的含矿性进行一些探讨。

(1)首先引人注意的是奥陶系牯牛潭组、汤山组上段与下段、汤头组以 As、Sb、Ba 最为显著的多元素连续富集的 4 个组(段)。

(2)二叠系大隆组与寒武系幕府山组上段的 Mo、Cd 富集也是引人注目的。

大隆组 Mo 和 Cd 丰度居各地层之首位,达到了 26.80×10^{-6} 和 3.73×10^{-6},赋存于粉砂质泥岩及硅质页岩中,高于泥岩及页岩地壳平均含量的 10 倍和 12 倍,高于本区泥岩及页岩平均含量的 45 倍和 41 倍。

幕府山组下段 Mo 和 Cd 的丰度居各地层之第二位,达到了 15.98×10^{-6} 和 0.43×10^{-6},赋存于页岩及硅质页岩中,高于页岩地壳平均含量的 6 倍和 1 倍,高于本区页岩平均含量的 27 倍和 5 倍。

这两个组段具有形成沉积型钼镉矿的物质基础。本区大隆组的分布比较广泛,在南京幕府山地区已发现有钼矿点(乌龟山),应注意在其他地段寻找新的钼矿产地,并对 Cd、Cu、Pb、Zn、V 等元素进行综合评价。

（3）三叠系下青龙组下段与上段和周冲村组3个碳酸盐岩的组（段）中，V、Ti、Mn、Ni等铁族元素以及Cu、Pb、Zn等硫化物矿床元素都是比较富集或明显富集的，少数高度富集，各元素的标准离差也都比较大，具备有利的成矿条件。本区不少热液型的多金属矿与铁矿即产于与侵入岩接触的三叠纪碳酸盐岩层中，可能与这些岩层的高丰度有一定的关系。

（4）三叠系范家塘组Cu、Sb、Bi、As、Pb等亲硫元素明显富集或高度富集，Ni、Cr、V、Ti等铁族元素比较富集。

Cu、Sb等元素赋存于泥质粉砂岩及粉细砂岩中。Cu丰度居各地层之首位，达134.09×10^{-6}，高于本区砂岩平均含量近7倍；Sb丰度居各地层第四位，在以砂岩为主的组（段）中居第一位，达3.11×10^{-6}，高于本区砂岩平均含量近6倍。该组地层中是否有砂岩铜矿的存在，值得注意。

（5）泥盆系五通组上段和高骊山组是本区含有沉积铁矿的两个组（段）。在这两个组（段）中，不但Ti、Mn、Co、Ni、Cr、V等亲铁元素比较富集，而且Co、Pb、Zn、Cd等元素也比较富集或明显富集。

以上所述的12个组（段）是找矿值得注意的地层，它们可能是形成与富集元素相应的沉积型矿产的层位，也可能是为热液型矿产提供部分物质来源的矿源层。

（二）侵入岩地球化学特征

研究表明，岩浆中碱金属（K和Na）的比例直接影响在岩浆结晶过程中铁的地球化学行为。在岩浆中较富Na^+和K^+时，由于它们优先分布在$[SiAl_2O_6]^-$群聚组外围，Fe^{2+}就可同O^{2-}形成自己的群聚组，这时在岩浆结晶过程中Fe就不易转入硅酸盐造岩矿物中，而可在参与岩浆中富集，甚至转入岩浆后热液，有利成矿，所以岩浆中Na和K等碱金属含量是促使铁富集成矿的一个重要因素。表6-6列出了本区主要岩体Fe_2O_3+FeO与K_2O+Na_2O的数据。在酸度基本相同的安基山、高资、石马3个岩体中，尽管Fe_2O_3+FeO依次降低，但由于K_2O+Na_2O依次增高，所以相对来说，石马岩体的铁矿成矿条件优于安基山岩体，而高资岩体则介于两者之间。麒麟门岩体虽然K_2O+Na_2O数值大，但由于该岩体自变质的钠化比较明显，故不能与其他岩体一起对比讨论。

表6-6 宁镇地区各岩体特征氧化物及特征指数对比表

特征氧化物及特征指数	基性岩体	中酸性岩体				酸性岩体	
	蒋王庙	麒麟门	安基山	高资	石马	雷巷	牛头山
SiO_2	50.53	67.87	65.13	66.12	66.35	76.96	72.94
Fe_2O_3+FeO	9.35	2.16	3.87	3.61	3.51	1.31	1.14
K_2O+Na_2O	5.73	8.49	7.11	7.41	7.59	8	9.03
$Al_2O_3/(K_2O+Na_2O+CaO)$	1.27	1.55	1.53	1.43	1.37	1.41	1.59

有研究证明，随着岩浆中$Al_2O_3/(K_2O+Na_2O+CaO)$比值的增大，其中八面体位置就增多，即四面体位置、八面体位置的比值下降，有利于铜矿的形成。在酸度基本相同的安基山、高资、石马3个岩体中（表6-6），这一比值依次降低，所以相对来说，安基山岩体的铜矿成矿条件优于石马岩体，而高资岩体则介于两者之间。麒麟门岩体的这一比值是比较大的，但由于该岩体Cu丰度甚低，缺乏形成铜矿的物质基础，故难以寻找铜矿。

与同类侵入岩的地壳平均含量相比，基性岩的富集元素为V、Zr、Ba、Sr、Bi，中性岩的富集元素为Mo、Bi、Co、Ba、As、Sb，中酸性岩的富集元素为Cu、Zn、Co、Cr、Ba、As、Bi，酸性岩的富集元素为Cu、Co、Cr、Ba、As、Bi。

安基山岩体和九华山岩体富集元素的组合最为复杂,标准离差比较大的元素最多(表6-7),这两个岩体的找矿远景优越于其他岩体,其中安基山岩体对寻找以铜(锌钼)为主的多金属矿比较有利,九华山岩体对寻找铜铅锌多金属矿比较有利;石马岩体和高资岩体富集的元素及标准离差比较大的元素主要是铁族元素,这两个岩体具有寻找铁矿的基本条件;蒋王庙岩体铜及铁族元素的标准离差较大,但丰度不高,仅V元素是该岩体特有的富集元素;条状山岩体丰度高而标准离差也大的元素为Mo、As、Co;麒麟门岩体富集的元素最少;Bi元素在所有岩体中均是富集的,但标准离差一般不大。

表6-7 宁镇地区各岩体富集元素及标准离差较大的元素表

岩类	岩体	富集元素	标准离差较大的元素
酸性	雷巷	Cu、Bi、Co、As	Cu
	牛头山	Cu、Bi、Co、Cr、Ba	Sb、Cr
中酸性	九华山	Cu、Bi、Pb、Zn、Ag、As、Cr、Ba	Cu、Pb、Zn、Cd、Ag、As、Ni、Co、Ba
	石马	Cu、Ni、Cr、Ba、Bi	Ni、Co、Ba
	高资	Cu、Ni、Cr、Ba、Bi	Ni、Co、Cr、Zn、Ba
	安基山	Cu、Bi、Zn、As、Cr、Ba、Sr、Co	Cu、Mo、Bi、Pb、Zn、Ag、Ni、Co、Cr、B、Sr
	麒麟门	Cr、Bi	
中性	条状山	Mo、Bi、Co、Ba、As、Sb	Mo、As、Ni、Co、V
基性	蒋王庙	V、Zr、Ba、Sr、Bi	Cu、Cr、Ni、Co、V

依据317个侵入岩样品21个元素的分析数据,开展因子分析,R型因子分析四次幂旋转因子解的前6个因子反映了数据总变量的60.79%,其因子载荷矩阵列于表6-8。

F1因子Co、Ni、Mn、V、Ti元素,分布于F1轴的负端。这是一组亲铁元素,它们在岩浆中均为过渡型离子,有较大的八面体位置优先能,具有在岩浆结晶时优先进入硅酸盐晶格中的倾向,以类质同象的形式出现在Fe、Mg、Ca组成的暗色矿物(如辉石、角闪石)及一些副矿物(如磁铁矿)中。

因此,F1因子反映了侵入岩基性组分微量元素的组成特征,F1因子载荷越小,则侵入岩中铁族元素越趋向富集。就同类侵入岩来说,F1因子得分低,有利于铁矿的形成。由图6-1可知,同是中酸性的石马、高资、安基山、麒麟门岩体,其F1因子得分低的石马、高资、安基山岩体,具有形成铁矿相对有利的条件。

从图6-1中还可以看到,石马、高资、安基山岩体蚀变岩石的F1因子得分低于正常岩石,表明这些岩体蚀变后有可能在某些地段形成铁矿体。

F2因子主要为Cd、Pb、Zn、Ag,位于F2轴的正端。这是一组硫化物矿床典型元素,具有强亲硫性,有形成硫化物及其类似化合物的强烈倾向性,是多金属矿床的主要成矿元素。Cd常以类质同象的形式出现在闪锌矿中,Ag常以类质同象的形式出现于方铅矿中,它们在同一个元素组合中出现,指示了一个形成温度较低(中—低温)的铅锌矿化的地球化学环境。

因此,F2因子是铅锌矿化的因子,F2因子载荷越大,铅锌矿化越强烈。本区九华山岩体和安基山岩体F2因子得分的平均值最高,标准离差也最大,这两个岩体是有利于形成铅锌矿的成矿岩体。

F3因子主要为Ge、Mo、Cu、Cr、Bi,位于F3轴的负端。这些元素在同中酸性岩浆有关的热液活动中,常形成一些Cu、Mo的硫化物以致硫化物矿床。

因此,F3因子是铜钼矿化的因子,F3因子载荷越小,铜钼矿化越强烈。本区安基山岩体F3因子得分的平均值最低,标准离差特别是蚀变岩石的标准离差最大,故该岩体有时利于形成铜钼矿的成矿岩体。

表6-8 宁镇地区侵入岩微量元素四次幂旋转因子解因子载荷矩阵表

元素	F1	F2	F3	F4	F5	F6
As	−0.060	0.036	−0.008	0.031	−0.760	0.145
Bi	0.049	0.028	−0.449	0.018	−0.137	0.488
Cd	−0.054	0.837	−0.030	0.082	−0.057	−0.043
Sb	−0.019	0.107	−0.116	−0.011	−0.799	−0.074
Sn	−0.057	0.020	0.040	0.098	−0.004	0.802
In	−0.390	0.136	−0.234	−0.134	0.028	0.235
Ge	0.220	0.048	−0.763	−0.138	−0.059	−0.092
Zn	−0.179	0.661	−0.069	0.107	−0.304	−0.133
Pb	0.032	0.731	−0.156	0.036	0.015	0.101
Ba	−0.099	0.308	−0.025	0.670	0.000	0.043
Sr	−0.459	0.049	−0.074	0.593	0.063	−0.082
Mn	−0.836	0.206	0.111	−0.184	0.129	0.034
Cr	−0.266	0.034	−0.481	0.260	0.289	−0.211
Ni	−0.850	0.024	0.019	0.128	−0.063	−0.040
Co	−0.924	0.003	0.031	−0.022	0.023	0.082
Cu	−0.347	0.368	−0.482	−0.024	−0.132	0.382
Zr	0.016	−0.087	0.099	0.670	−0.074	0.197
Mo	−0.105	0.102	−0.618	0.159	−0.152	0.132
V	−0.830	−0.062	−0.080	0.049	−0.048	−0.048
Ti	−0.774	−0.028	−0.016	0.192	−0.151	−0.011
Ag	−0.110	0.595	0.128	−0.165	0.170	0.199
特征值	4.246	2.359	1.782	1.527	1.544	1.308

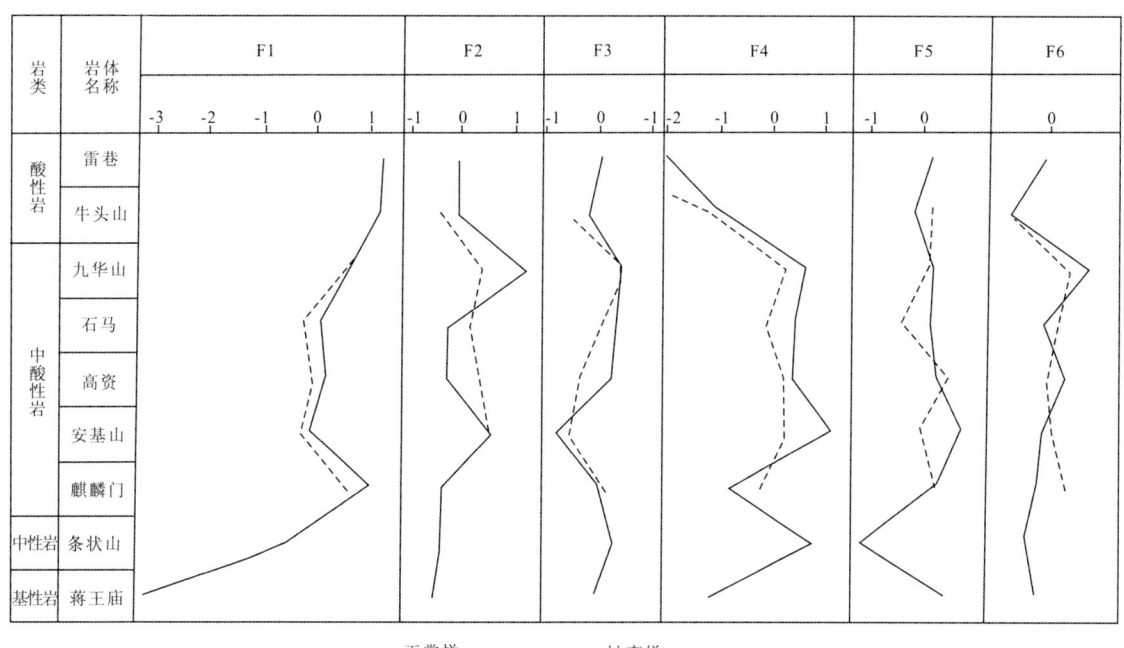

图6-1 宁镇地区各岩体因子得分平均值对比图
(引用《宁镇地区区域地球化学背景与成矿关系研究报告》,1983)

F4 因子主要由 Ba、Zr、Sr 组成,位于 F4 轴的正端,该因子的含义不明显。

F5 因子主要由 Sb、As 组成,位于 F5 轴的负端。从 F5 因子得分平均值来看,得分最低的是中性的条状山岩体,其次是安基山和石马岩体的蚀变岩石,表明该因子包括两方面的含义:一是反映中性岩体富含 Sb、As 的特征;二是反映中酸性岩体蚀变后 Sb、As 元素被带入的,这些都是基本符合本区客观实际的。高资岩体蚀变后 Sb、As 也是带入的,但其 F5 因子得分反而增高了,这是由于位于 F5 轴正端的主要元素 Cr,在该岩体被蚀变后也是带入的,其带入的幅度大于 Sb、As。

F6 因子以位于 F6 轴正端的 Sn 元素为代表。从 F6 因子得分平均值来看,正常岩石以九华山岩体得分最高,蚀变岩石以麒麟门岩体得分最高,而九华山岩体恰恰是 Sn 元素丰度最高的岩体,麒麟门岩体则是蚀变后 Sn 元素带入幅度最大的岩体。

综合上述分析,本区侵入岩的主要元素组合及其地质意义如表 6-9 所示。

表 6-9 宁镇地区侵入岩的主要元素组合及地质意义表

序号	元素组合	地质意义
1	Mg、Ca、Fe、Mn、Ti、Co、Ni、V、In、Cu、P	反映基性组分及其中微量元素组成特点的地质因子;矽卡岩型含铜磁铁矿成矿因子
2	Pb、Zn、Cd、Ag、Bi(Cu)	中温—中低温热液型铅锌多金属矿成矿因子
3	Cu、Mo、Bi、Ge、Cr	矽卡岩型铜、铜钼矿成矿因子
4	Mo、K、Ba、Sr、Sn	与钾化有关的斑岩型钼矿成矿因子
5	Sb、As	反映中酸性岩体蚀变后 Sb、As 被带入的蚀变因子
6	Al、Na	反映侵入岩富铝富钠特征的地质因子
7	Si	反映酸性组分的地质因子

依据侵入岩地球化学特征的全部实际资料和理论分析,对本区几个主要侵入岩体的含矿性提出如下结论性的评价意见:

(1)燕山晚期第二次的安基山岩体是本区成矿条件最好的侵入岩体,对寻找以铜(钼)为主的多金属矿具有良好的前景。

(2)燕山晚期第三次的九华山岩体是仅次于安基山岩体的成矿条件较好的侵入岩体,是寻找铜铅锌多金属矿的远景地段。

(3)燕山晚期第三次的石马岩体和高资岩体是有利于形成铁矿的两个侵入岩体;燕山早期蒋王庙岩体对于铁矿的形成既有有利条件,也有不利条件,总的来说不够理想。

(4)就安基山、高资、石马 3 个岩体比较,铜矿和铁矿找矿远景顺序依次如下。

铜矿:安基山＞高资＞石马。

铁矿:石马＞高资＞安基山。

(三)覆盖区岩石地球化学特征

本次收集了宁镇覆盖区岩石地球化学测量数据,按地质子区统计的各元素(氧化物)特征值见表 6-10,由表可见,白垩纪(含少部分三叠纪、侏罗纪)碎屑岩(含少量碳酸盐岩)分布区,即 1 号子区中 Hg、B、CaO 的背景平均值显著高于其他子区;白垩纪火山岩(含少量侵入岩)分布区,即 2 号子区中 Ba、Sr、P、Na_2O、Al_2O_3 的背景平均值显著高于其他子区;而震旦系浅变质岩(含少量碳酸盐岩)分布区,即 3 号子区则没有背景平均值显著高于其他子区的元素。

与中国东部地壳相比,宁镇覆盖区岩石的化学成分有以下特征:

(1) 主要氧化物 Al_2O_3、CaO、MgO、Na_2O 较低，两者的 SiO_2、K_2O 含量基本相当。

(2) 成矿元素及指示元素 Ag、As、Cd、Hg、Mo、Pb、Sb、W 含量明显偏高。

(3) Cr、Ni、Co、V、Cu、Mn、Ge、Sc、Ti、P 等铁族元素含量普遍偏低或贫乏，而与酸性岩有关的元素如 Li、Th、U、Nb 等普遍增高或富集，这可能与区内大面积中酸性火山岩分布有关。

表 6-10 宁镇覆盖区岩石地球化学特征一览表

元素	地质子区 1($N=117$)		地质子区 2($N=40$)		地质子区 3($N=56$)		中国东部陆壳
	几何均值	标准离差	几何均值	标准离差	几何均值	标准离差	
Ag	0.08	0.15	0.07	0.21	0.08	0.21	0.055
As	4.48	0.32	3.14	0.30	2.44	0.36	2.4
Au	0.80	0.28	0.79	0.23	0.75	0.32	0.90
B	28.51	0.31	7.43	0.24	13.24	0.53	11
Ba	484	0.26	996	0.22	566	0.50	620
Be	1.56	0.13	1.50	0.09	1.49	0.17	1.4
Bi	0.16	0.22	0.12	0.19	0.12	0.25	0.15
Cd	0.12	0.21	0.06	0.20	0.10	0.35	0.082
Ce	50.72	0.21	65.29	0.08	56.14	0.20	57
Co	9.97	0.16	10.42	0.17	14.17	0.20	19
Cr	15.31	0.23	88.10	0.28	96.05	0.39	76
Cu	13.03	0.23	14.35	0.30	16.71	0.53	26
F	539	0.18	436	0.13	541	0.20	540
Ga	12.36	0.20	14.95	0.10	12.35	0.32	19
Ge	0.50	0.45	0.71	0.27	0.53	0.53	1.2
Hg	0.02	0.49	0.01	0.52	0.01	0.56	0.007
In	0.04	0.18	0.04	0.21	0.04	0.25	0.045
La	28.27	0.22	39.07	0.11	25.00	0.40	29
Li	28.63	0.34	24.80	0.21	13.85	0.42	17
Mn	421	0.24	346	0.22	508	0.33	810
Mo	0.78	0.23	0.85	0.27	1.11	0.40	0.50
Nb	15.20	0.18	11.46	0.14	14.00	0.22	10
Ni	22.00	0.17	26.62	0.22	33.55	0.30	31
P	464	0.21	749	0.19	447	0.42	750
Pb	21.75	0.18	21.78	0.29	13.16	0.43	15
Sb	0.35	0.32	0.30	0.27	0.22	0.25	0.18
Sc	6.74	0.23	6.66	0.18	8.24	0.40	17
Sn	1.20	0.35	0.89	0.23	1.00	0.50	1.4
Sr	198	0.21	338	0.22	147	0.43	350

续表 6-10

元素	地质子区 1($N=117$)		地质子区 2($N=40$)		地质子区 3($N=56$)		中国东部陆壳
	几何均值	标准离差	几何均值	标准离差	几何均值	标准离差	
Th	8.03	0.32	10.08	0.22	8.32	0.39	6.0
Ti	2011	0.31	2465	0.19	1860	0.55	4000
Tl	0.41	0.23	0.36	0.27	0.34	0.39	0.42
U	1.66	0.19	1.29	0.15	0.75	0.34	1.3
V	47.55	0.28	58.55	0.21	50.23	0.48	112
W	1.67	0.32	1.23	0.40	1.48	0.41	0.6
Y	13.93	0.18	11.47	0.13	10.09	0.37	17
Yb	2.12	0.27	2.20	0.22	1.97	0.21	2.2
Zn	29.64	0.39	25.14	0.37	34.01	0.59	76
Zr	162.3	0.27	146.4	0.10	112.1	0.45	160
Al_2O_3	8.18	0.34	12.42	0.09	6.97	0.65	14.83
CaO	5.50	0.41	2.53	0.30	2.42	0.64	5.41
Fe_2O_3	2.67	0.31	3.68	0.16	3.19	0.54	2.45
K_2O	1.89	0.35	2.62	0.27	1.26	0.68	2.31
MgO	1.44	0.24	1.09	0.25	2.01	0.43	3.16
Na_2O	0.92	0.52	2.17	0.27	0.61	0.75	3.45
SiO_2	51.69	0.27	62.23	0.09	45.84	0.38	60.62

含量单位：氧化物为%，Au 为 10^{-9}，其他元素为 10^{-6}。标准差为对数值。

地质子区 1 地层时代为白垩纪，极少数三叠纪、侏罗纪，岩石类型为碎屑岩；地质子区 2 地层时代为白垩纪，岩性为火山岩(少数侵入岩)；地质子区 3 地层时代主要为震旦纪，岩性为浅变质岩(极少数碳酸盐岩)。

(四)土壤地球化学特征

1. 地球化学背景特征

土壤元素的区域性分布特征具有一定的相似性，现以 Ag、As、Sb、Hg 为例简述如下。

1) Ag、As、Sb、Hg 的区域性分布与褶皱构造密切相关

Ag、As、Sb、Hg 各元素亦具有高、低背景相间出现的弧形带状特征，其中以 Ag 元素最为显著，As、Sb 次之，Hg 元素不明显，在弧形构造的复背斜部位形成较为狭窄的地球化学场的高背景带，在复向斜部位形成较为宽阔的地球化学场的低背景带。现将各个高背景带分述如下。

(1) 幕府山高背景带：呈北东向延伸，与"幕府山复背斜"的轴线方向大体一致，由 Ag、As 两元素构成。Ag 高背景带长 2km，宽 1km，浓度(0.2~1)×10^{-6}。

(2) 栖霞山-铜山高背景带：从岔路口经大凹山至栖霞山为北东向，栖霞山至龙潭为北东东向，龙潭至铜山转为南东向，铜山以东又转为北东东向。这一高背景带位于"龙仓复背斜"之南翼，其方向的转变

与该带内地层构造线和纵向断裂的方向对应相当。

(3)宝华山-巢凤山高背景带:灵山至龙王山为北东向,宝华山经空青山至巢凤山近东西向,其展布方向与"宝巢复背斜"的地层构造线和两翼纵向断裂的方向相吻合。

(4)徐家山-金子山高背景带:徐家山至孔山为北东向,孔山经伏牛山至天王山近东西向,天王山至金子山为北东东向。这一高背景带与"汤仑复背斜"北翼的地层构造线及"徐家山-金子山断裂带"的展布方向是一致的。主要由 Ag、As、Sb 三种元素构成。

(5)汤山-仑山高背景带:侯家塘至汤山镇为北东东向,汤山镇至饭山仍为北东东向,饭山至仑山转为北东向,其展布方向与"汤仑复背斜"的轴线方向和两侧纵向断裂的走向相吻合。

(6)半面山-上峰高背景带:西起半面山,经狼山、潭子头至上峰,呈近于东西向延伸,与"汤仑复背斜"南翼的地层构造线和纵向断裂的展布方向是一致的。

2)Ag、As、Sb、Hg 的区域性分布与断裂构造密切相关

与某些断裂构造相适应,形成沿断裂带展布的地球化学场的高背景带或高背景地段。除上述沿弧形构造复背斜两翼纵向断裂(如徐家山-金子山断裂、丹徒-建山断裂等)发育的高背景带之外,还有如下的几个高背景带(或地段)。

(1)龙潭-伏牛山高背景带:从 Ag 地球化学图上可以清楚地看到,由伏牛山一带沿北北西方向,经安基山、连山,至龙潭地区有一条宽阔的 Ag 高背景带[Ag 元素浓度$(0.2\sim2.5)\times10^{-6}$,浓度高者达$(3\sim8)\times10^{-6}$,称为龙潭-伏牛山高背景带],横跨在前述 Ag 的各个高背景带上。其空间部位与展布方向及"东阳-孟塘断裂带"大体相当。

东阳-孟塘断裂带内充填有大量的岩浆岩(属安基山岩体),带内热液、矿化活动强烈。该断裂既是导岩、容岩构造,也是导矿构造。在局部有利部位成矿物质组分相对富集,构成了工业矿体,如伏牛山铜矿和安基山铜矿等。因此,该断裂带的有利地段也是容矿构造。可以认为,龙潭-伏牛山横向 Ag 高背景带是"东阳-孟塘断裂带"热液矿化活动的显示。

(2)岔路口-谭家山高背景带:从大、小红山向东,经岔路口、阳山、谭家山至郭家头,Ag、As、Sb 元素有一条呈北北东向延伸的高背景带,长约 20km,宽 0.5～1.5km,其浓度 Ag$(0.2\sim0.7)\times10^{-6}$,As$(12\sim20)\times10^{-6}$,Sb$(1.5\sim3.0)\times10^{-6}$。

该高背景带的空间位置和展布方向与弧形构造体系的杨坊山-长林村断裂带吻合,是其热液矿化活动的显示。

3)Ag、As、Sb、Hg 的区域性分布与热液矿化活动有着十分密切的联系

区内已知的矿产地几乎都位于 Ag、As、Sb 元素地球化学场的高背景带及其附近,如大凹山多金属矿点、栖霞山铅锌(银)多金属矿床、铜山铜钼矿床等位于栖霞山-铜山高背景带;九华山(句容)北坡多金属矿点、固江口铅锌矿点等位于徐家山-金子山高背景带。

低温热液活动强烈的地段,亦是 Ag、As、Sb、Hg 的高背景地段,如建新村汞锑矿化点和金矿化点、仑山金矿点即位于汤山-仑山高背景带内。

综上所述,Ag、As、Sb、Hg 元素对地质构造、热液矿化活动具有指示意义。

2. 元素组合特征

1)相关矩阵揭示出的元素组合特征

宁镇地区土壤元素相关矩阵见表 6-11,从表中可以看出,呈显著正相关的元素有两组:其一为 $Cu-Bi-Pb-Zn$;其二为 $Co-Ni-Ga$。前者属亲硫的元素组合,是区内存在着铜、铅、锌多金属硫化物矿体的反映,显示以富含 Cu、Bi、Pb、Zn 为特征的地球化学作用是本区主要成矿作用;后者主要为铁族元素的组合,是区内存在着的铁矿体和黄铁矿体的反映,显示了以富含铁族元素为特征的地球化学作用是本区另一成矿作用。

表 6-11 宁镇地区土壤元素相关矩阵表

元素	Cu	Mo	Sn	Ag	Pb	Zn	Cd	Hg	Sb	As	Ba	Mn	Co	Ni	Ga
Bi	0.77	0.07	−0.06	0.05	0.19	0.74	0.22	−0.03	−0.06	−0.11	0.02	0.18	−0.02	−0.17	−0.1
Cu		0.3	−0.06	0.09	0.19	0.65	0.36	−0.12	−0.1	−0.14	0.06	0.28	0.16	−0.05	−0.03
Mo			−0.14	0.22	0.04	0.11	0.16	−0.17	0.13	−0.16	0.04	0.13	0.18	0.16	0.14
Sn				0.05	−0.01	−0.1	−0.02	−0.01	−0.07	0.03	0	−0.1	0.05	0.13	0.06
Ag					0.16	0.14	0.28	0.01	0.15	0.06	0.23	0	−0.08	−0.05	−0.17
Pb						0.5	0.41	0.06	0.19	0.14	0.19	0.19	−0.15	−0.07	−0.09
Zn							0.44	−0.13	0.14	−0.03	0.08	0.33	−0.03	−0.08	−0.04
Cd								0.07	0.11	0.22	0.1	0.16	−0.18	−0.01	−0.11
Hg									0.01	0.05	−0.11	−0.27	−0.26	−0.14	−0.1
Sb										0.23	0.33	0.18	−0.03	−0.07	−0.11
As											0.19	0.05	−0.1	−0.1	−0.26
Ba												0.11	0.13	0.21	−0.05
Mn													0.34	0.17	0.08
Co														0.57	0.38
Ni															0.52

2)R 型因子分析揭示出的元素组合特征

(1)区域地球化学 R 型因子分析的元素组合特征。以全区土壤测量 3465 个组合样 16 种指示元素的分析数据组成数表 X[3465,16]进行 R 型因子分析。前 9 个因子包括数据变量的 81.67%，取特征值大于 1 的因子作为主因子，则主因子有 5 个，它们的累计百分比表明可以反映数据总量的 61.03%。表 6-12 显示了 5 个主因子的元素组合。

主因子 F1 主要由 Zn、Pb、Cd、Mn、As 组成，还包括有 Ag、Sb 等，均位于 F1 的正轴方向。F1 所显示的元素组合与区内中低温热液型栖霞山铅锌(银)多金属矿床上方地球化学土壤异常的元素组合完全吻合，它代表着与铅锌多金属矿有成因联系的地球化学作用，是区内的成矿因子。

主因子 F2 主要由位于负轴方向的 Ni、Co、Ga 组成，显示了铁族元素的富集，它代表着与铁矿、黄铁矿有成因联系的地球化学作用，是区内的又一成矿因子。

主因子 F3 主要由位于正轴方向的 Cu、Bi 组成，反映区内接触交代型(矽卡岩型)铜矿的异常元素组合，它代表着与铜矿有成因联系的地球化学作用，是区内的另一成矿因子。

主因子 F4 主要由位于正轴方向的 Hg、Sb(As)组成，这几个元素为区内低温热液型金矿点上方地球化学土壤异常的特征元素，它代表着与金矿有成因联系的地球化学作用，也是区内的成矿因子。

主因子 F5 以位于负轴方向的 Sn 为代表。区内地球化学土壤测量的 Sn 异常，都处于 F5 因子得分图的低值区，表明该因子是区内的一种异常因子。

(2)区域化探异常 R 型因子分析的元素组合特征。以全区 72 个地球化学土壤异常 16 种指示元素的衬度算术平均值组成表 X[72,16]进行 R 型因子分析。取特征值大于 1 的因子作为主因子，则主因子有 6 个，它们的累计百分比表明可以反映数据总量的 67.82%。因子载荷详见表 6-13。

表 6-12　5 个主因子载荷一览表

变量	F1	F2	F3	F4	F5
Bi	0.259	−0.048	0.688	−0.075	−0.265
Cu	0.308	−0.153	0.750	0.043	−0.092
Mo	0.297	−0.239	0.246	0.196	0.310
Sn	0.050	−0.094	−0.140	0.474	−0.684
Ag	0.438	0.058	0.330	0.362	0.275
Pb	0.820	0.152	−0.089	0.011	0.034
Zn	0.879	0.079	0.000	−0.250	−0.143
Cd	0.789	0.144	0.039	−0.166	−0.082
Hg	0.274	0.264	−0.165	0.617	−0.221
Sb	0.333	0.110	−0.099	0.549	0.420
As	0.736	0.161	−0.319	−0.146	0.022
Ba	0.201	−0.032	−0.065	0.033	0.309
Mn	0.770	−0.062	−0.249	−0.215	−0.085
Co	0.145	−0.765	−0.089	0.055	−0.029
Ni	0.219	−0.781	−0.163	0.066	−0.014
Ga	0.124	−0.725	−0.103	0.003	0.037

表 6-13　6 个主因子载荷一览表

变量	F1	F2	F3	F4	F5	F6
Bi	0.749	−0.004	0.457	0.019	0.136	0.148
Cu	0.791	0.187	0.371	0.028	−0.027	0.151
Mo	0.302	0.343	−0.095	−0.200	−0.683	−0.042
Sn	−0.138	0.062	−0.068	0.673	0.176	0.485
Ag	0.305	−0.167	−0.359	0.177	−0.565	0.332
Pb	0.561	−0.208	−0.261	0.239	0.122	−0.330
Zn	0.880	0.001	0.162	0.051	0.149	−0.071
Cd	0.606	−0.204	−0.201	0.329	−0.131	−0.209
Hg	−0.142	−0.437	0.068	0.357	−0.117	−0.468
Sb	0.209	−0.141	−0.620	−0.312	−0.007	−0.122
As	0.049	−0.343	−0.534	0.012	0.376	0.032
Ba	0.232	0.093	−0.629	0.003	0.051	0.238
Mn	0.447	0.388	−0.200	−0.295	0.332	−0.094
Co	0.007	0.806	−0.134	−0.039	0.136	0.082
Ni	−0.094	0.749	−0.284	0.332	0.010	−0.139
Ga	−0.140	0.685	0.044	0.265	−0.058	−0.376

因子载荷矩阵和主要指示元素关系图(图 6-2)显示了 6 个主因子的元素组合。

主因子 F1 主要由 Zn、Cu、Bi、Cd、Pb、Mn 组成，均位于 F 的正轴方向，以 Zn、Cu、Bi 为代表。该因子为区域地球化学 $X[3465,16]$R 型因子分析 F1 和 F3 因子的综合反映，为区内以铅锌为主多金属矿与以铜为主多金属矿的成矿因子。

主因子 F2 主要由位于正轴方向的 Co、Ni、Ga 和位于负轴方向的 Hg、As 组成，以 Co、Ni、Ga 为代表。其中位于正轴方向的 Co、Ni、Ga 反映铁族元素的富集，位于负轴方向的 Hg、As 是富含硫的低温热液活动加入的组分。该因子与区域地球化学 $X[3465,16]$R 型因子分析 F2 因子相吻合，但方向互异，是

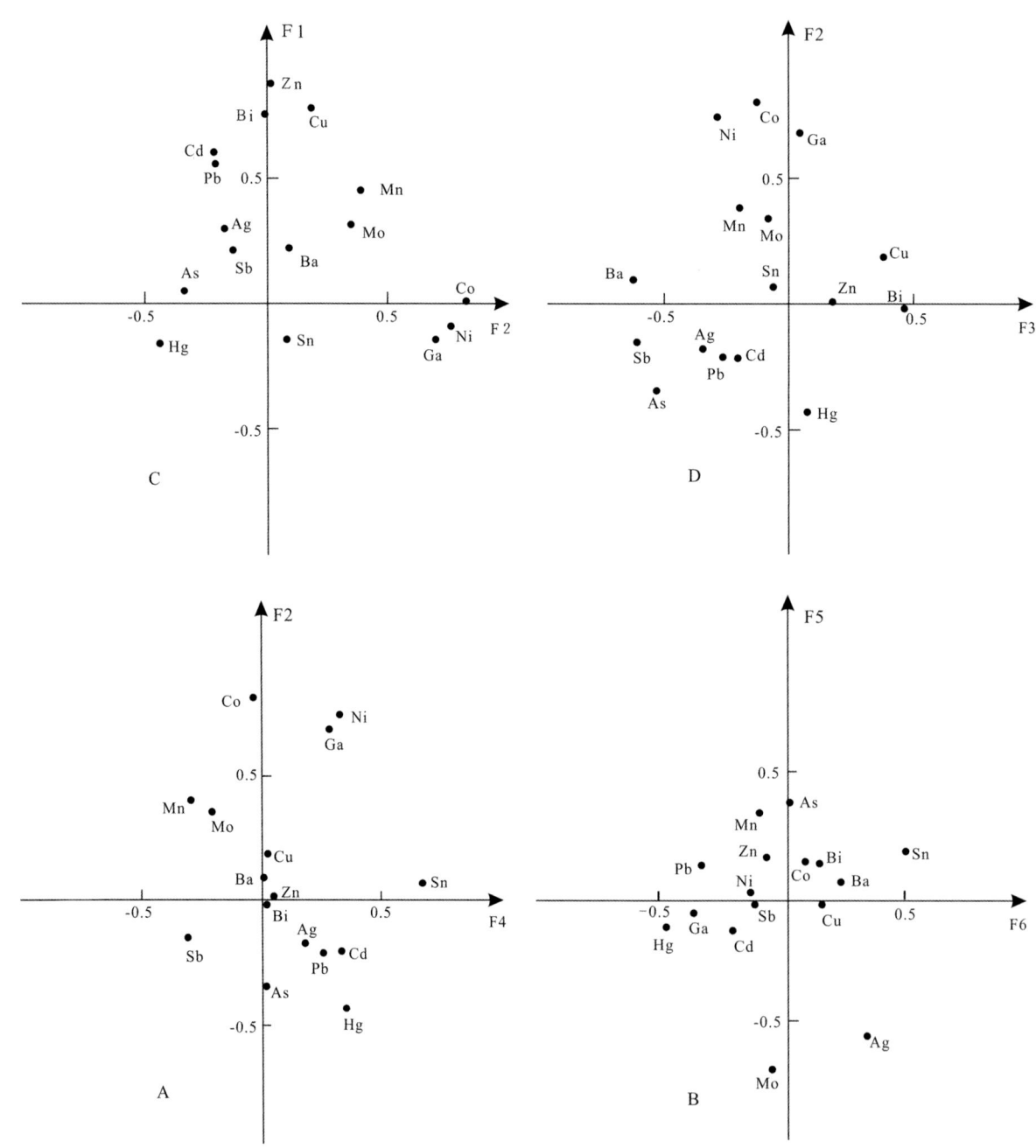

图 6-2　区域化探异常 $X[72,16]$主因子解主要指示元素关系图
(引用《宁镇地区区域地球化学背景与成矿关系研究报告》，1983)

区内铁矿、黄铁矿的成矿因子。

主因子 F3 主要由位于负轴方向的 Ba、Sb、As 和位于正轴方向的 Bi、Cu 组成。这是两个互不相容的元素组合,前者代表着低温热液活动,后者代表着中—高温热液活动。因此,该因子代表着热液活动由中—高温向低温的演化,是地球化学环境因子。

主因子 F4 以位于正轴方向的 Sn 为代表。该因子与区域地球化学 X[3465,16]R 型因子分析 F5 因子大体吻合,但方向互异,是一种异常因子。

主因子 F5 主要由位于负轴方向的 Mo、Ag 组成。区内伴生钼矿的接触交代型(矽卡岩型)铜矿床(如铜山、安基山、伏牛山等)都处于 F5 因子得分图的低值区,故 F5 因子代表着与热液型钼矿有成因联系的地球化学作用,是区内钼矿的成矿因子。区内沉积型钼矿点(如乌龟山钼矿)并非处于 F5 因子得分图的低值区,属一般数值。因此,F5 因子可将热液作用的钼与沉积作用的钼有效地予以分离。

主因子 F6 主要由位于正轴方向的 Sn 和位于负轴方向的 Hg 组成。区内地球化学土壤测量的 Sn 异常和 Hg 异常,分别处于 F6 因子得分图的高值区和低值区,表明该因子是区内又一种异常因子。

图 6-3 是主因子 F1、F3 主要指示元素关系图。当主因子 F3 处于正高值,即 As、Sb、Ba 等低温热液特征指示元素处于分散状态的中高温热液地球化学环境时,Cu、Bi、Zn 等元素趋于富集。它们在图中的投影点比较集中,构成铜铅锌多金属矿的特征指示元素组合。

当主因子 F3 由正高值向零值方向演化,即由中—高温热液地球化学环境向中低温热液地球化学环境演化,Cu、Pb、Zn、Cd 等元素趋于富集,构成了铜铅锌多金属矿的特征指示元素组合。

当主因子 F3 向负值方向演化,即由中低温热液地球化学环境向低温热液地球化学环境演化,则 As、Sb、Ba 趋于富集,而主因子 F1 则减弱向零值演化,即趋于矿致异常的边缘外带。

可见,主因子 F1 代表着 Cu-Pb-Zn 连续系列,是本区主要的成矿因子。在主因子 F1 作用强烈的地段,随地球化学环境的不同,可以形成矿种、规模和类型不同的硫化物矿体。

(3) 两种 R 型因子分析的对比。区域地球化学[3465,16]R 型因子分析与区域化探异常[72,16]R 型因子分析所揭示的元素组合,既有相似性,又有差异性,现列表予以说明(表 6-14)。

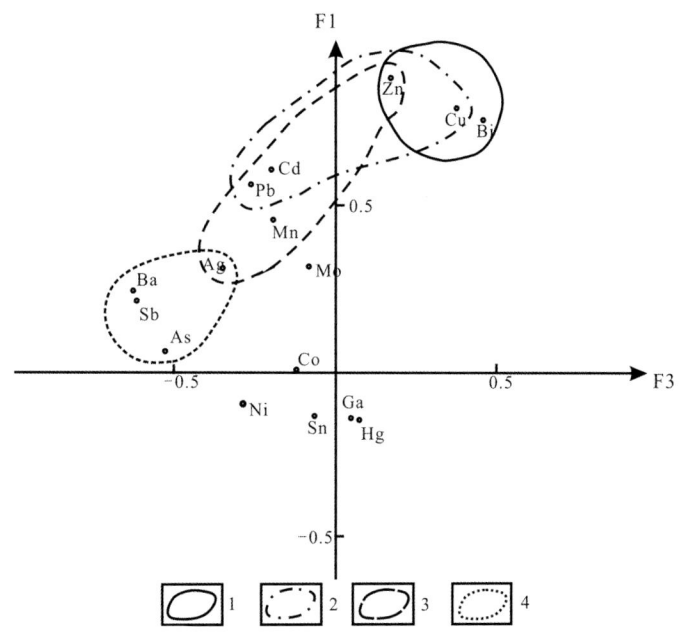

图 6-3 区域化探异常 X[72,16]主因子 F1、F3 主要指示元素关系图
(引用《宁镇地区区域地球化学背景与成矿关系研究报告》,1983)
1.铜矿、铅锌矿;2.铜铅锌多金属矿;3.铅锌多金属矿;4.低温热液

从表 6-14 中可知,地球化学土壤测量的 R 型因子分析揭示了本区从中高温—中温—中低温—低温热液、矿化活动全过程的特征元素组合及指示元素之间的相互关系,说明了本区具有成矿多阶段性、矿化多样性的特点。

Cu 元素是区域化探异常 X[72,16]R 型因子分析 F1 因子的主要组分之一,Mo 元素是 F5 因子的主要组分之一。两者相互分离于不同因子中,表明 Cu、Mo 是两个阶段的热液活动。铜山、安基山、伏牛山等相互伴生的铜矿和钼矿是两个成矿阶段的产物。

Ag 元素在不同元素组合、反映不同成矿作用(中高温、中低温、低温)的因子中多次出现,表明它有着长期活动的历史,这就使得 Ag 元素成为本区不同矿种、不同矿床类型的通用指示元素。

表 6-14 地球化学土壤测量两种因子分析元素组合对比

主要因子		元素组合		含义	
[72,16]	[3465,16]				
F1	F1	Zn,Cu,Bi,Cd,Pb,Mn	Zn,Pb,Cd,Mn,As(Ag,Sb)	以铅锌为主多金属矿及以铜为主多金属矿的成矿因子	以铅锌为主多金属矿的成矿因子
	F3		Cu,Bi		铜矿及以铜为主多金属矿的成矿因子
F5		Mo,Ag(负值)		钼矿成矿因子	
	F4	Hg,Sb(Ag)		金矿成矿因子	
F2	F2	Co,Ni,Ga,-Hg,As(负值)	-Ni,Co,Ga(负值)	铁矿、黄铁矿成矿因子	
F3		Bi,Cu-Ba,Sb,As(负值)		地球化学环境因子	
F4	F5	Sn	-Sn(负值)	Sn 异常因子	
F6		Sn,-Hg(负值)		Sn、Hg 异常因子	

注:"-"表示该元素与因子呈负相关性。

3. 异常分布特征

从地球化学土壤异常图上可以看出,化探异常的空间分布具有明显的带状特征,形成一系列的地球化学异常带,它们与前述的各个高背景带及其相应的地质构造一一对应,不仅异常的排列方向与高背景带的方向基本吻合,而且多数异常的长轴方向也是如此,为了减少篇幅,在此不作叙述。

(五)铁帽地球化学特征

宁镇地区各种矿床铁帽中元素的平均含量列于表 6-15。

表 6-15 宁镇地区各种矿床铁帽中元素平均含量

矿种	样品数(个)	矿床点数	算术平均值(10^{-6})					
			Cu	Pb	Zn	Mo	Ag	As
铜矿	32	4	3346	283	3205	13.4	2.70	90
多金属矿	32	5	1634	2816	3935	23.9	10.96	302
铅锌矿	13	2	150	640	2785	70.2	15.11	4338
金矿	5	1	3300	2060	3720	27.4	1.54	344
黄铁矿	16	1	169	423	1135	3.7	2.89	82
磁铁矿	29	6	628	84	398	26.2	0.44	98

铜矿铁帽,含 Cu、Zn 较高,均在 3000×10^{-6} 以上,As、Pb 含量较低。

多金属铁帽,含 Cu、Pb、Zn、Ag 较高,Cu、Pb、Zn 均大于 1000×10^{-6},Ag 大于 10×10^{-6}。

铅锌矿铁帽,含 Mo、Ag、As、Zn 较高,Mo 可达 70.2×10^{-6},Ag 可达 15.11×10^{-6},As 可达 4338×10^{-6},Zn 可达 2785×10^{-6},Cu 含量较低。

黄铁矿及磁铁矿铁帽,各种元素含量均较低。

二、苏州西部预测工作区地球化学特征

(一)地层地球化学特征

不同时代地层某些微量元素的平均含量如表 6-16 所列,其元素分布及分配的主要特点如下。

表 6-16 区域地层微量元素平均含量

地层	项目	Mn	Sn	Cu	Pb	Zn	Co	Ni	Ag	Mo	As	Cd	Bi	W	Au	Hg
$D_{1-2}ms$	X	550	3.5	22	20	63.2	8.7	16.6	0.127	2.5	5.3	0.276	0.35	2.5	1.08	7.79
	K	2.24	2.0	1.1	1.33	1.26	1.56	1.19	1.59	3.73	0.98	2.51	1.3	2.19	2.04	0.26
D_3w	X	282	5	25	27	42	8.45	15	0.143	3	7	0.207	0.409	1.43	0.99	7.9
	K	1.75	2.22	0.89	1.8	1.14	1.39	1.07	1.79	2.52	1.41	2.07	1.95	1.4	1.65	0.26
C_1g	X	430	5.7	22	2.8	86.7	10	25	0.439	3	2.8	0.21	0.10	2.5	1.13	9.1
	K	0.46	3.9	0.48	2.33	1.6	0.63	0.53	4.39	1.76	0.35	0.88	0.38	0.96	1.66	
C_2h	X	400	2.5	11	12	15	7	12	0.345	1.50	2.25	0.449	1.28	0.47	1.8	4.0
	K	1.42	16.7	0.6	2.94	1.25	0.64	1.22	8.36	0.09	1.5	1.55	25.2	1.15	4.5	
C_2c	X	160	1	5.75	7.75	7	5	15	0.093	0.59	1.3	0.963	0.11	0.56	0.95	5.76
	K	1.07	6.67	1.92	6.2	4	0.54	2.08	2.33	0.39	0.87	4.38	2.2	2.43	2.07	
P_1q	X	213	2	12.9	11	8.3	7.2	15	0.164	1.29	55	0.71	0.19	0.44	0.57	6.1
	K	3.55	13.3	0.16	2.08	0.38	0.72	1.36	3.28	0.86	3.67	5.92	3.8	7.33	1.36	
P_1y	X	3.29	5.3	31.9	35.2	83.3	11.7	25.6	0.119	1.41	11.2	0.22	0.66	1.51	1.35	7.26
	K	1.51	3.73	0.43	3.2	0.88	1.18	0.57	0.35	0.45	0.75	0.43	2.2	1.10	1.73	
P_2l	X	450	4.6	30	29.6	107	12.6	29.1	0.1	1.1	10	0.26	0.5	1.5	1.34	4.41
	K	3.41	4.3	0.91	2.67	2.43	1.96	2.91	1.11	0.83	0.71	2.17	2.8	1.06	1.33	34.1
P_3c	X	300	4.3	10	8	16.2	5.2	12	0.099	2.94	4.38	0.216	0.36	3	1.86	7.68
	K	1.6	8.77	0.77	0.4	0.4	1.47	1.38	1	3.03	1.52	2.16	2.4	0.86	3.38	0.15
T_{1-2}	X	350	1.5	15	25.9	25.6	9	15	0.131	1.25	5.86	0.095	0.12	0.60	2.72	6.1
	K	2.01	9.38	1.85	0.84	1.98	0.67	0.68	1.09	1.37	2.01	2.38	2	2.43	8.5	0.12
$J_3—K_1$	X	123	39	16.7	64	33.5	6.5	10	0.193	2.84	8.5	0.204	0.74	1.31	2.64	7.4
	K	0.17	1.1	0.24	1.73	0.36	0.64	1	2.76	1.06	1.76	1.7	1.21	0.44	3.61	0.12
K_2	X	1700	6	30	20	60	8	25	0.079	1.20	6.5	0.023	0.30	4.81	1.1	9.8
	K	4.5	4.32	1.99	1.05	1.79	0.9	1.32	0.99	1.36	0.95	0.21	1.58	1.61	1.29	0.33
东部地壳		810	1.4	26	15	76	19	31	0.055	0.5	2.4	0.082	0.15	0.6	0.9	7.0

注:X.元素平均含量为 10^{-6},Au、Ag 含量单位为 10^{-9};K.浓集比率:区内地层平均含量/区域地层平均含量。

(1) 各地层组 Sn、Pb、Ag、Bi、Au、Cd、Zn、Mn 等元素的平均含量普遍高于区域同时代地层组的平均含量,其中 $C_2h—P_1q$ 碳酸盐类地层则较明显,尤以 Sn 更为突出。

(2) Zn 在地层中的分布分配稍有特殊,石炭系富集程度较好。C_1g 的 Zn 含量最高,达 $86.7×10^{-6}$,为克拉克值的 1.1 倍。

(3) $D—C_1g$ 和 $P_1y—P_2l$ 碎屑岩类地层是区内主要成矿元素重要的高背景层位。

(二) 岩浆岩地球化学特征

本区岩浆岩以酸性和中酸性岩类为主,其微量元素含量特征见表 6-17,由表可知:

表 6-17 各时代岩浆岩微量元素含量

元素	1 (10)	2 (4)	3 (12)	4 (3)	5 (6)	6 (1)	7 (1)	8 (4)	9 (9)	10 (8)	11 (4)	12 (7)	13 (4)	酸性岩维氏值
Rb	169	112	123	114	87	137	203	304	352	632	1104	472	320	200
Sr	265.2	601.5	477.1	591.8	550.2	369.2	439.8	110.9	72.7	14.6	34.4	18.2	67.9	300
Ba	1843.1	857.5	786.5	825.4	1118	926.8	920.8	516.3	388.6	104.7	50.7	91.3	79	830
Li	18	24.1	17.7	20.4	20.3	25.4	19.4	52.6	45.1	13	292.6	8.3	16.7	40
Cs		7	6.1	3.3	5.3	6.8	20.3	13	11	8.12	22	12	5.6	5
Be	2.2	2.1	2.4	2.4	2.7	2.3	3.6	7.23	8.83	2	7.55	15.82	5.3	5.5
Sc	2.1	19.4	9.4	9.6	15.3	7.3	7.9	5.2	3.95	22.1	8.3	2.1	1.7	3
V	2.65	185	79.95	86.7	127.8	65.6	77.9	41.4	14.7	1.75	15.39	7.1	5.53	40
Cr	5.23	26.04	14.88	14.05	16.65	13	23.9	4.71	2.74	3.02	2.97	1.64	6.7	25
Co	3.55	16.88	9.79	9.55	16.1	10.8	9.2	6.41	4.41	6.13	3.47	3.3	3.2	5
Ni	7.11	15.94	9.08	10.95	19.01	9.8	13.1	9.06	6.33	9.17	6.01	7.02	6.6	8
Cu	50.73	48.84	53.75	45.79	70.86	58.6	65.7	8.96	16.25	41.32	9.84	9.88	91.7	20
Zn	103.37	145.93	43.47	63	99.61	116.7	90.5	80.39	76.95	21.25	256.36	29.79	93.3	60
Pb	46.71	30.09	28.56	34.53	35.19	54.9	41.6	50.71	37.38		13.97	34.77	41.38	20
Ag	0.383	0.167	0.188	0.175				0.13	0.088		0.082	0.2		0.05
Cd	0.47	0.34	0.27	0.18				0.25	0.19		0.18	0.36		0.1
Bi	0.92	1.29	0.34	0.71				0.13	0.27		0.08	0.58		0.01
Mn	600	880	757	430				323	412		266	418		600
Au	3.25	1.75	1	2.45				1.2	1.18		1.25	2.16		4.3
Hg	5	11.9	6.5	3.4				3.5	6.7		5.87	6.6		80
As	4.4	13.4	2	2.6				1.75	2.3		2.4	4.3		1.5
Sb	0.68	0.74	0.36	0.23				0.3	0.28		0.32	0.39		0.26
W	1.8	1.57	1.25	1.38				6.5	8.2		7.2	10		1.5
B	15.6	2.5	3.1	20.8				2.5	5.43		5.45	6.4		15
Ga	17.97	25.3	22.09	22.4	23.8	17.5	21.3	20.3	23.5	29.1	47.8	26	24.5	20
Zr	83.7	160	146.2	150	168	107	174	186	239	264	1896	154	145	200
Nb	13.51	7.49	10.7	9.38	13.97	11.1	15.8	26.3	49.38	105.4	366.95	59.4	46.38	20
Ta	2.87	0.7	1.7	1.37	1.25	1.4		4.5	4.8	6.9	10.8	3.9		3.5
Sn	6.9	4.8	4.8	3.8	6.7	3.2	9.7	17.8	12.5	13.3	31.8	9.5	14	2.6
Mo	1.64	5.2	7.3	9.4	4.1	7.6	4.5	6.2	11.5	4.2	10.3	4.9	10.5	1
Th	7.84	7.48	16.06	13.16	16.3	18.04	23.64	21.67	24.55	28.92	438.18	30.93	32.56	

注:( ) 分析样品数;1. 印支期花岗斑岩;2. 燕山早期石英闪长玢岩;3. 二长花岗岩;4. 二长花岗斑岩;5. 石英粗安岩;6. 流纹岩;7. 流纹质凝灰岩;8. 燕山晚期早阶段花岗岩;9. 主侵入花岗岩;10. 富钠长石花岗岩;11. 富黑云母花岗岩;12. 晚阶段花岗岩;13. 花斑岩;Au、Hg 含量单位为 10^{-9},其他为 $×10^{-6}$。

(1) 花岗斑岩中 Pb、Zn、Cu、Ag、Cd、Bi、Sb、As、Sn、W、Mo 等元素平均含量高出维氏值,其中 Pb、Ag、Cd、Bi、Sb、As、Mo 的含量较高,是维氏值的 3～10 倍。

(2) 石英闪长玢岩中含量与花岗斑岩有相似之处,但 Zn、Co、Ni、As、Mn、Bi 等亲铜和亲铁元素含量较高。

(3) 二长花岗岩类各种微量元素丰度不高,仅 Mo、Cu、Pb、Ag、Bi 等元素平均含量高于维氏值。

(4) 花岗岩及花斑岩的 Sn、W、Mo、Bi、Pb、Zn、Cd、Nb、Y、As、F 等微量元素平均含量均高于酸性岩维氏值。从最早形成的含角闪石黑云母花岗岩至最晚形成的花斑岩除 Sn、Mo、W、Zn 外,部分微量元素有趋于晚期富集的特点。

(5) 花岗斑岩中的 Pb、Zn、Ag、Cd、Bi 和石英闪长玢岩中的 Cu、Cd、Bi、As 及花岗岩中的 Sn、Nb、F、Zn 等元素高丰度,与已知有成因联系的矿床矿化类型是一致的。花斑岩中 Zn、Pb、Ag、Cd、W、Sn、F 的高丰度,可能反映一种潜在的矿化类型。

区内多期次岩浆岩的普遍含矿性,表明相应成矿作用多期次性,有利于多期成矿作用的叠加富集。

(6) 岩体微量元素特征:①闪长玢岩和石英闪长玢岩中 As、Zn(Cu) 丰度较高,反映了上述岩体中黄铁矿含量可能较高;②花岗斑岩、石英斑岩中 Pb、Zn 丰度明显偏高,反映花岗斑岩、石英斑岩与该区铅锌多金属矿床有成因关系;③钾长花岗岩中 Pb 的丰度较高,这可能与岩体富含铅的寄生矿物——钾长石有关。

(三) 水系沉积物地球化学特征

水系沉积物中成矿元素及主要指示元素的地球化学特征参数列于表 6-18。

表 6-18 苏州西部预测工作区地球化学特征参数表

元素	Cu	Pb	Zn	Cd	Bi	Mo	W	Sn	Sr	Au	Ag	As	Sb	Hg
背景平均值	18.6	25.6	50.8	0.09	0.33	0.71	1.75	3.00	61	1.03	0.064	10.6	0.82	0.049
变异系数(C_V)	84.5	134.9	190.0	853.7	193.4	78.2	111.1	150.3	52.8	177.7	110.1	76.7	86.9	191.9
浓集比值(K)	1.11	1.19	1.21	2.89	1.58	1.24	1.35	1.43	0.94	1.92	1.51	1.23	1.14	2.45
叠加程度(D)	3.98	10.83	10.12	301.7	17.63	3.89	4.56	11.65	2.07	31.43	6.89	3.67	4.19	35.36

变异系数表明,Pb、Zn、Bi、Cd、Au、Ag、Hg、W、Sn 为强变异程度,Cu、Mo、As、Sb 为中等变异程度;浓集比值表明,Cd、Hg 为强富集,Au、Ag、Bi 为富集,Zn、As、W、Sn、Mo 为弱富集;叠加程度表明,Pb、Zn、Bi、Cd、Au、Hg、Sn 为极强后生叠加,Ag 为强后生叠加,Cu、Mo、W、As、Sb 为后生叠加,Sr 为弱后生叠加;因子分析结果揭示出铅锌银(Pb、Zn、Ag、Cd),铜多金属(Cu、Bi、Mo),金(Au、Hg、Ag、Sn),钼(Mo),钨锡(W、Sn、Bi、F、Mn、Ag) 5 个成矿因子。

综上所述,苏州西部对形成铅、锌、镉、钨、锡、金、银的矿产十分有利,对形成铜、钼、锑的矿产亦比较有利。

三、溧水预测工作区地球化学特征

(一) 地层金地球化学特征

本次引用前人 44 个岩石样金含量统计值,按不同测区,不同岩性进行了归类。由表 6-19、表 6-20 可知,Ⅱ测区的砂岩 Au 含量平均值比Ⅰ测区高,但Ⅰ测区的离差较小,而Ⅲ测区的离差是Ⅰ测区砂岩金含量离差的1.5倍，Ⅱ测区的粗安斑岩Au平均含量为0.58×10^{-9}，Ⅲ测区的平均含量为1.19×10^{-9}，后者的Au含量离差是前者的近2倍，角砾岩的Au含量Ⅰ测区与Ⅱ测区相近，Ⅲ测区金含量较高。

表6-19 溧水预测工作区不同时代地质体Au丰度表

地层时代	平均含量(10^{-9})	离差δ	样品数(个)	备注
K_2p	1.50	0.00	1	
K_1y	1.16	1.04	13	
J_3h	3.76	5.49	3	
J_3d	0.567	0.17	3	
J_3lw	0.25	0.05	2	包括侵入岩
J_3x	1.14	1.03	5	
J_2z	0.55	0.25	2	
$J_{1-2}Xn$	0.30	0.00	2	
C_2c	4.00	0.00	1	

表6-20 溧水预测工作区各测区不同岩性Au丰度表

岩性	平均含量(10^{-9})	离差δ	样品数(个)	测区
角闪闪长玢岩	0.60	0.00	1	Ⅰ
砾岩、角砾岩	0.30	0.00	2	Ⅰ
砂岩	1.24	0.96	5	Ⅰ
粗安岩	0.58	0.30	10	Ⅱ
角砾熔岩	0.30	0.08	3	Ⅱ
凝灰岩	0.40	0.00	1	Ⅱ
角砾岩	0.50	0.00	1	Ⅱ
粗安斑岩	1.19	1.08	10	Ⅲ
角砾岩	1.00	0.00	1	Ⅲ
砂岩	1.60	1.37	3	Ⅲ
页岩	0.30	0.00	1	Ⅲ
灰岩	1.15	1.34	6	Ⅲ

注：Ⅰ.桑园蒲；Ⅱ.洪蓝-晶桥；Ⅲ.杭村。

由表还可见到，Ⅰ测区内的砂岩金含量最高，其次为角闪闪长玢岩、角砾岩及砾岩，Ⅱ测区中粗安斑岩的Au含量最高，其次为角砾熔岩、角砾岩凝灰岩，Ⅲ测区内砂岩金含量最高，其次为粗安玢岩、灰岩、页岩、角砾岩。

同时还对这些岩石按不同地层进行统计，由表6-20可以看到，杭村组地层金含量最高，但离差最大,其次为姚家边组,离差也较大,是本区金成矿的有利矿源层,金驹山金矿床、新山里铜金矿点均产于姚家边组中。船山组 Au 含量为 4.00×10^{-9},但参与统计的样品较少,分布范围小。

(二)侵入岩及次火山岩元素地球化学特征

本次引用前人统计的侵入岩及火山岩微量元素含量(表 6-21),成矿元素 Pb、Zn、Cu、Ag、Au 含量较低,仅 Mo 相对富集,伴生元素 As 在花岗闪长斑岩、石英斑岩中含量较高,其他伴生元素含量较低。从侵入岩微量元素含量,很难看出区域岩体与铅、锌、银、金、铜矿化的关系。

表 6-21 侵入岩及次火山岩微量元素含量表

岩性	样品数(个)	元素平均含量(10^{-6})									
		Pb	Zn	Cu	Mo	Ag	Au	As	Sb	Ba	Sr	Bi
辉石闪长玢岩	2	32	47	30	3.3	0.04		6	1	1100	650	<0.3
闪长玢岩	5	48	<30	32	3.4	<0.03	14	<30	<1	230	400	<0.3
闪长岩	2	25	33	55	2.5	0.25		10		900	450	0.75
石英闪长斑岩	14	24	<30	26	3.3	<0.03	12	<30	<1	160	230	<0.3
花岗闪长斑岩	1	18		15	3.0	0.2		65	2	180	200	0.4
石英斑岩	20	40	30	25	8.0	<0.03		300	3	200	350	<0.3

注:引用《溧水地区 1∶5 万区调报告》,1986 年修改。

(三)水系沉积物地球化学特征

与苏南背景相比(表 6-22),Au、Sr 的背景较高,两者的比值 1.2~1.4。由变异系数可知,Cu、Bi、Au、Hg、As、Sb 为强变异程度,Mo、Cd、Ag 为中等变异程度,Zn、W 为弱变异程度;由浓集比率可知,Au 为强富集,Cu、Bi、Hg、Sr 为富集,Ag、As、Sb、Cd、Mo、W 为弱富集;由叠加程度可知,Au、Bi、Hg 为极强后生叠加;Cu、Ag、As、Sb 为强后生叠加,Mo、Cd 为后生叠加,Pb、Zn、W、Sn、Sr 为弱后生叠加;因子分析结果表明揭示出 4 个成矿因子,即铜金成矿因子(Cu、Au、Bi、Mo、Cd、As、Sb)、多金属成矿因子(Zn、Cd、Mn、Sb、Cu、Pb)、银矿成矿因子(Ag)和锶矿成矿因子(Sr、F)。

表 6-22 溧水预测工作区地球化学特征参数表

元素	Cu	Pb	Zn	Cd	Bi	Mo	W	Sn	Sr	Au	Ag	As	Sb	Hg
背景平均值	21.8	26.9	54.9	0.10	0.28	0.77	1.84	2.82	107	1.49	0.059	11.8	0.96	0.045
变异系数(C_V)	136.2	45.5	56.8	76.0	311.8	90.4	63.3	43.4	49.2	264.7	92.2	123.5	136.5	146.8
浓集比值(K)	1.53	1.11	1.15	1.33	1.77	1.48	1.29	1.07	1.59	2.33	1.34	1.35	1.46	1.67
叠加程度(D)	8.79	2.59	2.59	4.94	47.98	5.63	2.14	2.00	2.36	28.00	7.47	6.53	8.45	13.78
苏南地区	19.5	26.6	52.8	0.10	0.31	0.71	1.74	3.03	78	1.24	0.065	11.1	0.85	0.049

(四) 土壤金地球化学特征

溧水地区 1:5 万金土壤地球化学测量结果表明,本区的金浓集部位分别集中在大小毛岭庵至柴山—雨山一带、观山—金驹山一带,其他 Au 异常一般都表现为孤立的峰值。但本区的区域性金平均含量无论是西横山地区,还是溧水至杭村地区都相近,一般为 $(0.7 \sim 1.2) \times 10^{-9}$。从地理分布来看:西横山地区,金的含量具从西到东降低的趋势,从地质上来讲,从沉积岩地层-火山喷发岩过渡。其中在朱村组五段与西横山组及东横山组地层的接触面上,有较多隐伏的角闪闪长玢岩侵入,Au 异常分布的范围广,浓度高,多金属矿化点分布较多。围岩蚀变主要有高岭土化、硅化、黄铁矿化等。

(五) 构造地球化学特征

溧水地区地球化学具有构造控制特征,主要表现在元素的区域性分带(图 6-4),Cu 异常主要分布于夏家边、天生桥、西横山、观山、杭村等地,Au 元素主要分布于西横山和中部的观山地区,铅锌银主要分布于溧水火山岩盆地东部及茅山推凸体的南部(芝山-漕塘)和高淳的秀山-大金山。

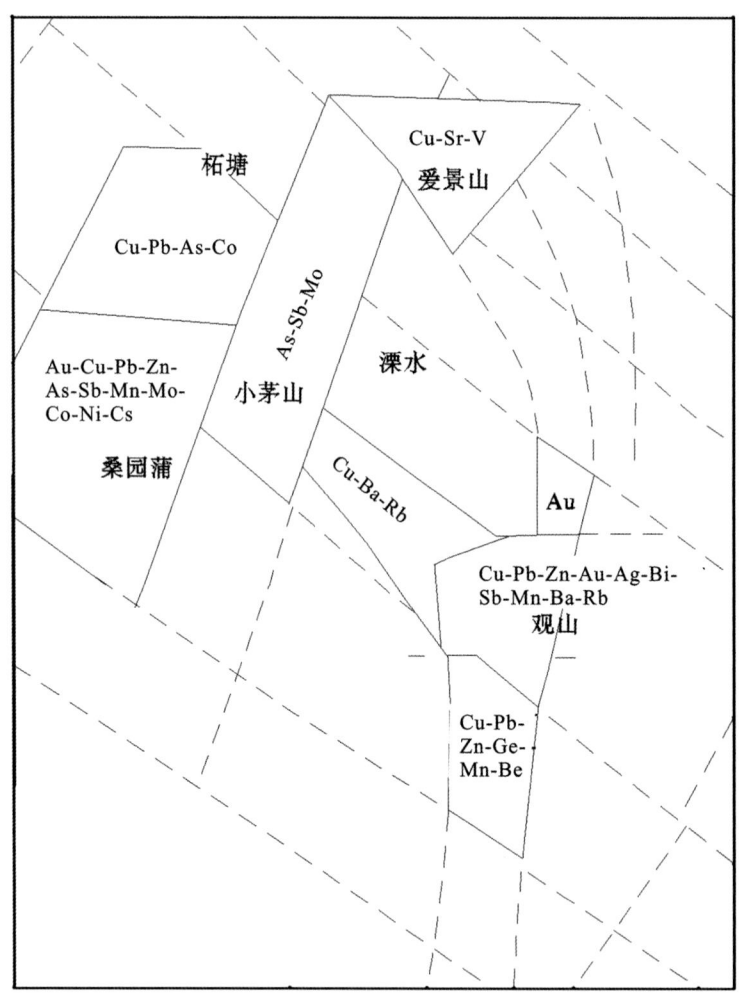

图 6-4 溧水地区构造地球化学分区示意图
(据《溧水地区 1:5 万区调报告》,1986 年修改)

第四节 预测工作区成果综述

一、宁镇预测工作区成果综述

(一)综合异常

1. 综合异常空间分布

选择 Cu、Pb、Zn、Mo、Bi、Au、Ag、As、Cd、Hg、Sb 11 种主要成矿元素及指示元素编制了单元素地球化学异常图,根据元素在空间上相互套合关系,结合地质、矿产资料,圈定了 72 处综合异常。从 1∶5 万地球化学土壤测量综合异常图上可以看出,宁镇地区土壤化探异常具有明显的带状特征,形成一系列的地球化学异常带,异常带的展布与褶皱、断裂以及接触带等构造密切相关。各个异常带中的异常涵盖宁镇绝大多数的异常,特别是具有较好找矿意义的异常已全部容纳其中,现将各异常带主要元素异常简述如下。

(1)幕府山异常带:为 Mo、Au、Ag 异常带,包括 Ap01 幕府山 Mo、Au、Ag 异常,Ap02 二台洞 Au 异常。

(2)栖霞山-铜山异常带:西段以 Pb、Zn、Ag、Sb 为主,东段以 Cu、Mo、Bi 为主。包括 Ap14 大凹山 Pb、Zn 异常,Ap16 栖霞山 Pb、Zn、Ag 异常,Ap38 铜山 Cu、Mo、Bi 异常。

(3)宝华山-巢凤山异常带:西段以 Mo 为主,中段以 Cu、Pb、Zn、Bi 为主,东段以 As、Cu、Pb 为主。包括 Ap39 宝华山 Mo、Cu、Pb 异常,Ap48 老人峰 Cu、Pb、Zn 异常,Ap53 巢凤山 As、Cu、Mo、Bi 异常。

(4)徐家山-金子山异常带:西段以 Cu、Mo、Zn 为主,中段以 Cu、Mo、Bi、Pb、Zn 为主,东段以 As、Pb、Cu 为主。由西向东分别有 Ap21 青龙山 Cu、Zn、Au 异常,Ap33 射乌山 Cu、Mo、Bi、Pb、Zn、Ag 异常,Ap40 安基山 Cu、Mo、Pb、Zn、Ag 异常,Ap50 观音台 Au、Zn、As 异常。

(5)汤山-仑山异常带:以 Ag、Au、Sb、As 为主的异常带。包括 Ap35 汤山 Au、As、Sb 异常,Ap46 草庵 As、Cu、Bi 异常,Ap47 饭山 Cu、Au、As 异常。

(6)岔路口-谭家山异常带:以 As、Sb、Zn、Pb 为主的异常带。包括 Ap07 岔路口 As、Cu、Zn 异常,Ap06 太平山 Au、Cu、Zn、Sb 异常。

(7)雩山-黄山异常带:以 Pb、Zn、Ag、Mo、Cu 为主的异常带。由南东至北西异常有:Ap72 黄山 Cu、Zn 异常,Ap71 水晶山 Cu、Bi 异常,Ap69 马迹山 Pb、Zn 异常,Ap67 雩山 Cu、Pb、Zn 异常。

此外,在镇江九华山岩体附近圈定了较好的异常,以 Ap63 镇江九华山 Cu、Pb、Zn、Au、Mo 异常为中心,周围分别有 Ap62、Ap63、Ap65 异常,形成以九华山为核心的"卫星状"异常模式。

综上所述,宁镇地区土壤异常的区域性分布,与区域地质、区域成矿作用、区域地球化学作用密切相关。

2. 重要异常的解释评价

宁镇地区重要异常大多为矿致异常,如栖霞山 Ap16 Pb、Zn、Ag、Au 等元素异常,铜山 Ap38 Cu、Mo、Bi 等元素异常,汤山 Ap35 Au、As、Sb 等元素异常,这些异常均已在典型矿床地球化学特征中进行了详细的叙述,在此不再描述,现选择其他综合异常简述如下。

1)十里长山西段异常(Ap57 Au、Cu、Pb、Zn、Ag、As、Cd、Mo、Bi)

地质概况:处于宝巢复背斜东段之南翼。出露地层自高家边组至侏罗系象山群。异常的北西部有燕山晚期石英闪长斑岩侵入。围岩蚀变有矽卡岩化、硅化、绢云母化、绿泥石化、大理岩化等。断裂构造发育,主要有近东西向、北北西向与北北东向 3 组。区内已知有石马黄铁矿点。

异常特征：位于句容市之十里长山西段，面积约 6.8km²，呈规则的椭圆形，轴向近东西向。元素组合以 Cu、Mo、Bi、Au、Ag 为主，次为 Pb、Zn、As 等。异常西段，各元素异常相互交叠，大体的分带由内向外为 Cu-Mo-Bi-Pb-Zn-Sb；异常西段由内向外为 Au-Ag-Sb、As，各异常元素程度不同地具有浓度分带。

异常评价：主要元素异常的浓集中心处于石马黄铁矿点、黄铁矿矿体所在位置附近，异常内、中带的延伸方向（近东西）与主要赋存矿构造的走向一致，故本异常主要为已知矿体所引起。从异常与已知矿点的关系来看，地表发现新的工业矿体可能性不大，但前缘元素 Ag 异常浓集中心，位于已知矿体之东 500～1000m 的山脊地带，是寻找隐伏黄铁矿或多金属矿体值得注意的地段。

2）固江口异常（Ap45 Cu、Au、Zn、As、Ag、Cd、Hg、Bi、Sb）

地质概况：处于汤仑复背斜之中段。出露地层自上泥盆统五通组至上二叠统大隆组。有石英闪长斑岩的侵入体，发育北东东—东西向、北西向、北北东向 3 组断裂。灰岩普遍具大理岩化。已知的九华山北坡多金属矿点、钉耙岗金矿点、固江口多金属矿点、大红牌铁矿点，这些矿点的矿体经氧化后形成的铁帽中铜、铅、锌、金的含量均较高。前人曾在固江口铁帽中见到自然金，以往自然重砂资料中该区亦有自然金异常。

异常特征：位于九华山东侧之固江口一带，面积约 5.6km²，呈不规则的椭圆形，轴向北西向。元素组合以 Pb、Zn、Ag、Au、As 为主，次为 Sb、Hg、Cd 等。元素重叠性较好，大体的分带由内向外为 Au-Au、As-Hg、Ag-Pb、Zn，绝大多数浓度分带完整，均发育有内、中、外带。

异常评价：固江口地区开展了异常查证工作，化探异常范围内垂直主体构造线布置了 3 条近南北向的剖面，进行点距 40m 的土壤测量。圈出①As、Ag、Pb、Zn，②Hg、As、Ag，③Ag、Pb、Zn、Cu、As，④Ag、Cu、Pb、As 四个异常，区内已知矿点均落在这些异常区内，从面积异常测量和异常检查、矿点检查的结果来看，异常与已知矿点的关系甚为密切，属矿致异常。该异常成矿地质条件较好，从异常规模来看，异常内的多金属矿点和金矿点尚可扩大远景，有找到新的隐伏矿体的可能性；异常区内的谷地有金的重砂异常区，而且有些异常点含量较高，故在有利重矿物集中地段有可能找到黄金的砂矿体。

（二）区域找矿标志及找矿模式

该区主要矿床由安基山矽卡岩斑岩型及栖霞山碳酸盐岩型两类矿床组成。成矿多受近东西向断褶带中的走向层滑断裂或横向断裂控制，与燕山中期晚阶段中酸性石英闪长斑岩、花岗闪长斑岩的侵入有关。赋矿地层主要为石炭纪—二叠纪碳酸盐岩。

1. 安基山式铜矿

由铜山、安基山、伏牛山、盘龙岗等以铜为主的矿床组成，是江苏南部地区最重要的铜矿成矿类型。其主要找矿标志为：

（1）地质标志。燕山中晚期阶段侵入的中酸性石英闪长斑岩、花岗闪长斑岩是本类矿床的岩石标志，特别是岩体侵入的前锋、边缘及其接触带附近，是有利的成矿部位；走向层滑断裂或横向断裂及其旁侧构造与岩体接触带构造复合部位是重要的构造标志；介于第一、二硅钙面间的石炭纪—二叠纪碳酸盐岩，特别是栖霞组（P_1q）碳酸盐岩是找矿的层位标志；矽卡岩化、钾化、绢云母化、硅化等蚀变及分带是本类矿床的蚀变标志。

（2）地球化学标志。剥蚀程度不同的各矿床均具 Cu、Au 多金属元素的水系沉积物、土壤、岩石地球化学异常，且多具有明显的浓集中心和分带。

（3）地球物理标志。重力梯度带或其扭曲部位中有局部磁异常与激电异常的重合，常常是矽卡岩型铜矿床的间接找矿标志；宽缓地磁异常内侧的激电异常带是斑岩型铜钼矿的间接找矿标志。

根据上述找矿标志，建立宁镇地区铜（金）综合找矿模式（表 6-23，图 6-5）。

表 6-23 宁镇地区安基山铜(金)多金属矿综合找矿标志一览表

代表矿床		铜山铜、钼(金)矿	安基山铜矿	盘龙岗铜钼矿
矿床类型		矽卡岩型	矽卡岩型	斑岩型
地质标志	地层	$P_1q—P_2l$	C—T(以 P_1q 为主)	O_3S_1g
	构造	沿硅钙面发育的走向层滑断裂与岩体接触带复合构造	北北西向导岩断裂及其旁侧构造与岩体捕虏体接触带复合构造	岩体内接触带裂隙构造
	岩浆岩	燕山中期晚阶段中酸性花岗闪长斑岩、石英闪长斑岩,含 $Cu>30×10^{-6}$		
		含 $Cu\ 69×10^{-6}$,Cu/Zn 比值 4~19	含 $Cu\ 92×10^{-6}$,Cu/Zn 比值低(4~19)	含 $Cu\ 73×10^{-6}$,Cu/Zn 比值高(27~110)
	蚀变	矽卡岩化,由岩体内至外具明显分带	矽卡岩化,由岩体内至外具分带现象	岩体由内至外具钾化-硅化,绢云母化-泥化等分带现象
地球化学标志	水系沉积物(或土壤)	Au、Cu、Bi、Cd、Hg 等元素组合	Cu、Mo、Pb、Zn、Ag、As、Sb 等组合,元素水平分带内带:Cu、Mo、Ag;外带:Pb、Zn、Ag、As、Sb	Cu、Mo、Bi、Pb、Zn、Ag 等组合,元素水平分带内带:Cu、Mo;外带:Bi、Pb、Zn、Ag
	岩石	矿头晕:Hg、As 矿中晕:Au、Ag、Cu(Pb)、Bi 矿尾晕:W、Mo	矿前晕:Ag、Pb、Zn;Cu/Pb=5 矿中晕:Cu、Mo;Cu/Pb=50 矿尾晕:Mo、Cu;Cu/Pb=150	矿前晕:Pb、Zn、Ag 矿中晕:Cu、Mo 矿尾晕:Mo
	铁帽	$Cu>0.3\%$,$Pb<0.06\%$,$Zn>0.3\%$,$Mo<0.001\%$,$Ag>1.4×10^{-6}$	$Cu>0.4\%$,$Pb<0.06\%$,$Zn>0.30\%$,$Mo>0.001\%$,$Ag>0.5×10^{-6}$	不发育
地球物理标志	重力	位于重力梯度带上	位于重力低和串珠状重力高异常带间的梯度带部位	重力低异常带边缘内侧
	磁法	岩体地磁异常 300nT,接触带异常 500nT	矿带上磁异常高出岩体磁场 200nT 以上	宽缓磁异常,强度在 100~200nT,是岩体磁场的反映
	电法	矿体上激电异常>8%	矿体上激电异常>8%	岩体 η_s 背景场为 5% 左右,矿体 η_s 异常为 8%~11%

2. 栖霞山式铅锌银金矿

由栖霞山、大凹山、老人峰、汤山等以铅锌银金多金属为主的矿床组成,是本区主要的多金属矿成矿类型,其主要找矿标志如下:

(1)地质标志。沿硅钙面发育的走向层滑断裂、层间破碎是本类矿床重要的构造找矿标志。其中尤以沿第一硅钙面(S—D/C—P)发育的层滑断裂最为重要。象山群与古生界(含 T_1)之间的构造面和奥陶系与志留系之间的构造面也较为重要。

第一硅钙面旁侧的 C—P 碳酸盐岩为多金属矿找矿的层位标志;中奥陶世泥质灰岩则是卡林型金矿找矿的层位标志。

除个别矿床外,本类多数矿床与岩浆岩关系不密切,但通常深部有隐伏岩体赋存。

硅化、碳酸盐化、绿泥石化等中低温蚀变是找矿的蚀变标志。

(2)地球化学标志。具 Pb、Zn、Ag、Sb、As、Cu、Mo、Au 等多元素水系沉积物(或土壤)及岩石综合异常,异常强度大,范围广,有浓集中心,分带明显,是重要的找矿标志。

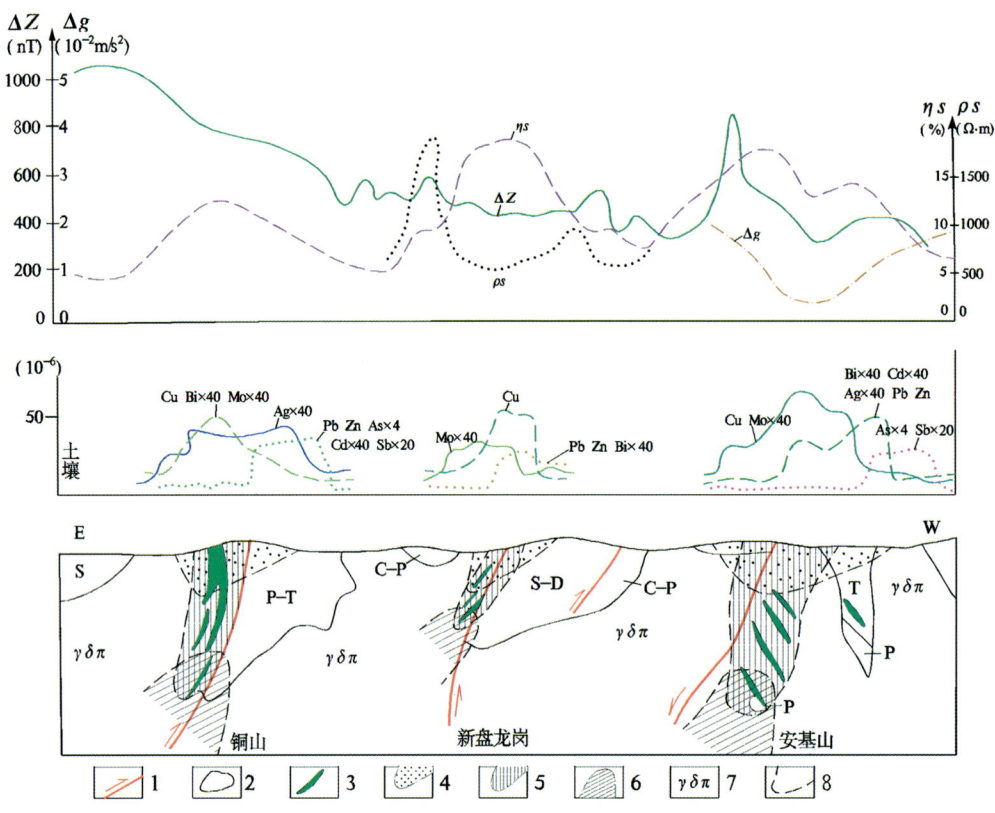

图 6-5 宁镇安基山铜(金)多金属矿综合找矿模式图
(引用《苏南铜多金属矿勘查研究报告》,1995)
1.断层;2.地质界线;3.矿体;4.矿头晕;5.矿中晕;6.矿尾晕;7.花岗闪长斑岩;8.原生晕边界线

(3)地球物理标志。重力梯度带或低缓重力异常的转折处,叠加有低缓磁异常及激电异常,是本类矿床的间接找矿标志。

综合上述找矿标志,建立宁镇地区铅锌银金多金属矿综合找矿模式(表 6-24,图 6-6)。

(三)找矿预测区圈定

根据现有资料和认识水平,侧重于从化探的角度考虑,结合成矿地质条件的分析,初步圈定了 7 个找矿预测区,分别简述如下。

1. 岔路口铅锌多金属矿、金矿、铜矿找矿预测区

1)成矿地质条件

该预测区位于杨坊山-长林村断裂带上,区内断裂构造较发育,主要有近东西向的纵向逆断层(即杨坊山-长林村断裂)以及北西向与北东向的横断层。出露周冲村组角砾状灰岩、黄马青组和象山群砂页岩。侵入岩有闪长玢岩、闪长岩。围岩蚀变主要有绿泥石化、绢云母化、硅化、高岭土化等。已知有岔路口热液型黄铁矿床。

2)预测依据

(1)地球化学场为弧形的"栖霞山-铜山高背景带"与东西向"岔路口-谭家山高背景带"的交会部位,为 Ap07 号岔路口 Au、Cu、Zn、Sb 异常所在之处。

(2)区域化探异常因子得分 F2=-0.90,F3=-0.80;指示金矿、铜矿的累乘指数亦发育良好,指示在已知黄铁矿体的下方还可能存在铅锌多金属、铜矿体。

表 6-24 宁镇栖霞山铅锌银金矿综合找矿标志一览表

代表矿床		栖霞山铅锌银金矿	老人峰铅锌银矿	汤山金矿
矿床类型		沉积改造型		
地质标志	地层	$J_{1-2}Xn$、S—D、C—P_1q	S—D、C—P_1q	O_1h、O_2t
	构造	沿硅钙面发育的层滑断裂、层间破碎带		
		$J_{1-2}Xn/P$、D_3w/C_2h	D_3w/P_1q	O_1h/O_2t
	岩浆岩	浅部未见,深部有隐伏岩体	石英闪长斑岩接触带附近	浅表未见,深部有隐伏岩体
	蚀变	蚀变弱,有硅化、碳酸盐化、绿泥石化等中低温蚀变		
			局部矽卡岩化	
地球化学标示	水系沉积物（或土壤）	Pb、Zn、Ag、Cd、Sb、Hg、Au、As、Cu等元素组合	Cu、Pb、Zn、Bi、Ag、Au、Cd、Mo、Sb、As元素组合异常,浓度高	Au、As、Ag、Sb、Pb、Zn、Mo等元素组合,As、Au是最重要的标志元素
	岩石	矿前晕:As、Sb、Hg 矿中晕:Pb、Zn、Cd、Bi 矿尾晕:Pb、Zn、Cu、Mo Pb/Cu=1.36~3.28	矿前晕:As、Ag 矿中晕:Cu、Pb、Ag 矿尾晕:Bi、Mo	矿前晕:As、Sb 矿中晕:Au、Ag 矿尾晕:Pb、Zn、Cu
	铁帽	Cu=0.1%~0.16%,Pb>0.16%,Zn>0.45%,Mo<0.0013%,Ag>$5×10^{-6}$		
地球物理标志	重力	位于重力梯度带及扭曲部位	重力高值带转折处	重力梯度带转折处
	磁法	低缓弱磁异常,反映深部有隐伏岩体	磁异常带鞍部	区域磁异常带边缘
	电法	$\eta s>7\%$异常反映矿化带或矿体	中等激电异常区	高阻异常

2. 大凹山-栖霞山铅锌多金属矿、金矿、铜矿找矿预测区

1）成矿地质条件

该预测区位于龙仓复背斜西段南翼,出露坟头组、五通组、高骊山组、黄龙组、船山组、栖霞组、孤峰组、龙潭组以及象山群、西横山组、大王山组等。主要为碳酸盐岩建造和碎屑岩建造。区内北东东向的纵向逆断层甚为发育,呈叠瓦状构造,此组断裂为本区的主要控矿构造,工业矿体多赋存于此破碎带和近于平行的构造不整合面上。此外,异常区还发育有北东—北、北东—北北东和北西—北北西向的3组横断层。已知有中低温热液的栖霞山伴生金矿与黄铁矿的铅锌银多金属矿床和大凹山多金属矿点。

2）预测依据

（1）地球化学场位于"栖霞山-铜山高背景带"上,为Ap16栖霞山Pb、Zn、Au、Ag、Cd、Sb异常和Ap14大凹山Pb、Zn、Cu异常所在之处。

（2）栖霞山异常在全区异常评序中排第一,多种区域地球化学找矿标志明显。

（3）栖霞山异常所在之处发育良好的金矿累乘指数异常和指示铜矿的累乘指数异常,推测在铅锌为主的矿体下部存在着以铜为主的盲矿体。

3. 大华山-宝华山-安基山-伏牛山-胄王铜矿、铅锌多金属矿、金矿找矿预测区

1）成矿地质条件

该预测区位于宝华山-巢凤山复背斜与华墅-亭子复向斜之间,地层发育完全,出露燕山晚期石英闪长斑岩侵入体（安基山岩体）,已知有铁、铜、钼、铅锌、金矿床（点）20余处。

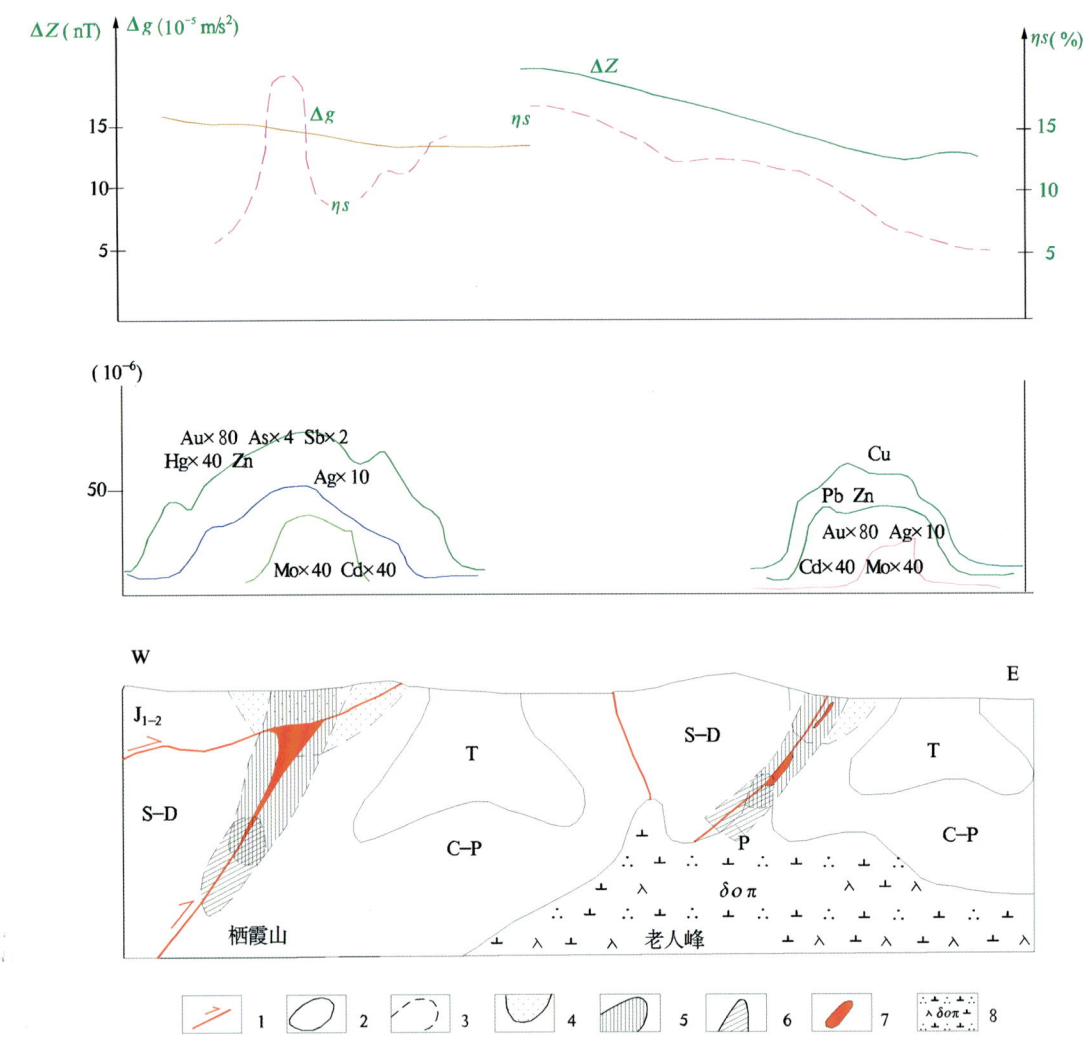

图 6-6 宁镇栖霞山碳酸盐岩型铅锌银金矿综合找矿模式图
(引用《苏南铜多金属矿勘查研究报告》,1995)
1.断层;2.地质界线;3.原生晕边界线;4.矿头晕;5.矿中晕;6.矿尾晕;7.矿体;8.石英闪长斑岩

2)预测依据

(1)处于弧形的"宝华山-巢凤山高背景带"和"徐家山-金子山高背景带"、横向的"龙潭-伏牛山高背景带"及"半环状高背景带"相互交会部位,Cu、Pb、Zn 等地球化学场的浓度甚高,热液、矿化活动强烈。

(2)区内铜矿、铅锌多金属矿和金矿的累乘指数发育良好,均有明显的浓集分带。

4. 老人峰铅锌多金属矿、铜矿找矿预测区

1)成矿地质条件

该预测区位于宝巢复式背斜之中段,出露地层自上奥陶统高家边组—中三叠统大隆组。出露侵入岩有燕山晚期的闪长玢岩和石英闪长斑岩。围岩蚀变有矽卡岩化、大理岩化、硅化、褐铁矿化等。断裂构造主要有两组,即近东西向的纵向逆断层和北西—北北西向的横断层。已知有老人峰多金属矿点和盘龙岗小型铜矿床。

2)预测依据

(1)地球化学场处于"宝华山-巢凤山高背景带"上,为 Ap48 老人峰 Cu、Mo、Pb、Zn、Ag 异常所在之处。

(2)区域化探异常主要因子得分 F1=8.66,F2=1.65,Pb+Zn 衬值异常规模大,显示出良好的"铅

锌多金属矿床"的标志。

5. 汤山金矿、铅锌多金属矿、铜矿找矿预测区

1）成矿地质条件

该预测区位于汤仑背斜的中段，为褶皱枢纽波状起伏的倾伏端。出露寒武系观音台组白云岩、奥陶系各组的白云岩、灰岩、泥质灰岩与泥岩，志留系高家边组砂页岩。石英闪长斑岩呈岩床、岩脉状侵入围岩之中。发育两组断裂构造，即北东东—东西向的纵断层和北北东—北东向的横断层。已知有卡林型汤山金矿床。

2）预测依据

（1）地球化学场为"汤山-仑山高背景带"上，为 Ap35 汤山 Au、Ag、As、Sb、Pb 异常所在之处。

（2）区域化探异常因子得分 $F_3=-4.07$，区域地球化学因子得分最高值 $F_1=3.07$，$F_2=1.49$，Pb+Zn 衬值异常规模较大(9.05)，指示铅锌多金属矿的累乘指数发育良好。

6. 凉帽山金矿找矿预测区

1）成矿地质条件

该预测区位于汤仑复背斜中段的仑山短轴背斜，区内地层自震旦系至泥盆系发育齐全，并有白垩系不整合于老地层之上。断裂构造发育北东东—北东向的纵向逆断层和北西—北北西向横断层两组。岩石普遍具硅化。已知有低温热液型微细浸染型仑山金矿点一处。

2）预测依据

（1）地球化学场为"汤山-仑山高背景带"，为 Ap50 凉帽山 Au、Ag、As、Hg、Sb 异常所在之处。

（2）Au、As、Hg 异常具有比较完整的浓度分带，As+Sb 衬值异常规模较大，区域地球化学因子得分最高 $F_4=3.19$，指示金矿的累乘指数异常发育良好。

7. 镇江九华山铜矿、铅锌多金属矿找矿预测区

1）成矿地质条件

该预测区位于宝巢复背斜之南翼，出露志留系坟头组砂页岩，泥盆系五通组砂岩、早石炭世灰岩、白云岩、砂页岩、黄龙组与船山组灰岩，二叠系栖霞组灰岩，龙潭组砂页岩，三叠系青龙组、周冲村组灰岩、泥质灰岩、黄马青组粉砂岩。局部见燕山晚期石英二长斑岩与石英斑岩的侵入。围岩蚀变有大理岩化等。断裂构造主要有两组，即北东东向的纵断层和北北西向的横断层。已知有镇江九华山热液型多金属矿点。

2）预测依据

（1）处于"卫星状"异常带的核心部位，为 Ap63 九华山 Pb、Zn、Cu、Bi、Ag 异常所在之处。

（2）Cu+Zn、Cu+Mo 异常衬值规模大，区域地球化学因子得分最高值 $F_1=4.43$，$F_2=1.29$，显示出良好的铅锌、铜钼矿床的地球化学找矿标志。

二、苏州西部预测工作区成果综述

（一）岩石地球化学异常空间分布

1. 元素组合

以亲铜元素为主的多元素综合异常可分为两个组合类型：一种是城隍山矿田、阳北部分火山岩地区及潭山矿田。异常元素组合以 Pb、Zn、Ag、Cu、Bi 等成矿组分为主，伴生组分 Hg、As、Sb 等也很发育。成矿组分构成矿体的主要和次要成分，浓集中心均呈同心状，伴生组分异常规模较大。其浓集中心和异常展布方向与逆推断裂、接触带构造及层间构造破碎带等一致，指示构造控矿控晕特点。另一种是分布于花岗岩体接触带及其北侧的范家桥和南侧的七子山一带,异常元素组合稍简单,普遍发育 Sn、Zn、Fe、Cu、Bi、Pb 等成矿元素组合,其中 Sn、Zn 是该类型异常的特征指示元素,其次尚有 As、Ag、Sb、F 等伴生元素。异常规模较小,一般不形成包围成矿元素异常的大异常。该异常主要受花岗岩接触带、逆推断裂、层间剥离构造以及东西向的断裂控制。

2. 异常的区域分布

多元素岩石地球化学异常主要分布于潭山地区、城隍山花岗斑岩内外接触带、阳北火山岩边缘地带、苏州花岗岩接触带和七子山一带 5 个地带,新庄、穹隆山一带还有一些零散异常。现将 5 个地带综合异常叙述如下。

(1)潭山地区。呈近东西向等轴状分布,面积约 $8km^2$,异常元素组合复杂,有 Pb、Zn、Ag、Cu、Au、Bi、Sb、As、Hg 等组分,以 Pb、Zn、Ag、Cu 等成矿元素为主,具同心状浓集特点。其中 Au、Ag、Sb、As 等元素主要显示近东西向展布,Cu 呈近南北向产出,Sb、As 异常面积最大,Hg 异常在外围分布。Pb、Zn 异常最大浓度均大于 $1000×10^{-6}$,Cu $400×10^{-6}$,Ag $42×10^{-6}$。

(2)城隍山花岗斑岩内外接触带。异常主要分布于岩体西部迁里、东部吴宅及东北阳巴山一带,单个综合异常多呈具有一定方向的等轴状,面积均在 $5km^2$ 左右,异常元素组合复杂,浓度高,有 Pb、Zn、Ag、Cu、Bi、Sb、As、Hg 等组分,Pb 达 $(300\sim1000)×10^{-6}$,Zn $300×10^{-6}$,Cu $500×10^{-6}$,Ag $(10\sim50)×10^{-6}$,As、Sb、Hg 异常呈带状,面积最大,迁里、吴宅一带 Hg 达 $350×10^{-9}$,龙山一带 As $162×10^{-6}$,Sb $10×10^{-6}$。As、Sb、Hg 等低温前缘元素异常以北东端及西部较为发育。

(3)阳北火山岩边缘地带。这一带成矿成晕作用复杂,有 Au、Ag、As、Ag、Pb、Cu、Pb、Bi、Sb 及 Sn、Zn、Cu 异常。其中以 Pb、Ag、Bi、Au、As 等元素异常较为明显,Bi、Sb、As 浓度高,单个综合异常面积 $3\sim4km^2$,主要呈近东西向分布。

(4)苏州花岗岩接触带。异常元素组合有 Sn、Zn、Cu、Pb、Bi、As、F 等成分,综合异常长轴多平行或垂直接触带产出,面积 $1\sim1.5km^2$,矿床处异常明显,各元素具同心状特点,但其展布方向明显不同。

(5)七子山一带。异常分布于花岗岩南部泥盆系碎屑岩中,单个综合异常面积 $1\sim5km^2$,都具有一定的方向性,元素组合复杂,有 Pb、Zn、Cu、Ag、Sn、Mo、Sb、As、Hg、F 等组分,以 Pb、Zn 为主,最大浓度均大于 $1000×10^{-6}$,多数异常具有同心状特点。

(二)土壤元素异常空间分布

1:1 万土壤地球化学异常主要分布于丘陵地区,区域上主要沿潭东-光福-通安断裂破碎带和阳山北北东向花岗斑岩脉附近分布,其分布走向大多呈北东向展布,与本区主要成矿构造线走向相一致,反映出土壤地球化学异常与断裂构造、多金属成矿作用密切相关。按空间分布亦可分为 5 个异常集中区(图 6-7),分别简述如下:

(1)观山-阳山异常区。所有 Pb 异常都具有低、中、高浓度分带,连续性好,构成一北东向的宽条带状异常,延伸约 3.5km。

(2)坟山异常区。位于潭东的坟山上,异常形态与山形相似,分布范围为 300m×250m,Pb 最高含量为 $1000×10^{-6}$,所处地质部位的成矿条件有利。

(3)玄墓山异常区。Pb 异常分布范围为 600m×400m,Pb 最高含量为 $300×10^{-6}$,Pb 异常可能反映多金属矿化活动。

(4)铜井异常区。异常以 Pb、Zn 为主,伴有 Cu、Hg 零星异常,异常的分布范围较大,长约 800m,宽约 600m,最高含量 Pb $350×10^{-6}$,Zn $95×10^{-6}$。

(5)长山异常区。异常以 Pb 为主,伴有 Hg 的低浓度异常,异常断续展布在山坡的断裂破碎带附近,分布范围:长约 700m,宽约 500m,Pb 最高含量为 $1300×10^{-6}$。

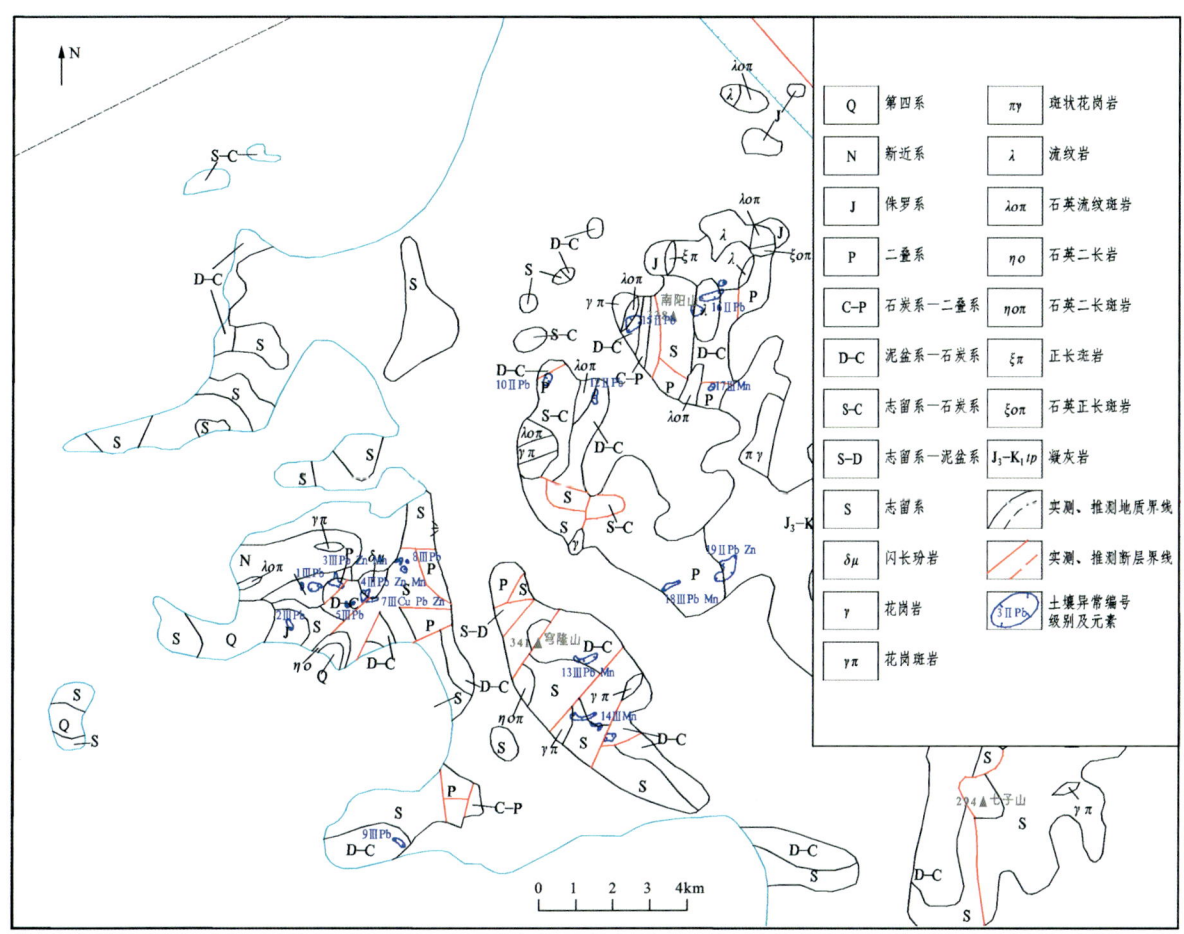

图 6-7 苏州西部土壤综合异常图
(据《苏州西部地区多金属矿的成矿条件及预测报告》,1990 年修改)

(三)区域找矿标志及找矿模式

由于溧阳与苏州西部地区具有相似的成矿地质背景,现将两者结合简述区域找矿标志及找矿模式。本区矿床由迁里、谈家桥及土包山各类矿床组成,成因类型多属矽卡岩型。成矿与酸性、偏酸性侵入岩有关,受推覆构造或层间破碎构造控制。多金属、铜、金的赋矿地层以 $C-P_1q$ 为主,锌铁矿的赋矿地层则为 P_3c。

1. 迁里式铅锌银矿

由迁里、吴宅等铅锌银(铜)矿组成,是苏南地区矽卡岩型多金属矿的主要成矿类型。

(1)地质标志。印支末期侵入的具强绢云母化蚀变的花岗斑岩是重要的岩石标志,该类岩体接触带往往是重要的成矿部位;推覆构造的层滑断裂面与岩体接触带复合构造是找矿的构造标志,其中阶梯状接触带是迁里的找矿标志,呈舌状平缓接触带是吴宅的找矿标志;黄龙组—栖霞组灰岩是找矿的层位标志,特别是该层位地层厚度明显变薄,可作为重要的找矿信息;以钙铁辉石、钙铁榴石为主的矽卡岩化、黄铁矿化为矿化蚀变标志。

(2)地球化学标志。具 Pb、Zn、Ag、Cu、Bi、Mo、Cd、Hg、Sb、As 等元素的水系沉积物、土壤、岩石地球化学综合异常,且具明显分带,岩石异常强度 $Pb>200\times10^{-6}$,$Zn>300\times10^{-6}$,$Ag>3\times10^{-6}$。

(3)地球物理标志。重磁同低异常边缘梯度带的扭曲或突出部位;频率测深曲线呈 A 型或 H 型;屏障过渡激电有明显异常显示;综合找矿模式见表6-25和图6-8。

2. 谈家桥式锌铁矿

主要以谈家桥、旺米山、南瓜山等锌铁矿为代表。

(1)地质标志。早白垩世(K_1)侵入A型花岗岩中的黑云母花岗岩是本矿床的岩石标志,其接触带及旁侧构造裂隙是成矿部位;推覆构造与岩体接触带复合构造是重要的构造标志,其中接触带凹部构造及层间剥离构造是赋矿构造;长兴组、下青龙组碳酸盐岩是找矿的层位标志;透辉石、钙铁榴石、符山石矽卡岩是蚀变标志,萤石的大量出现为矿物标志。

(2)地球化学标志。具Pb、Zn、Ba、Ag、Mn、As、Ni、Co等元素的综合异常,且具分带现象。

(3)地球物理标志。低缓磁场背景上的局部正磁异常是锌铁矿的间接找矿标志。磁场强度的大小常反映矿体埋藏的深浅。

综合找矿模式见表6-25和图6-8。

表6-25 溧阳-苏州多金属综合找矿标志一览表

代表矿床		吴宅铅锌银矿	谈家桥铅锌矿	土包山铁金矿
矿床类型		矽卡岩型为主,部分热液填充型、斑岩型	矽卡岩型	矽卡岩型
地质标志	地层	$D_3w—C_1g,C_2h—P_1q,P_2l$	$P_2l,P_3c—T_1$	$D_3w—C_1g$
	构造	推覆构造下盘,层间断裂、破碎带、岩体接触带	接触带凹部构造,层间剥离构造、层间裂隙构造	推覆构造带旁侧的岩体捕房体接触带,北北东向断裂带
	岩浆岩	花岗斑岩,Pb、Zn、Ag元素丰度高;Pb$>40\times10^{-6}$,Zn$>100\times10^{-6}$,Ag$>0.36\times10^{-6}$	A型花岗岩	石英闪长斑岩,含Au 5.8×10^{-9}
	蚀变	以钙铁榴石为主的似层状矽卡岩,兼具硅化、绢云母化、绿泥石化和黄铁矿化	外接触带,矽卡岩化、大理岩化、萤石化;内接触带,钠化	矽卡岩化、大理岩化、碱质交代蚀变
地球化学标示	水系沉积物(或土壤)	Pb、Zn、Au、Bi、Cd、Hg、Ag、As、Sb等元素组合		Au、As、Cd、Bi、Hg、Ag、Pb、Cu等元素组合
	岩石	矿前晕:As、Sb、Hg 矿中晕:Pb、Zn、Ag、Cu 矿尾晕:W、Sn	矿头晕:Ba、Ag 矿中晕:Zn、Pb、Cu、Mo 矿尾晕:As、Ni、Co	矿头晕:Hg 矿中晕:Au、Ag、Bi、Cu 矿尾晕:Co、Mo
	氧化帽	在地表Cu含量较高地段($>200\times10^{-6}$)均见有铜草	不发晕	铁帽、孔雀石、蓝铜矿等
地球物理标志	重、磁、电	重力负背景中局部重力高和正磁异常重叠,$\Delta Z>300$nT,频测曲线以H型为主	重力梯度带,区域低缓负磁场背景上的局部磁异常,磁场强度常反映矿体埋深,一般$\Delta Z>300$nT	近似对称的等轴状此异常$\Delta Z>2000$nT

3. 土包山式铁金矿

代表型矿床为溧阳市土包山铁金矿,成矿与燕山晚期侵入的次火山岩相石英闪长斑岩有关。矿体赋存于北北东向断裂与近东西向推覆构造交会处附近的岩体捕房体接触带内。成矿围岩主要为碳酸盐岩。综合找矿模式见表6-25和图6-8。

第六章 预测工作区地球化学研究

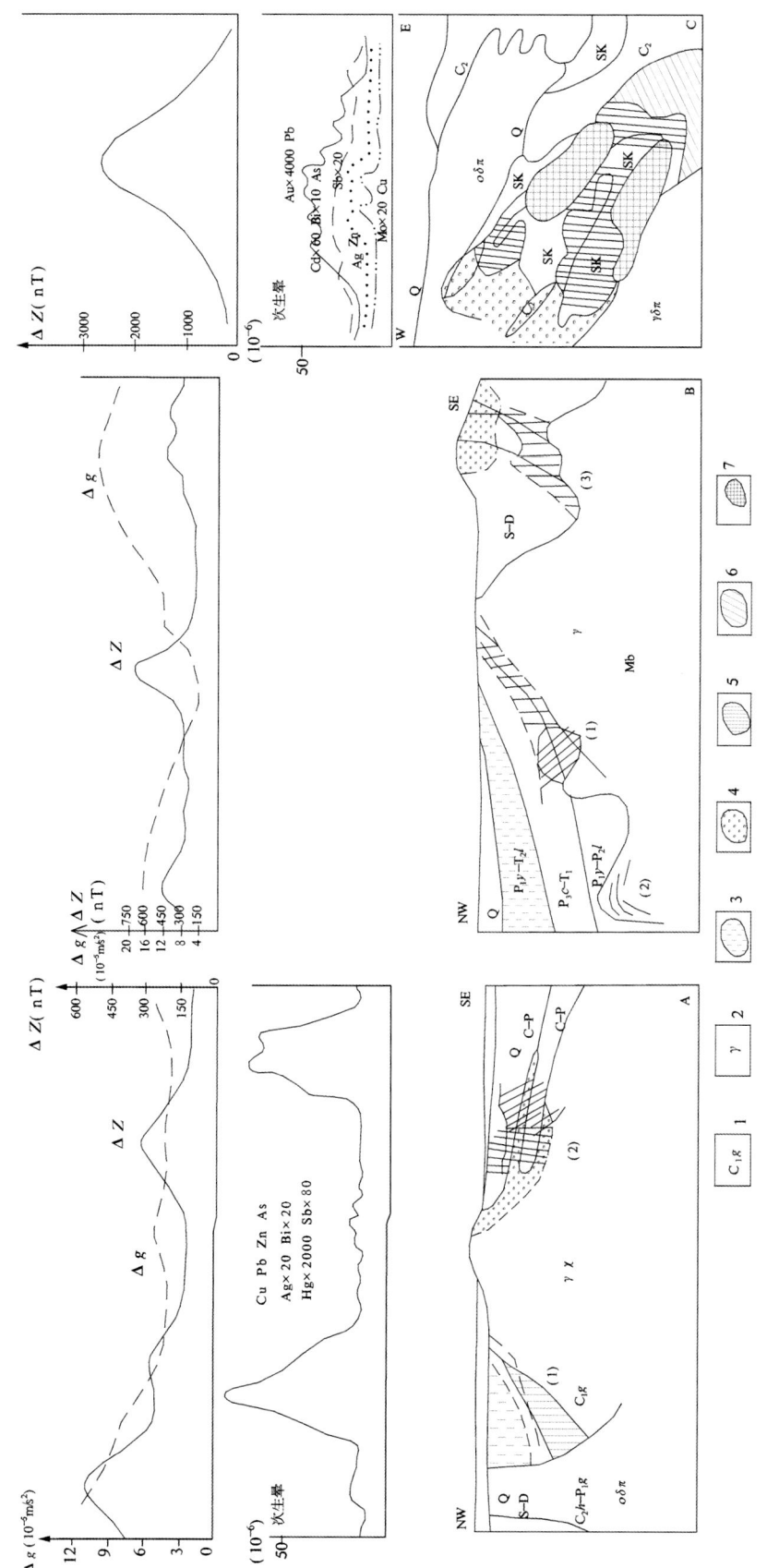

图 6-8 溧阳-苏州多金属矿综合找矿模式图
(引用《苏南铜多金属矿勘查研究报告》,1995)

A. 迂里亚式:(1)迂里铅、锌、银矿;(2)吴宅铝、银矿。B. 谈家桥亚式:(1)谈家桥、旺米山锌、铁矿;(2)善安浜铌、钽矿;(3)东山锡、铅、锌矿。C. 土包山亚式:(1)迂里铅、锌、银矿;(2)善安浜铌、钽矿;(3)东山锡、铅、锌矿。地层及代号;2.岩体及代号;3.帽晕;4.前缘晕;5.矿晕;6.尾晕;7.矿体

三、溧水预测工作区成果综述

(一)异常分布

溧水地区曾开展过1:5万土壤金测量及与区域地质矿产调查同时进行1:5万土壤化探测量工作，由于两者的测区范围及工作年限不同，两者的资料难以综合利用，因此两部分资料成果分别简述如下。

1. Au元素异常分布特征

从地质背景上来讲，岩性从沉积岩地层向火山喷发岩过渡。其中在朱村组五段与西横山组及东横山组地层的接触面上，有较多隐伏的角闪闪长玢岩侵入，Au异常分布范围广，浓度高，多金属矿化点分布较多。围岩蚀变主要有高岭土化、硅化、黄铁矿化等。

溧水至观山一带，出露地层主要为龙王山组及大王山组。出现的异常少、范围小、浓度低，但在已知矿化点附近总有几个或至少有一个异常点的存在，说明Au异常与多金属矿的关系比较密切，同时也与该处岩性有关，这两个组均为火山喷出岩，金的平均含量较低，但向南过渡到姚家边组地层，金含量明显增高。

观山至金驹山一带，出露地层主要为姚家边组和大王山组，但观山附近的火山次级构造发育，具较多的岩脉穿插，如正长斑岩等发生明显的蚀变，因此该区域金的背景较高，异常范围较大，峰值高，最高可达 1.78×10^{-6}，并有已知的观山铜铅矿床、金驹山金矿床、新山里铜金矿点等。

芳山至金山口一带，出露地层最老的为茅山推覆体中的泥盆系五通组砂岩，最新的为杭村组沉积岩，其中包括了二叠系、石炭系、志留系、白垩系、侏罗系中的部分地层。这些地层呈不规则状互相接触形成一条南北向的条带，金的含量在该接触带上以不连续的条带状展布，峰值比较高，异常范围不大。区域地质调查大队在该条带上(芳山—金山口)进行了部分查证，结果反映的异常特征与本次工作发现的异常基本吻合。

杭村至枯竹山一带，出露的地层主要有姚家边组火山喷出岩和杭村组火山沉积岩-沉积岩，有粗安斑岩脉的侵入。断裂构造近于南北向，Au异常一般呈孤峰状出现，而且都与已知多金属矿化点有关。

总的来看，本区的Au异常与下列因素有关。

(1)西横山地区的沉积岩地层(东横山组、西横山组及朱村组五段)及其隐伏的角闪闪长玢岩体，不整合或断层接触带。

(2)观山杭村地区的大王山组及姚家边组及其正长斑岩脉火山次级构造。

(3)芳山至金山口一带，不同时代岩性的不整合接触及断层接触带及其相应的构造断裂。

以上3个地区的Au异常均与围岩蚀变及已知矿化点的关系较密切。与构造的关系主要表现在次级构造发育处Au异常也较发育。

2. 土壤综合异常分布特征

根据前人资料，全区整理出38个综合异常，主要分布于溧水地区骨塘山—晶桥和芝山—禅林山一带。从异常空间分布来看，异常主要与区内矿床(点)、构造关系非常密切。

3. 重要异常的解释评价

(1)小圩东异常(Ap01 Cu、Pb、Ba、Co)。

地质特征：出露上侏罗统西横山组上段灰岩、砂岩、泥灰岩等，角闪闪长玢岩沿构造破碎带侵入，围岩蚀变主要是硅化、高岭土化、褐铁矿化，经地表矿点检查属铜矿点，1958年地方上曾在此开采过铜矿。

异常特征：异常位于小圩东村东方向，大约200m的小山坡上，异常主要以铜、钡为主，异常范围约 $1.0km \times 0.5km$，异常形呈椭圆状，有明显的浓集中心，Cu含量高达 196×10^{-6}，Ba钡高达 1675×10^{-6}，在此异常区Co、Mn也有不同程度的异常。

异常评价:该矿点经地表观察,矿脉规模小,含铜量低,地表有以铜为主的化探异常,异常与矿脉吻合,矿点附近还有1处重晶石脉,围岩泥灰岩易于交代成矿,值得进一步工作。

(2)小茅山异常(Ap06 Cu、Zn、Co)。

地质特征:位于小茅山北东向背斜的南东翼,受北东向接触带控制,区内出露中侏罗统陡山组砖红色砂岩、页岩,西横山组砂岩、长石砂岩、凝灰岩及钙质砂岩互层,龙王山组安山质含集块角砾岩。闪长玢岩侵入在陡山组地层中;角闪闪长玢岩侵入在西横山组地层中。在接触带已见矽卡岩型铜矿脉。

异常特征:异常分布在小茅山北东及南西一带,异常呈哑铃状,长轴方向为南西,长约2km,宽 $0.3 \sim 1.3$ km,异常范围约 0.8 km $\times 2$ km。在此异常区铜最明显的浓集中心,浓度高达 160×10^{-6} ;Co最大 28×10^{-6} ,Zn最大 120×10^{-6} ,铬镍仅在小茅山北东部有明显反映,Ni最高 83×10^{-6} ,Cr最高 153×10^{-6} ;另外异常区仅有零星的Mn、As、Mo异常。

异常评价:该异常位于岩体与沉积地层的接触带上,是成矿的有利地段,在异常的西端有炸山铁矿及山南村铜矿点产出,但在矿点周围并没有强的地球化学异常,而在矿点北东方向 $1 \sim 2.5$ km处出现了Cu、Pb、Zn、As等元素的综合异常,且铜晕有一定规模和浓集中心,在铜晕的北东端出现了 300×10^{-6} 以上的As异常。1972年江苏省有色金属华东地质勘查局813队进行过矿点评价,经地表揭露和钻孔控制,认为该矿规模小、品位低,工业意义不大,但经过岩石测量工作结果表明,该区有较好的铜多金属异常,是寻找矽卡岩型铜矿的远景区。特别是在异常的南东部前人工作甚少,建议对该异常进行面积性详查,追索异常细节,并配合必要的物、化探和地质工作,查明异常原因。

(3)金鸡山-曲山-新山里异常(BP23 Cu、Pb、Zn、Ag)。

地质特征:异常位于茅山山脉中段北西侧、溧水火山盆地东南缘,基岩出露为粗安斑岩、正长斑岩脉,并有少量的石英脉,区内断裂构造发育,与成矿作用有关的张扭、压扭性断裂,围岩蚀变为高岭土化、绢云母化、黄铁矿化、硅化等,在区内发现黄铜矿、黄铁矿、闪锌矿、方铅矿、自然金等矿物。区内已知有金鸡山金矿床、定山金矿点。

异常特征:异常分布在杭村西金鸡山—曲山—新山里一带。从各元素的等值线图来看,异常没有固定的形状,但铜、铅、锌都有明显的浓集中心,Pb、Zn、Cu的最高异常值分别达 1000×10^{-6} 、1000×10^{-6} 、4000×10^{-6} ,Ag在区内一般以 $(1 \sim 5) \times 10^{-6}$ 的异常星点显示,有的地区Ag高达 10×10^{-6} 。

异常评价:异常主要为控矿构造所制约,金驹山矿点位于区内,江苏省地质矿产勘查局地质二大队三分队曾在金驹山进行了矿点的检查和浅井、钻探工作,推测该异常为矿化脉及矿化所引起,属矿致异常。

(二)区域找矿标志及找矿模式

本区铜、金多金属矿主要有铜井、大平山、黄土山3类矿床,成因分属火山热液型及斑岩型。成矿多受火山基底断裂及火山机构控制,矿体常分布在次火山岩体边缘或旁侧的构造裂隙中。与成矿有关的火山岩、次火山岩多为碱性、亚碱性岩,且 $K_2O > Na_2O$ 。

1. 铜井式铜金矿

包括铜井铜金矿、谷里铜矿、观山铜铅矿、金驹山金矿等热液脉型矿床,主要找矿标志如下(表6-26)。

(1)地质标志。火山机构及其旁侧的区域性构造裂隙,特别是北西向、北北西向断裂裂隙是重要的构造标志;早白垩世碱性、橄榄安粗质火山岩、次火山岩是围岩及岩浆岩标志。面型蚀变背景上叠加有线状分布的硅化、黄铁矿化、高岭土化、重晶石化蚀变组合是本式矿床的蚀变标志。

(2)地球化学标志。以Au、Cu(Pb)为主的Ag、As、Sb、Bi、Hg、Zn等元素综合异常,在平面上常呈带状展布。

(3)地球物理标志。规模较大的重力低和低正磁异常及其旁侧的高阻异常带与激电异常是重要的间接找矿标志。

根据上述找矿标志建立的本式综合找矿模式见图 6-9。

表 6-26　宁芜-溧水铜、金、多金属找矿标志一览表

代表矿床		铜井铜金矿	大平山铜矿	黄土山金矿
矿床类型		火山热液型	斑岩型	火山热液型
地质标志	地层	K_1 碱性、亚碱性火山岩	J_3lw 粗安质火山碎屑岩	J_3x 碎屑岩,含 Au 高,达 $12×10^{-9}$
	构造	火山结构,火山构造裂隙区域北西、北北西向裂隙	火山结构旁次级火山凹盆,不整合面($J_3lw/J_{1-2}Xn$)构造及层间裂隙	走向逆冲断裂(北东东向),旁侧的次级构造破碎带
	岩浆岩	碱性,亚碱性次火山岩,$K_2O>Na_2O$,Cu、Au 元素丰度高	角闪闪长玢岩 $K_2O>Na_2O$,含 Cu $59×10^{-6}$	J_3lw 次火山岩,角闪闪长斑岩
	蚀变	面型蚀变背景上叠加强烈的线性蚀变,主要有硅化、黄铁矿化、高岭土化、重晶石化等	钾-钠长石化、绢云母化、碳酸盐化、青磐岩化,具明显分带	沿断裂带分布的硅化、黄铁矿化
地球化学标示	水系沉积物(或土壤)	Au、Bi、Cu、Ag、As、Sb、Pb 等元素组合,Au/Ag>0.2,Cu>$200×10^{-6}$,Au>$10×10^{-9}$	Cu、Ag、As 等元素组合,Cu>$200×10^{-6}$	Au、Ag、As、Sb、Bi、Cu、Pb、Co、Mo、Hg 等元素综合异常
	岩石	矿前晕:Hg、As 矿中晕:Au、Ag、Cu(Pb)、Bi 矿尾晕:W、Mo	矿前晕:As、Hg 矿中晕:Cu、Ag 矿尾晕:Bi、Mo	Au、Ag、Cu、Pb、Zn、Hg、As、Sb、Bi 组合异常,沿矿体呈条带状分布,分带不明显,矿体外围 As/Au>300,矿体 As/Au<200
	铁帽	有孔雀石、蓝铜矿等氧化矿物;-30m 以上具次生富集	不发育	有褐铁矿
地球物理标志	重、磁、电	重力低及低正磁异常是火山结构的标志;高电阻率异常带,ρs 在 150Ω·m	低电阻率及高极化率异常 ρs 在 $90\sim120$Ω·m,ηs 在 $7\%\sim15\%$	激电、电阻率异常同高带,$\rho s>500$Ω·m,$\eta s>4\%$

(三)金矿预测区圈定

由于溧水地区资料比较零星,主要偏重于土壤 Au 异常,结合成矿地质条件分析,确定了 4 个金矿找矿预测区,现分别简述如下。

1. 大毛岭庵-小毛岭庵预测区

(1)成矿地质条件。出露的地层主要有西横山组上、下段,有角闪闪长玢岩的出露,已知有大毛岭庵锗铁矿和小毛岭庵赤铁矿点、横山铜矿的存在。

(2)预测依据。Au 异常非常发育,具有较完整的内、中、外带,面积约 $205km^2$,浓度一般为 $(2\sim16)×10^{-9}$,峰值为 $31×10^{-9}$。异常中带呈近南北向展布。异常与已知矿点关系非常密切,因此该区可能找到与多金属矿化有关的金矿床。

2. 狮子山-雨山预测区

(1)成矿地质条件。出露的地层主要有西横山组与朱村组五段,有角闪闪长玢岩的侵入,已知有丁

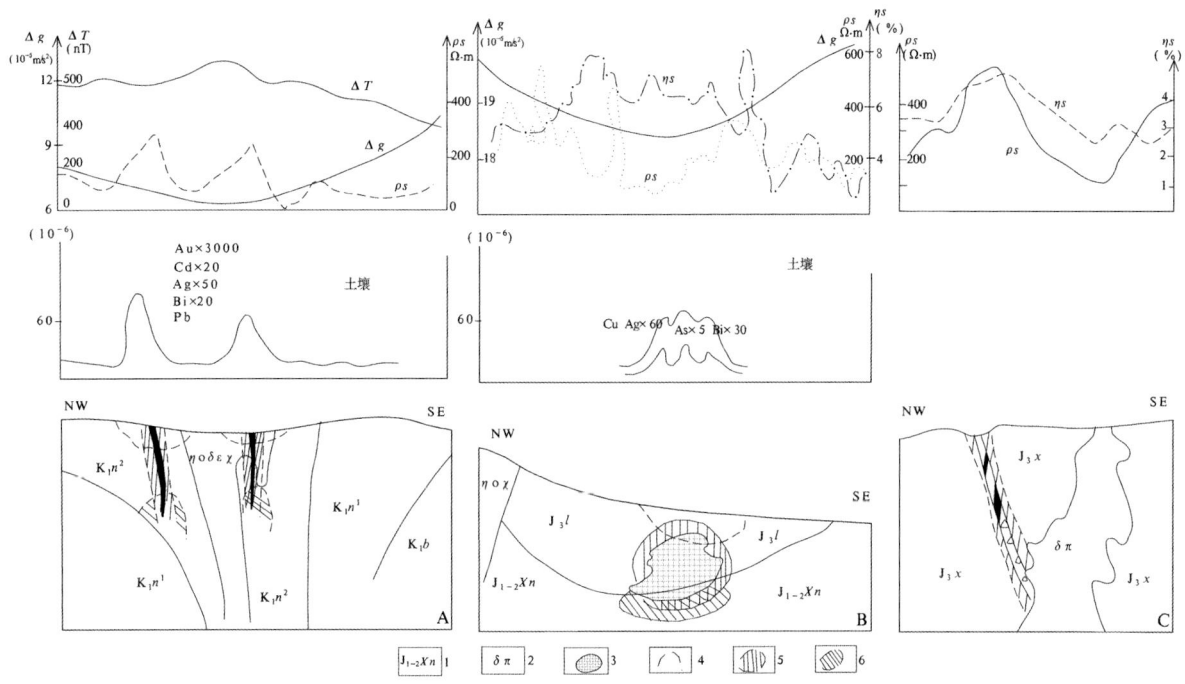

图 6-9 宁芜-溧水铜、金多金属矿综合找矿模式图
(引用《苏南铜多金属矿勘查研究报告》,1995)
A. 铜井亚式;B. 大平山亚式;C. 黄土山亚式。1. 地层及代号;2. 岩体及代号;3. 矿体;4. 矿前晕;5. 矿中晕;6. 矿尾晕

公山铁矿点。

(2)预测依据。金异常主要沿西横山组与朱村组五段的不整合接触面近东西向分布,异常范围大,峰值高($250×10^{-9}$);区内有较好的砂金异常存在。

3. 观山-金驹山预测区

(1)成矿地质条件。出露的地层主要为大王山组及姚家边组,火山次级构造发育。正长斑岩脉穿插较多,有部分粗安斑岩出露。有已知观山铜铅矿床和金驹山金矿床,新山里铜金矿点分布。

(2)预测依据。金异常非常发育,如南山咀以南 1km 的 Ht12 异常,异常面积为 $0.3km^2$,形态近等轴状,异常峰值非常高($1780×10^{-9}$)。Ⅱ级查证后表明,峰值为 $70×10^{-9}$,推测该异常系金矿化引起。

4. 芝山-金山口预测区

(1)成矿地质条件。出露的地层比较完整,主要有葛村组、姚家边组上段、杭村组、下青龙组、大王山组。北东向、北西向断裂非常发育,局部有粗安斑岩脉出露。

(2)预测依据。异常分布于葛村组、姚家边组上段、杭村组、下青龙组、大王山组接触处,异常走向近南北向,异常峰值为 $23×10^{-9}$。区调队对该区进行的详查工作表明,异常很可能是金矿化引起的。

四、预测工作区综合异常应用情况

宁镇、宁芜、溧水、宜溧预测工作区均为 1:5 万土壤(或水系沉积物)测量资料圈定的综合异常,异常个数总体较多,而东海-新沂、徐州-利国、盱眙、苏州西部采用 1:20 万水系沉积物圈定的综合资料,根据采样点的密集程度圈定、异常相对较少(表 6-27),为尽可能地将化探资料应用于本次矿产资源潜力评价中,为此,我们还对预测工作区琐碎的大比例尺资料进行了整理,作为预测要素参与矿产预测及最小预测区圈定工作。

为了解本次预测工作区圈定综合异常的应用情况,我们统计了预测组最小预测区圈定采用化探异常的个数,发现大部分综合异常参与矿产预测中,并且最终圈定的最小预测区范围与化探异常范围非常吻合,部分最小预测工作区圈定依据主要为化探异常,尤其是针对铜、钼、铅、锌、金、银等预测矿产。因此,表明本次预测工作区编图研究已很好地服务于矿产预测,达到了江苏省化探资料应用的目的。

表 6-27 各预测工作区圈定综合异常及应用情况一览表

预测工作区名称	异常分类				异常总数	异常应用情况及效果	备注
	甲类	乙类	丙类	丁类			
东海-新沂		1	4		5	11个与最小预测区圈定范围吻合	除1:20万水系沉积物异常外,还采用大比例尺化探异常参与矿产预测及最小预测区圈定
徐州-利国	1	1	4		6	5个与最小预测区圈定范围吻合	
盱眙	1	2	2		5	3个与最小预测区圈定范围吻合	
苏州西部	2	1			3	7个与最小预测区圈定范围吻合	
宁镇	8	24	31	9	72	41个与最小预测区圈定范围吻合	
宁芜	12	21	9		42	35个与最小预测区圈定范围吻合	
溧水	2	9	17	10	38	28个与最小预测区圈定范围吻合	
宜溧	1	23	11	8	43	30个与最小预测区圈定范围吻合	
合计	27	82	78	27	214		

第七章　地球化学预测区圈定及综合评价

第一节　找矿预测区与靶区圈定

地球化学找矿预测图是在综合异常分类、评序、评价的基础上,结合成矿地质条件、异常查证结果、地质-地球化学找矿模式以及与区域矿产分布的关系,按矿种分别编制。

一、预测区的划分依据和分类原则

(一)圈定原则

(1)预测区的圈定充分利用目前所了解的地质成果,包括地质、矿产、物化探、自然重砂等资料,提取与成矿有关的所有信息,根据矿床地球化学标志,综合异常分布区,作为圈定预测区的主要依据。

(2)考虑到江苏省地质背景复杂、化探扫面范围狭小以及工作程度较高等特点,本次找矿预测区圈定不宜过大。

(二)划分依据

(1)有已知的矿床(点),具有与已知矿床或矿化点相同或相似的的成矿地质条件。

(2)具有与预测矿床类型相同或相似的组合元素异常,异常强度与规模较大,异常至少为丙类以上,异常评序全省靠前,异常评价结果良好或经过异常查证后确有找矿意义。

(三)分类原则

在工作程度较高的矿床(点)或异常明显的地区,进一步分为 A、B、C 三类。

A 类:成矿地质条件有利、矿化和物化探找矿标志普遍;预测矿种的异常均是甲、乙类,区内至少有一个综合异常的评序结果居 15 位之前(含 15 位);或已知工业矿床的深部和外围有扩大储量的可能,有老矿山、老硐等可重新评价的地区。

B 类:成矿地质条件较好,主要赋矿部位、控矿构造、成矿母岩基本明确,地表蚀变、物化探找矿标志明显;预测矿种的异常均是甲、乙类,区内至少有一个综合异常的评序结果居 25 位之前(含 25 位);有希望找到工业矿体或小型矿床。

C 类:具有一定成矿地质条件,地表矿化蚀变、物化探异常较明显;预测矿种的异常均是乙、丙类,区内至少有一个综合异常的评序结果居 30 位之前(含 30 位);该类地区通过深入工作有希望找到工业意义的矿产。

二、找矿靶区的划分原则

地球化学找矿靶区是在预测区中划分出来的,综合地质、矿产、地球化学,划分出最有找矿远景的目标区,它具有明确的找矿方向和目标的甲、乙类异常分布区。

主要划分原则:

(1)与同成矿区(带)内的典型矿床(模型)十分相似或具有类似的有利成矿地质条件。

(2)区域1∶20万水系沉积物异常反映良好,综合异常评序居全省前25位,已开展过各类异常查证工作,比如单样分析含量仍高或异常查证反映良好,发现了有利的找矿线索,可进一步开展工作的区域。

(3)重要地区1∶5万地球化学测量且异常检查结果反映良好或已开展过异常查证工作的重点地区,均可作为本次找矿靶区圈定的对象。

(4)与重、磁、电及自然重砂等其他预测方法高度吻合的。

第二节 预测区与靶区特征及综合评价

实际工作中按矿种分别圈定了铜、铅、锌、金、银、钼、硫铁矿找矿预测区及找矿靶区,考虑江苏省无独立的锌矿、银矿,多种矿产共伴生的特点,铅锌银作为一个矿组进行综合圈定,此外,硫铁矿成因上多与中酸性侵入岩有关,指示元素与铜、钼多金属异常元素组合相似,难以区分,导致圈定依据不够充分及效果不够理想。因此本书中仅分铜矿、铅锌银矿、金矿、钼矿4个矿种(组),并分别就各个找矿预测区及靶区的成矿地质条件、预测依据分别简述如下。

一、铜矿

根据地球化学异常特征,结合成矿地质条件的分析与区域矿产分布的关系,在江苏省化探扫面范围内共圈定铜找矿预测区10处,其中A级预测区0处,B级预测区2处,C级预测区8处。在预测区内进一步圈定了找矿靶区8处,现分别简述如下(表7-1,图7-1)。

(一)朱东曹安基山式矽卡岩斑岩型铜矿预测区(32-Y-C-1)

1. 成矿地质条件

该预测区位于连云港的朱东曹地区,面积约60km²。构造上处于连云港隆起北东端,出露地层为中元古代云台岩群,岩性主要为二长变粒岩、二长片麻岩,局部地区见有绿帘二云角闪片岩和磁铁矿石英脉出露,在绿帘二云角闪片岩中尚见有黄铁矿化,北西(北北西)向断裂较发育。

2. 预测依据

(1)1∶20万水系沉积物显示出较好的Cu、Mo、Bi、Au、Ag等元素组合异常,异常峰值高,具有较完整的分带性。

(2)水系沉积物单点样分析,Cu、W、Sn元素异常发育有完整的浓度分带,异常强度高,最高含量Cu 136×10^{-6},Sn 148×10^{-6},W 61×10^{-6}。

(3)区内为航磁杂乱区,局部出现有正异常。

表 7-1 江苏省及上海市铜矿找矿预测区(及靶区)一览表

三级成矿区(带)	预测区编号	预测区名称	预测靶区名称
Ⅲ-67 桐柏-大别-苏鲁成矿带	32-Y-C-1	朱东曹安基山式矽卡岩斑岩型铜矿	
	32-Y-C-2	桃林安基山式矽卡岩斑岩型铜矿	
Ⅲ-64 鲁西成矿带	32-Y-C-3	徐州安基山式矽卡岩斑岩型铜矿	
Ⅲ-69 长江中下游成矿带	32-Y-C-4	紫金山安基山式矽卡岩斑岩型铜矿	
	32-Y-B-5	宁镇安基山式矽卡岩斑岩型铜矿	宝华山靶区(32-X-V-1)
			安基山-伏牛山靶区(32-X-V-2)
			老人峰靶区(32-X-V-3)
			铜山靶区(32-X-V-4)
	32-Y-B-6	宁芜铜井式陆相火山岩型铜矿	狮子山靶区(32-X-V-5)
			花塘靶区(32-X-V-6)
			白头山靶区(32-X-V-7)
	32-Y-C-7	东岗-观山铜井式陆相火山岩型铜矿	观山靶区(32-X-V-8)
	32-Y-C-8	漕塘安基山式矽卡岩斑岩型铜矿	
	32-Y-C-9	土包山-函山安基山式矽卡岩斑岩型铜矿	
	32-Y-C-10	南阳山安基山式矽卡岩斑岩型铜矿	

(二)桃林安基山式矽卡岩斑岩型铜矿预测区(32-Y-C-2)

1. 成矿地质条件

该预测区位于赣榆县桃林镇地区,面积约 420km^2。构造处于东海隆起带及郯庐断裂东侧,区内主要出露东海岩群,侵入岩有花岗斑岩、斑状二长花岗岩(桃林岩体),受郯庐深大断裂影响,主断裂派生的次级断裂非常发育,主要有北东向、北西西向两组断裂。区内已知矿点主要有孟庄、徐塘庄铁磁铁矿点、小古沟多金属矿点。

2. 预测依据

(1)岩体附近分布有 Cu、Mo、Bi、Pb 等水系沉积物异常,为近矿指示元素组合,外围有 As、Sb、Hg 异常,为深部和外围找矿提供了信息。

(2)桃林岩体东侧与变质岩接触带有地磁异常断续分布,其背景值在 300γ 左右,异常强度一般为 1000γ,最高可达 1700γ。

(3)岩体东侧徐塘地区,经工作发现一批有意义的电法异常,其中一部分与已知多金属矿化点位置相对应。

(4)桃林岩体属Ⅰ型花岗岩,主岩体 Cu、Pb、Zn 丰度相对较高,有利于形成铜、铅、锌矿产。

(5)2002 年江苏省地质调查研究院在该区开展银多金属矿普查工作,在预测区的徐西、小古沟、竹墩等地发现了铜、钼、铅、锌多金属小矿体多处。

(三)徐州安基山式矽卡岩斑岩型铜矿(32-Y-C-3)

1. 成矿地质条件

该矿床位于徐州以北至利国一带,面积约 436km^2。构造上处于徐州断褶带,区内出露中寒武统—

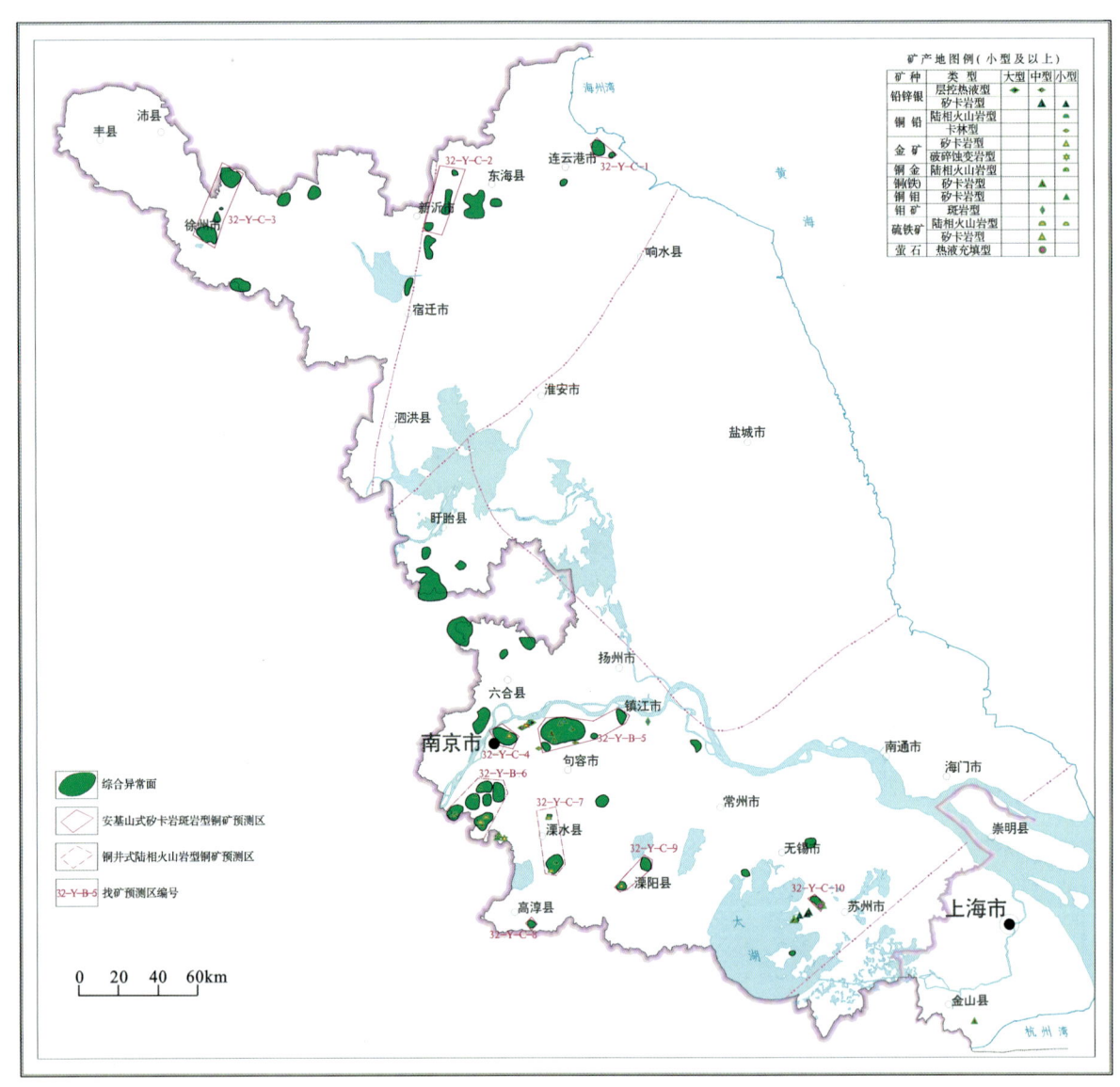

图 7-1　江苏省及上海市铜矿找矿预测区分布图

中奥陶统以及上石炭统,侵入岩有闪长玢岩、石英闪长斑岩、花岗斑岩等,构造主要有北东向和北西向两组断裂。预测区北部已知有中小型铁矿床及铁矿点近 10 处,如利国、安基山、铜山岛铁矿床,黄山岛、厉家湾、铜山、西马山铁矿点等;南部已知有班井铜金矿点。

2. 预测依据

(1)石英闪长斑岩为铁矿成矿母岩,对铜金也有利;花岗闪长斑岩及花岗斑岩对铜金更有利。

(2)水系沉积物圈定了 Cu、Mo、Bi、Pb、Zn、Au、Ag、As、Sb 等元素综合异常,异常峰值高,浓度分带完整。

(3)土壤 Cu 异常分布非常广泛,且与燕山期中酸性岩体与奥陶纪碳酸盐岩的接触带展布方向基本一致,位于接触带两侧及岩体上方,元素峰值达 3000×10^{-6},多数高值区与花岗闪长斑岩和石英闪长斑岩有关,反映出较好的矽卡岩型铜矿找矿标志。

(4)自然重砂显示出铜矿物、自然金、重晶石、锡石、黄铁矿、辰砂、雄黄、雌黄等矿物一级异常,矿物组合非常复杂。

(四)紫金山安基山式矽卡岩斑岩型铜矿预测区(32-Y-C-4)

1. 成矿地质条件

该预测区位于南京紫金山北坡,面积约110km²。区内出露地层为三叠系黄马青组、侏罗系象山群。区内有闪长玢岩、闪长岩等中酸性岩分布。已知有杨家山铁铜矿化点。

2. 预测依据

(1)1:20万水系沉积物显示有Cu、Mo、Pb、Zn、Ag异常,异常浓度分带完整,规模较大。

(2)1:5万土壤测量显示出良好的Cu、Mo、Ag组合异常,Cu元素异常强度一般。

(3)自然重砂具有较好的铜、铋二级异常显示。

(4)地表岩石见孔雀石化、褐铁矿化。

(五)宁镇安基山式矽卡岩斑岩型铜矿预测区(32-Y-B-5)

1. 成矿地质条件

该预测区位于宁镇山脉之宝华山—镇江九华山一带,面积约500km²。该区是寻找矽卡岩斑岩型(安基山式)铜矿预测区。本次圈定找矿靶区有4处,分别是宝华山地区、安基山矿区及外围地区、铜山地区和老人峰地区。

区内地层出露齐全,震旦系—三叠系均比较发育,侵入岩广泛分布,区内较大侵入岩体有6个,总体呈近东西向带状分布,由西向东依次分布麒麟门杂岩体、安基山岩体、下蜀-高资岩体、新桥岩体、石马岩体、九华山-谏壁岩体。由于该区受多旋回多期次构造演化的影响,断裂与褶皱构造均十分发育。该区是长江中下游寻找铁、铜、金、铅、银、钼等矿产的重要地区之一,已知的矿床(点)达40余处。主要的矿产地有安基山、韦岗、汤山、铜山、伏牛山等。

2. 预测依据

(1)宝华山靶区(32-X-V-1)。1:20万水系沉积物圈定了安基山-亭子-徐湾综合异常,元素组合非常复杂,综合异常评序居全省第一位。

靶区位于宝华山-巢凤山Cu、Pb、Zn、Ag、As弧形高背景带上及伏牛山-龙潭Cu、Pb、Zn、Ag横向高背景带的交会处。

1:5万土壤测量也显示了较好的铜等多元素组合异常,浓集分带完整,浓集区清晰,指示铜矿、金矿的累乘指数异常发育较好。

宝华山南坡有自然金自然重砂异常,经检查自然金重现性良好,且含量高,颗粒较大。

岩石测量显示出了较好的Cu、Pb、Zn、Ag异常(图7-2),浓集中心大致相同,浓度分带完整,分布于北西向控矿断裂带部位,其中Cu浓集于岩体与围岩的接触带部位,外带面积为4000m×400m,中带分4个异常展布,单个展布面积为800m×200m。

(2)安基山-伏牛山靶区(32-X-V-2)。靶区处于北北西向分布的重力异常梯度带上,鸡笼山、美人山一带东侧有局部重、磁、激电异常叠加。

水系沉积物显示有Cu、Mo、Bi、Pb、Zn、Ag等元素综合异常,土壤显示有Cu、Mo、Pb、Zn、Ag多元素组合异常。

岩石地球化学异常在美人山、射乌山出现两个以Cu、Mo为主的综合异常。异常强度大,浓度分带明显,并且具有组分分带特点。射乌山异常与邻近的大山头异常、安基山矿区异常连成一片,经综合标志判断,该异常为铜钼矿化的矿上晕。分带序列由内向外围:Mo-Cu-Ag-Pb-Zn。

(3)老人峰靶区(32-X-V-3)。位于Cu、Pb、Zn、Ag、As的高背景带上(宝华山-巢凤山高值带),异常规模较大,元素组合较复杂,它们在平面上显示出一定的分带性,主要元素浓度分带较为完整,是一个找

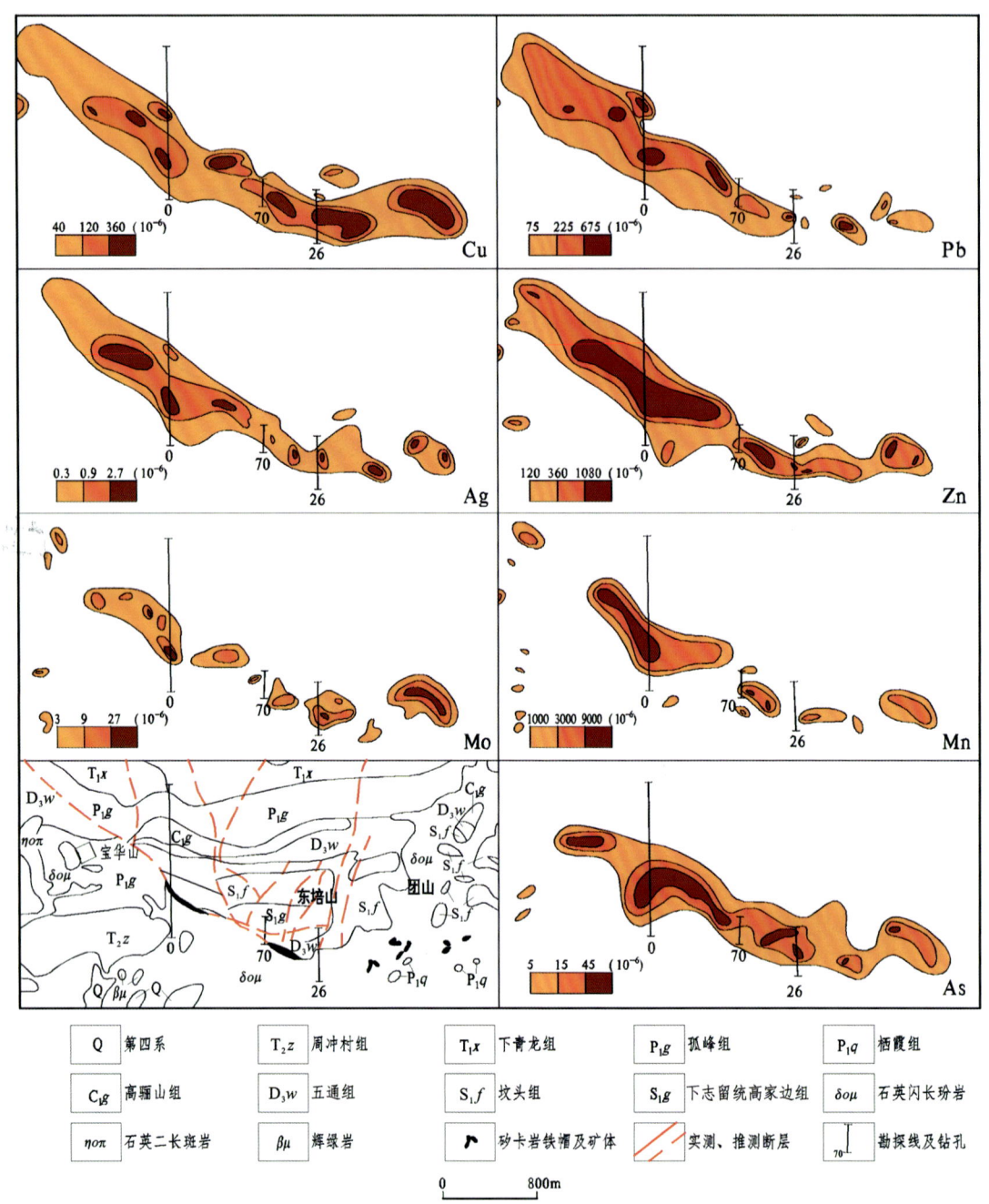

图 7-2 宝华山地表岩石地球化学异常图
(引用《安基山铜矿区外围原生晕找盲矿研究与预测》,1985)

矿意义较大的异常,对扩大已知矿的远景具有较大的意义。

老人峰至武岐山南部有方铅矿自然重砂异常显示,与土壤化探异常相吻合。

磁法显示出强度为 300γ 的磁异常,它与重砂、化探异常相吻合。

(4)铜山靶区(32-X-V-4)。靶区位于栖霞山-铜山 Cu、Mo、Pb、Zn 高背景带上,水系沉积物显示有 Cu、Mo、Bi、Pb、Zn、Au 异常;岩石地球化学异常显示,Cu、Mo、Ag 异常的峰值位于岩体接触带,为近矿元素组合;土壤显示出 Cu、Mo、Bi 等元素组合,异常峰值高,浓度分带完整。

南、北两重力高值带交接扭曲部位,磁异常呈近东西向展布,局部异常为北北东向。

铜山东—石砀山一带地表孤峰组与栖霞组断裂接触带中硅化、黄铁矿比较强烈,沿矿化蚀变带采集8件样品分析,含 Cu 0.14%~4.60%,进一步证实靶区内有较好的找铜矿前景。

铜山西石村有孔雀石、斑铜矿、黄铁矿及自然金自然重砂异常,经加密取样检查,铜矿物、自然金自然重砂异常重现性良好,对寻找铜金矿有重要指示意义。

在石英二长岩与围岩接触带正上方圈有南正北负磁异常,强度一般在 500~2000γ 之间。

(六)宁芜铜井式陆相火山岩型铜矿预测区(32-Y-B-6)

1. 成矿地质条件

该预测区位于南京市江宁地区,面积约 475km^2。构造上处于宁芜火山盆地北缘,区内发育三叠纪以来各时代地层,其中下三叠统地表无出露,缺失古近系和第四系中、下更新统,岩浆岩发育,出露面积达 350km^2,以燕山晚期为主。构造活动非常强烈,可划分为印支期、燕山期和喜马拉雅期。该区是江苏省重要的寻找铁、铜、金、锰等金属矿产地区。已知矿产地有梅山、凤凰山、吉山、铜井、谷里、陶吴等。

2. 预测依据

(1)狮子山靶区(32-X-V-5)。水系沉积物测量显示出 Cu、Mo、Ag、Pb、Zn 等元素异常,浓度分带完整;土壤测量显示出 Cu、Au、Pb、Zn 异常,异常强度高,浓集中心明显。

自然重砂显示出较好的铜、铅矿物二级异常,伴有黄铁矿、辰砂、重晶石等矿物。

20 世纪 70 年代,江苏省地质一队在该区进行铁矿普查时,发现过铜矿体和铜矿化体,其中 ZK7 孔见钻厚 7.45m、品位 0.77% 的铜矿体;ZK7839 孔于 352m、442m、463m 处见团块状黄铜矿与石膏共生。

(2)花塘靶区(32-X-V-6)。区内出露的地质体主要为大王山组下段安山岩,有小面积闪长玢岩次火山岩体。火山岩内有一条北西向断裂带,延伸长度 1km 以上,宽约 10m,带内安山岩破碎,并有石英脉、方解石脉充填,具不同程度的蚀变、矿化。有一组北西向的裂隙,倾角近直立,宽度不等,一般在几毫米至几厘米之间,常有镜铁矿脉和石英脉充填。区内无已知矿产,但其周围分布较多的铜、金铜等与火山岩有关的矿床(点)。

1∶20 万水系沉积物测量显示出 Cu、Au、Bi、Sb、Hg 异常,浓度分带完整,峰值高。

在 1∶20 万水系沉积物异常的浓集中心进行了 1∶1 万土壤测量。Au 元素含量最低值为 $7×10^{-9}$,最高值为 $75×10^{-9}$,浓度分带清晰,有两个浓集中心,Cu 元素异常范围大,含量一般在 $(50~100)×10^{-6}$ 之间,最高达 $500×10^{-6}$,异常有多处浓集中心,浓度分带清晰,伴有 As、Ag、Bi 等异常,其中 As 异常与 Au 异常完全重合。土壤剖面 Cu、Au、As 同步显示出较好的异常(图 7-3)。

自然重砂的采样范围与 1∶1 万土壤测量范围相同,在所采集的 20 件自然重砂样品中,有 6 件样品每 30kg 含自然金 1~20 颗不等,含孔雀石的样品有 10 件。自然金含量最高处(22 颗/30kg)与土壤测量 Au 异常的最高含量点吻合。

电法显示深部有极化体存在,结合地表已发现了铜矿化体,暗示深部亦存在铜矿化体;从 1∶5 万航磁资料和物性资料分析,异常位于花塘规则宽缓的 ΔT 异常上,经粗略估算,该中等强度的 ΔT 异常由深部的侵入岩引起,在侵入岩与上覆安山岩接触带上可能形成一定规模的矿化蚀变带。

经当地群众反映,区内有古人采矿所堆积的废矿石。经岩石短剖面测量采集 12 件样品,在蚀变矿化安山岩及石英脉中,有 11 个样品的 Au 含量超过 $180×10^{-9}$,其中 6 个样品大于 $1×10^{-6}$,最高达 $3.1×10^{-6}$。有 8 个样品的 Cu 含量为 $(2500~3000)×10^{-6}$。

在物化探异常中心进行了钻探验证,在 ZK2 钻孔中见到较强的铜、金矿化,在 ZK3 钻孔 19.0~22.0m 见黄铁矿、黄铜矿脉,脉宽 0.1~1cm 不等,近直立,脉中以黄铁矿、黄铜矿为主,经化学分析,该矿段的含铜量平均为 1.81%,最高达 3.0%。

花塘异常经查证,表明其性质属于矿异常,为 1∶20 万水系沉积扫面新发现的铜金矿点,地表及钻孔中均有一定的铜、金矿化,具有铜、金的找矿远景,本次圈定为陆相火山岩型铜金矿找矿靶区。

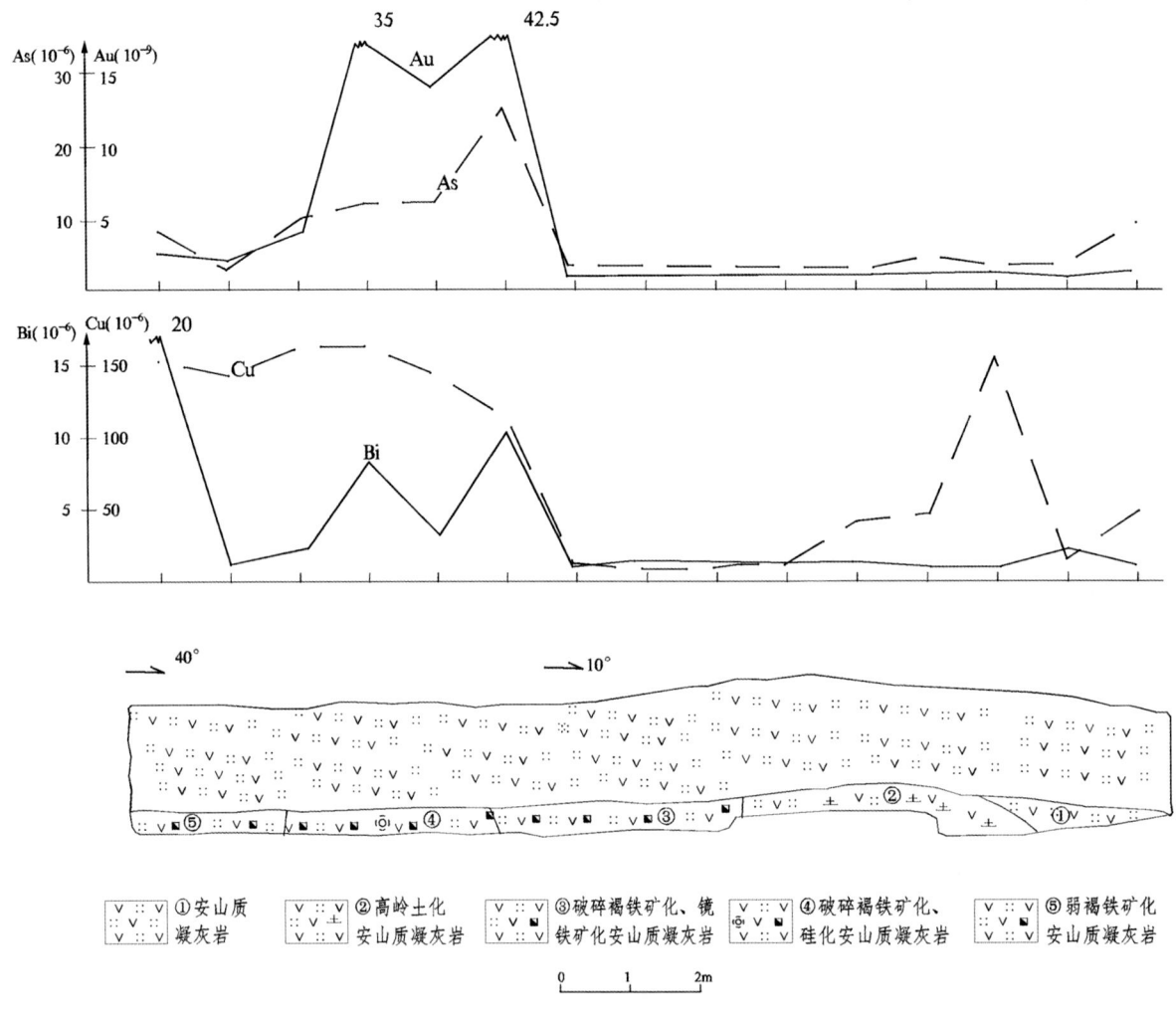

图 7-3 花塘Ⅵ探槽地球化学剖面图
(引用《江宁县陆郎乡花塘化探异常验证小结》，1988)

(3)白头山靶区(32-X-V-7)。水系沉积物显示有 Cu、Au、Bi、Cd、Hg、Ag 异常显示，土壤有很强的 Cu 异常反映。

岩石地球化学分析表明，脉内 Cu、Ag 元素富集，其中 Cu $110×10^{-6}$、Ag $420×10^{-9}$，且伴有较强的重晶石化，此外，As、Sb、Bi 元素略有富集。

大比例尺土壤测量显示，Cu 异常形态规整，连续性较好，单一的 Cu 异常较好地反映了铜矿脉的分布位置。

物探显示，靶区内有明显的高电阻率异常反映。

由于靶区与铜井铜金矿有相似的地质构造条件以及近似的矿化特征，而靶区内矿脉剥蚀浅，成矿温度低，为远矿前缘的特征，主矿体应在深部。

地表显示出较好的铜、金、重晶石重砂矿物一级异常，区内有铜草分布。

白头山地区成矿地质条件较好，物、化探各种异常显示有较好的寻找铜、金矿的前景，因此本次圈定为陆相火山岩型铜金矿找矿靶区。

（七）东岗-观山铜井式陆相火山岩型铜矿预测区（32-Y-C-7）

1. 成矿地质条件

该预测区位于溧水火山岩盆地东南部，面积约 320km²。北西向洪蓝-芝山断裂带和北北东向段家山-曹旺山断裂带交会部位，控制了观山火山口机构及火山岩-次火山岩的分布。出露地层为龙王山组和大王山组，主要为粗安岩、粗面岩。断裂构造发育，观山火山口机构和北东向新桥-白马断裂是区内重要控矿构造，容矿构造为其次级构造。成矿与超浅层相粗面岩等岩体关系密切。区内已发现火山热液型小型矿床两处（观山铜铅矿和金驹山金矿床），矿点 10 余处。区内圈定了观山靶区。

2. 预测依据

以观山靶区（32-X-V-8）为例。以往钻探发现深部隐伏接触带之下的龙王山组火山岩存在黄铁矿化浅色蚀变带是成矿有利部位，应探索成矿的可能性。

水系沉积物测量显示出 Cu、Mo、Pb、Zn、Ag、Au 等元素组合异常；土壤测量显示出 Cu、Pb、Au、Ag 等元素综合异常带，范围广，局部有明显浓集中心。

地表有明显的重晶石、铜矿物、铅矿物、黄铁矿、泡铋矿等重砂矿物异常，它们是陆相火山岩型铜金矿重要的找矿标志。

电阻率剖面及激电显示出异常反映。

（八）漕塘安基山式矽卡岩斑岩型铜矿预测区（32-Y-C-8）

1. 成矿地质条件

该预测区位于高淳县南东固城湖畔，面积约 20km²。处于茅山断褶带南端，出露五通组至下青龙组地层，西侧断续分布葛村组，东侧局部出露浦口组。北北东向纵断层发育，主要沿碳酸盐岩地层与碎屑岩、泥质岩地层之间发生，数条近东向横断层勾截纵断层，使地层呈断块式推移。燕山晚期粗安斑岩在断裂交会处呈小岩枝状侵入。区内已知有中低温热液型的蒋山褐铁矿点，刘下山铅银矿点，大花山、尖山铅锌矿化点，靠山铅锌金银矿点等。

2. 预测依据

水系沉积物显示出较好的 Cd、Mo、Pb、Zn、Au 综合异常，元素组合复杂，异常浓集中心明显，浓度分带清楚（图 7-4）。

异常查证中，见到较强的矿化蚀变现象，有软锰矿化、硬锰矿化、褐铁矿化、硅化等。其中锰铁矿化硅化灰岩中含 Pb $618×10^{-6}$、Zn $1092×10^{-6}$、Mo $1232×10^{-6}$、Be $1.9×10^{-6}$。

区内有方铅矿重砂二级异常显示。

土壤异常检查表明元素异常显示较好，元素组合复杂，浓集中心清晰、浓度分带完整，异常含量高，有一定规模，元素组合及分带较清楚（图 7-5）。探矿施工发现了铜铅锌矿化体，成矿地质条件较好，找矿前景良好。

（九）南阳山安基山式矽卡岩斑岩型铜矿预测区（32-Y-C-10）

1. 成矿地质条件

该预测区位于苏州西部南阳山带，面积约 220km²。处于苏锡断褶带苏州-无锡复式背斜之木渎向斜北西翼，出露泥盆系—三叠系，北北西向断裂十分发育，也伴随有北北东向、北西西向、近东西向的断裂，有燕山晚期钾长花岗岩的侵入，并有花岗斑岩、石英斑岩、花岗闪长斑岩等岩脉穿插。区内矿产丰富，已知有接触交代型、中低温热液型的铁、铅、锌、多金属等矿产地计有 9 处，如谈家桥锌铁矿、小茅山多金属矿等。

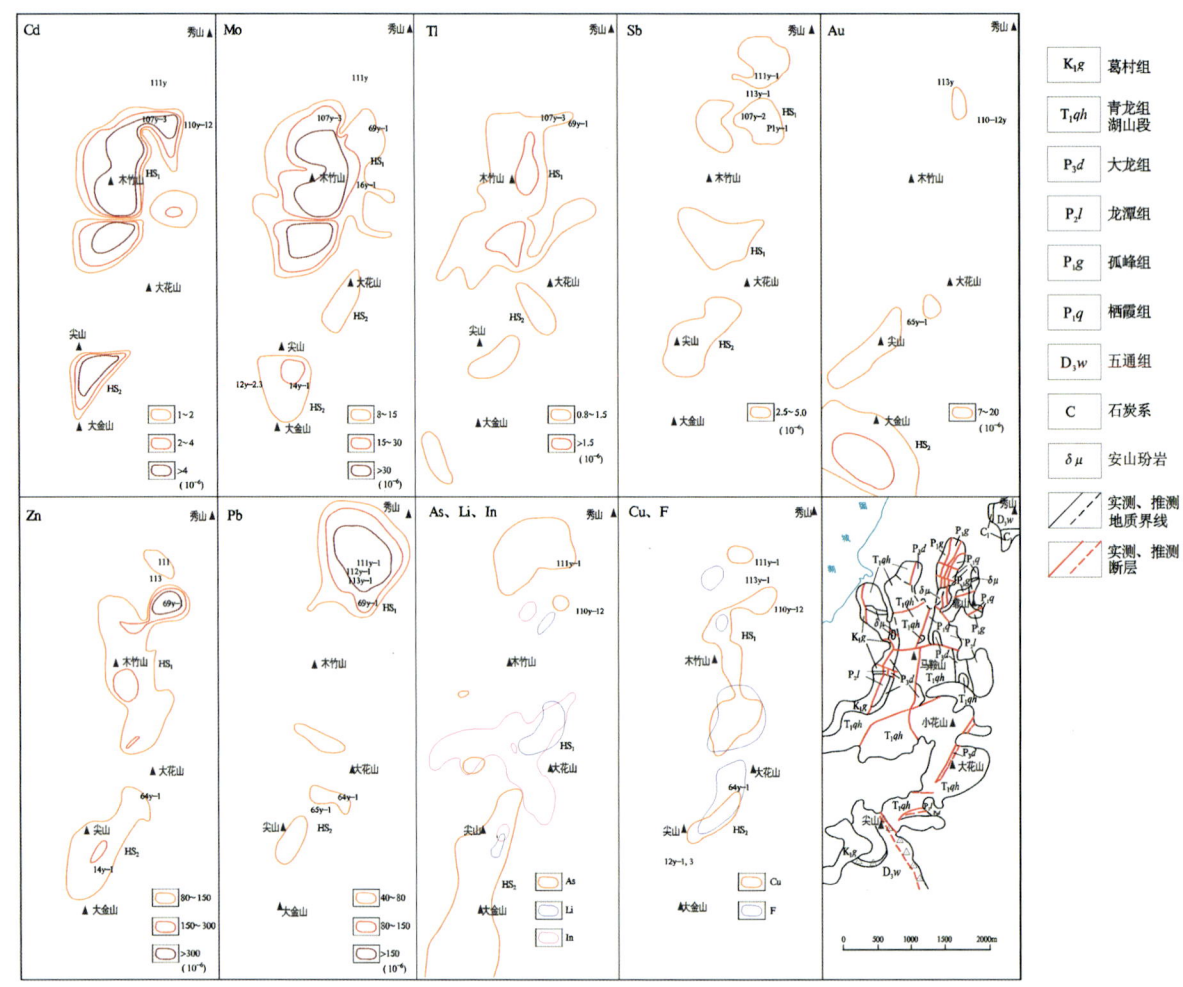

图 7-4 漕塘地区 1∶5 万水系沉积物异常剖析图
(引用《江苏省高淳县漕塘化探异常二级异常查证报告》,1990)

2. 预测依据

(1) 水系沉积物测量显示了 Au、Pb、Cu、Zn、Hg、Bi、Mo、Cd、Sb、Ag 综合异常；岩石测量了 Au、Ag、As、Cu、Pb、Zn、Bi 等元素异常，成矿成晕作用非常复杂，显示出良好的地球化学找矿指示意义。

(2) 本区花岗岩富 Cu、Pb、Zn、Ag、Bi 和 S，具有较好的含矿性，容易形成铜、铋矽卡岩为主的多金属矿床。

(3) 预测区为重力负异常区和围绕苏州花岗岩的环状磁异常带的一部分。

二、金矿

根据地球化学异常特征，结合成矿地质条件的分析，与区域矿产分布的关系，在全省化探扫面范围内共圈定金找矿预测区 11 处，其中 B 级预测区 4 处，C 级预测区 7 处。在预测区内圈定了地球化学找矿靶区 10 处，现分别简述如下，若与前述相同的预测区或靶区，为减少篇幅，在此不再作叙述(表 7-2，图 7-6)。

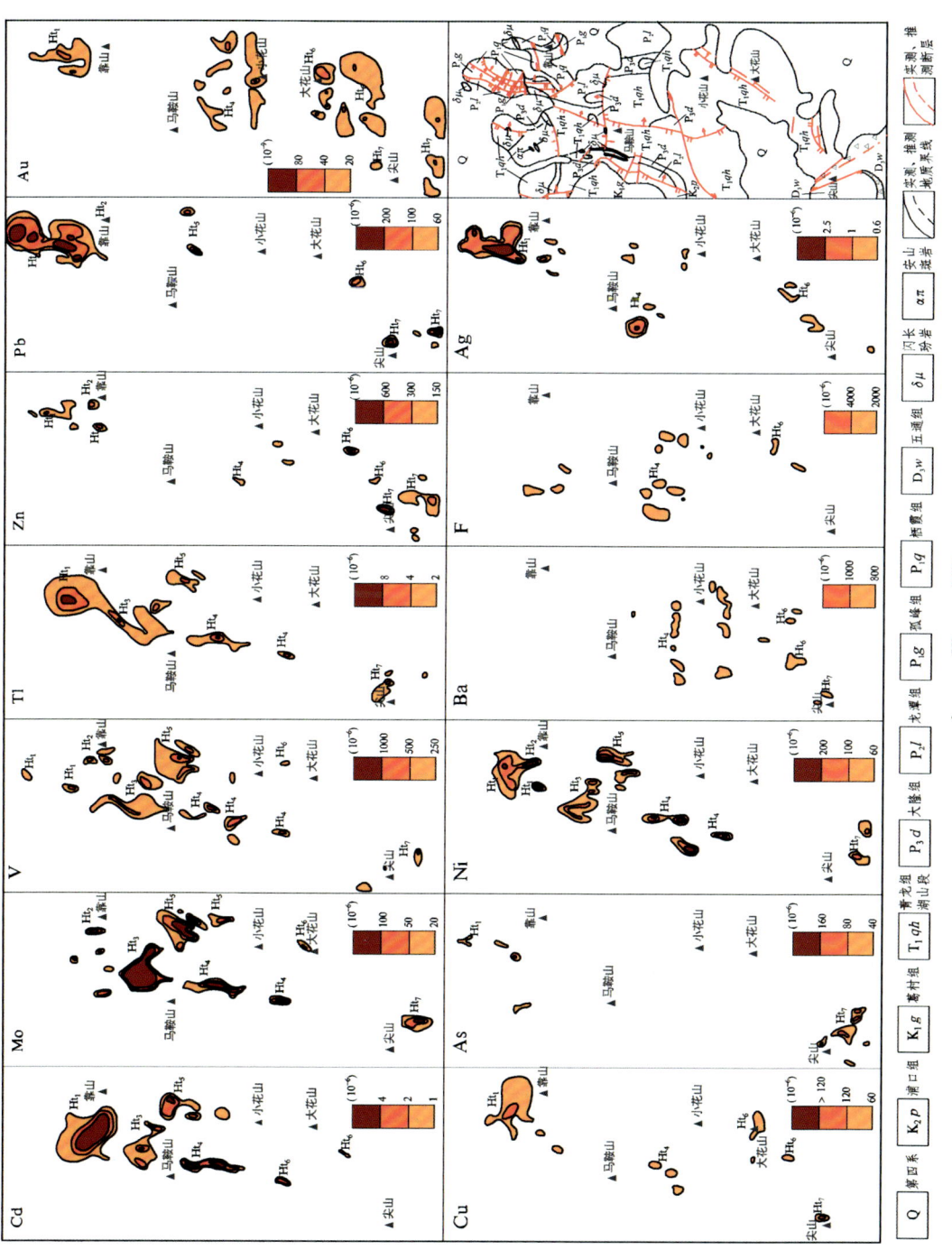

图 7-5 漕塘地区 1:2 万土壤异常剖析图
(引用《江苏省高淳县漕塘化探异常二级异常查证报告》,1990)

(一)禹山-石桥焦家式破碎蚀变岩型金矿(32-Y-C-1)

1. 成矿地质条件

该矿区位于赣榆县西北部的禹山—石桥一带,面积约 626km²。构造上处于东海断褶带,区内第四系分布广泛,除区西南部有少量中生代白垩纪盖层分布外,基底岩石主要为古元古代变质岩,岩浆岩分布广泛,主要呈北东—北北东向展布,受郯庐断裂的次级北东、北北东向构造控制,形成大岩浆岩带,按侵入活动可分为元古宙和燕山晚期两期。元古宙岩浆岩以超基性岩为主,其次有少量的基性岩。燕山晚期岩体分布广泛,主要岩石类型为花岗闪长岩、石英二长岩、石英闪长岩和闪长岩等。构造以断裂为主,主要为北东—北北东向。断裂破碎带硅化、萤石化、褐铁矿化明显,有中低温热液矿化点多处,如横山金矿化点、车夫山金矿化点、禹山金矿化点及车夫山重晶石矿点。区内圈定了姜斗沟、凤凰岭靶区。

表 7-2 江苏省及上海市金矿找矿预测区一览表

三级成矿区(带)	预测区编号	预测区名称	预测靶区名称
Ⅲ-67 桐柏-大别-苏鲁成矿带	32-Y-C-1	禹山-石桥焦家式破碎蚀变岩型金矿	姜斗沟靶区(32-X-V-1)
			凤凰岭靶区(32-X-V-2)
	32-Y-C-2	云台山-连岛焦家式破碎蚀变岩型金矿	
	32-Y-C-3	安峰山焦家式破碎蚀变岩型金矿	
Ⅲ-64 鲁西成矿带	32-Y-C-4	利国焦家式破碎蚀变岩型金矿	
	32-Y-B-5	班井土包山式矽卡岩型金矿	驴尾巴山靶区(32-X-V-3)
Ⅲ-69 长江中下游成矿带	32-Y-C-6	盱眙焦家式破碎蚀变岩型金矿	
	32-Y-B-7	宁镇汤山式卡林型金矿	栖霞山靶区(32-X-V-4)
			汤山靶区(32-X-V-5)
			十里长山靶区(32-X-V-6)
	32-Y-B-8	宁芜铜井式陆相火山岩型金矿	花塘靶区(32-X-V-7)
			白头山靶区(32-X-V-8)
	32-Y-C-9	观山-芳山铜井式陆相火山岩型金矿	芝山靶区(32-X-V-9)
	32-Y-B-10	仙人山土包山式矽卡岩型金矿	仙人山靶区(32-X-V-10)
	32-Y-C-11	苏州西部平桥式铁帽型金矿	

2. 预测依据

区内金矿化受北东向断裂带控制,矿化体呈脉状、透镜状沿断裂破碎带断续分布,矿化岩石为构造蚀变岩,主要为褐铁矿化碎裂岩,不同程度地伴有硅化、钾化、绢云母化、黄铁矿化,这些为焦家式蚀变岩型金矿重要的找矿标志。

(1)姜斗沟靶区(32-X-V-1)。水系沉积物测量显示了 Au、Pb、Mo、Cd 元素综合异常;土壤测量圈定面积约 1km² 的 Cu、Au 元素异常,经异常查证,肯定了 Au 异常的存在,金最高含量达 210×10^{-9}。

TC3 槽中见二长花岗岩和花岗斑岩脉,于 17m 和 19m 处见两条岩石裂隙,宽分别为 35cm 和 5cm,有钾化、褐铁矿化等蚀变,经连续拣块取样分析,包括蚀变物在内的样品 Au 含量较高,最高达 285×10^{-9}。

上述分析可以说明 Au 异常由两方面原因引起:其一是中酸性脉岩中 Au 元素的高背景值;其二是岩浆热液活动沿岩石裂隙形成的金矿化或深部矿化。因此,该区对寻找破碎蚀变岩型金矿具有重要意

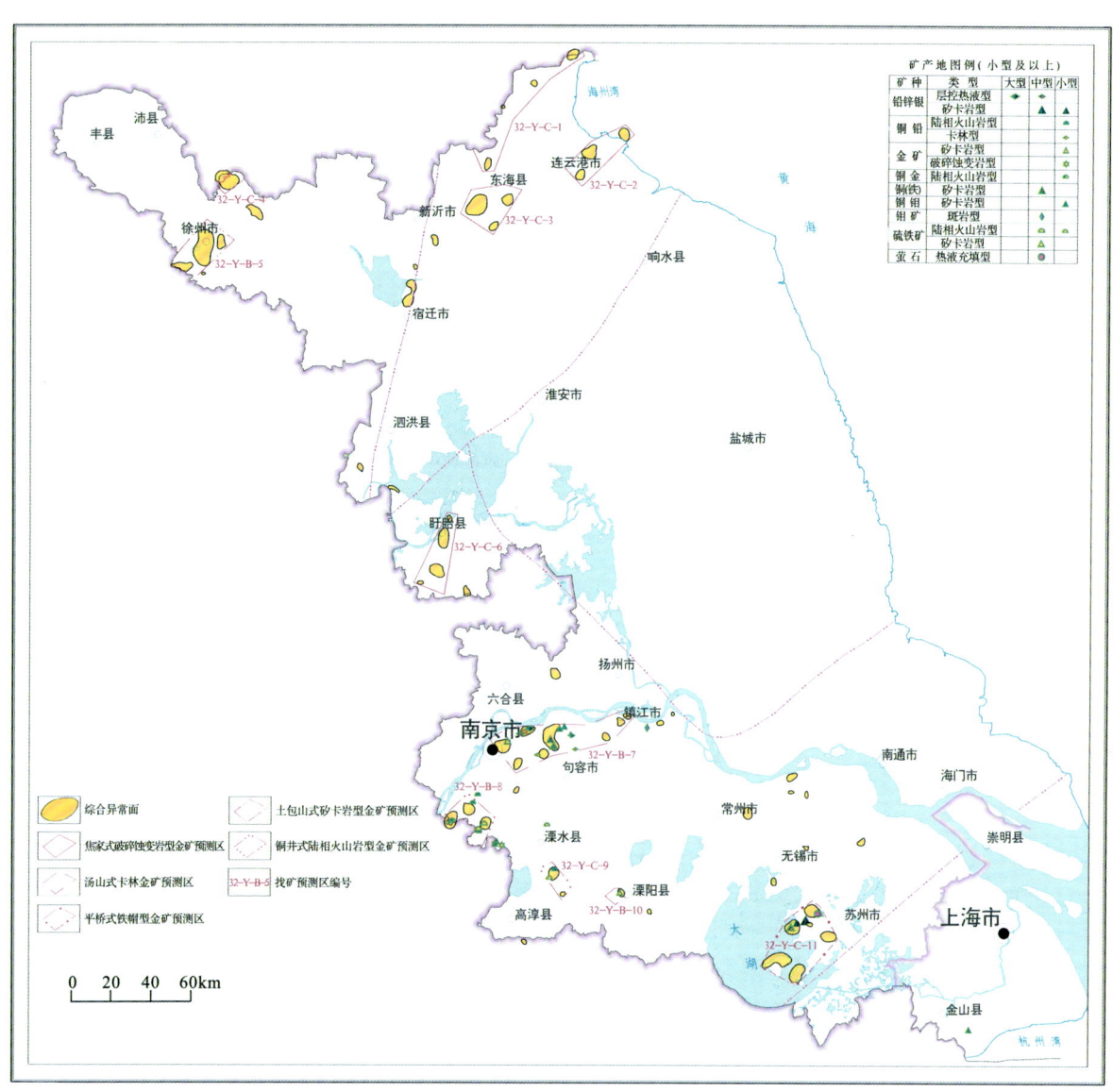

图 7-6 江苏省及上海市金矿找矿预测区分布图

义,尤其是深部。

(2)凤凰岭靶区(32-X-V-2)。水系沉积物测量显示了 Au、Pb、Mo、Cd、Hg、Cu 元素综合异常;土壤测量圈定了 Cu、Pb、Zn、As、Au 等多元素组合异常(图 7-7),异常查证后 Au 异常重现性良好,单点金含量大于 300×10^{-9}。

车夫山-塔山断裂从异常中心穿过,断裂破碎带硅化、萤石化、褐铁矿化明显,并有萤石脉和金矿化点存在。

(二)云台山-连岛焦家式破碎蚀变岩型金矿(32-Y-C-2)

1. 成矿地质条件

该类金矿位于连云港市之东西连岛—云台山一带,面积约 $400 km^2$。构造上处于北北东向海州-泗阳大断裂北段与北东向邵店-板浦大断裂东段所夹持的连云港地区。区内第四系分布广泛,出露地层有

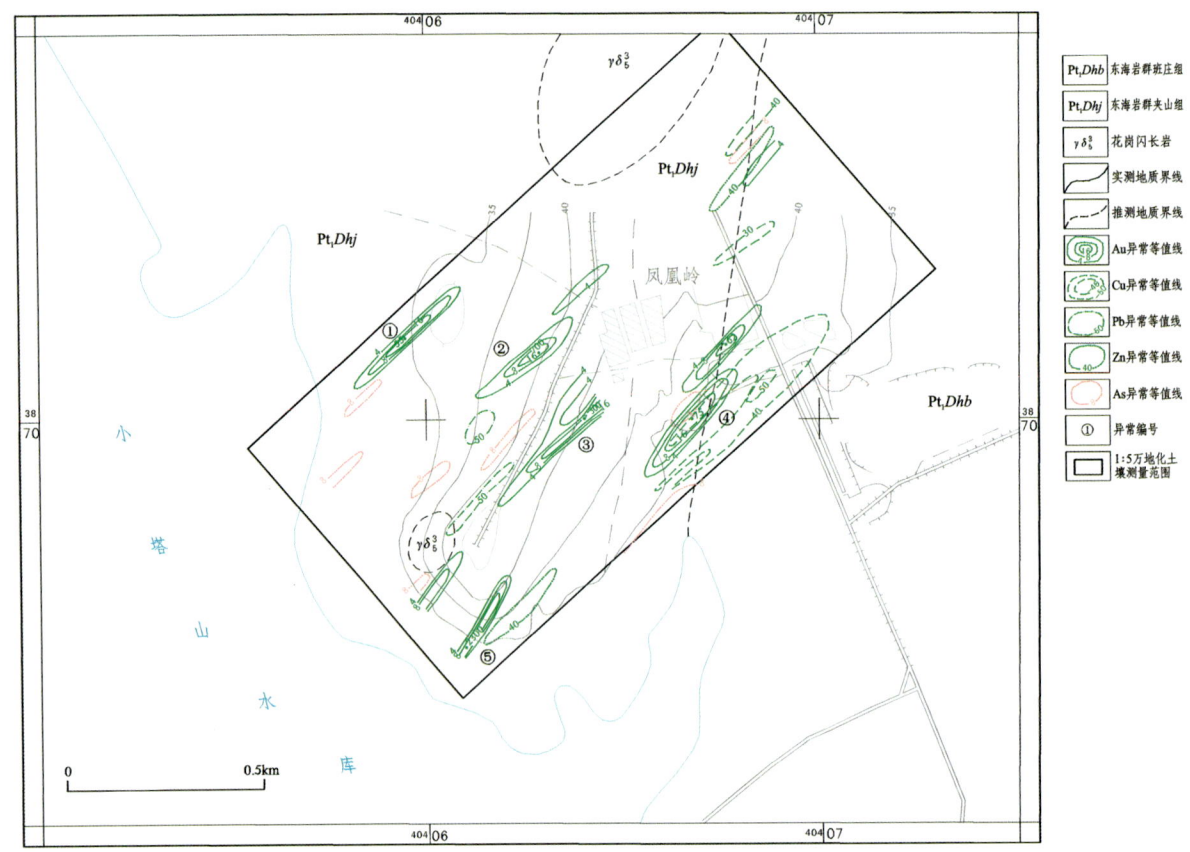

图 7-7 凤凰山地区金多元素异常图
(引用《江苏省赣榆县西北部 1∶5 万化探、重砂资料整理及异常查证》,1989)

东海岩群混合花岗岩和含磷浅变质岩系,东海岩群分布局限,仅见锦屏地区,构成倒转背斜的轴部。区内北东向、北西向、北西西向小断裂较发育。已知沉积变质型、热液石英脉型的矿床(点)达 6 处,如锦屏、大浦、新浦磷矿床,锦屏铅锌矿点、东西连岛铅锌矿化点。其中锦屏铅锌矿脉产于混合花岗岩中,矿化属于混合岩化作用有关的变质热液型矿产。

2. 预测依据

(1)水系沉积物圈定了 Au、Ag、Hg、Cd、Sb、Mo 等元素综合异常,浓度分带较完整,异常强度一般。

(2)土壤测量圈定多个异常,元素组合复杂,主要为 Pb、Zn、Ag、As、Bi、Sn 等(如蛤蟆山);经化学光谱试金分析,在异常中心部位圈定了一个 Au 异常,其峰值可达 18×10^{-9}。

(3)区内有一断裂构造通过,岩石又普遍具褐铁矿化、黄铁矿化。

化探显示出较好的 Au、Ag、As、Hg 等低温指示元素(远矿元素)异常,断裂发育,岩石具褐铁矿化、黄铁矿化,这些均为焦家式破碎蚀变岩型金矿找矿标志,因此具有一定的找矿意义。

(三)安峰山焦家式破碎蚀变岩型金矿(32-Y-C-3)

1. 成矿地质条件

该类金矿位于东海县东南部之安峰山—白塔埠一带,面积约 $420 km^2$。区内第四系大面积分布,出露地层主要为东海岩群牛山角闪黑云二长片麻岩、驼峰含霓辉石二长片麻岩及榴辉岩等。断裂构造不甚发育。截至目前已发现具有工业价值的矿体主要为金红石矿。

2. 预测依据

(1) 水系沉积物测量圈定了 Au、Sb、Cd、As、Pb、Mo 等元素组合异常，浓度分带比较完整，异常范围大，强度一般。

(2) 土壤测量圈出了面积约 4km² 的 Au、Ag 元素异常。

(四) 利国焦家式破碎蚀变岩型金矿(32-Y-C-4)

1. 成矿地质条件

该类金矿位于徐州市北北东微山湖畔利国一带，面积约 310km²。构造上处于徐州断褶带北段，区内出露中寒武统—中奥陶统以及中-上石炭统，侵入岩有闪长玢岩、石英闪长斑岩、花岗斑岩等，有北东向和北西向两组断裂。预测区为江苏省重要铁矿田所在之处，中小型铁矿床及铁矿点近 10 处，如利国、基山、铜山岛铁矿床、黄山岛、厉家湾、铜山、西马山铁矿点等。

2. 预测依据

(1) 石英闪长斑岩为铁矿成矿母岩，对铜金也有利；花岗闪长斑岩及花岗斑岩对铜金更有利，经采样分析，Au 含量一般 $(22\sim88)\times10^{-9}$，最高达 220×10^{-9}。

(2) 水系沉积物圈定了 Cu、Mo、Bi、Pb、Zn、Au、Ag、As、Sb 等元素综合异常，异常峰值高，浓度分带完整。

(3) Yxz203-1 褐铁矿样品含 Cu $23\,602\times10^{-6}$，Zn 165×10^{-6}，Au 4.78×10^{-6}，Yxz204-1 赤铁矿样品含 Cu 366×10^{-6}、Mo 5.2×10^{-6}、Au 0.34×10^{-6}，赤铁矿及褐铁矿中铜金含量甚高。

(4) 自然重砂显示出铜矿物、自然金、重晶石、锡石、黄铁矿、辰砂、雄黄、雌黄等矿物一级异常，矿物组合非常复杂。

(五) 班井土包山式矽卡岩型金矿(32-Y-B-5)

1. 成矿地质条件

该矿区位于徐州市南部班井地区，面积约 480km²。构造上处于徐州断褶带中段，区内地层主要为寒武系—石炭系，侵入岩主要为班井岩体的闪长玢岩，北东向、北西向断裂非常发育。由于中酸性侵入体及其脉岩比较发育，接触带矽卡岩化和中、低温热液蚀变等广泛分布，已知铁、金、铜多金属矿点及矿化点达 10 处之多。

2. 预测依据

驴尾巴山靶区(32-X-V-3)：水系沉积物测量圈定了 Au、Ag、As、Cd、Mo 元素综合异常；岩石测量圈定了 Cu、Pb、Zn、As、Co、Mo 异常，地表采集 3 个化探样品的 Au 含量 $(0.1\sim0.16)\times10^{-6}$。

异常揭露的探槽中采集 5 个样品，光谱分析 Au $(0.1\sim0.2)\times10^{-6}$。

金银的供源母体与岩浆活动有关，闪长玢岩本身的含金量比较高，石英闪长斑岩岩脉和黄铁矿化碎裂闪长玢岩含 Au 达 0.678×10^{-6}。

冲沟内金的重砂异常十分明显，异常点不但密集且含量很高，每 100kg 可达 188~408 颗（约 0.2×10^{-6}），已达砂金矿工业标准。此外，还伴有辰砂、铜矿物、雄(雌)黄、铅矿物、闪锌矿等。

区内成矿地质条件良好，指示金矿的综合异常显示良好，地表、探槽、钻孔中均显示出良好的金矿化，本区具有进一步寻找金矿的前景，因此本次圈定寻找焦家式破碎蚀变岩型金矿的靶区。

(六)盱眙焦家式破碎蚀变岩型金矿(32-Y-C-6)

1. 成矿地质条件

该矿区位于盱眙县南部广大地区,面积约 660km^2。构造上处于佛窝-老子山北北东向断褶带的中段,出露地层为黄墟组和灯影组,岩性以灰岩、白云质灰岩、砂岩及薄层千枚状页岩为主。西南缘为清水坝花岗闪长岩体,区内有少量闪长玢岩脉切入。北北东—近南北向的断裂很发育,伴随断裂带而形成揉皱,糜棱岩化及硅化、绢云母化、泥化普遍,它们又被北西西—近东西向断裂所错开。成矿围岩蚀变比较普遍,硅化、褐铁矿化、软锰矿化多普遍。矿体和矿化体有五里墩赤铁矿、斗笠山铅锌矿化点、天台山黄铁矿化点等。

2. 预测依据

出露的黄墟组富含 Pb、Zn、Au、Mo 等有用元素,其下段有含氟的磷矿层,为热液提供了丰富的矿化剂,断裂构造发育,因此该区是寻找金矿产的有利地段。

在褐铁矿化和石英细脉贯入的石英正长斑岩中的拣块取样 Au 含量为 $(10\sim15)\times10^{-9}$。

水系沉积物测量显示出 Cu、Au、Pb、Ag、As、Hg 元素综合异常。

区内有较好的雄黄、雌黄、辰砂、重晶石等指示中低温重砂矿物异常显示。

预测区处于重力高和航磁杂乱区,航磁较好地反映了闪长岩脉的空间分布。

区内碳酸盐岩具有较好的化学性,北北东向断裂以及硅化、黄铁矿化等各类标志,均表明本区具有寻找焦家式破碎蚀变岩型金矿的远景。

(七)宁镇汤山式卡林型金矿(32-Y-B-7)

1. 成矿地质条件

该矿区位于宁镇山脉之南京紫金山—镇江九华山一带,面积约 970km^2。区内地层出露齐全,震旦系—三叠系均比较发育,侵入岩广泛分布,面积达 400km^2,区内较大侵入岩体有 7 个,总体呈近东西向带状分布,由西向东依次分布蒋王庙杂岩体、麒麟门杂岩体、安基山岩体、下蜀-高资岩体、新桥岩体、石马岩体、九华山-谏壁岩体。由于该区受多旋回多期次构造演化的影响,断裂与褶皱构造均十分发育。该区是长江中下游寻找铜金矿产的重要地区之一,区内已知有金矿(点)有汤山、仑山、平山头、固江口等。根据成矿地质条件分析及物、化探异常显示,可进一步圈出栖霞山靶区、汤山靶区及十里长山靶区。

2. 预测依据

(1)栖霞山靶区(32-X-V-4)。1∶20 万水系沉积物圈出 Au、Pb、Zn、Ag、Cd、Sb、Hg、Cu 等多元素异常,异常特征见第五章第二节。

该区处于龙仓复背斜西段之南翼,栖霞山-铜山 Pb、Zn、Ag、Au、Cu、As 等元素地球化学场高背景带上。

1∶5 万土壤测量圈定了北北东向 Au 异常,异常范围大,浓度分带完整,强度高。Au 含量一般为 $(7\sim30)\times10^{-9}$,最高可达 70×10^{-9},伴生有 Cu、Pb、Zn、Bi、Sb、As、Hg、Ag 元素异常。

Hg 元素异常非常明显,它对断裂构造具有非常好的指示意义,而构造交会处往往是有利的储矿空间。

栖霞山地区发育较好的金矿累乘指数异常,靶区深部可能存在与平山头金矿类似的伴生金矿的多金属盲矿体。

(2)汤山靶区(32-X-V-5)。汤山金矿为微细浸染型(卡林型)金矿,主要产于环形构造破碎带中,金矿体埋深地表至-120m,可能相当于卡林型金矿酸性淋滤带或氧化带的矿体,其深部是今后普查找矿的重点探索地段。

水系沉积物和土壤均显示出良好的 Au、Ag、As、Sb、Hg 等多元素组合异常,浓度分带完整,浓集区清晰。

As、Ag、Ba、Cu、Pb、Zn、As 等岩石地球化学综合异常的强度由浅向深部增强,矿化蚀变强度亦从东向西增强,蚀变类型亦趋于复杂。

金的岩石地球化学测量范围,从剖面上来看,如 1 线浅部 103 孔、104 孔 Au 异常范围小,含金值最高分别为 $273×10^{-9}$、$104×10^{-9}$,而深部 105 孔 Au 异常范围大,一般含 Au $(100\sim200)×10^{-9}$,并出现大于 $400×10^{-9}$ 的异常区,最大值为 $450×10^{-9}$;147 线、225 线均有类似的情况。

从 1 线剖面测量 R 型因子分析结果表明,第 2~5 因子均为矿化因子,其中 Au 与 As、Pb、Zn、Ag 及 Ba、Cu 与 Mo 关系密切。按格里良方法进行计算,本区主要元素自上而下的垂直分带为:Au—Zn—Pb—Ag—Ba—Cu—Mo。这一特征与我国一些多金属矿垂直分带(上部为金银,中间为铅锌,下部为铜)的特征相似,所以深部亦有找含金多金属矿的可能。

1 线、147 线、255 线金的累乘晕(As、Sb、Ag/Cu、Pb、Zn)剖面图上都表现沿环状断裂由浅至深逐渐增强的趋势,预示深部可能有原生金矿体。

(3)十里长山靶区(32-X-V-6)。土壤测量圈出了面积为 $0.4km^2$ 的 Au 异常,峰值为 $34×10^{-9}$,伴随有 Cu、Mo、Pb、Zn、As 元素异常,野外踏勘,异常区内断裂构造发育,高骊山组砂页岩受断层影响破碎呈角砾状,底部有一层厚数厘米的蓝灰色褐铁矿、方铅矿化砂岩。经采样分析,含 Au $0.42×10^{-6}$。

20 世纪 80 年代中期,江苏省地质三队在异常区附近纵向断裂带旁侧的高骊山组中曾采到含金大于 $2×10^{-6}$ 的岩石样。

该区位于汤仑背斜的东段之北翼,围岩蚀变有矽卡岩化、硅化、绢云母化、绿泥石化、大理岩化等,断裂构造发育。具有与汤山金矿相似的成矿地质背景和相似的异常元素组合,因此认为该区也具有寻找汤山式卡林型金矿的远景。

(八)观山-芳山铜井式陆相火山岩型金矿(32-Y-C-9)

1. 成矿地质条件

该矿区位于溧水县东南之观山—芳山一带,面积约 $130km^2$。构造上处于溧水中生代火山岩盆地的中部偏东侧之观山火山口。预测区北西部主要出露上侏罗统龙王山组、大王山组以及下白垩统姚家边组,南东部主要出露中、下志留统坟头组及茅山组。区内发现的矿产有铁、铜、金、铅等多金属,主要的矿产地有观山、金驹山、铜山等。

2. 预测依据

芝山靶区(32-X-V-9):水系沉积物测量圈出了 Au、Ag、As、Bi、Cd、Mo、Sb 等元素综合异常;土壤地球化学测量共圈出了 Au、Ag、As、Sb、Pb、Zn、Bi、Mn、Be、Li、F 元素综合异常,元素背景、异常下限及浓度分带见表 7-3。土壤综合异常呈北东向带状展布,与构造线的方向相吻合。各元素异常大多套合紧密,高含量点较密集,且分布在有利的地质构造部位。

岩石测量圈出了 Ag、As、Sb、Pb、Zn、Mo、Ba、Sr、Bi、Au 10 个元素的异常,异常剖析见图 7-8。

重力场位于桠溪港-竹簧桥负异常区与杭村-天王寺重力正异常带之间北东向重力梯度带偏高的西侧,重力值在 $-2\sim2mgal$ 之间;航磁为正磁场区,强度在 $150\sim350\gamma$ 之间,局部异常变化较剧烈。

区内围岩蚀变以硅化、黄铁矿化、重晶石化最为普遍,其次为绿泥石化、碳酸盐化等。沿断裂带及构造破碎带普遍发育不同程度的硅化,局部形成次生石英岩。

芝山地区断裂构造发育,岩石普遍破碎或碎裂,发育有中—酸性小岩体,围岩蚀变普遍,成矿地质条件较好。Pb、Zn、Ag、Sb、As、Mo、Bi、Au、Ba、Sr、Cu、F 等元素的土壤和岩石异常反应都较好,并发现了一批铅锌、银、钼矿化点和铁锰帽,部分经探槽揭露圈出了具有一定宽度的铅锌、银、钼矿化带及矿体,有的矿体内伴生的铜、镉、钨可达到综合利用的品位,因此本次将该区圈定为金矿找矿靶区。

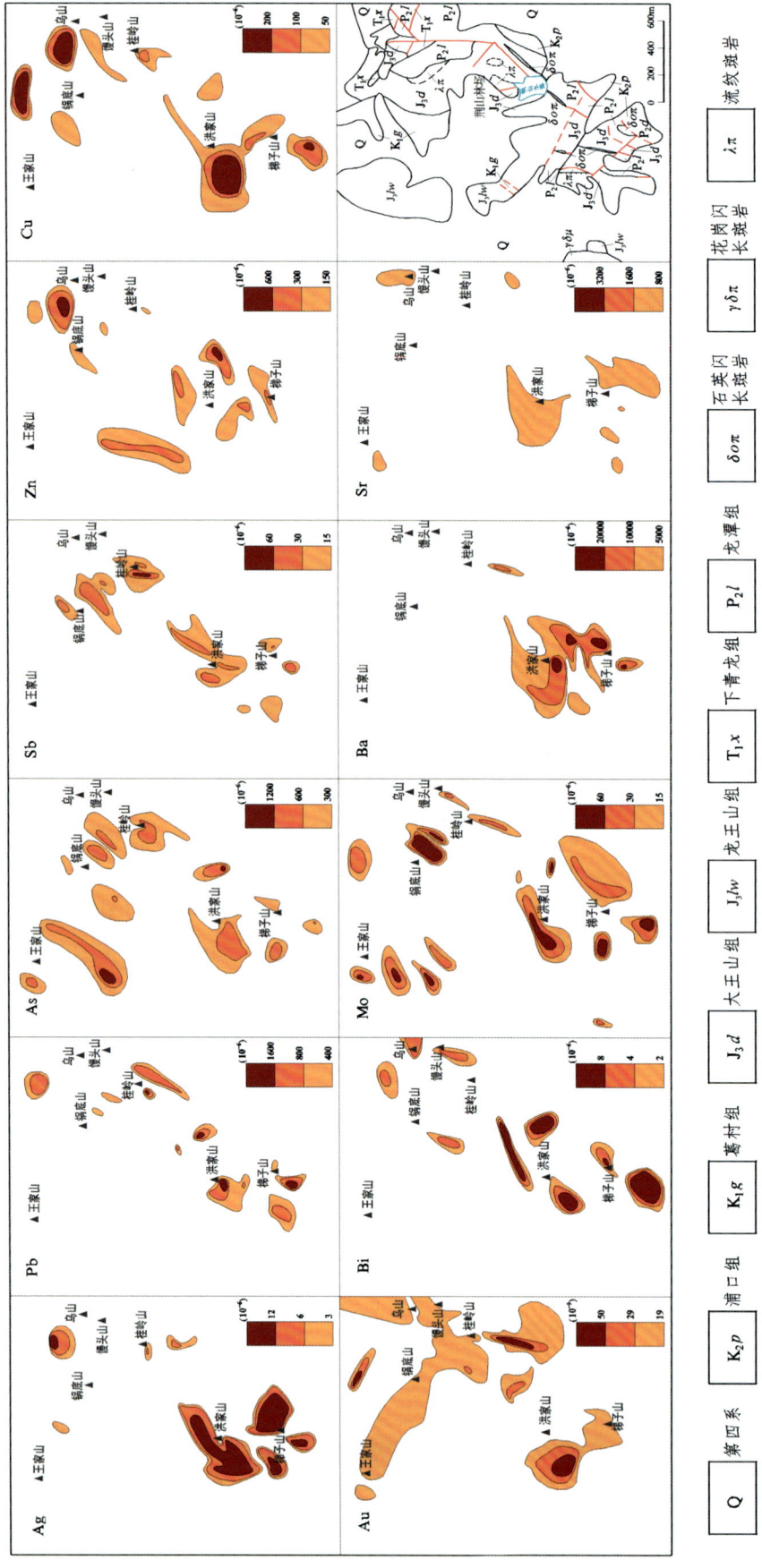

图7-8 锅底山—梯子山1:2万岩石地球化学异常剖析简图
(引用《江苏省溧水县芝山化探异常二级查证报告》,1990)

表 7-3 芝山地区土壤元素背景及异常浓度分带

元素	背景	外带	中带	内带	峰值
Au(10^{-9})	10	12～15	15～25	≥25	70
Ag(10^{-6})	0.12	0.15～0.25	0.25～0.40	≥0.4	32
As(10^{-6})	40	50～80	80～150	≥150	580
Sb(10^{-6})	1.5	2.5～4.0	4～6	≥6	90
Bi(10^{-6})	0.6	0.8～1.5	1.5～2.5	≥2.5	7.9
Pb(10^{-6})	40	50～80	80～120	≥120	459
Zn(10^{-6})	80	100～150	150～250	≥250	790
Mn(10^{-6})	800	1200～2000	2000～3000	≥3000	11 108
Be(10^{-6})	2	2.5～3.0	3～4	≥4	6
F(10^{-6})	500	600～800	800～1200	≥1200	2360
Li(10^{-6})	30	40～50	50～60	≥60	81

三、铅锌银矿

根据地球化学异常特征,结合成矿地质条件的分析,与区域矿产分布的关系,在江苏省化探扫面范围内共圈定铅锌银找矿预测区9处,B级预测区6处,C级预测区3处。在预测区内圈定了地球化学找矿靶区9处,现分别简述如下(表7-4,图7-9)。

表 7-4 江苏省及上海市铅锌银矿找矿预测区一览表

三级成矿区(带)	预测区编号	预测区名称	预测靶区名称
Ⅲ-67 桐柏-大别-苏鲁成矿带	32-Y-C-1	锦屏山-云台山中低温热液型铅锌矿	
	32-Y-C-2	桃林吴宅式层控矽卡岩型铅矿	
Ⅲ-64 鲁西成矿带	32-Y-C-3	徐州吴宅式层控矽卡岩型银矿	
Ⅲ-69 长江中下游成矿带	32-Y-B-4	宁镇栖霞山式碳酸盐岩型铅锌银矿	甘家巷-栖霞山靶区(32-X-V-1)
			老人峰靶区(32-X-V-2)
			汤山-团子尖靶区(32-X-V-3)
	32-Y-B-5	梅山-凤凰山五部式陆相火山岩型铅矿	狮子山靶区(32-X-V-4)
	32-Y-B-6	观山五部式陆相火山岩型铅矿	观山靶区(32-X-V-5)
	32-Y-B-7	红石山-木竹山栖霞山式碳酸盐岩型铅矿	漕塘靶区(32-X-V-6)
	32-Y-B-8	小梅岭-省庄吴宅式层控矽卡岩型铅锌银矿	凤凰山靶区(32-X-V-7)
			省庄靶区(32-X-V-8)
	32-Y-B-9	苏州西部吴宅式层控矽卡岩型铅锌银矿	潭山靶区(32-X-V-9)

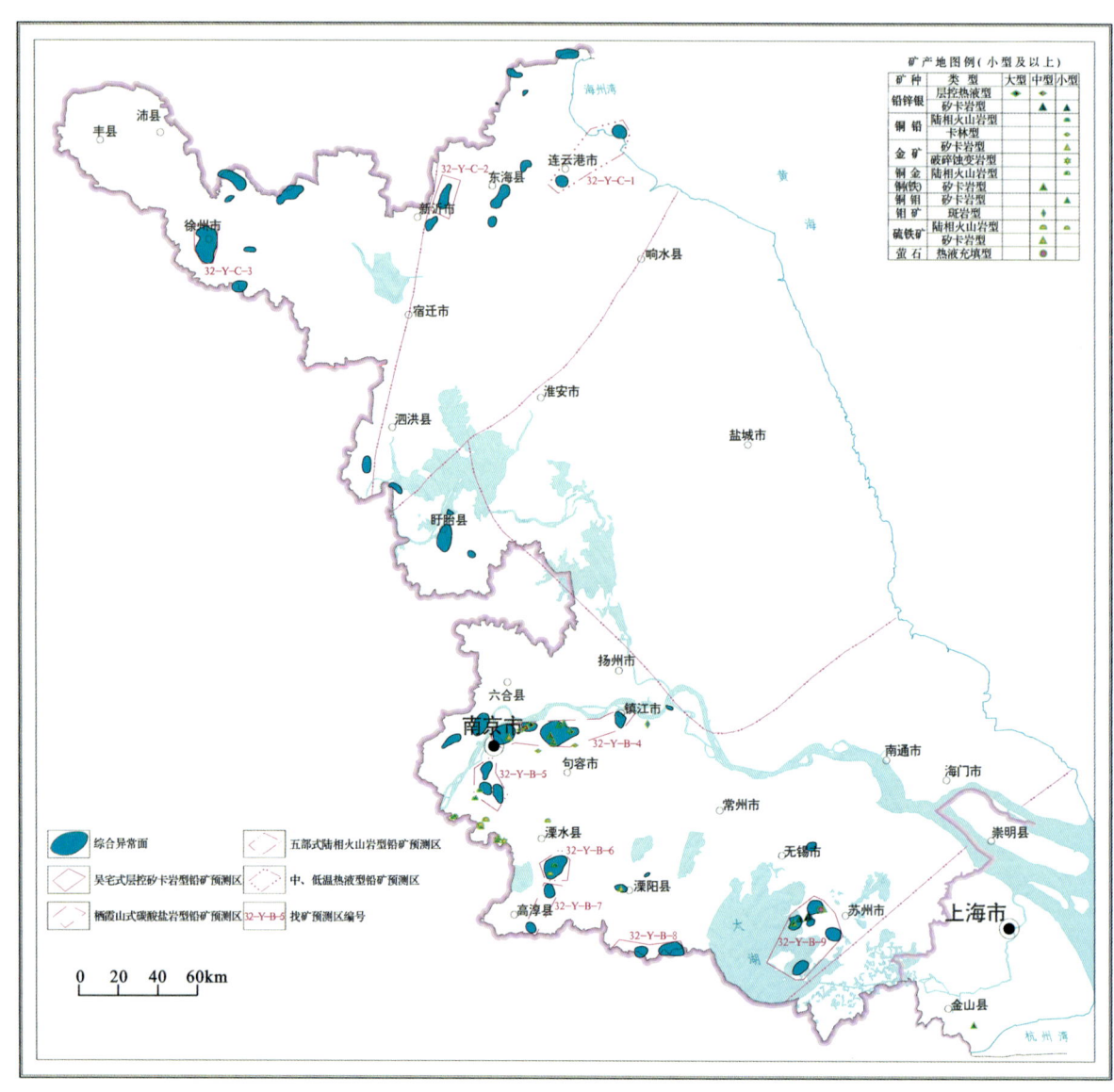

图 7-9　江苏省及上海市铅锌银矿找矿预测区分布图

(一)锦屏山-云台山中低温热液型铅锌矿(32-Y-C-1)

1. 成矿地质条件

该矿区位于连云港市之锦屏山—云台山一带,面积约 620km²。构造上处于北北东向海州-泗阳大断裂北段与北东向邵店-板浦大断裂东段所夹持的连云港地区。区内第四系分布广泛,出露地层有东海岩群混合花岗岩和含磷浅变质岩系,东海岩群分布局限,仅见锦屏地区,构成倒转背斜的轴部。区内北东、北西、北西西向小断裂较发育。已知沉积变质型、热液石英脉型的矿床(点)达 6 处,如锦屏、大浦、新浦磷矿床,锦屏铅锌矿点,东西连岛铅锌矿化点,其中锦屏铅锌矿脉产于混合花岗岩中,矿化属于混合岩化作用有关的变质热液型矿产。

2. 预测依据

(1)锦屏山 1:20 万水系沉积物测量圈定了 Cu、Pb、Cd、Hg、Mo、Bi、Ag 元素综合异常,浓度分带较完整,异常中心分布已知的锦屏山铅锌矿点;土壤测量圈定了 Pb、Sn 异常,峰值分别高达 255×10^{-6}、110×10^{-6},异常规模大,强度高,分带性好,内带发育,具有良好的矿化特征,找矿意义较大,值得进一步工作。

(2) 东西连岛 1:20 万水系沉积物测量圈定了 Zn、Au、Pb、Hg、Ag、Cd、Mo 元素综合异常;1:5 万水系沉积物测量圈定了 Pb、Zn 异常,异常对应于东西连岛热液石英脉型铅锌矿化点,异常中心有断裂构造通过,岩石普遍具有褐铁矿化、黄铁矿化,具有一定的找矿意义。

(3) 东西连岛 3 条岩石地球化学剖面测量结果表明(图 7-10),区内黑云斜长片麻岩中具有较高的 Pb、Zn、As、Bi 等元素含量,与岩石背景相比,这些元素出现明显的富集现象,表明岩石已发生了铅锌矿化。

(4) 预测区为航磁杂乱区,在锦屏山出现有正异常。

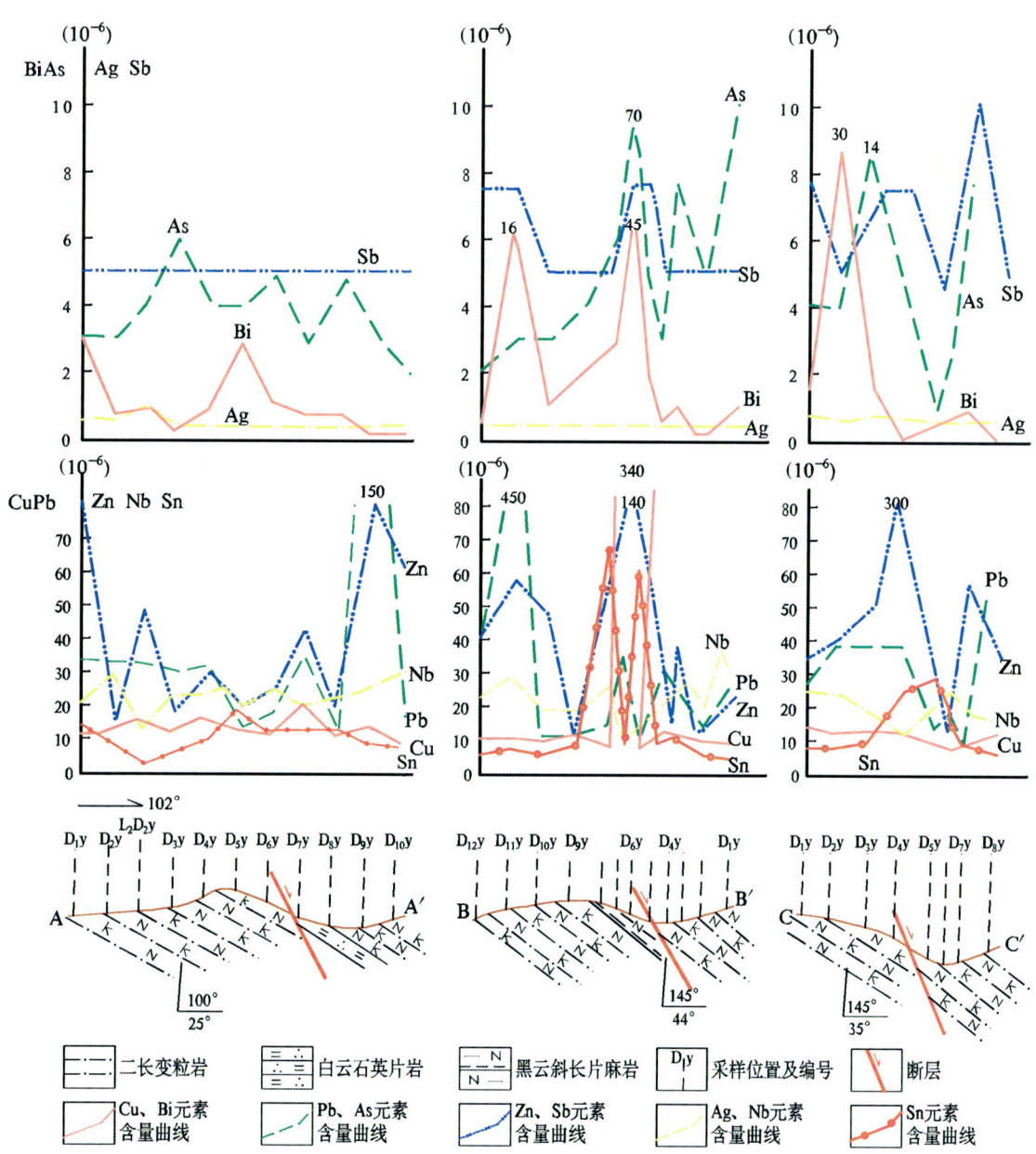

图 7-10 连云港东西连岛岩石地球化学剖面示意图
(引用《江苏省连云港—锦屏地区地球化学测量报告》,1992)

(二) 红石山-木竹山栖霞山式碳酸盐岩型铅矿(32-Y-B-7)

1. 成矿地质条件

该矿区位于高淳县红石山以南地区,面积约 210km²。构造上处于茅山断褶带南段,区内地层出露较完整,志留系至侏罗系均有。区内发现的矿产主要有铜、铅锌、铁等多金属,如禅林寺铜矿点、固城铅锌矿点、刘下山铅银矿点、蒋山铁矿点、大山铅锌矿点、靠山银铅锌金矿化点等。

2. 预测依据

漕塘靶区(32-X-V-6):1:20 万水系沉积物显示出较好的 Cu、Mo、Pb、Zn、Au 综合异常,浓集中心明显,浓度分带清楚。

二级查证(1:5 万水系沉积物测量)圈出 Mo、Cd、Pb、Zn、Cu、Au、As、Sb、F 等元素的综合异常,多数元素的异常严格按照北北东主体构造方向伸展,南北长约 6km,宽 0.5~1.5km。其中 Mo、Cd、Zn 元素异常形态规则,浓度分带清楚,异常强度高,最高含量 Mo 97.6×10^{-6}、Cd 15×10^{-6}、Zn 552×10^{-6}。

在靠山浓集中心部位进行了面积 0.5km² 的 1:1 万土壤测量,圈出以 Mo、Pb、Zn、Cu、Ag、As、Sb、Au 为主的异常,多数元素的异常彼此套合好,浓度分带清楚,浓集中心明显,高含量点较突出。最高含量 Mo 266×10^{-6}、Pb 800×10^{-6}、Zn 500×10^{-6}、Cu 180×10^{-6}、Ag 11.2×10^{-6}、As 100×10^{-6}、Sb 15×10^{-6}、Au 30×10^{-9}。

区内有方铅矿自然重砂二级异常显示。

采石工人曾挖到铅锌矿石,在采坑近旁捡到散落的闪锌矿、方铅矿、黄铁矿矿石,化学分析含 Pb 27%、Zn 12.02%、Cd 1250×10^{-6}、Ag 660×10^{-6}、Au 4200×10^{-9}。

综合上述可知,漕塘地区成矿地质条件有利,异常范围大,元素组合复杂,强度高,套合好,浓集区较多,矿化蚀变普遍,已查证的两个浓集区都发现了新的矿体。虽然地表出露规模小,但含银、铅特富,并且所含的锌、金、铜、镍、镉、钼可综合利用。总之,漕塘地区有进一步寻找以银、铅为主的多金属矿产的希望。

(三) 小梅岭-省庄吴宅式层控矽卡岩型铅锌银矿(32-Y-B-8)

1. 成矿地质条件

该矿区位于溧阳火山岩盆地南东缘的太华山-五通山近东西向断褶隆起带与大贤岭-石岩里-砖桥北北东向断裂带交会处附近。出露地层以志留系坟头组—泥盆系五通组碎屑岩为主,部分石炭纪—二叠纪岩层组成隆褶带,呈宽缓的近东西向复式背斜,向北逆冲于石炭系—二叠系之上;断裂构造亦较发育,除北北东向断裂外,尚有北东、北西及近东西向断裂组。区内岩浆岩活动较强烈,除北侧盆地中火山岩广泛分布外,隆起区有庙西 A 型花岗岩体、桃花岭附近的花岗斑岩、花岗闪长斑岩杂岩体、陈家边花岗闪长斑岩体及西东岭花岗闪长斑岩体等侵入体亦较强烈。区内已知矿化、蚀变较广泛,岩体围岩接触带附近矽卡岩化、大理岩化强烈。已知矿(化)点成矿元素组合主要有两类:一类为 Zn、Fe、S 组合;另一类为 Pb、Zn、Ag 组合,尤以 Pb 含量高为特征,它们在空间分布上常相互伴生,并具分带现象。区内已知有小梅岭多金属矿点、杨家村多金属矿点、松岭铁矿床、耳朵洞铁矿点等。区内圈出了凤凰山靶区和省庄靶区。

2. 预测依据

(1) 凤凰山靶区(32-X-V-7)。凤凰山化探异常元素组合为 Pb、Zn、Ag、Hg、Sb、As、Au 等,异常范围大,达 8km²,经异常Ⅱ级查证,该地区含 Pb 一般 $(60\sim150)\times10^{-6}$,最高 1500×10^{-6};Zn $(120\sim250)\times10^{-6}$,最高 600×10^{-6};As $(20\sim40)\times10^{-6}$,最高 220×10^{-6};Hg $(0.12\sim0.25)\times10^{-6}$,最高 1×10^{-6};Sb $(3\sim6)\times10^{-6}$,最高 10×10^{-6};Ag $(0.15\sim1.0)\times10^{-6}$,最高 5×10^{-6};Au $(6\sim8)\times10^{-9}$,最高 15×10^{-9}。

其中以 Ag 显示良好,浓度分带完整,其内带面积达 3km²;Pb 异常也有完整浓度分带,5 处浓集中心,且与 Ag 的浓集中心基本吻合。

异常区内破碎褐铁矿化的茅山组砂岩常破碎成角砾状,又被铁质胶结,裂隙中广泛发育铁质细脉,这类岩石中往往出现高强度的岩石异常,一般含 Pb、Zn 均大于 $1000×10^{-6}$,Ag $(3～10)×10^{-6}$,Au 最高达 $93×10^{-9}$。

该化探异常带的综合异常范围大、峰值高、具分带性,尤其是凤凰山地区化探异常,银矿化强烈,从元素组合特征分析,属矿前晕,是深部铅锌银矿(化)体的显示。

处于戴埠杂乱磁场和南部平静磁场的过渡带上,航磁无明显的局部异常,地磁局部异常主要反映深部的花岗岩岩体存在。

区内出露志留纪—泥盆纪碎屑岩是推覆构造的上盘,是良好的屏蔽层;下盘原地体石炭系—二叠系是重要赋矿围岩;区内酸性、中酸性侵入岩较发育,在接触带及其附近矽卡岩化蚀变强烈,地表矿点、矿化点较多,是找矿有利地段,推覆构造面以下,可望发现新的矿产地。

(2)省庄靶区(32-X-V-8)。区内出露志留纪—泥盆纪碎屑岩是推覆构造的上盘,是良好的屏蔽层;下盘原地体石炭系—二叠系是重要赋矿围岩;区内酸性、中酸性侵入岩较发育,在接触带及其附近矽卡岩化蚀变强烈,目前已发现了铅锌矿体,因此,进一步工作可以扩大已知铅锌矿的远景。

1:20 万水系沉积物圈定了 Pb、Zn、Bi、Mo、As、Cd、Ag 元素异常;1:2.5 万土壤测量圈定了 Pb、Zn、Cu、Au、Cd、Sn、Sb 元素综合异常(图 7-11),异常峰值高,其中 Pb、Zn 含量最高分别达到了 $404×10^{-6}$、$3118×10^{-6}$;岩石测量表明 Cd、Sn、Pb、Zn、Cu、Bi 异常显示较好,主要有 5 处浓集中心(其中 3 处叠加有 Ag、As 异常),最高含量 Pb $450×10^{-6}$、Cu $200×10^{-6}$、Bi $1.5×10^{-6}$。5 处浓集中心之一为省庄铅锌矿点。

区内出现了自然金、辰砂、黄铁矿等重砂矿物异常。

(四)苏州西部吴宅式层控矽卡岩型铅锌银矿(32-Y-B-9)

1. 成矿地质条件

该矿床位于苏州西部南阳山—东山一带,面积约 890km²。区内晚古生代志留纪—三叠纪江南型地层发育齐全,组成印支期北东向木渎短轴向斜,并伴有规模较大的倪芝圩-潭山北东向双重逆推断裂;岩浆活动强烈,西部以印支期城隍山花岗斑岩体为主,东部以燕山中期苏州 A 型花岗岩体为主,燕山早期石英闪长玢岩、二长花岗岩等中酸性岩体在苏州岩体外围呈环带状分布;上述构造和岩体联合组成环形构造格局,控制了区内多金属矿产的形成与发展。西部城隍山岩体与围岩接触带控制了吴宅式铅锌银矿的形成,东部苏州岩体与围岩接触带控制了谈家桥锌铁矿等形式及分布。区内可进一步圈定了潭山铅锌银矿靶区。

2. 预测依据

以潭山靶区(32-X-V-9)为例。靶区位于重力梯度带上,已知碳酸盐岩"马石"不足以解释重力异常带的形成,推测逆推断裂下盘原地体应有有利于成矿的石炭纪—二叠纪碳酸盐岩地层。

靶区分布于潭山-金墅北北东向航磁异常带的南部,磁场强度一般 400～600nT,是深部隐伏岩浆岩带的显示,深部隐伏中酸性岩体与原地体碳酸盐岩接触带应具找矿前景。

靶区内地磁异常较多,经电算处理,其中下宫村、菖蒲潭等磁异常可能为隐伏岩体的显示,且叠加有岩石地球化学异常。

岩石地球化学异常呈近东西向等轴状,元素组合复杂,以 Pb、Zn、Mn、Ag、Cu 等成矿元素为主,具同心圆状浓集特点,分带明显,Sb、As 异常面积最大,Hg 分布在外围,异常面积达 8km²。

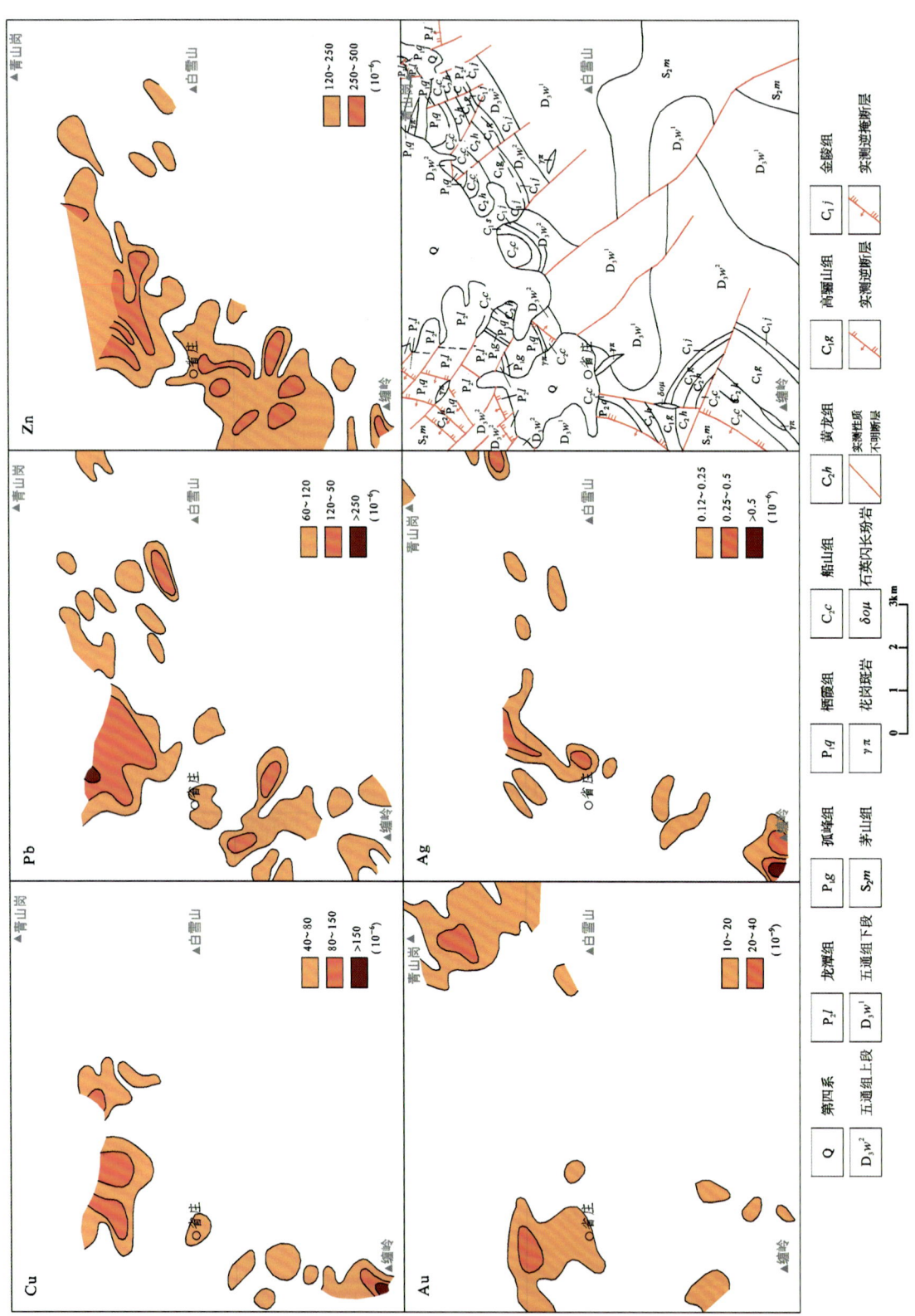

图 7-11 省庄 1∶2.5 万土壤异常剖析简图
(引用《宜溧地区 1∶5 万区调报告》,1988)

矿区及其附近分布有Pb、Zn、Mn、Cu等土壤化探异常,为近矿组合晕;外围有Pb或Pb、Mn异常,属远程组合晕,为深部和外围成矿预测提供了资料。

四、钼矿

根据地球化学异常特征,结合成矿地质条件的分析,与区域矿产分布的关系,在江苏省化探扫面范围内共圈定铅锌银找矿预测区5处,其中B级预测区2处,C级预测区3处。在预测区内圈定了地球化学找矿靶区2处,现分别简述如下,若与前述相同的预测区或靶区,为减少篇幅,在此不再作叙述(图7-12,表7-5)。

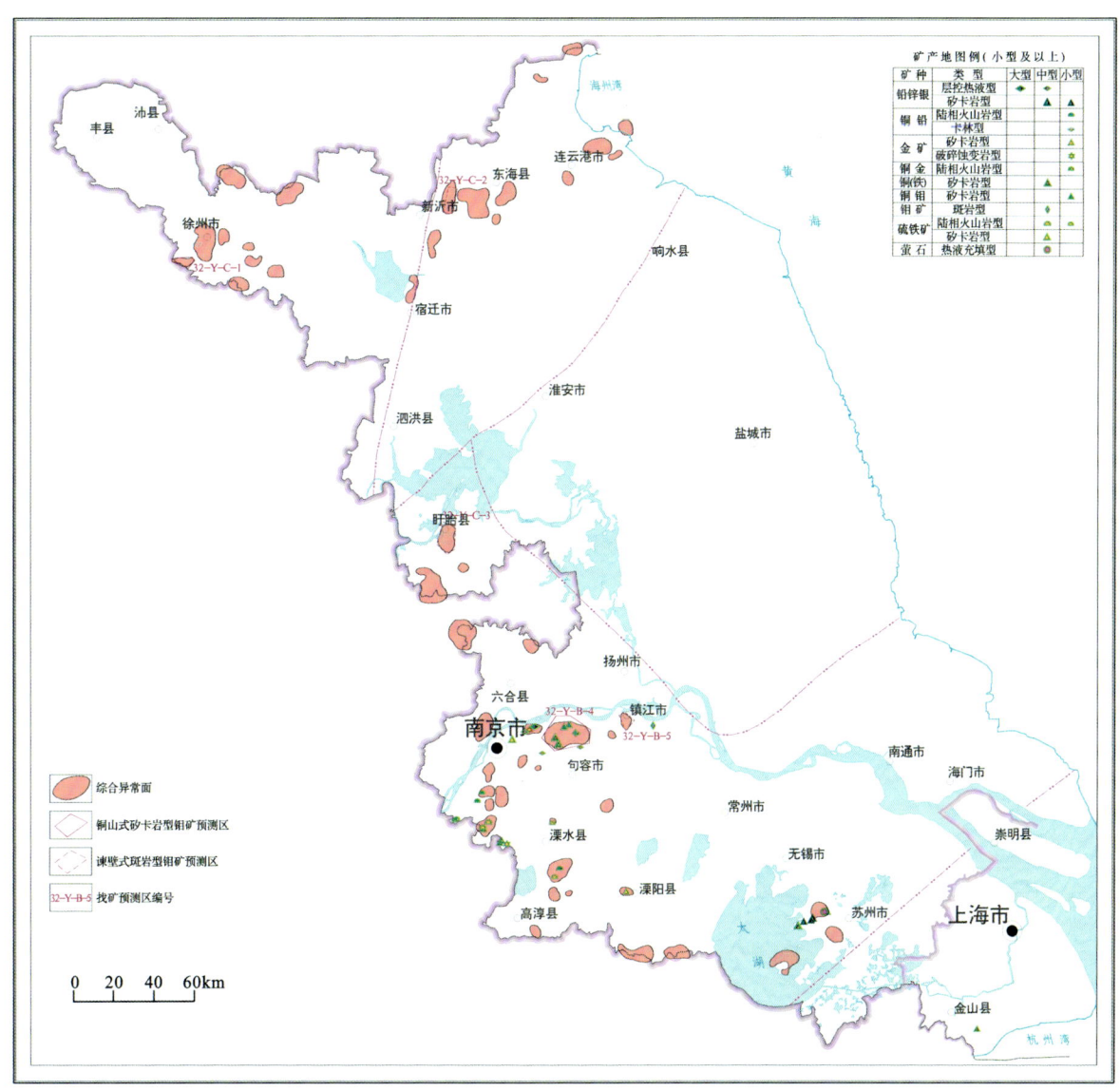

图7-12 江苏省及上海市钼矿找矿预测区分布图

表 7-5 江苏省及上海市钼矿找矿预测区一览表

三级成矿区(带)	预测区编号	预测区名称	预测靶区名称
Ⅲ-64 鲁西成矿带	32-Y-C-1	班井铜山式矽卡岩型钼矿	
Ⅲ-67 桐柏-大别-苏鲁成矿带	32-Y-C-2	东海桃林谏壁式斑岩型钼矿	
Ⅲ-69 长江中下游成矿带	32-Y-C-3	盱眙李家岗谏壁式斑岩型钼矿	
	32-Y-B-4	安基山-铜山铜山式矽卡岩型钼矿	铜山-石砀山靶区(32-X-V-1)
			安基山-伏牛山靶区(32-X-V-2)
	32-Y-B-5	镇江谏壁谏壁式斑岩型钼矿	

(一)班井铜山式矽卡岩型钼矿(32-Y-C-1)

1. 成矿地质条件

该矿床位于徐州市西南部,北起汉王公社、西樵村一带,南至苏皖边界以南,东起三堡,西至光山。面积约 40km²。区内出露地层以寒武系为广泛,主要由灰岩、白云质灰岩、砂岩、页岩组成,次为奥陶纪碳酸盐岩。由于处于北东向断褶带上,北东、北西向断裂非常发育。班井地区侵入岩属燕山早期中性、中酸性岩(班井岩体),浅部为闪长玢岩,深部为闪长岩,见少量花岗闪长斑岩脉。岩体可能为略向南倾的岩株,南北两侧分出岩枝、岩墙。区内已知金矿矿点、矿化点 20 余处。主要的矿化有铜、金、铁、银、钼,此外,铅、锌、砷、锑局部形成矿化。

2. 预测依据

(1)1:20 万水系沉积物圈定了 Mo、Au、As、Cd、Ag 元素综合异常,具有明显的浓集中心,异常范围广,分带完整。

(2)钻孔岩石测量表明(表 7-6),由岩体内部向外部以至接触带的矽卡岩,Cu、Mo、Zn 等元素含量递增,说明这些成矿元素向岩体外部至接触带有浓集成矿的趋势。

(3)中酸性侵入岩体及其脉岩比较发育,接触带矽卡岩化和中、低温热液蚀变等广泛分布,与此有关的铁、铜等金属矿化也有出露。

(4)区内重砂矿物组合以矽卡岩矿物——石榴石、透辉石、绿帘石、磁铁矿为主,同时出现了铜、钼、金、银、铅、锌等硫化物及辰砂、雌黄、雄黄等矿物,并形成了较好的异常,特别是自然金,在班井地区分布广,部分地段形成了显著的异常。重砂异常从岩体向外围沉积岩区有水平分带现象,表现为铜、金-铜、铜-铅、汞、砷。

表 7-6 班井主岩体微量元素含量(10^{-6})一览表

相带	样品数	Cu	Pb	Zn	Mo	Cr	Mn	Sn
接触带矽卡岩	84	140	50	110	6.5	14	850	5
岩体外部相混染带	116	100	16	79	5.3	16	398	3
岩体内部相	110	65	14	36	0.6	8	300	6

(5)班井岩体是寻找铜、钼为主多金属矿有利的成矿岩体,主要富集在接触带附近的蚀变闪长斑岩或矽卡岩及大理岩中。前人 CK25 孔位于班井岩体的南部接触带,钻孔中闪长斑岩、矽卡岩和大理岩多层相间,在孔深 145.35~146.68m 和 155.09~155.70m 两段矽卡岩中,光谱分析 Cu 分别为 1600×

10^{-6} 和 $4300×10^{-6}$，Mo 分别为 $1450×10^{-6}$ 和 $530×10^{-6}$；化学分析 Cu $0.11\%\sim1.90\%$，Mo $0.012\%\sim0.145\%$。表明该区铜钼矿化有的已达到或超过工业指标要求，其中钼矿化除与铜伴生在矽卡岩中外，还单独在内接触带的蚀变闪长岩中形成较强的矿化，因此，此处具有寻找矽卡岩型铜钼矿的良好前景。

（二）盱眙李家岗谏壁式斑岩型钼矿（32-Y-C-3）

1. 成矿地质条件

该矿区位于盱眙县南侧之李家岗一带，北起石牛山，南至佛窝，西起磨刀洞，东至古桑，面积约 $103 km^2$。该区位于盱眙断褶带，出露震旦系黄墟组和灯影组，南部分布有第三纪玄武岩。侵入岩有石英闪长斑岩、二长花岗斑岩和闪长岩岩脉，断裂以北北东向纵断层为主，并发育北西向横断层，岩石蚀变有硅化、大理岩化、绿帘石化、高岭土化、黄铁矿化及褐铁矿化等。区内已知有海相沉积型青峰山磷矿床、低温热液型五里墩赤铁矿点、李家岗斑岩型铜钼矿矿点、佛窝热液型金矿点。

2. 预测依据

（1）水系沉积物圈定了 Pb、Au、Cu、Hg、Ag、Sb、As 元素异常，土壤测量显示了 Ba、Cu、Mo、Pb 元素异常（图 7-13）。

（2）航磁测量在本区发现大面积磁异常，它为深部岩体的反映，岩体中 Cu、Mo、Pb 等元素含量，明显地高于酸性岩的克拉克值。

（3）石牛山地区 3 条岩石地球化学剖面测量结果表明，Mo 元素的均值为 $9.2×10^{-6}$，是地壳克拉克值的 13 倍，是水系背景值的 7.5 倍，表明其受矿化活动影响，组成铜、钼矿化，可能为铜钼矽卡岩矿床（化）。

（4）李家岗钼（铜）矿点和钟郢铜矿化点位于清水坝被淹的花岗闪长岩株的外接触带，在两者的接触带产生了规模巨大的矽卡岩带，据前人资料，在李家岗钻孔见矿体 6 层，单层厚 $1\sim7m$，一般厚 $3\sim4m$，最厚处达 $20m$，延伸超过 $200m$，产状与接触带基本一致。

（5）前人钻探得知李家岗异常北部为一隐伏的酸性岩体，综合异常位于其南部接触带。从深部矿化情况来看，李家岗附近是以钼矿化为主，李家岗以东和以西则以铜、铅矿化为主，与地表异常的空间关系大体一致。该区成矿地质条件良好，深部岩体具有寻找斑岩型铜钼矿的良好前景。

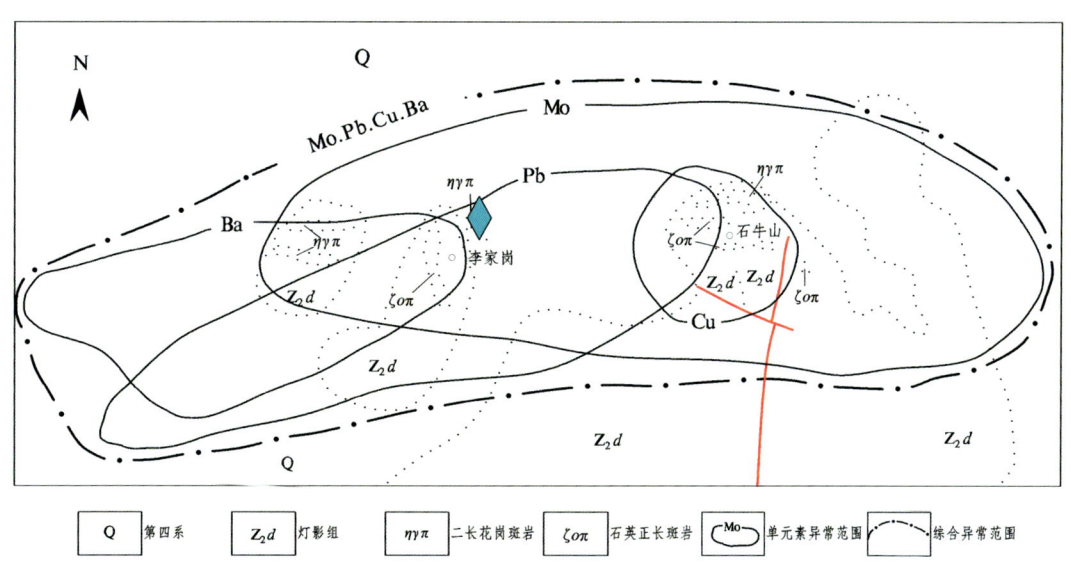

图 7-13 李家岗综合异常分布简图
（引用《盱眙地区 1∶5 万区域调查报告》，1986）

(二)镇江谏壁式斑岩型钼矿(32-Y-B-5)

1. 成矿地质条件

该矿区位于宁镇山脉东段,镇江市东南部之九华山一带,面积为 33.88km²。处于九华山复向斜及金家湾复背斜之南翼,地层为志留系坟头组—三叠系黄马青组,局部见燕山晚期石英二长斑岩与石英斑岩的侵入。围岩蚀变有大理岩化等。岩层总体走向北东东,断裂构造主要有两组,即北东东向的纵断层和北北西向的横断层。区内有九华山多金属矿点,矿体主要赋存于北北东的构造裂隙、上青龙组层间隙、石英闪长斑岩的接触带。矿石以细脉浸染状为主,矿物成分主要为黄铜矿、方铅矿、闪锌矿、黄铁矿,次要的有辉钼矿、磁铁矿等。

2. 预测依据

(1)水系沉积物圈定了 Mo、Cu、Pb、Zn、Au、Hg 元素综合异常;土壤显示 Cu、Pb、Zn、Mo、Bi、Ag 元素异常。无论从整个异常带还是从单个异常来说,异常元素都表现出一定的分带性,大体的分带由内向外为 Zn、Cd、Bi、Mo-Cu、Ag-Pb、As、Sb,呈卫星状分布。大多数异常不同程度地发育有浓度分带。

(2)异常浓集中心浓度内带的走向(北东东—北东)与已知矿化带的走向基本一致,异常元素组合与矿石矿物组合吻合。

(3)该区指示铜钼矿累乘指数异常发育良好。

第三节 重要成矿带找矿潜力评价

江苏省地跨华北陆块区、苏鲁造山带(秦岭造山带东段)、扬子陆块区三大地质构造单元,它们的地质构造发展历史、岩浆活动和矿产的形成存在明显的差异。以全国项目组 2008 年出版的《中国成矿区带划分方案》为基础,在全国成矿区带(Ⅲ级)划分方案的基础上,划分成矿亚带(Ⅳ级),在成矿亚带内划分成矿远景区。依照上述原则和方法,江苏省及上海市共划分Ⅲ级成矿区带 5 个,Ⅳ级成矿亚带 7 个(表 7-7)。

本次地球化学重要成矿带找矿潜力评价分析是在Ⅳ级成矿亚带内,根据地球化学异常特征及找矿预测区(靶区)圈定结果,结合成矿地质条件的分析,与区域矿产分布的关系,在江苏省化探扫面范围内圈定了找矿远景区 13 处(表 7-7,图 7-14),并进行了找矿潜力评价分析,现对各个Ⅳ级成矿亚带找矿潜力评价简述如下。

一、鲁西金、铁、铝土矿、煤、金刚石成矿亚区(Ⅲ-64-①)

该区位于苏北坳陷西部边缘地带、郯庐断裂带东侧,系为郯庐断裂带切割牵引的扬子陆块区与中央造山系弧形复合部位,属下扬子陆块区苏皖前陆盆地的一部分,苏皖北西向新生代玄武岩喷发带斜贯该区域。目前区内仅发现数处铁、钼(铜)多金属矿(化)点,其中矽卡岩型铁矿体主要赋存于二长花岗斑岩及闪长玢岩等燕山晚期中酸性侵入岩与震旦纪—寒武纪镁质碳酸盐岩建造接触带中,而斑岩型钼矿体则主要赋存于接触带附近的二长花岗斑岩等岩体中,并受北东向断裂构造控制。

本区在省内可划分两个找矿远景区,分述如下。

1. 利国铜、金找矿远景区(V1)

该区位于徐州市北北西微山湖畔利国一带,出露中寒武统—中奥陶统以及中、上石炭统,侵入岩有闪长玢岩、石英闪长斑岩、花岗闪长斑岩等,有北东向和北西向两组断裂。远景区为利国铁矿田所在之处,中小型铁矿床及铁矿点近 10 处。

远景区包含 Z026 Cu、Au、Pb、Zn、Mo、Bi、Ag 甲类异常,异常评序居江苏省第 3 位。异常强度高、规模大、元素组合复杂。

铁矿层中含 Cu 一般 0.1%~0.5%,最高达 3%~4%,伴生金、银亦达到综合利用工业指标;地表褐铁矿中 Cu 可达 2%,Au 接近于 5×10^{-6}。自然重砂显示出铜矿物、自然金、重晶石、锡石、黄铁矿、辰砂、雄黄、雌黄等矿物组合,因此本区具有寻找伴生型及铁帽型铜金矿的良好前景。

表 7-7 江苏省及上海市成矿区带划分一览表

Ⅱ级	Ⅲ级	Ⅳ级	地球化学找矿远景区
Ⅱ-15 华北(陆块)成矿省	Ⅲ-64 鲁西(断隆、含淮北)金、铁、铝土矿、煤、金刚石成矿区(Ar_3、Pz_1、Pz_2、Ye)	Ⅲ-64-① 鲁西金、铁、铝土矿、煤、金刚石成矿亚区	利国铜、金找矿远景区(V1)
			班井铜、钼、金多金属找矿远景区(V2)
Ⅱ-7 秦岭-大别成矿省(东段)	Ⅲ-67 桐柏-大别-苏鲁(造山带)金、银、铁、铜、锌、钼、金红石、萤石、珍珠岩成矿带	Ⅲ-67-③ 苏鲁金、铁成矿亚带	锦屏山-云台山铅锌找矿远景区(V3)
			禹山-石桥金找矿远景区(V4)
			桃林铜、钼、铅找矿远景区(V5)
Ⅱ-15A 下扬子成矿省	Ⅲ-68 苏北(断陷)油气、盐类成矿区	Ⅲ-68 苏北(断陷)油气、盐类成矿(亚)区	
	Ⅲ-69 长江中下游铜、金、铁、铅锌(锶、钨、钼、锑)、硫、石膏成矿带	Ⅲ-69-① 庐江-滁州铜、金、铁、钼、铅、锌、银、硫成矿亚带	佛窝-天台山金、钼找矿远景区(V6)
		Ⅲ-69-② 沿江铜、铁、金、多金属、硫成矿亚带	大凹山-栖霞山铅锌、金、银找矿远景区(V7)
			安基山-老人峰铜、钼、多金属、金找矿远景区(V8)
			汤山-仑山金找矿远景区(V9)
			铜井-谷里铜、金找矿远景区(V10)
			观山-枯竹山铜、金、铅找矿远景区(V11)
		Ⅲ-69-③ 宣州-苏州铜、钼、金、银、铅、锌成矿亚带	小梅岭-李家园多金属、金、银找矿远景区(V12)
			潭山-南阳山铅锌、银找矿远景区(V13)
	Ⅲ-71 钦杭东段北部铜、铅、锌、银、金、钨、锡、镍、钽、锰、海泡石、萤石、硅灰石成矿带(Pt_{2-3}、Z、∈、P_1、Ye、Yl)	Ⅲ-71-⑤ 天目山-金山铜、铅、锌、银、金、钨、锡、铌、镍、钽、铁、萤石成矿亚带	

2. 班井铜、钼、金多金属找矿远景区(V2)

该远景区位于徐州西南,区内以寒武系为广泛出露地层,主要由灰岩、白云质灰岩、砂岩、页岩组成,次为奥陶纪碳酸盐岩,均为赋矿层位。侵入岩属燕山早期中、中酸性岩,浅部为闪长斑岩,深部为闪长

图 7-14 江苏省及上海市找矿远景区分布图

岩,见少量花岗闪长斑岩脉。区内已知金属矿点、矿化点 20 余处。主要矿化有铜、金、铁、银、钼,此外,铅、锌、砷、锑局部形成矿化。

远景区包含 2 个乙类异常,即 Z030 Au、Cu、Hg、Ag、Cd、Mo、Bi 异常与 Z033 Au、As、Ag、Mo 异常,异常评序分别居江苏省第 9 位和第 38 位。

以铜为主伴生金、银的矿点、矿化点均分布于岩体与寒武系的接触带或其附近,地表矿化较密集。内部相石英闪长斑岩含金 $<0.03\times10^{-6}$,但接触带内侧混染带中蚀变闪长玢岩或远离岩体的蚀变岩脉含金明显增加,局部可以富集。通过人工重砂鉴定,硅化脉中可见到少量金矿物,一般 10kg 为 7~20 颗。

班井岩体北部外围地区发现多处铅、锌矿化点,部分地段含 Pb 0.85%~1.01%,Zn 0.1% 左右。磁铁矿矿体中亦伴生有铅、锌。因此,认为该区多金属成矿类型复杂,具有较好的铜、钼多金属矿找矿远景。

二、苏鲁金、铁成矿亚带（Ⅲ-67-③）

该成矿亚带内第四系广泛发育，前第四纪地层仅零星分布，发育的地层呈明显一老一新的特点。老地层主要为新太古界—古元古界东海杂岩中的变质表壳岩和中新元古代的锦屏岩群、云台岩群。新地层为零星出露的、局限分布于断陷盆地中的中、新生代地层，中生代地层主要有早白垩世莱阳组、青山组及晚白垩世王氏组，岩性主要为不同成分的陆相碎屑沉积建造或火山喷发沉积建造等；新生代地层主要为新近纪上新世宿迁组及覆于其上的安峰山火山岩锥，岩性为半固结的陆相碎屑沉积建造或碱性玄武岩火山岩建造。

根据空间异常特征分布，结合成矿地质条件，该区进一步划分为3个找矿远景区。

1. 锦屏山-云台山铅锌找矿远景区（V3）

该远景区位于连云港市之锦屏山—云台山一带，区内第四系分布广泛，出露地层有东海岩群混合花岗岩和海州群含磷浅变质岩系，东海岩群分布局限，仅见锦屏地区，构成倒转背斜的轴部，海州群分布广泛。区内北东、北西、北西西向小断裂较发育。已知有锦屏、大浦、新浦磷矿床，锦屏铅锌矿点、东西连岛铅锌矿化点。其中锦屏铅锌矿脉产于混合花岗岩中，矿化属于混合岩化作用有关的变质热液型矿产。

区内包括3个乙类异常和2个丙类异常，其中Z005 Zn、Cu、Pb、Cd、Hg、Mo、Bi、Ag 和 Z001 Zn、Au、Pb、Hg、Ag、Cd、Mo两个乙类异常评序分别居江苏省第31、34位。土壤测量圈定了Pb、Sn元素异常，峰值分别高达 255×10^{-6}、110×10^{-6}，异常规模大，强度高，分带性好，内带发育，具有良好的矿化特征。区内岩石普遍具有褐铁矿化、黄铁矿化，远景区内存在以断层、裂隙为通道的热液矿化活动，有进一步找矿的前景。

2. 禹山-石桥金找矿远景区（V4）

该远景区位于赣榆县西北部的禹山—石桥一带，构造上处于东海断褶带，区内第四系分布广泛，除区西南部有少量中生代白垩纪盖层分布外，基底岩石主要为古元古代变质岩，岩浆岩分布广泛，主要呈北东—北北东向展布，受郯庐断裂的次级北东、北北东向构造控制，形成大岩浆岩带。构造以断裂为主，主要为北东—北北东向。断裂破碎带硅化、萤石化、褐铁矿化明显，有中低温热液矿化点多处，如横山金矿化点、车夫山金矿化点、禹山金矿化点及车夫山重晶石矿点。

区内圈定了多个金综合异常，但异常范围小、强度低，元素组合较简单，这可能与区内发现矿化体呈脉状、透镜状沿断裂破碎带断续分布有关，影响范围小，难以在1∶20万水系沉积物有较强的异常反映，后续的异常查证结果良好（见本章第二节），发现了一些小矿化体，结合区内成矿地质条件：金矿化受北东向断裂带控制，矿化体呈脉状、透镜状沿断裂破碎带断续分布，矿化岩石为构造蚀变岩，主要为褐铁矿化碎裂岩，不同程度地伴有硅化、钾化、绢云母化、黄铁矿化，这些为焦家式蚀变岩型金矿重要的找矿标志。因此，本次还将其划分为找矿远景区，希望通过进一步工作，能在深部寻找焦家式蚀变岩型金矿有所突破。

3. 桃林铜、钼、铅找矿远景区（V5）

该远景区位于赣榆县桃林镇地区，构造处于东海隆起带及郯庐断裂东侧，区内主要出露东海岩群，侵入岩有花岗斑岩、斑状二长花岗岩（桃林岩体），受郯庐深大断裂影响，主断裂派生的次级断裂非常发育，主要有北东向、北西西向两组断裂。区内已知矿点主要有孟庄、徐塘庄铁磁铁矿点、小古沟多金属矿点。

远景区包含Z015 Pb、Cu、Cd、Bi、Hg、Sb、As、Mo乙类异常，异常评序居江苏省第24位。

本区花岗岩中金、铅、锌丰度明显大于花岗岩平均值和华南改造型花岗岩，接近于江苏省安基山铜矿成矿母岩同熔花岗岩，表明本区花岗岩类属铜、铅、锌成矿系列，有形成铜、铅、锌矿床的可能，在岩体边部与变质岩接触带附近的徐塘地区发现有较好的铜、铅、锌多金属矿化。

2002年江苏省地质调查研究院在该区开展了银、多金属矿普查工作，在预测区的徐西、小古沟、竹墩等地发现了铜、钼、铅、锌多金属小矿体多处。

综合上述分析,认为本区对于寻找斑岩型铜钼为主的矿产较有远景。

三、庐江-滁州铜、金、铁、钼、铅、锌、银、硫成矿亚带(Ⅲ-69-①)

该成矿亚带位于苏北坳陷西部边缘地带、郯庐断裂带东侧,系为郯庐断裂带切割牵引的扬子陆块区与中央造山系弧形复合部位,属下扬子陆块区苏皖前陆盆地的一部分,苏皖北西向新生代玄武岩喷发带斜贯该区域。目前区内仅发现数处铁、钼(铜)多金属矿(化)点,其中矽卡岩型铁矿体主要赋存于二长花岗斑岩及闪长玢岩等燕山晚期中酸性侵入岩与震旦纪—寒武纪镁质碳酸盐岩建造接触带中,而斑岩型钼矿体则主要赋存于接触带附近的二长花岗斑岩等岩体中,并受北东向断裂构造控制。

根据地球化学异常特征,结合成矿地质条件及前人资料,圈定了找矿远景区1处,即佛窝-天台山金、钼找矿远景区(V6)。

该远景区构造上处于佛窝-老子山北北东向断褶带的中段,出露地层为黄墟组和灯影组,岩性以灰岩、白云质灰岩、砂岩及薄层千枚状页岩为主。西南缘为清水坝花岗闪长岩体,区内有少量闪长玢岩脉切入。北北东—近南北向的断裂很发育,伴随断裂带而形成揉皱,糜棱岩化及硅化、绢云母化、泥化普遍,它们又被北西西—近东西向断裂所错开。成矿围岩蚀变比较普遍,硅化、褐铁矿化、软锰矿化多普遍。已知有五里墩赤铁矿、斗笠山铅锌矿化点、天台山黄铁矿化点、李家岗钼(铜)矿点等。

远景区主要分布有2个乙类异常,即Z042 Au、Pb、Hg、Cd、As、Sb和Z043 Pb、Au、Cu、Hg、Ag、Cd、As、Hg,异常评序分别居江苏省第60位和第17位。水系沉积物异常及岩石采样结果Cu、Au、Hg、Pb、Zn、Ag及Ba、Mo、P、F等元素含量较高。

区内震旦系山矿源层,清水坝花岗闪长岩体提供热源,佛窝-老子山构造带中的扩容性构造提供储矿场所,特别是近南北向构造蚀变作用的叠加,对金成矿起到了促进作用。同时,清水坝花岗闪长岩与灯影组碳酸盐岩接触带产生了规模巨大的矽卡岩带,据前人资料,在李家岗钻孔见钼矿体6层,单层厚1~7m,一般厚3~4m,最厚处达20m,延伸超过200m,产状与接触带基本一致。

综上所述,该远景区对钼多金属矿和金矿的形成十分有利。

四、沿江铜、铁、金、多金属、硫成矿亚带(Ⅲ-69-②)

该成矿亚带是长江中下游成矿带的主成矿亚带,也是江苏省最重要的一个成矿亚带,其主要由六合隆起、宁镇隆起、宁芜中生代火山岩盆地及溧水中生代火山岩盆地相对独立的4个区域组成。

区内可以分成5个找矿远景区。

1. 大凹山-栖霞山铅锌、金、银找矿远景区(V7)

该远景区位于南京市大凹山—栖霞山一带,处于宁镇断褶带西段栖霞山复背斜南翼,出露地层以石炭系—二叠系为主,侏罗系象山群不整合其上,发育北东—北东东向、北西—北北西向两组断裂构造。已知有大凹山和栖霞山两个大型铅锌银矿床,是以中低温热液为主的多成因复成矿床。

远景区包含了Z058 Au、Pb、Zn、Cu、Cd、Hg、Sb、Ag、As、Bi、Mo甲类异常,异常评序居江苏省第7位。1:5万土壤测量各元素异常反映良好,对扩大已知矿产的远景具有一定的意义,其中,栖霞山镇南、北象山、南象山的浓集中心是扩大栖霞山矿床远景的有望地段。1:5万南京幅土壤测量金分析在栖霞山和大凹山两处均有显示很好的Au异常,应特别注意在已知矿区及外围寻找金矿。与栖霞山土壤地球化学异常相对应,尚有自然重砂铅矿物二级异常,重砂矿物主要是砷铅矿,一般25kg含量数颗至数十颗。

2. 安基山-老人峰铜、钼、多金属、金找矿远景区(V8)

该远景区位于宁镇断褶带中段,出露奥陶系—侏罗系,有中酸性的安基山、下蜀-高资岩等侵入岩岩体,横跨龙-仓复背斜、范家塘复向斜、宝-巢复背斜和桦-亭复向斜,近东西向、北北东向、北北西向断裂较发育。已知有接触交代型、中高温热液型、中低温热液型的矿床(点)近20处之多,如安基山铜矿、伏牛山铜矿、铜山铜钼矿、盘龙岗铜矿等。

找矿远景区内主要有Z062 Cu、Pb、Au、Zn、Cd、Ag、Bi、Mo、Sb甲类异常,异常评序居江苏省第1位。异常范围大,峰值高,浓度分带完整,且具有明显的浓集中心。1∶5万土壤测量,区内圈定了多个Cu、Mo、Pb、Zn、Au等多元素综合异常。安基山岩体是寻找铜、锌为主多金属矿有利的成矿岩体,铜山矿区的外围及深部是具扩大钼铜远景的有望地段,宝华山南坡和连山—观音山地段是寻找金银贵金属和铜铅锌等有色金属矿产的有利地段。

3. 汤山-仑山金找矿远景区(V9)

该远景区位于宁镇断褶带中段南缘,构造上位于汤-仑复背斜的中段,地层比较发育,从寒武系观音台组—二叠系栖霞组均有分布,侵入岩零星分布,岩性主要有石英闪长斑岩、闪长玢岩等。断裂构造非常发育,主要有北东向、北西向、近东西向3组。区内已知有汤山金矿床、仑山、钉耙岗金矿化点、固江口铅锌矿点、九华山多金属矿点。

找矿远景区主要包括Z061 Au、Cu、As、Sb、Cd甲类和Z064 Cu、Cd、Sb、As、Ag乙类异常,异常评序分别居江苏省第18位和第61位。远景区位于汤山-仑山Au、Ag、Sb、Hg、As元素高背景带上,具有较好的地球化学找矿指示意义。

仑山地段1∶5万土壤测量圈出了凉帽山、仑山两个金异常,异常范围广,峰值高(49.2×10^{-9}),规模大,浓度分带完整,并伴有As、Hg、Ag、Sb、Mo等元素异常。其中凉帽山金异常经查证和普查,在北西西向断裂带和杨冲组底部硅化带内发现有强金矿化及金矿体,并探明D+E级金金属量1.3t。该地段有较好的金找矿远景。

汤山地段1∶5万土壤测量Au、Sb、As、Hg、Pb异常反映甚好,后续的异常查证及普查将汤山金矿提升为小型矿床,区内控矿因素清晰,有进一步找金的前景,特别是寻找深部原生金矿体。

4. 铜井-谷里铜、金找矿远景区(V10)

该远景区位于江宁县铜井—谷里一带,处于宁芜断陷宁芜复向斜核部,出露龙王山组、大王山组和娘娘山组火山岩,燕山早期次火山岩以及呈岩株产出的石英闪长斑岩、石英二长斑岩,有北东向和北西向两组断裂,北西至北北西向裂隙发育,常充填石英脉、镜铁矿脉,围岩蚀变以硅化强烈为特征。已知有火山、次火山热液型的铁、铜、金铜、金等矿床(点)10余处,如谷里铜矿、大岭岗铜矿、铜井铜金矿。

远景区主要包含了4个甲类异常,即Z072 Cu、Pb、Zn、Sb、Mo、As、Cd异常;Z075 Cu、Au、Hg、Bi、Sb、Cd异常;Z076 Cu、Bi、Mo、Cd异常;Z077 Au、Cu、Bi、Hg、Cd异常,异常评序一般居江苏省前24位(其中Z076居第54位)。1∶5万土壤测量异常重现性良好。

该远景区异常规模大,元素组合复杂,浓度分带完整,娘娘山组富含Cu、Zn、Sn、Bi、Pb等元素,对形成火山热液型的有色金属矿产十分有利,区内已知矿产地仍可扩大远景。谷里地段重砂样中见到自然金、黄铜矿、重晶石、镜铁矿等。

5. 观山-枯竹山铜、金、铅找矿远景区(V11)

该远景区区内断裂构造发育,其中观山火山机构及北东向新桥-白马断裂是区内重要控矿构造,北西向、北东向及近东西向断裂亦是容矿构造;出露地层主要为龙王山组、大王山组及姚家边组的火山碎屑岩建造,西部边缘亦有侏罗系陡山组的石英砂岩及白垩系葛村组砂砾岩建造出露,东部边缘地带有志留系—三叠系的部分地层出露,其中大王山组及姚家边组的火山碎屑岩建造是主要赋矿围岩;出露岩体主要为白垩纪的粗安斑岩次火山岩体,为主要的控矿岩浆岩,亦有白垩纪正长斑岩等岩脉零星出露。目前区内已有观山小型铜铅矿、金驹山小型金矿,以及金鸡山铜矿点、定山金矿点等矿点10余处。

远景区包含3个异常,即Z082 Pb、Cu、Au、Zn、Mo、As、Cd、Sb、Ag异常;Z084 Pb、Zn、As、Cd、Ag、Mo异常和Z083 Au、As、Mo、Sb、As、Cd、Bi异常,异常评序分别居江苏省第6、39、53位。芝山异常经

查证,土壤异常和岩石异常反映都较好,新发现了矿化点3处,其中铅锌、银、钼各1处。区内蚀变、矿化现象普遍,进一步找矿前景较好。地表有明显的重晶石、铜矿物、铅矿物、黄铁矿、泡铋矿等重砂矿物异常,它们是陆相火山岩型铜金矿重要的找矿标志。结合目前了解的资料来看,远景区北部以铜、金为重点,而南部以铅为重点。

五、宣州-苏州铜、钼、金、银、铅、锌成矿亚带(Ⅲ-69-③)

该成矿亚带位于下扬子陆块区中江南台隆(江南过渡带)的东北端,即怀玉山天目山被动陆缘褶冲带中的南通-苏州陆缘斜坡带,其江苏省内部分北西以江南断裂为界,并与沿江成矿亚带相接壤;南东则以湖苏断裂为界,并与钦杭东段北部成矿带中的天目山-金山成矿亚带相接壤;而南西则为苏浙皖省界;北东则与黄海接壤。该亚带内矿床类型多,矿产地密集区也较多,但多为小型矿床及矿(化)点,地层自寒武系—第四系均有出露,但除二叠系外,各时代地层亦都有部分缺失,其中寒武系及石炭系—三叠系的碳酸盐岩建造为主要成矿和赋矿围岩,在成矿亚带西北部的溧阳火山岩盆地,大王山组的火山碎屑岩亦为赋矿围岩。矿床受成矿亚带内环形构造等各种断裂构造控制,其岩浆岩系列、形成时代和成矿特征也有所差异,但它们成矿统一于中生代燕山期强烈发育的构造-岩浆热事件中,形成长江中下游成矿带中具有江南过渡带特色的构造-岩浆岩成矿亚带。

本亚带内可以划分2个找矿远景区。

1. 小梅岭-李家园多金属、金、银找矿远景区(V12)

该远景区位于宜溧断褶带溧阳火山岩盆地南部边缘,出露泥盆系—侏罗系,有中—酸性的侵入小岩体、岩株或岩脉,发育北北东向、北东向、北西向、近东西向4组断裂构造。已知有接触交代型的铁矿床(点)和多金属矿点以及中低温热液型的菱铁矿、金矿点等约10处。

远景区包含了Z090 Pb、Zn、Cu、Bi、Cd、As、Mo、Sb、Ag甲类异常,异常评序居江苏省第28位。异常规模大,元素组合复杂,浓集中心明显,不但已知矿产的远景能够扩大,而且能发现新的矿产地,如徐家园地段找金、凤凰山地段找银都有较大的前景。本区庙西岩体是富集钨、锡的中酸性杂岩体,其向北延伸部位是寻找钨、锡矿的有利地段。

2. 潭山-南阳山铅锌、银找矿远景区(V13)

该远景区内晚古生代志留系—三叠系江南型地层发育齐全,组成印支期北东向木渎短轴向斜,并伴有规模较大的倪芝圩-潭山北东向双重逆推断裂;岩浆活动强烈,西部以印支期城隍山花岗斑岩体为主,东部以燕山中期苏州A型花岗岩体为主,燕山早期石英闪长玢岩、二长花岗岩等中酸性岩体在苏州岩体外围呈环带状分布;上述构造和岩体联合组成环形构造格局,控制了区内多金属矿产的形成与发展。西部城隍山岩体与围岩接触带控制了吴宅式铅锌银矿的形成,东部苏州岩体与围岩接触带控制了谈家桥锌铁矿等形式及分布。区内已知有接触交代型铅锌银、铁、硫铁矿矿床(点)和多金属矿点以及风化壳型铁矿点达16处之多。

远景区包含了2个甲类异常,即Z102 Au、Pb、Cu、Zn、Hg、Bi、Mo、Cd、Sb、Ag异常和Z103 Zn、Au、Pb、Cu、Cd、Hg、Bi、Ag、As、Sb异常,异常评序分别居江苏省第4、5位。异常规模大,组分复杂,土壤测量结果Pb、Zn、Ag、Hg等元素的异常显示较好(见本章第二节),与已知矿产地的关系密切,多扩大已知矿产远景具有一定的意义。

除上述13个找矿远景区之外,下列各地段也是值得注意的找矿有利地段:①镇江九华山具有寻找矽卡岩-斑岩型铜钼矿的远景;②溧水横山具有寻找破碎蚀变岩型金矿及次火山热液型铜金矿的远景;③溧阳土包山具有寻找矽卡岩型铁金矿的远景;④江宁云台山具有寻找陆相火山岩型金矿的远景。

第八章 地球化学成果转换与应用

一、典型矿床预测模型建立

江苏省重要矿产资源潜力评价开展了33个典型矿床研究,其中铁矿床12个,铜矿床5个,铅锌银矿床3个,金矿床5个,磷矿床2个,钼矿床2个,硫矿床3个和萤石矿床1个。本次针对18个典型矿床开展了地球化学研究,提取成矿元素及指示元素异常特征,作为地球化学标志(表8-1),进一步建立典型矿床预测要素。

表8-1 典型矿床地球化学标志一览表

序号	典型矿床	地球化学标志	预测要素分类
1	铜井陆相火山岩型铜金矿床	地球化学表现为 Au、Bi、Cu、Ag、As、Sb、Pb 等元素组合异常;原生晕为 Au、Cu、Ag、Pb、Zn、As、Bi、Hg 等组合	必要
2	观山陆相火山岩型铜铅矿床	综合异常呈近圆状分布,具有元素分带性,从内向外依次为 Ba-Cu-Pb-Mo	重要
3	獾子洞次火山热液-层控矽卡岩型铜金矿床	区域内 Cu、Pb、Zn、Mo、Mn 等金属量异常;1∶5000 化探地球化学 (Cu-Pb-Zn-Mo-Ag)扫面圈定17个以 Cu 为主的 Cu-Pb-Zn-Mo-Ag 综合异常,异常走向北东或北北东,与发现主要铜矿体分布地段一致	必要
4	安基山矽卡岩斑岩型铜矿床	区内 Cu、Mo、Pb、Zn、Ag 异常具有明显分带性,由内向外依次为 Mo-Cu、Ag-Pb、Zn-Hg(Ag)	必要
5	盘龙岗斑岩型铜矿床	矿化较好的地段有地表地球化学 Cu 异常(200×10^{-6}),Mo 异常在 Cu 异常的边缘呈零星分布。同时 Mo、Cu、Pb、Zn、Ag、As 元素异常在地面有规律地展布	重要
6	栖霞山碳酸盐岩(层控热液)型铅锌银矿床	元素组合以 Pb、Zn、Ag、Sb、As 为主,并有 Cd、Bi、Hg 等。单元素呈现的异常范围由小到大,由内向外依次为 Mo-Cd-Bi-Hg-Ag-As-Sb-Zn-Pb,越向西南方向分带性越明显。多数元素都有一定的浓度分带性,但发育程度不同	必要
7	吴宅层控矽卡岩型铅锌银矿床	原生晕成矿元素综合异常为 Pb、Zn、Ag、Cd、Cu 等	重要
8	金驹山陆相火山岩型金矿床	地球化学 Au、Cu、Ag、As、Sb、Bi、Hg、Zn 等元素综合异常	必要
9	燕子口破碎蚀变岩型金矿床	1∶1万地球化学土壤金属量测量,Au 元素取值 5×10^{-9} 作为圈定异常时的异常下限值,圈定14个异常,金矿体与金异常高峰值扣合较好	必要
10	平山头新桥式铁帽型银金矿床	元素主要有 Mn、Ag、Au、As、Bi、Cd、Cu、Pb、Sb、Sn、Zn、Mo 组合异常	必要

续表 8-1

序号	典型矿床	地球化学标志	预测要素分类
11	汤山微细浸染型（卡林型）金矿床	1:5万土壤地球化学测量 Au、Sb、As、Pb、Ag 异常,呈北东东向长条状展布;1:1万原生晕 Au、Sb、As、Pb、Ag 异常;土壤 Au、Sb、As、Pb、Ag、Zn、Cu 元素组合异常,Au、Sb、As 浓度高	必要
12	土包山侵入岩体内及接触带型铁金矿床	原生晕 Hg 晕出现于矿体上方,Ag、As、Cd、Bi、Cu、Co 包围矿体,Co 出现于矿体下方,区域上土壤异常为 Cu、Pb、Zn、Ag、Au、As、Sb、Cd、Bi 等元素综合异常	必要
13	泰山玢岩式岩浆期后型磷矿床	P、Fe、S、V、Y、Ce、La 元素高	次要
14	云台山陆相火山岩型硫铁矿床	Ba、Sr、P、Mn 异常主要分布于碳酸盐岩地层区;Cu、Mo 异常内、中、外带分带清晰,浓集中心明显	重要
15	南京岔路口矽卡岩型硫铁矿床	主要分布 As、Sb、Pb、Zn 异常,异常较弱,分带不明显	次要
16	苏州潭山矽卡岩型硫铁矿床	Cu、Pb、Zn 异常分带清晰,浓集中心明显,与石英斑岩、矽卡岩套合性较好;Hg 异常仅见外、中带,内带少见	重要
17	铜山矽卡岩型钼铜矿床	矿床与 Cu、Pb、Zn、Mo、Bi 异常套合较好,异常延伸方向与断裂走向一致,其中 Mo、Pb、Bi 异常内、中、外带分带清晰,浓集中心明显;Cu、Zn 异常较弱,仅见外、中带,内带少见	重要
18	谏壁斑岩型钼（钨）矿床	Cu、Pb、Zn、Co、Mo 异常与石英闪长斑岩、石英二长斑岩套合性较好,异常较弱,仅见外、中带,内带少见,无明显浓集中心,异常主要分布于矿体外围	重要

由表 8-1 可见,地球化学标志作为典型矿床预测要素之一,本次 18 个典型矿床地球化学要素分类中,必要要素有 9 个,重要要素有 7 个,次要要素有 2 个,进一步表明本次典型矿床地球化学研究较好地应用于典型矿床预测要素提取及建模等矿产预测工作。

二、预测工作区预测要素选择

江苏省重要矿产资源潜力评价共确定了矿产预测类型预测工作区 43 个（其中铁矿 12 个），本次地球化学圈定的组合（或综合）异常作为预测要素应用于 21 个矿产预测类型预测工作区（铜、钼、铅、锌、银、金、硫矿种）。矿产预测研究表明,在应用的 21 个矿产预测类型预测工作区中,有 15 个预测工作区是采用 1:5 万土壤（或水系沉积物）地球化学资料,其圈定的组合（或综合）异常空间上能很好地反映矿产预测信息；东海-新沂焦家式破碎蚀变岩型金预测工作区和徐州-利国焦家式破碎蚀变岩型金矿预测工作区由于采用 1:20 万化探扫面资料,预测区范围内采样点比较稀疏,预测效果略差些；针对硫铁矿提取的地球化学预测要素应用于 4 个预测工作区,由于预测效果不明显,实际预测工作中仅起到了参考作用。除上海金山没有化探资料和苏州西山缺乏针对萤石矿的地球化学资料以及磷矿预测效果较差外,总而言之,本次地球化学成果已较好地应用于矿产预测类型预测工作区中,尤其是铜、钼、铅、锌、银、金等矿种组。化探在预测评价过程中起到了非常重要的作用,其 Cu、Au、Mo、Pb、Ag 等元素的组合异常或综合异常与已知铜、金等金属或多金属矿产地的对应关系较好,因此在这些预测工作区中的最小预测区圈定、优选、分级分类等过程中,化探是除了地质矿产要素之外的一个最主要的预测要素,并且还能起到对隐伏矿床的指示作用。以宁镇预测工作区为例,简述如下：

宁镇地区为江苏省铅锌、铜等多金属的主要矿集区,有栖霞山大型铅锌银矿、安基山中型铜矿、铜山小型铜钼矿、汤山小型金矿等多处大中小型矿产地,该区绝大部分铜多金属矿产地与 Cu、Pb、Zn、Au 等元素的综合异常对应关系较好（图 8-1），显示了该区这些元素的综合异常对多金属矿床有很好的指示作用,因此在该地区相关矿种的预测工作区中,对最小预测区进行圈定、优选、分级分类都要充分利用化探元素的异常信息。如在该区,在对安基山式矽卡岩型斑岩型铜矿的预测研究过程中,首先通过对安基山典型矿床的研究,认为 Cu 等元素的异常信息对铜矿体的指示作用很明显,在区域中,同样 Cu 等元素的综合异常信息(特别是甲类及乙类异常)对安基山铜矿及该类型的铜矿床(点)都有较好的指示作用(图 8-1),因此,在对安基山式矽卡岩型斑岩型铜矿的最小预测区圈定、优选、分类、分级过程,就充分利用了铜等元素的综合异常(甲类及乙类)信息,并起到了很好的效果。

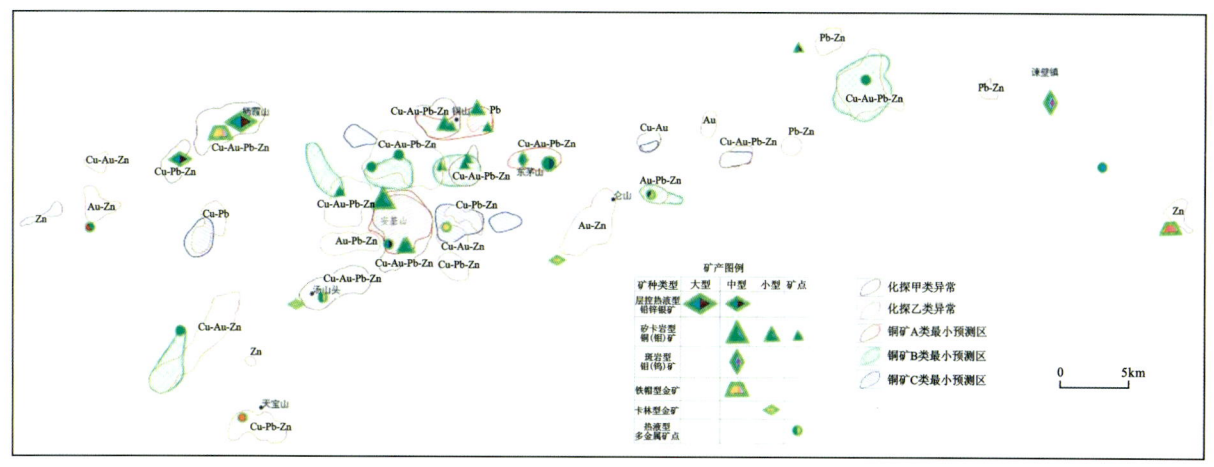

图 8-1　宁镇地区化探异常、铜矿最小预测区及铜、金等多金属矿产地叠合示意图

三、重点区矿矿产调查

1. 重点调查区圈定

2009 年以来,江苏省地质调查研究院陆续承担了宁镇、溧水、宜溧以及盱眙地区铁铜矿远景调查项目,本次采用 1∶5 万土壤或水系沉积物测量数据圈定的地球化学综合异常,较好地应用于矿产调查重点区的圈定。如宁镇远景调查鸡笼山-射乌山、伏牛山-九华山、芙蓉山-五洲山均处于宁镇中段 Cu、Mo、Pb、Zn、Ag、Au 等元素高背景带上,区内的综合异常在宁镇地区异常评序结果中均处于前列,显示出较好的地球化学找矿标志。溧水远景调查丁公山-笔架山重点区显示很好的水系沉积物 Cu、Au 异常,多呈北西向分布,与区内主要构造破碎带方向基本一致。宜溧远景调查的周城-社渚重点调查区 1∶5 万水系沉积物显示出很好的 W、Sn、Mo、Cd 等综合异常,悬脚岭重点调查区的 Cu、Sn 异常等都作为了远景调查矿产重点检查的目标。盱眙地区 Cu、Mo、Ba 等元素综合异常都作为重点查证的依据,因此可以看出,本次地球化学资料(尤其是 1∶5 万尺度)为近年来远景调查项目重点调查区的选择提供了有力的依据。

2. 找矿效果

随着矿产远景调查重点区工作的深入开展,如 1∶1 万土壤测量工作发现了一大批具有较好找矿意义的异常,发现了不少矿(化)点,如马场铜金矿点,探槽采样分析,Au 含量$(0.27\sim18)\times10^{-6}$,钻孔中见到多层薄层状铜金矿体,Au 平均含量 0.35×10^{-6},Cu 平均含量 1.37%;伏牛山铜、钼、金综合异常边部钻孔揭露发现了铜、钼矿体。溧阳圈定的 W、Sn、Cu 多元素综合异常作为远景调查的异常查证目标,经 1∶1 万土壤测量,发现 W、Sn、Cu 等元素异常重现性较好,元素含量显著偏高,经探槽揭露,在石英闪长斑岩与钙质泥岩接触带发现了多条钨矿化体(WO_3 含量 0.052%~0.20%)。随着远景调查项目后期钻孔验证,可能会继续发现一些重要的找矿成果。

第九章　结论与建议

第一节　结　论

本书全面收集了江苏省以往各项地球化学资料,对典型矿床进行了重点解剖,在主要预测工作区开展了区域地球化学背景研究,了解了主要指示元素的共生组合特征及其与地质作用、成矿作用的关系,并对区域化探异常进行了分类,探讨了区域成矿作用及其矿产预测类型的地球化学找矿标志(或特征元素组合)。为今后开展地球化学工作积累了较好的资料。通过本次系统研究,主要获得如下成果:

(1)系统收集了江苏省区域化探和矿产地球化学勘查资料,收集样品 54 581 件,分析数据 725 165 个,初步建立了江苏省中大比例尺地球化学基础数据库,为今后该区开展地球化学研究提供了一个较好的数据平台。

(2)编制了 39 个元素(或氧化物)的地球化学图、单元素异常图、组合异常图、综合异常图,为地质填图、找矿与预测、地质科研提供了诸多基础信息,有较大的潜在应用价值。

(3)综合考虑异常的地质起因、地质找矿意义和工作程度,将江苏省 107 个区域化探水系沉积物综合异常划分为甲、乙、丙、丁 4 类,其中甲类异常 23 个、乙类异常 39 个、丙类异常 29 个、丁类异常 16 个。采用多种参数对甲、乙、丙 3 类异常进行了评价、评序,指出了评序居前 30 位的综合异常区找矿希望较大。编写了省级综合异常登记表及异常特征参数统计表。

(4)重点研究了铜井铜金矿床、獾子洞铜(金)矿床、安基山铜矿床、盘龙岗铜钼矿床、铜山铜钼矿床、谏壁钼钨矿床、栖霞山铅锌银金矿床、观山铜铅矿床、吴宅铅锌银矿床、金驹山金矿床、燕子口金矿床、汤山金矿床、土包山铁金矿床、锦屏磷矿床、云台山硫铁矿床、岔路口硫铁矿床、潭山铅锌硫铁矿床 17 个矿床的地球化学异常特征,阐述了各个矿床的特征元素组合,为江苏省化探范围内异常评价提供了对比依据。

(5)选择工作程度及地球化学工作质量均较高的宁镇、宁芜、溧水、宜溧、苏西 5 个预测工作区,开展了 1∶5 万地球化学异常的分类、评价、评序工作,异常总计 226 个,为地区多金属找矿提供了查证的靶区;同时也编写了综合异常登记表及异常特征参数统计表。

(6)利用矿种的组合元素异常特征,圈定了地球化学找矿预测区 42 处和靶区 33 处,其中,铜矿预测区 10 处,靶区 8 处;钼矿预测区 5 处,靶区 2 处;铅锌银矿预测区 9 处,靶区 9 处;金矿预测区 11 处,靶区 10 处;硫铁矿预测区 7 处,靶区 4 处。

(7)依据地球化学特征,结合成矿地质条件的分析,与区域矿产分布的关系,在江苏省Ⅳ级成矿区带范围内进行找矿预测,共圈定了找矿远景区 13 处,分别是利国铜、金找矿远景区,班井铜、钼、金多金属找矿远景区,锦屏山-云台山铅锌找矿远景区,禹山-石桥金找矿远景区,佛窝-天台山金、钼找矿远景区,大凹山-栖霞山铅锌、金、银找矿远景区,安基山-老人峰铜、钼、多金属、金找矿远景区,汤山-仑山金找矿远景区,铜井-谷里铜、金找矿远景区,观山-枯竹山铜、金、铅找矿远景区,小梅岭-李家园多金属金、银找矿远景区,潭山-南阳山铅锌、银找矿远景区。

第二节 建 议

(1)江苏省浅覆盖广布,尤其覆盖50m以浅范围在丘陵平原分布更为广泛,这类地区目前已发现了不少重要的铜、多金属矿产地。因此,对于大面积的浅覆盖区今后要设法采用经济上能够承担的方法和技术,按照覆盖物的厚度、由浅入深,分阶段开展化探扫面,逐步积累资料,争取在全省浅覆盖区取得找矿突破。

(2)要深化已知矿床地球化学异常特征的研究,更要将研究成果对比未知地段的异常,提高异常解释推断的准确度。

(3)近些年来,宁镇、溧水、宁芜、宜溧等重要地区施工了不少钻孔,建议利用已有的钻孔岩芯,进行系统的地球化学测量,做深入细致的岩石地球化学研究,追踪异常源,探讨矿液的来源、迁移方向,推断盲矿体所处部位,明确找矿靶区,以期打开普查找矿的新局面。

(4)已知金矿与正长斑岩关系密切,如盱眙县古桑地段金矿化、江宁铜井铜金矿均与正长斑岩有关,尤其是断裂破碎带与正长斑岩脉发育的地段,是很好的寻找金矿的位置,应将其对比未知地段,结合化探异常,期望在全省发现更多的金矿(化)点。

(5)对于本次地球化学圈定的找矿预测区特别是不在矿产预测类型工作区范围内的预测区,建议在普查找矿的过程中给予足够的重视。

主要参考文献

蔡伯良.江苏省铜井铜(金)矿地质特征及找矿潜力[J].工业技术,2009,9:101.
陈先兵,张登明.江苏安基山铜矿的燕山期应力场及构造演化[J].矿产与地质,1994,6:440-444.
迟清华,鄢明才.应用地球化学元素丰度数据手册[M].北京:地质出版社,2007.
储彬彬,罗立强,王晓芳.南京栖霞山铅锌矿区铅同位素示踪[J].地球学报,2012,33(2):209-215.
崔峰.联合剖面歧变解释法在盘龙岗矿区的应用[J].江苏地质,1991,1:46-48.
戴爱华,王华田,袁旭音.江苏溧阳土包山金矿的地球化学特征[J].江苏地质,1995,19(4):199-208.
傅梅娟.谏壁含钼二长花岗岩地球化学特征及其成因[J].江苏地质,1990,2:35-38.
何春林,吴新民.江苏浅覆盖区化探找矿方法试验研究[J].江苏地质,1995,19(1):39-42.
蒋慎君,刘沈衡.栖霞山铅锌银矿床深部地质构造特征及成因过程模型初探[J].江苏地质,1990,3:9-14.
李汉龙,郭洪锁.江苏省土包山金矿地质特征[J].江苏地质,1989,2:29-31.
李相民,孙国曦,仇慎平.安基山铜矿床地质-地球物理模型及其找矿意义[J].地质学刊,2009,33(1):28-34.
梁业恒,孙晓明,翟伟,等.江苏观山高硫型铜铅金矿床稳定同位素地球化学和成因意义[J].地质与勘探,2010,46(4):698-704.
梁业恒,孙晓明,翟伟,等.江苏观山铜铅金矿床成矿流体地球化学和成因[J].矿床地质,2003,27(5):587-594.
梁业恒,孙晓明,翟伟,等.江苏溧水观山高硫型铜铅金矿床$^{40}Ar-^{39}Ar$定年及其地质意义[J].高校地质学报,2010,16(2):143-148.
刘沈衡.南京栖霞山铅锌多金属矿床地球物理勘查模式[J].物探与化探,1999,23(1):72-78.
刘沈衡.南京栖霞山铅锌多金属矿床重磁异常及矿床成因解释[J].地质找矿论丛,1991,6(1):76-84.
刘英俊,曹励明,李兆麟,等.元素地球化学[M].北京:科学出版社,1984.
马春,王素娟.江苏镇江谏壁岩体特征与钼(钨)矿床类型[J].江苏地质,2003,27(3):152-158.
孟凡睿.40年来物探、化探工作回顾.江苏地质,1998(增刊):73-75.
欧亦君.南京栖霞山优势铅锌矿产[J].江苏地质科技情报,1996,172(4):20-23.
任天祥,伍宗华,羌荣生.区域化探异常筛选与查证的方法技术[M].北京:地质出版社,1998.
沈渭州,方一亭,倪琦生,等.南京汤山寒武系—奥陶系界线地层地球化学特征[J].地层学杂志,1996,20(3):175-182.
宋巧生,朱锡涛.苏州吴宅铅锌矿种银的赋存状态及其经济效益[J].江苏地质,1993,17(3-4):246-250.
王冬永.安基山铜矿床沉积围岩的控矿机理[J].西部探矿工程,2008,6:132-134.
王立本,季克俭,陈东.安基山和铜山铜(钼)矿床重辉钼矿的铼-锇同位素年龄及其意义[J].岩石矿物学杂志,1997,16(2):154-159.

王元龙,张旗.宁芜火山岩的地球化学特征及其意义[J].岩石学报,2003,17(4):565-575.

吴良芳,秦江红,孙国昌.獾子洞铜(金)矿成矿特征及找矿方向探讨[J].科技信息,2012,15:415-416.

夏嘉生.江苏溧水火山岩盆地内金属矿床定位模式及找矿思路[J].江苏地质,1995,19(1):5-11.

向运川,任天祥,牟绪赞,等.化探资料应用技术要求[M].北京:地质出版社,2010.

徐忠发,曾正海.南京栖霞山铅锌银矿床成矿作用于岩浆活动关系探讨[J].江苏地质,2006,30(3):177-182.

叶水泉,曾正海.南京栖霞山铅锌矿床流体包裹体研究[J].火山地质与矿产,2000,21(4):266-274.

叶水泉.宁芜北段姑山组火山岩系的时代讨论[J].江苏地质,2000,24(4):210-214.

张福祯.江苏省锦屏—宿迁地区海州式磷矿成矿预测[J].化工矿产地质,1995,17(4):258-264.

张术根,阳杰华.宁镇中段燕山期中酸性侵入岩的稀土和微量元素地球化学研究[J].地质与勘探,2008,44(4):42-48.

赵青友.江苏省南京市江宁区汤山金矿地质特征及找矿前景分析[J].矿产与地质,2012,26(1):52-61.

郑大中,郑若锋.镇江谏壁钼矿床钼的迁移成矿机理初探[J].江苏地质,2005,29(2):73-77.

朱锡涛.苏州吴宅矿体内高温硫化物组合的围观特征及其地质意义[J].江苏地质,1992,16(2):69-74.

Gu L X, Ruan H C. Hydrothermal mobilization and enrichment of iron in the iron deposits of the middle-lower Yangtze vally district[J]. Chinese Journal of Geochemistry, 1993,12(3):228-238.

Pan Y M, Dong P. The Lower Changjiang(Yangzi/Yangtze River) metallogenic belt, east central China: intrusion and wall rock-hosted Cu-Fe-Au, Mo, Zn, Pb, Ag deposits[J]. Ore Geology Reviews, 1999,15: 177-242.

Yan J, Chen J F, Xu X S. Geochemistry of Cretaceous mafic rocks from the Lower Yangtze region, eastern China: Characteristics and evolution of the lithospheric mantle[J]. Journal of Asian Earth Sciences, 2008,33: 177-193.

Yu J H, Xu X S, Zhou X M. Late Mesozoic crust-mantle interaction and lower crust components in South China: A geochemical study of mafic granulite xenoliths from Cenozoic basalts[J]. Science in China(Series D), 2003,46(5): 447-460.

Zhou J C, Zhou J P, Liu J, et al. Copper (gold) and non-metal deoposits hosted in Mesozoic shoshonite and K-rich calc alkaline series from Lishui in the Lower Yangtze region, China[J]. Journal of Geochemical Exploration, 1996,57: 273-283.

主要内部资料

江苏省地矿局.江苏省铅锌银矿第二轮成矿远景区划报告[R].1994.

江苏省地矿局.溧水地区1∶5万区域地质调查报告[R].1984.

江苏省地矿局.宜溧地区1∶5万区域地质调查报告[R].1988.

江苏省地矿局第三地质大队.江苏省江宁县安基山铜矿区深部及外围铜矿普查地质报告[R].1993.

江苏省地矿局第一地质大队.江苏省江宁县汤山矿区金矿普查评价报告[R].1988.

江苏省地质调查研究院.长江中下游成矿带江苏段研究成果报告[R].2001.

江苏省地质调查研究院.江苏省溧阳市土包山矿区铁(金)矿详查地质报告[R].2012.

江苏省地质局第三地质队. 安基山铜矿区地球化学异常特征及成晕成矿机理的研究[R]. 1983.

江苏省地质局区域地质调查大队. 宁镇地区区域地球化学背景与成矿关系研究报告[R]. 1983.

江苏省地质矿产局第二地质大队. 江苏省溧阳地区金矿(化)类型及找金方向研究报告[R]. 1988.

江苏省地质矿产局第二地质大队. 江苏省溧阳县野猫山-土包山金矿普查[R]. 1988.

江苏省地质矿产局第二地质大队一分队. 溧水地区1∶5万区域地质调查报告[R]. 1986.

江苏省地质矿产局第六地质大队. 江苏省东海县桃林岩体特征与成矿关系研究报告[R]. 1985.

江苏省地质矿产局第四地质大队. 苏州西部地区多金属矿的成矿条件及预测[R]. 1990.

江苏省地质矿产局区域地质调查大队. 江苏省1∶20万区域化探报告[R]. 1988.

江苏省地质矿产局物化探大队. 江苏省溧水地区1∶5万金土壤地球化学测量成果报告[R]. 1988.

江苏省地质矿产研究院. 江苏省南京市江宁区汤山金矿区黄栗墅矿段金矿产资源储量检查报告(普查)[R]. 2003.

南京地质矿产研究所. 江苏盱眙一带金矿成矿条件研究及找矿靶区优选[R]. 1999.